Mauthausen-Studien

Stanisław Dobosiewicz

Vernichtungslager Gusen

Band 5

Mauthausen-Studien.
Schriftenreihe der KZ-Gedenkstätte Mauthausen
Band 5

Herausgeber
Bundesministerium für Inneres

Mitherausgeber der Schriftenreihe
Christian Dürr, Ralf Lechner, Stephan Matyus

Mitherausgeber dieses Bandes
Christian Dürr, Ralf Lechner

Übersetzung
Joanna Ziemska, Zofia Reinbacher

Korrektorat
Florian Korczak, Judith Bösch

Grafik
Rainer Dempf

Herstellung
Books on Demand GmbH, Norderstedt

Verlag
Bundesministerium für Inneres, Abt. IV/7
Postfach 100, A-1014 Wien
http://www.mauthausen-memorial.at
mauthausen-memorial@mail.bmi.gv.at

Polnischer Originaltitel:
Mauthausen Gusen obóz zagłady.
Warszawa: Wyd. Ministerstwa Obrony Narodowej 1977

Stanisław Dobosiewicz: Vernichtungslager Gusen. –
Wien: Bundesministerium für Inneres, 2007
(Mauthausen-Studien. Schriftenreihe der KZ-Gedenkstätte
Mauthausen; Band 5)

ISBN: 3-9502183-5-1 / 978-3-9502183-5-0

Stanisław Dobosiewicz

VERNICHTUNGSLAGER GUSEN

INHALTSVERZEICHNIS

Zum Geleit	9
Vorwort	11
Vorwort des Autors	17

I. ENTSTEHUNG UND AUSBAU DES LAGERS — 21

II. GUSEN – EIN UNTERNEHMEN DER SS — 41
Die Entstehung der DESt	41
Die Entstehung des SS-Wirtschaftsimperiums	45
Die Rüstungsindustrie in den Konzentrationslagern	49
Die Väter der SS-Wirtschaft	60
Die Hausherren in Gusen	62

III. VERANTWORTLICHE FÜR DIE VERNICHTUNG DURCH ARBEIT — 67
Die Lehrmeister der Mörder	67
Der Lagerkommandant des KZ Mauthausen Franz Ziereis	71
Die Lagerführer in Gusen	73
Die SS-Führer	77
Der Stab des Lagerführers	80
Die Rapportführer und Blockführer	85
Die Arbeitseinsatzführer und Kommandoführer	89
Die Leiter der Politischen Abteilung	93
Die zivilen Werkmeister der DESt, Steyr- und Messerschmittwerke	94
Die SS-Lagerärzte und SS-Sanitätsdienstgrade	95
Die SS-Wachmannschaft	98

IV. HÄFTLINGSFUNKTIONÄRE — 101
Die Auswahl und „Erziehung" der Funktionäre	101
Der Status der Häftlingsfunktionäre	109
Der Lagerälteste	117
Die Blockältesten	121
Das Stubenpersonal	124
Die Lager- und Blockschreiber	126
Die Kapos	130
Die Funktionäre im Revier	135

V. EINRICHTUNGEN IM LAGER — 139
Die Lagerbüros — 140
Die Politische Abteilung — 143
Die Poststelle — 144
Die Einrichtungen der Häftlingsversorgung — 146
Die Einrichtungen der Massenvernichtung — 151
Die Pathologische Abteilung und das Krematorium — 158

VI. DIE HÄFTLINGE IN GUSEN — 165
Die Häftlingszahlen — 165
Das Alter der Häftlinge — 173
Die Häftlingskategorien — 176
Die Nationalität der Häftlinge — 183

VII. ARBEITSEINSATZ DER HÄFTLINGE — 189
Die Umschulung der Häftlinge — 189
Statistik des Arbeitseinsatzes — 192
Die Arbeitskommandos — 193
Die DESt-Kommandos — 195
Die Kommandos Steyr und Messerschmitt — 202
Andere gewinnbringende Kommandos — 204
Einkünfte aus der Häftlingsarbeit — 205
Lagerinterne Kommandos — 209
Arbeiten für die Lagerleitung — 215
Sonderkommandos — 216

VIII. LEBENSBEDINGUNGEN UND ALLTAG — 221
Der Häftlingsstatus — 221
Die Bekleidung der Häftlinge — 225
Die Unterbringung — 227
Die Zählappelle — 230
Die arbeitsfreie Zeit — 232
Der Hunger — 234
Die Angst — 241
Heimweh — 245
Der Gesundheitszustand der Häftlinge — 249

IX. MASSENREPRESSALIEN — 255
Die Entwicklung des Massenterrors — 255
„Begrüßung" im Lager — 256
„Rund geht's"-Aktionen — 258
Rituelle Blutopfer — 260
Kollektive Strafen — 263
Aktion „14f13" — 268
Totbadeaktionen — 275
Der Gaswagen von Erich Wasicky — 280
Zyklon-B — 281
Zyankali — 283
Injektionen — 284

X. PSEUDOMEDIZINISCHE EXPERIMENTE — 287

XI. DIE FREIHEIT NAHT — 295
Vorbereitungen zur „Verteidigung" in Mauthausen — 301
Hilfsaktionen des Internationalen Roten Kreuzes — 305
Vernichtungspläne für Gusen I und Gusen II — 309
Die Beseitigung der Verbrechensbeweise — 313
Die letzten Tage — 314
Die Befreiung — 317

XII. DÜSTERE BILANZ — 321
Kriterien der Beurteilung — 321
Die Bewahrung der Menschenwürde — 322
Die Veränderung der moralischen Einstellung — 327
Der Verlust der Gesundheit — 332
Die Anzahl der Opfer — 334

Anmerkungen — 341
Anhang — 363
Quellen und Literatur — 363
  I. Archivalien — 363
  II. Veröffentlichungen — 366
Abbildungsverzeichnis — 372
Dienstgrade der SS — 373
Namensindex — 374

ZUM GELEIT

Das Erscheinen des fünften Bandes der vom Bundesministerium für Inneres herausgegebenen Reihe Mauthausen-Studien, „Vernichtungslager Gusen", stellt einen besonders wichtigen Schritt zur Aufarbeitung der Geschichte eines der schlimmsten Konzentrationslager der nationalsozialistischen Gewaltherrschaft dar.

Das Lager Gusen lag zwar in unmittelbarer Nähe von Mauthausen und war wohl das größte seiner Nebenlager, dennoch blieben die Schrecken und Qualen, die diese Todesmaschinerie bei den damaligen Häftlingen verursachte – im Gegensatz zum Lager Mauthausen – in Österreich weitgehend unbekannt.

Nachdem sich das Gedenken an den nationalsozialistischen Terror und die NS-Vernichtungspolitik in Österreich jahrzehntelang auf das Lager Mauthausen konzentrierte, ist es mir ein besonderes Anliegen, ein Werk zu unterstützen, das die historische Aufbereitung eines Nebenlagers von Mauthausen in den Mittelpunkt rückt.

Der Autor, Stanisław Dobosiewicz, der selbst Häftling im Konzentrationslager Gusen war, veröffentlichte dieses Buch, das als einer der bedeutendsten Beiträge zur Geschichte des Konzentrationslagers Gusen angesehen werden kann, bereits 1977 auf polnisch.

Ich freue mich, daß dieses Werk nun endlich auch in deutscher Sprache vorliegt und auf diese Weise eine breitere Schicht von Interessierten erreicht werden kann.

Das Buch bildet jedoch als Gesamtdarstellung der Geschichte des Konzentrationslagers Gusen nicht nur eine wichtige wissenschaftliche Quelle, sondern ist durch die Einbindung der eigenen Erfahrungen des Autors von zusätzlichem historischem Interesse und von unbezahlbarem Wert für jene Generation, der auch ich selbst angehöre, die die kaum faßbaren Greuel der NS-Zeit nur aus zweiter Hand kennen.

Mein Dank gilt vor allem dem Autor dafür, daß er uns sein Manuskript zur Übersetzung ins Deutsche zur Verfügung gestellt hat; möge dieses Werk auch im deutschsprachigen Raum eine breite Leserschaft haben.

Günther Platter
Bundesminister für Inneres

VORWORT DER HERAUSGEBER

Von Ende 1939 bis Mai 1945 existierte nur wenige Kilometer von Mauthausen entfernt das Konzentrationslager Gusen. Gusen nimmt unter den mit dem Lagerkomplex Mauthausen verbundenen Lagern eine Sonderstellung ein. Seine Entstehungsgeschichte ist untrennbar mit jener des Stammlagers Mauthausen verbunden. Als Pohl und Eicke im Frühjahr 1938 der Steinbruch „Wiener Graben" im Hinblick auf die Errichtung eines Konzentrationslagers in Mauthausen von inspizierten, waren die Steinbrüche um Gusen bereits Teil der ökonomischen Planungen der SS. Aufgrund deren Distanz zum Stammlager war es von Anfang an vorgesehen, in Gusen ein eigenes Lager zur Unterbringung der Häftlingszwangsarbeiter einzurichten. Nachdem im Dezember 1939 mit dem Bau der Häftlingsunterkünfte begonnen worden war, wurde das KZ Gusen ab Mai 1940 als weitgehend eigenständiges Zweiglager Mauthausens geführt. Innerhalb weniger Wochen wurde es mit polnischen Häftlingen aus verschiedenen Konzentrationslagern im „Altreich" aufgefüllt. Obwohl bis zur Befreiung im Mai 1945 Personengruppen aus ganz Europa nach Gusen deportiert wurden, blieben bis zuletzt die Häftlinge aus Polen die größte nationale Gruppe im Lager. Die Arbeitskraft der Häftlinge wurde zunächst in den Steinbrüchen, später in der Rüstungsindustrie und deren unterirdischer Verlagerung – zu deren Zweck Anfang 1944 das Lager Gusen II gegründet wurde – ohne Rücksicht auf Leib und Leben ausgebeutet. Daneben trugen die unmenschlichen Haftbedingungen, die Brutalität der Wachmannschaften und nicht zuletzt systematische Massentötungen zu einer immens hohen Sterblichkeit bei. Von den mindestens 71.000 Gusener Häftlingen kam in etwa die Hälfte dort ums Leben.

Schon kurze Zeit nach der Befreiung des Lagers durch die U.S. Army im Mai 1945 begannen die Reste und Spuren des Lagers zu verschwinden. Das Lager Gusen II wurde von den US-Truppen wegen Seuchengefahr niedergebrannt. Da das gesamte Mühlviertel in der sowjetischen Besatzungszone lag, kamen die Gusener Lager im Sommer 1945 in sowjetische Verwaltung. Die verbliebenen Gebäude wurden als Kaserne genutzt, während die Steinbrüche von den Sowjets weiter ausgebeutet wurden. Nach 1955 kam das Gelände zurück in den Besitz der Republik Österreich, später wurde es parzelliert und als Bauland verkauft. Die noch von den Amerikanern angelegten Massengräber zwischen den Lagern Gusen I und II wurden in den Fünfziger Jahren aufgelöst, die exhumierten Häftlingsleichen überführte man zum Teil in ihre Heimatländer, zum Teil wurden sie später im ehemaligen Lagerteil II im Hauptlager Mauthausen bestattet. Heute befindet sich auf den größten Teilen des ehemaligen Häftlingslagers eine Wohnsiedlung, andere Teile werden gewerblich genutzt. Die wenigen erhaltenen Lagerbauten sind heute in Privatbesitz. Bis vor kurzem war der einzige Hinweis auf die vormalige Existenz eines Konzentrationslagers an Ort und Stelle das 1965 eingeweihte, von Überlebendenverbänden initiierte und finanzierte Baudenkmal „Memorial de Gusen" rund um den erhaltenen Krematoriumsofen.

Trotz der Bedeutung der insgesamt drei Gusener Lager – über lange Zeit waren dort mehr Häftlinge untergebracht als im Stammlager Mauthausen selbst – ist bis heute keine umfassende wissenschaftliche Gesamtdarstellung in deutscher Sprache zu deren Geschichte erschienen. Die Vernachlässigung dieses Lagers auch von Seiten der zeitgeschichtlichen Forschung ist symptomatisch für den Umgang mit der nationalsozialistischen Vergangenheit in Österreich insgesamt. Trotz eines ehemals weit verzweigten Netzes an NS-Lagern auf österreichischem Gebiet wurde das Opfergedenken bis heute wesentlich in der KZ-Gedenkstätte Mauthausen zentralisiert. Mit der Last, die man damit der Gedenkstätte Mauthausen aufbürdete, entlastete man zugleich den Rest des Landes und machte dieses frei für die Verheißungen des kommenden Wirtschaftswunders.

Während hierzulande letztlich das Verdrängen tatsächlich zum Vergessen führte, blieb die Erinnerung an Gusen in den vielen Herkunftsländern der Opfer dieses Lagers jedoch bis heute lebendig. Die zahlreichen, insbesondere seit den Sechziger Jahren erschienenen, Veröffentlichungen in polnischer Sprache zeugen von der Bedeutung des Konzentrationslagers Gusen für das kollektive Gedächtnis der nationalsozialistischen Gewaltherrschaft in Polen.

Wir befinden uns heute in der paradoxen Situation, für die erste umfassende Darstellung der Geschichte des größten Konzentrationslagers auf österreichischem Gebiet auf einen in den Siebziger Jahren entstandenen polnischsprachigen Text zurückgreifen zu müssen – und dies dreißig Jahre nach seiner Erstveröffentlichung. Im Jahr 1977 erschien in Warschau das Buch „Mauthausen / Gusen. Obóz zagłady" des Autors Stanisław Dobosiewicz – selbst Überlebender des Lagers und Autor mehrerer

Monographien zum Thema. Aufbauend auf bereits früher vor allem in Polen erschienenen Arbeiten ehemaliger Häftlinge und eigenen Recherchen stellt der Text den ersten Versuch einer systematischen Gesamtdarstellung der Geschichte des Lagers dar.

Der Band Nummer 5 der „Mauthausen-Studien" bietet nun eine vollständige Übersetzung des polnischen Originaltextes ins Deutsche. Da der Forschungsstand, von dem der Autor in den Siebziger Jahren ausgehen konnte, heute in einigen Punkten überholt ist, wurde der Text für diesen Band mit einem Anmerkungsapparat der Herausgeber versehen. Änderungen im Originaltext wurden im wesentlichen keine vorgenommen, wo es notwendig erschien, wurde stattdessen auf Fußnotenkommentare zurückgegriffen. Die einzigen im Text selbst vorgenommenen Änderungen beziehen sich auf darin vorkommende Eigennamen. Im polnischen Original werden häufig unterschiedliche Namensschreibungen für ein und dieselbe Person verwendet. Wir haben uns bemüht, diese zu vereinheitlichen und zu berichtigen.

Obwohl der Text zweifelsohne den Anspruch auf Wissenschaftlichkeit stellt, fehlen in ihm jedoch häufig die entsprechenden Quellenreferenzen. Dort, wo es notwendig und möglich war, haben wir versucht die verwendeten Quellen zu recherchieren bzw. nicht rückbeziehbare Informationen bekannten Primärquellen gegenüberzustellen.

Neben seinem wissenschaftlichen Anspruch ist der Text nicht zuletzt aber auch ein Dokument der Aufarbeitung der eigenen Lagererfahrung des Autors, was ihm in mancherlei Hinsicht eine für solche Texte spezifische Charakteristik verleiht.

Zunächst steht er in einer Tradition von Texten, deren primäres Anliegen es war, Zeugnis von den in den Konzentrationslagern begangenen Verbrechen abzulegen. Während dies in den Jahren unmittelbar nach der Befreiung vor allem anhand subjektiver Erinnerungsberichte geschah, wurde es später – angesichts der Tendenz zur Relativierung bis hin zur Leugnung des Holocaust – für die Überlebenden selbst immer wichtiger, diese Erinnerungen auf die Basis fundierter wissenschaftlicher Recherche zu stellen. Trotz seines wissenschaftlichen Anspruchs verhehlt der Text von Stanisław Dobosiewicz kaum, dass er vom Standpunkt des (polnischen) Überlebenden aus mit dieser erklärten Absicht geschrieben wurde. Dies wird etwa in jenen Passagen deutlich in denen sich der Text den Tätern – den SS-Angehörigen, oder den Kapos – widmet. Sie werden keinem wissenschaftlich distanzierten Blick unterworfen – weder werden sie psychologisch analysiert, noch wird ihr Handeln mit den Mitteln der Soziologie kontextualisiert. Die Täter werden vielmehr aus der Sicht des unmittelbar von ihrer Gewalt Betroffenen porträtiert, keinem wissenschaftlichen, sondern vielmehr einem moralischen Urteil unterworfen, was angesichts der Intention des Textes mehr als legitim erscheint.

Charakteristisch für diesen wie für ähnliche Texte von Überlebenden ist es auch, dass manche Fakten mangels anderer Primärquellen nur auf Basis persönlicher Erinnerung rekonstruiert werden können. Obwohl dies von einem wissenschaftlichen Standpunkt aus kritisch gesehen werden kann, vermittelt gerade dieser direkte Bezug zu persönlicher Erinnerung eine sehr eindringliche „Innenansicht" des Lagers, ein plastisches Bild dessen, was das Lager für einen Häftling bedeutete.

Schließlich kommt es im Text zu einer Vermischung von deskriptiver und normativer Verwendungsweise von Begriffen aus dem NS-Jargon, die sich in einer zum Teil unkritischen Übernahme dieser Zuschreibungen äußert. Dies trifft insbesondere auf die Bezeichnung von Häftlingsgruppen im Rückgriff auf die Terminologie der SS zu, etwa wenn von „Asozialen" oder „Zigeunern" die Rede ist. Eher als mangelnde politische Sensibilität des Autors manifestiert sich darin jedoch die normative Definitionsgewalt des Lagers über die Häftlinge. Der einzelne Häftling ebenso wie Häftlingsgruppen wurden im Lager wahrgenommen, als was sie von der SS definiert wurden. Im Regelfall müssen im Text daher Begriffe, die sich an Kategorisierungen der SS anlehnen, adäquaterweise in deskriptivem Sinne gelesen werden.

Neben seinem „Genre" – der historisch-wissenschaftlichen Gesamtdarstellung mit wesentlichen Elementen persönlicher Erinnerungsberichte – fügt sich der Text auch in die Tradition eines bestimmten historischen Narrativs vom nationalen polnischen Widerstandskampf gegen die nationalsozialistische Besatzung und Diktatur. Durch das Wirken solcher immer auch politisch zu deutenden Erzähltraditionen werden individuelle Schicksale nachträglich überformt. In ähnlichem Maße hat etwa auch das Diktum von der Rolle Österreichs als „erstem Opfer" des Nationalsozialismus lange Zeit die KZ-Geschichtsschreibung hierzulande geprägt. Diese retrospektive Überformung persönlicher subjektiver Erinnerung durch ein kollektives historisches Narrativ kann der tatsächlichen Lagererfahrung der Häftlinge in einer isolierten und von allgegenwärtiger Gewalt geprägten Zwangsgesellschaft kaum gerecht werden. Seine narrative Tradition sollte beim Lesen dieses Textes daher mit berücksichtigt werden.

Darüber hinaus hat seine Entstehungszeit in diesem Text auch noch ganz besondere Spuren hinterlassen: Die manche Passagen des Originals zierenden Huldigungen des realsozialistischen Polen sind als pragmatisches Zugeständnis des Autors an die staatlichen Behörden zu lesen, die vor allem mit der Absicht geschrieben wurden, die Publikation des Textes zu ermöglichen. Im Einverständnis mit dem Autor wurden diese Passagen in der Übersetzung für diesen Band nicht berücksichtigt.

Für die Herausgeber
Christian Dürr

VORWORT DES AUTORS
zur Originalausgabe von 1977

In der Literatur über Konzentrationslager nimmt Mauthausen-Gusen einen besonderen Platz ein: 26 Bücher und Broschüren, ca. 1.000 Artikel in Tageszeitungen und Zeitschriften führen dem polnischen Leser die Martyrologie der Häftlinge aus Polen und von über dreißig anderen Nationen in diesem Lager vor Augen. Zahlreich sind auch die Gusen gewidmeten französischen, italienischen, spanischen, jugoslawischen und tschechischen Publikationen. Von einem großen gesellschaftlichen Interesse an dieser Thematik zeugen die zahlreichen Auflagen mancher Publikationen: „Pięć lat kacetu" (*Fünf Jahre KZ*) von Stanisław Grzesiuk hatte in Polen sechs Auflagen, „Tu passerai per il camino" von Vincenzo und Luigi Pappalettera wurde in Italien bis 1966 11 Mal neu aufgelegt.

Bei den Publikationen über Gusen überwiegen die Erinnerungen von Häftlingen, es fehlt aber auch nicht an Gedichtbänden und Belletristik.[1] In der „Gusener" Literatur scheinen sich zwei Trends abzuzeichnen. Die Überlebenden wollen vor allem das Bild der überstandenen Leiden wiedergeben und das schreckliche Phänomen eines gezielten Völkermordes beschreiben. War doch das Lager in der Absicht seiner Gründer ein Todeslager für Häftlinge „aus den gebildeten Schichten" der von Hitlerdeutschland eroberten Nationen – für die Intellektuellen und die sozial engagierten Personen, also die potenziellen und tatsächlichen Organisatoren und Mitglieder von Widerstandsbewegungen. Hier sollte die *Ausrottung* oder *Vernichtung* zunächst der Polen, danach der Soldaten aus dem republikanischen Spanien, der sowjetischen Politoffiziere, der Franzosen, Belgier, Jugoslawen, Italiener, Griechen und anderer, der Zusammenarbeit mit dem gegen Hitlerdeutschland agierenden Untergrund in ihren Ländern Verdächtigter, erfolgen.

Zeugnisse über die Bestialität in diesem Lager drangen noch während des Krieges über die Stacheldrähte,[2] nach der Befreiung kamen sie in zahlreichen polnischen und ausländischen Publikationen zum Ausdruck.[3] Sie waren eine aussagekräftige Anklage der nationalsozialistischen Verbrecher – ein reichhaltiges und erschütterndes Beweismaterial in der historischen Abrechnung mit dem Hitlerregime.

Die Rückkehr zu Lagererlebnissen erfolgte auch aus dem Bedürfnis heraus, die moralische Kraft derjenigen aufzuzeigen, die sich im Lager der

Gewalt und der Brutalität entgegengestellt hatten. Das Lagerleben war nicht dazu prädestiniert, heroische Haltungen zu manifestieren, umso stärker zeichneten sich vor diesem Hintergrund die Persönlichkeiten derjenigen Häftlinge ab, deren Taten und Handlungen als Heldentum angesehen werden konnten. Dieses Heldentum zeigte sich in verschiedenen Formen des Kampfes zur Verteidigung des menschlichen Lebens und der menschlichen Würde, es hatte auch verschiedene Niveaus, die durch die wachsende Dynamik dieses Kampfes bedingt waren: vom „Organisieren" verschiedener Lebensmittel bis zur Vernichtung belastender Dokumente in der Politischen Abteilung; von der eigenmächtigen Entlassung aus dem Krankenrevier vom Tod bedrohter Häftlinge bis zum doppelten Aufzeichnen der Krankengeschichte und geheimer Herstellung von Medikamenten; von der Arbeit „mit den Augen"[i] bis zur Sabotage in der Rüstungsindustrie; von Veranstaltungen literarischer Abende bis zu Massenmanifestationen; von geflüsterten politischen Informationen bis zur bewaffneten Selbstverteidigung. Und zwischen diesen Extremen Tausende mehr oder weniger wirksame Aktionen, um Häftlinge vor dem Tod oder dem moralischen Zusammenbruch zu retten, Todesurteile der rücksichtslosen und keinen Widerstand duldenden Macht zu verschieben oder aufzuheben. Kurz – eine wahre Front der Kämpfe um Bewahrung der physischen Kräfte wertvoller Vertreter der diversen zur Vernichtung verurteilten Völker, also die Realisierung derselben Ziele, die von Widerstandsbewegungen in den besetzten Ländern verfolgt wurden; gleichsam ihre Weiterführung durch die im Lager isolierten Widerstandskämpfer und eine parallele Bewegung, die unter den Lebensumständen im Lager entwickelt wurde.[4]

In meinem Buch über Gusen wollte ich beide Aspekte beleuchten und vor allem den Selbstschutz der Häftlinge hervorheben. Der Versuch, diese Unternehmungen in einem solchen Lager wie Gusen darzustellen, ohne eine genaue Schilderung des schrecklichen Regimes aufzeigen, müsste scheitern: das Bild wäre verwischt, die Größe dessen, was die Häftlinge taten, ließe sich nicht herausarbeiten. Die Verteidigung des eigenen Lebens

---

[i] Wie weiter unten im Text hervorgeht, ist damit die von Häftlingen angewandte Strategie gemeint, nach der man die Bewachungsorgane regelmäßig im Auge behielt und nur dann ernsthaft arbeitete, wenn man beobachtet wurde. (Anm. d. Hrsg.; sämtliche durch römische Zahlen gekennzeichnete Fußnoten sind Anmerkungen der Herausgeber)

und des Lebens anderer Häftlinge war im Lager eine Herausforderung der SS-Führer, die sich beim Anblick eines noch lebenden entkräfteten Häftlings verwundert zeigten: *Warum lebst du noch?!* Nur vor dem Hintergrund des Alltags im Lager ist es möglich, den ganzen Reichtum und die Dynamik der verschiedenen Formen des Selbstschutzes aufzuzeigen.

Nach mehr als dreißig Jahren wissen wir über das Lager weit mehr, als sich zum Zeitpunkt der Befreiung im Gedächtnis der Häftlinge eingeprägt und in ihren Erinnerungen einen Niederschlag gefunden hat. Am deutlichsten wurde das Bild der systematischen Ausrottung im Lager, dank der zahlreichen Dokumente und gesammelten Aussagen aus den Gerichtsverfahren gegen die Lagerkommandantur und die Funktionshäftlinge, welche Opfer dieses demoralisierenden Systems wurden. Die Aussagen von Franz Ziereis, die Prozesse gegen die SS-Führer von Mauthausen und Gusen, von Karl Chmielewski, dem Kommendanten von Gusen, Oswald Pohl und seinen „Mitarbeitern" und von SS-Ärzten haben die ganze schreckliche Wahrheit über die Eskalation des Genozids in den Konzentrationslagern aufgezeigt. Im Lichte dieser Dokumente erscheint Gusen als spezifisches Modell eines Konzentrationslagers zwischen solchen Todeslagern wie Treblinka oder Sobibór und den Vernichtungslagern durch Arbeit wie Buchenwald oder Sachsenhausen; von den einen bezeichnet als „Vorhölle", von den anderen als der letzte, der „neunte Kreis" der Hölle Dantes.[5]

Die Dokumentation der SS-Verbrechen in Gusen wurde durch die Aufzeichnungen von Erinnerungen in den verschiedenen Klubs ehemaliger Häftlinge von Mauthausen-Gusen, die in der Kombattantenorganisation ZBOWID[i] vereint sind, wesentlich bereichert. Der Klub in Katowice hat einige tausend Erinnerungen und Notizen von Häftlingen gesammelt, er hat 27 Bände des „Mauthausen-Gusen-Buchs" ausgearbeitet, das 1.350 Lebensläufe ehemaliger Häftlinge beinhaltet, er hat 3 Bände mit Lagererinnerungen unter dem Titel „Ostrzegamy" („*Wir warnen*")

---

i ZBOWID steht für „Związek Bojowników o Wolność i Demokrację" („Vereinigung der Kämpfer für Freiheit und Demokratie"). Dabei handelte es sich um eine 1949 gegründete staatliche Veteranenorganisation, in der neben Überlebenden der Konzentrationslager auch Mitglieder bewaffneter polnischer Widerstandsgruppen organisiert waren. 1990 wurde die Vereinigung als „Związek Kombatantów RP i Byłych Więźniów Politycznych„ (Vereinigung der Veteranen der Polnischen Republik und ehemaliger politischer Gefangener") neu gegründet.

herausgegeben, zwei weitere sind druckfertig. Historiker der Kriegszeit werden den Wert dieser Arbeiten sicher zu schätzen wissen.

Ich habe mich auf all diese Informationsquellen über Gusen gestützt, außerdem habe ich Tagebücher und Aufzeichnungen, die mir von ehemaligen Häftlingen aus ihren Privatsammlungen zur Verfügung gestellt wurden, berücksichtigt. Viele von ihnen haben mir in Briefen oder Gesprächen Informationen geliefert, die in der Lagerliteratur und im Archivmaterial gefehlt haben. Besonders wertvoll für mich war die Hilfe von Ludwik Bielerzewski, Stanisław Borowski, Jan Cieluch, Wiesław Drozd, Zbigniew Filarski, Bogumił Frankiewicz, Władysław Gębik, Stanisław Gołębiowski, Antoni Gościński, Gracjan Guziński, Józef Iwiński, Szczepan Hampel, Wiktor Kalemba, Józef Kazik, Stanisław Koprowski, Stanisław Leszczyński, Jerzy Lewandowski, Rajmund Łączyński, Czesław Łęski, Kazimierz Maciejczyk, Józef Maksymiuk, Kazimierz Małycha, Wacław Milke, Aleksander Narewski, Stefan Niewiada, Ignacy Nowicki, Tadeusz Olbrych, Tadeusz Olszewski, Bronisław Orzechowski, Henryk Pakuła, Jan Pankowski, Wacław Pilarski, Czesław Piskorski, Jan Popławski, Marian Sławiński, Aleksander Sułowski, Wiktor Szczęśniak, Józef Szkuta, Stanisław Szymański, Eugeniusz Szymaszczyk, Jan Tarasiewicz, Jerzy Wandel, Wincenty Wąsik, Zbigniew Wlazłowski, Marceli Wyrwiński, Józef Wysocki, Stefan Zbylicki. Ihnen allen gebührt mein herzlicher Dank.

In der Endphase meiner Arbeit an diesem Buch haben sich einige der oben erwähnten Gusen-Häftlinge an einer Überprüfung meiner Beschreibungen des Lagerlebens beteiligt. Dank ihren Anmerkungen und Anregungen wurden manche Schilderungen bereichert und manche Informationen korrigiert. Sollten trotz dieser Korrekturen die Leser meines Buches Lücken oder Fehler bemerken, so bitte ich, mir diese zur Kenntnis zu bringen.

KAPITEL 1

I. ENTSTEHUNG UND AUSBAU DES LAGERS

Das Konzentrationslager Gusen war das erste Zweiglager des Konzentrationslagers Mauthausen. In den Jahren 1941-1942 war es das größte Außenlager, größer als das Lager Mauthausen selbst.[i]

Den Namen Gusen bekam das Lager nach dem seit langem betriebenen Steinbruch Gusen. Genauso hießen auch die in der Nähe gelegene Ortschaft und der dortige Fluss, ein Donauzufluss am linken Ufer.

In den Jahren 1941-1945 entstanden neue Außenkommandos von Mauthausen. Ihre Anzahl wuchs ständig, je näher die Niederlage Hitlerdeutschlands kam, besonders in der zweiten Hälfte des Jahres 1944. Die letzten sechs Außenlager wurden im März und April 1945 angelegt.[ii] Das Netz aller Außenlager und Außenkommandos von Mauthausen umfasste 101 Einheiten an 83 Orten.[6][iii] In Mauthausen war die Kommandantur

---

i   Ende 1944 waren in den Lagern Gusen I, II und III mehr als doppelt so viele Häftlinge untergebracht wie im Stammlager Gusen. Am 28. Februar 1945 erreichten die drei Gusener Lager mit mehr als 26.000 Häftlingen ihre höchste Belegstärke.

ii   Auf welche sechs Lager sich der Autor hier bezieht bleibt unklar. Folgende Kommandos des KZ Mauthausen wurden im März/April 1945 eingerichtet: Amstetten, Enns bzw. Ennsdorf, Gunskirchen, Passau III, Wels II sowie das als Auffanglager dienende Schiff im Donauhafen Mauthausen. Nicht alle dieser sechs Kommandos erfüllen jedoch notwendigerweise die Kriterien von Außenlagern. Beim Lager Passau III handelte es sich um ein Sub-Kommando des Außenlagers Passau I, während die Existenz eines selbständigen Außenlagers Enns bzw. Ennsdorf auf Basis der Quellenlage nicht als gesichert gelten kann. Das als Auffanglager dienende Schiff sowie das Auffanglager für ungarische Juden in Gunskirchen können von deren Funktion und Organisationsstruktur her nicht als Außenkommandos im engeren Sinne angesehen werden. Das zum Aufbau des Auffanglagers Gunskirchen eingesetzte Außenkommando wurde hingegen bereits im Dezember 1944 gegründet. (Vgl. dazu die Beiträge von Florian Freund und Bertrand Perz zu den Außenlagern des KZ Mauthausen in: Wolfgang Benz, Barbara Distel [Hg.]: Der Ort des Terrors. Geschichte der nationalsozialistischen Konzentrationslager. Band 4: Flossenbürg, Mauthausen, Ravensbrück. München 2006, S. 293-470; das Schiff im Donauhafen Mauthausen wird unter anderem erwähnt in: Hans Maršálek: Die Geschichte des Konzentrationslagers Mauthausen. Wien, Linz: 1995, S.80.)

iii Diese Zählweise beinhaltet offenbar auch Arbeitskommandos, die an anderen Orten Zwangsarbeit verrichteten, jedoch im Hauptlager untergebracht waren. Es ist anzu-

VERNICHTUNGSLAGER GUSEN

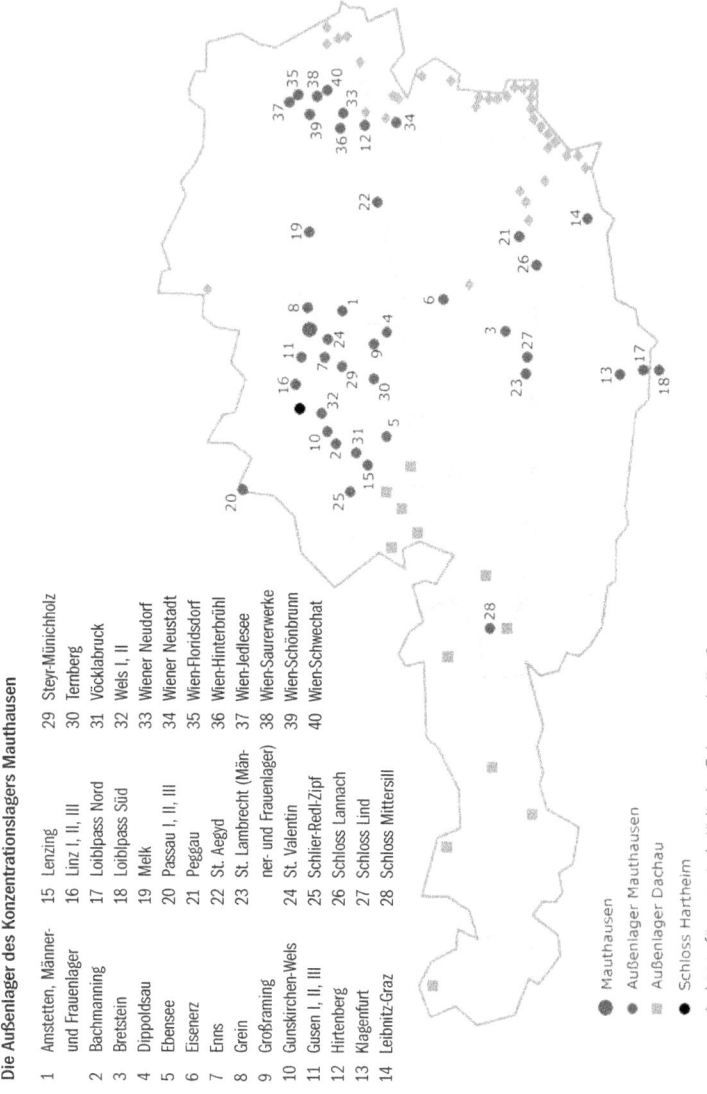

Die Außenlager des Konzentrationslagers Mauthausen

1 Amstetten, Männer- und Frauenlager
2 Bachmanning
3 Bretstein
4 Dippoldsau
5 Ebensee
6 Eisenerz
7 Enns
8 Grein
9 Großraming
10 Gunskirchen-Wels
11 Gusen I, II, III
12 Hirtenberg
13 Klagenfurt
14 Leibnitz-Graz
15 Lenzing
16 Linz I, II, III
17 Loiblpass Nord
18 Loiblpass Süd
19 Melk
20 Passau I, II, III
21 Peggau
22 St. Aegyd
23 St. Lambrecht (Männer- und Frauenlager)
24 St. Valentin
25 Schlier-Redl-Zipf
26 Schloss Lannach
27 Schloss Lind
28 Schloss Mittersill
29 Steyr-Münichholz
30 Ternberg
31 Vöcklabruck
32 Wels I, II
33 Wiener Neudorf
34 Wiener Neustadt
35 Wien-Floridsdorf
36 Wien-Hinterbrühl
37 Wien-Jedlesee
38 Wien-Saurerwerke
39 Wien-Schönbrunn
40 Wien-Schwechat

● Mauthausen
● Außenlager Mauthausen
▨ Außenlager Dachau
● Schloss Hartheim
◆ Lager für ungarisch-jüdische SchanzarbeiterInnen

Abb. 1: Das Netz der Konzentrationslager des Mauthausen-Systems.

untergebracht, von dort gingen die Anordnungen über die Zusammensetzung der SS-Mannschaften aus, dort wurde die Aufteilung der Häftlinge auf die verschiedenen Außenlager getroffen, dort wurden ihr Verzeichnis und die laufende Statistik geführt, dort wurde über den Einsatz der Häftlinge in den SS-eigenen Betrieben oder in eng mit der SS zusammenarbeitenden Firmen entschieden.

Den Standort für das Lager Mauthausen und seine Niederlassung in Gusen hat Heinrich Himmler persönlich ausgesucht und genehmigt. Während seiner Reise nach Wien zu den Feierlichkeiten anlässlich des Anschlusses Österreichs im März 1938 erfuhr er von der Existenz des Steinbruchs Wiener Graben bei Mauthausen, welcher der Wiener Stadtverwaltung gehörte. Auf der Rückreise nach Berlin besuchte er den Wiener Graben und danach die in der Nähe gelegenen Steinbrüche Gusen und Kastenhof.[7]

Die Lage der Steinbrüche entsprach den Voraussetzungen der SS-Führung für die Errichtung von Konzentrationslagern: Sie lagen in der Nähe einer Großstadt (Mauthausen ist 28 km von Linz entfernt), aber fernab von Hauptstraßen und waren leicht zu verdecken, denn in der Umgebung gab es kaum bewirtschaftete Gebiete, sondern Wiesen, Sumpfgebiete, Brachland.

Die Entscheidung über den Bau des Lagers Mauthausen wurde nach Himmlers Rückkehr nach Berlin amtlich bestätigt. Ende Mai 1938 führten Oswald Pohl, Leiter des SS Wirtschaftsverwaltungshauptamtes (WVHA) unter dem Reichsführer-SS (RFSS), und Theodor Eicke, Inspekteur der Konzentrationslager im SS-Führungshauptamt (SS-FHA), eine Inspektion der Steinbrüche und der umliegenden Gebiete durch und bestimmten den Standort für das Hauptlager und seine Niederlassung.[8]

Die Wahl von Mauthausen und Gusen für die Errichtung von Konzentrationslagern hatte politische und wirtschaftliche Gründe, wobei die

---

merken, dass die Geschichte dieser zahlreichen Außenkommandos des KZ Mauthausen keineswegs als erforscht gelten kann. Ebenso sind die Angaben zur genauen Zahl der Außenlager in der historischen Forschung je nach Definitionskriterien und Zählweisen unterschiedlich. Gesichert ist eine ungefähre Zahl von mehr als 40 Lagern, die als Außenlager des KZ Mauthausen gelten können. Florian Freund und Bertrand Perz kommen auf eine Zahl von 45 Außenlagern des KZ Mauthausen (siehe Florian Freund und Bertrand Perz zu den Außenlagern des KZ Mauthausen, in: Wolfgang Benz, Barbara Distel [Hg.]: Der Ort des Terrors. Geschichte der nationalsozialistischen Konzentrationslager, Band 4. München: 2006, S. 293-470).

letzten entscheidend waren. Ebenso wie in allen anderen nationalsozialistischen KZ wollte man auch in Mauthausen und Gusen die NS-Gegner aus Deutschland und Österreich vernichten und von deutschen und österreichischen Gerichten zu langjährigen Freiheitsstrafen verurteilte Verbrecher dort „umschulen." Gleichzeitig unterstanden sie als Arbeitslager der Wirtschaftsverwaltung der SS. Die von Oswald Pohl ab 1938 gegründeten Unternehmen sollten der SS eine weitgehende finanzielle Unabhängigkeit sichern. Um sich die unbezahlte Zwangsarbeit von Häftlingen für eines dieser Unternehmen – die Deutsche Erd- und Steinwerke GmbH (DESt) – zunutze zu machen, wurden die Konzentrationslager Mauthausen und Gusen errichtet.

Diese Lager waren damit „für schwerbelastete, insbesondere auch gleichzeitig kriminell vorbestrafte, ausgesprochen asoziale und daher kaum noch erziehbare Schutzhäftlinge" vorgesehen.[9] Als Lager für diese Kategorie von Häftlingen wurden sie als Lager Stufe III bezeichnet. Andere, bereits lange bestehende oder gleichzeitig errichtete Lager, die als die schrecklichsten berühmt wurden, wie Buchenwald, Sachsenhausen und sogar Auschwitz wurden zu Lagern Stufe I oder Stufe II gezählt.[10]

Das Konzentrationslager Mauthausen wurde im Sommer 1938 hauptsächlich von österreichischen Häftlingen errichtet, die „freiwillig" vom KZ Dachau hierher verlegt wurden. Das Datum der Eröffnung des Lagers – der 9. August 1938[i] – deutete auf seine Bestimmung hin: Es sollte dazu dienen, Feinde des Dritten Reiches aus dem soeben annektierten Österreich zu vernichten. Bis Ende 1938 wurden 1.080 Häftlinge dorthin verbracht, vorwiegend österreichische und deutsche Kriminelle und sog. Asoziale, zu denen auch die österreichischen Zigeuner gerechnet wurden. Ab Mai 1939 wurden auch politische Häftlinge (*Schutzhäftlinge*) nach Mauthausen gebracht – Deutsche aus dem Reich, Sudetendeutsche sowie Österreicher und Tschechen, aber auch Häftlinge, die von Gerichten wegen gemeiner Verbrechen verurteilt waren, schließlich Bibelforscher und Homosexuelle, die gemäß § 175 des deutschen Strafgesetzbuchs verurteilt worden waren.[11]

---

i Herkömmlicherweise wird der 8. August 1938 als Gründungstag des Konzentrationslagers Mauthausen angesehen. An diesem Tag wurden die ersten 304 Gefangenen, vorwiegend österreichische „kriminelle" Häftlinge, aus dem KZ Dachau zum Lageraufbau nach Mauthausen überstellt. (Vgl. Maršálek: Die Geschichte des Konzentrationslagers Mauthausen. S. 27.)

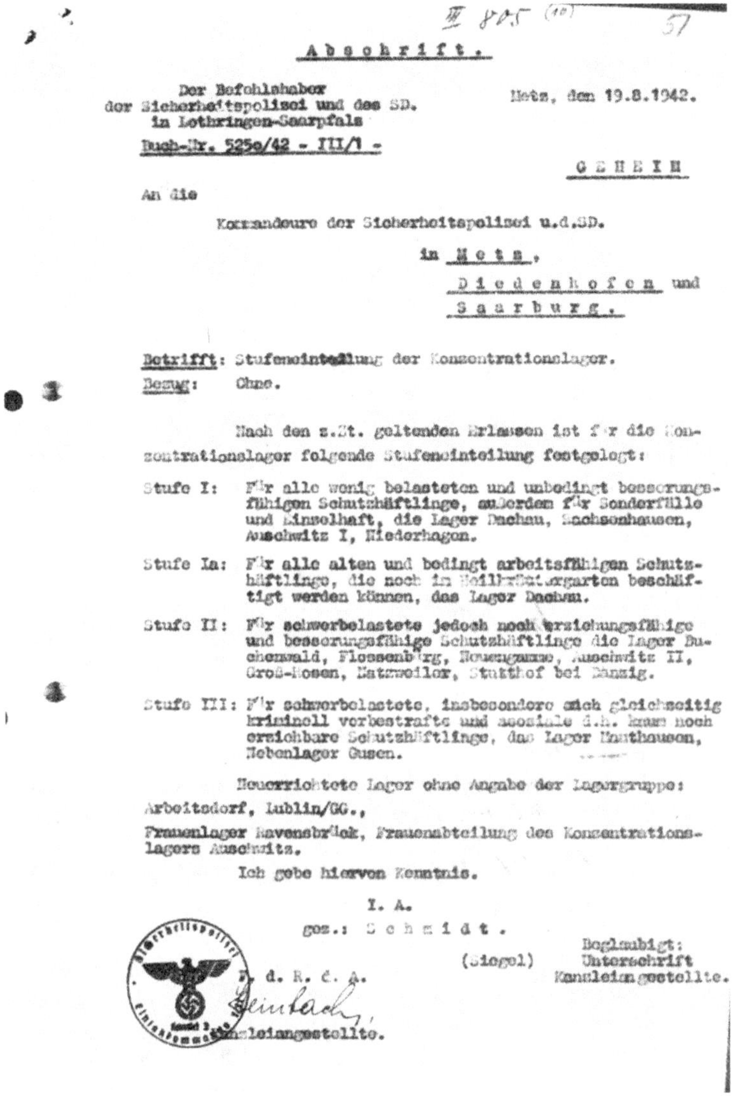

III 805 (10) 57

Abschrift.

Der Befehlshaber
der Sicherheitspolizei und des SD.
in Lothringen-Saarpfalz

Metz, den 19.8.1942.

Buch-Nr. 5250/42 - III/1 -

GEHEIM

An die

Kommandeure der Sicherheitspolizei u.d.SD.

in Metz,
Diedenhofen und
Saarburg.

Betrifft: Stufeneinteilung der Konzentrationslager.
Bezug: Ohne.

Nach den z.Zt. geltenden Erlassen ist für die Konzentrationslager folgende Stufeneinteilung festgelegt:

Stufe I: Für alle wenig belasteten und unbedingt besserungsfähigen Schutzhäftlinge, außerdem für Sonderfälle und Einzelhaft, die Lager Dachau, Sachsenhausen, Auschwitz I, Niederhagen.

Stufe Ia: Für alle alten und bedingt arbeitsfähigen Schutzhäftlinge, die noch in Heilkräutergarten beschäftigt werden können, das Lager Dachau.

Stufe II: Für schwerbelastete jedoch noch erziehungsfähige und besserungsfähige Schutzhäftlinge die Lager Buchenwald, Flossenbürg, Neuengamme, Auschwitz II, Groß-Rosen, Natzweiler, Stutthof bei Danzig.

Stufe III: Für schwerbelastete, insbesondere auch gleichzeitig kriminell vorbestrafte und asoziale d.h. kaum noch erziehbare Schutzhäftlinge, das Lager Mauthausen, Nebenlager Gusen.

Neuerrichtete Lager ohne Angabe der Lagergruppe:
Arbeitsdorf, Lublin/GG.,
Frauenlager Ravensbrück, Frauenabteilung des Konzentrationslagers Auschwitz.

Ich gebe hiervon Kenntnis.

I. A.
gez.: Schmidt.
(Siegel)

Beglaubigt:
Unterschrift
Kanzleiangestellte.

F. d. R. d. A.
Deinhardt
Kanzleiangestellte.

Abb. 2: Rundschreiben betreffend die Stufeneinteilung der Konzentrationslager, 19. August 1942.

Während des II. Weltkriegs hat Hitlerdeutschland alle eroberten Länder seiner Terrorherrschaft unterworfen. Die ersten Opfer dieses Terrors waren zu Beginn 1939 die Tschechen, danach die Polen, die bereits im Herbst 1939 die Konzentrationslager Stutthof, Sachsenhausen, Dachau und Buchenwald füllten. Als die Deutschen merkten, dass die Lager zu klein sind, um alle Polen, die als Feinde des Reiches angesehen wurden, aufzunehmen und dass das Regime zu mild ist, beschlossen sie, für die Polen ein besonderes Lager mit verschärftem Regime zu errichten, um ihre rasche Vernichtung zu gewährleisten. Ein Lager, das für die „polnische Intelligenz" vorgesehen war: Mauthausen/Unterkunft Gusen.

Nach der Errichtung des Lagers Mauthausen und der Inbetriebnahme des Steinbruchs Wiener Graben gegen Ende 1939 wurden ca. 400 Häftlinge zur Arbeit im Steinbruch Kastenhof und zum Bau des Lagers Gusen abgestellt. Während des schweren Winters 1939/1940 gingen die Häftlinge täglich zu Fuß 4,5 km nach Gusen und kehrten zum Schlafen nach Mauthausen zurück. Die Arbeitskolonne *Barackenbau Gusen* schrumpfte sehr schnell. Um die Nivellierung des Gebietes, auf dem das Lager errichtet werden sollte, zu beschleunigen, wurden ab Beginn 1940 alle Häftlinge aus Mauthausen – ungefähr 3.000 – jeden Sonntag Vormittag nach Gusen geführt, wo sie Erdarbeiten machten. Als am 8. März 1940 ein Transport von 1.000 Häftlingen, darunter 448 Polen, aus Buchenwald nach Mauthausen kam, wurden alle Polen dem Kommando *Barackenbau Gusen* zugeteilt, ebenso der nächste, genauso zahlreiche Transport. Von da an arbeiteten beim Bau von Gusen 800 polnische Häftlinge.

Die SS-Männer verheimlichten den polnischen Häftlingen keineswegs, für wen dieses neue Lager errichtet wird.

„Was niemand in der Heimat wusste, wir wussten es," erinnert sich Stefan Józewicz, einer der „Erbauer" des Lagers. Unter ständigen Schlägen erklärten uns die SS-Männer, dass wir dieses Lager für unsere „verlausten" Brüder aus Polen bauen, die heute noch ruhig Ostern feiern und nicht ahnen, was sie erwartet. Sie selbst bezeichneten das im Entstehen begriffene Lager Gusen als „Vernichtungslager für die polnische Intelligenz."[12]

Das Arbeitstempo war mörderisch, schrecklich war auch der tägliche Marsch von Mauthausen nach Gusen und zurück. Von den ca. 800 Polen, die im Zeitraum vom 15. März bis zum 17. April 1940 am Bau des Lagers arbeiteten, starben 109. In einigen Wochen schwerster Arbeit haben die Häftlinge ca. sieben Hektar Boden geebnet, die Unterkünfte für die SS-Mannschaft in der Nähe des Lagers gebaut und schließlich das ganze Gebiet mit einem Stacheldraht umzäunt.

Innerhalb des Lagers wurden zunächst nur zwei Baracken fertiggestellt, die als Nr. 7 und 8 bezeichnet wurden.

Am 17. April 1940 brachte man die aus Mauthausen kommenden Häftlinge in den neuen Baracken unter: in Block 8 – die Häftlinge, die beim Lagerbau arbeiteten, in Block 7 – jene, die im Steinbruch beschäftigt

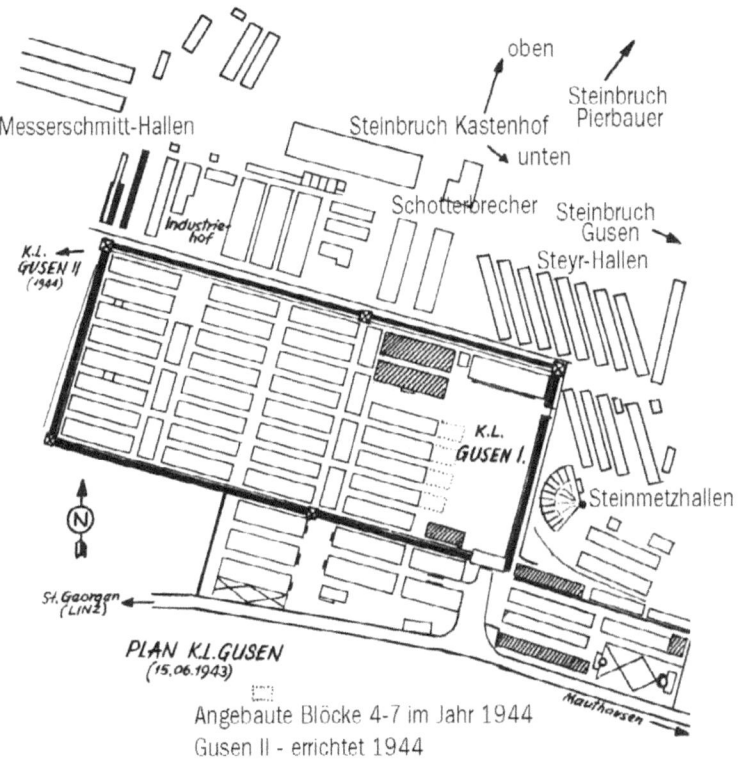

Abb. 3: Plan des Konzentrationslagers Gusen 1943, erstellt von Marian Sławiński.

waren. Trotzdem blieb die Sterblichkeit unter den Häftlingen, die beim Bau tätig waren, gleich hoch: zwischen dem 19. April und dem 25. Mai 1940 wurden im Totenbuch 80 Polen eingetragen.

Mitte Mai war der Rohbau der Unterkunftsbaracken für die Häftlinge fertig, ebenso die Küche und das Magazin. Der Appellplatz und die Straßen zwischen den Baracken waren nach wie vor ein aufgegrabenes, sumpfiges Feld. Es gab keine Waschräume und Aborte, zwischen manchen Baracken gab es nur Kräne mit Fließwasser und drei provisorische Latrinen.

Die Eröffnung des Lagers wurde für den 25. Mai 1940 geplant. An diesem Tag wurde in den Baracken 2, 3 und 4 der erste Transport polnischer Häftlinge aus Dachau – 1.084 Personen untergebracht. Weitere Transporte im Mai und Juni 1940 aus Dachau und Sachsenhausen füllten die restlichen Baracken.[13]

Die meisten Häftlinge wurden sofort nach der Ankunft zur Arbeit im Steinbruch oder beim Tagbau im unteren Kastenhof eingesetzt; die restlichen arbeiteten bei der Fertigstellung der Baracken, Errichtung von Sanitäranlagen sowie des Strom- und Wassernetzes. Sie verlegten auf den Lagerstraßen und dem Appellplatz Steine und bauten Wachtürme. Täglich, auch am Sonntag Vormittag, wurden ihnen die Häftlinge, die im Steinbruch arbeiteten, zu Hilfe gestellt. Für den Bau der Straßen und des Appellplatzes mussten alle Häftlinge Monate lang aus den Steinbrüchen Steine heranschleppen, aber auch Schotter und Sand (in ihren Mützen oder auf Tragegestellen), sie zogen auch schwere Walzen zum Ebnen der Flächen. Alle diese Arbeiten mussten sie im Laufschritt verrichten.

Entsprechend der Planung wurde das Lager im Spätherbst 1940 beendet. Es war in der Nähe der großen Überschwemmungsgebiete der Donau gelegen, an ihrem nördlichen Ufer, entlang der Straße Wien – Linz, zwischen den Orten Mauthausen und Sankt Georgen an der Gusen, im Gebiet der Gemeinde Langenstein, Bezirk Perg. Es umfasste ein ziemlich großes Viereck zwischen den Hügeln Kastenhof im Norden und Gusen im Osten sowie der Straße Mauthausen – St. Georgen im Süden und dem Weg Gusen – Mayrhof im Westen. Das ganze Gebiet war von Wärtern umstellt, die während der Arbeitszeit der Häftlinge die sog. große Postenkette bildeten. An der westlichen und östlichen Seite des Straßenabschnitts entlang des Lagers wurden Tafeln mit der Aufschrift „Reichsgebiet. Eintritt strengstens verboten" aufgestellt.

An der süd-westlichen Seite des Vierecks wurde auf einer Fläche von 5,4 ha das eigentliche Lager in Form eines Rechtecks mit den Seiten 360

KAPITEL 1

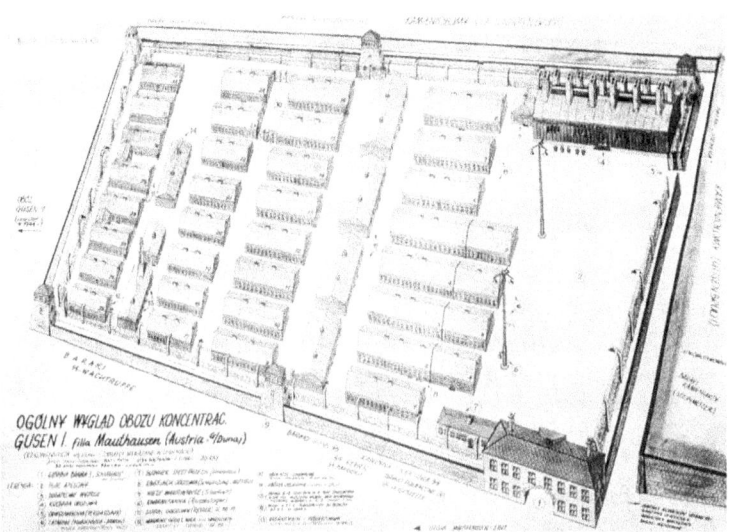

Abb. 4: Das Lager Gusen I im Jahr 1944, erstellt von Marian Sławiński.

LEGENDE LAGERPLAN 2

Hauptlegende (unten links):

ALLGEMEINE ANSICHT DES
KONZENTRATIONSLAGERS
GUSEN I – Zweigstelle von Mauthausen
(Österreich – Oberdonau)
(Rekonstruktion nach Plan, Änderungen
in Legende angemerkt)

Die Lagerfläche betrug 360 - 150 m
Häftlingsstand am 1.5.1945 - 20.487

1. Haupttor (Jourhaus)
2. Appellplatz
3. zusätzlicher Ausgang
4. Lagerküche
5. Entlausungsstelle (Vergasung)
6. Laternen (Galgen und Glocke)

7. Sonderbau
8. Schreibstube und Poststelle
9. Wachtürme (5 Bauwerke)
10. Quarantäne (Russenlager)
11. Lagerkrankenhaus (Revier)
Block 26-32
12. Effektenkammer sowie Schneider-
und Schusterwerkstatt
17. Aborte und Waschräume
(4 Querbaracken)
14. Badebaracke (fertiggestellt 1943)

15. Die Blöcke 6-8 wurden 1941
abgerissen,
an Ihrer Stelle wurden 2 gemauerte
einstöckige Gebäude,
Blöcke 6 und 7 errichtet, 1943
fertiggestellt.
16. Blöcke A, B, C, D wurden 1944 an
die Blöcke 2, 3, 4, 5 angebaut.
13. Krematorium und Pathologische
Abteilung
(und Erschießungsstätte bis 1943)

**Beschriftung um den Plan von links
oben im Uhrzeigersinn
(oberer und rechter Rand):**

Pfenning-Berg
Wirtschaftsbaracken
Schotterbrecher
Steinbruch (Kastenhofbruch)

Steyr-Hallen
Steinbruch (Gusenbruch)
Lokomotivhalle
Steinmetzbaracken

Baracken der SS-Kommandantur
Offizierskantine
Magazine, Werkstätten
Baracken (unleserlich)

**Beschriftung unterhalb des Lagers von
links nach rechts:**

Baracken der SS-Wachtruppe

(rechts von „9")
Wirtschaftsbaracken der SS
SS-Kantine und Küche
SS-Revier
Politisches Büro SD
SS-Baubüro
SS-Poststelle

Straße Mauthausen–Linz

Linker Rand (Mitte)

Lager Gusen II
(entstanden 1944)

29

x 150 m errichtet. Der süd-östliche Teil des Lagers war für den Appellplatz vorgesehen. Dort fanden alle Zählappelle der gesamten Lagerbelegschaft statt, dort sammelten sich die Arbeitskommandos vor dem Ausrücken zur Arbeit, ebenso fanden dort alle Strafübungen, das Strafestehen sowie öffentliche Hinrichtungen – außer Erschießungen – statt. Entlang der nord-westlichen Seite des Platzes wurden die Lagerküche und die Essensmagazine errichtet.

Auf der verbliebenen Fläche wurden 32 Baracken in Reihen zu je acht erbaut. Die Baracken 1 bis 24 waren Unterkunftsbaracken. In den Baracken 25 bis 32 wurden zunächst Magazine und Werkstätten untergebracht. Jede Baracke war eine eigene administrative Einheit, genannt Block. In einem Block wohnten Häftlinge von einem oder von ähnlichen Arbeitskommandos mit ihren Kapos.

Zwischen der ersten und der zweiten Barackenreihe wurden im Herbst 1940 Aborte und Waschräume gebaut, je einer für zwei Blocks. Zwischen den Blöcken 17 und 18 sowie 25 und 26 wurde eine Fläche für die Errichtung eines Krematoriums und einer Pathologischen Abteilung vorgesehen; die Flächen zwischen Block 19 und 20 sowie zwischen Block 27 und 28 – für die Duschen. Die Waschräume und Aborte für die Blocks 17 bis 24 wurden erst 1944 zwischen Block 21 und 22 bzw. 29 und 30 errichtet.

Jede Baracke hatte zwei Stuben, die mit A und B bezeichnet waren. Die Stuben im Ausmaß von 26,5 x 8 m hatten eine einfache Eingangstür und je 5 Fenster auf jeder Seite. Neben dem Stubeneingang gab es jeweils ein Kabuff, einen abgesonderten Raum von ungefähr 20 m² – in Stube A für den Block- und Stubenältesten, in Stube B für den Stubenältesten und den Blockschreiber.

In den Stuben, die anfänglich für je 150 Häftlinge vorgesehen waren, gab es keine Betten. Die Häftlinge schliefen auf dem Boden, auf einem Lager aus Stroh und Holzspänen. Gegen Ende 1940 begann man in jeder Stube je 50 dreistöckige Pritschen aufzustellen. Die hinteren Baracken erhielten erst Mitte 1941 Pritschen.

Seit Beginn 1941 wurden in den Wohnbaracken der Häftlinge, die in den Steinbrüchen und beim Ausbau des Lagers arbeiteten, in jedem Bett zwei Häftlinge untergebracht, wodurch der Personenstand der Blocks bis auf 500 oder 600 Häftlinge anstieg.

Die Straßen zwischen den Blocks waren mit Steinen und mit Schotter ausgelegt. Jeder Block, mit Ausnahme von Block 8, 16 und 24, versammelte sich morgens in seiner Straße vor dem Abmarsch zum Appellplatz;

KAPITEL 1

Abb. 5: Der Appellplatz, Foto nach der Befreiung.

hier wurden auch alle Kontrollen durchgeführt, hier mussten die Blockinsassen zur Strafe stundenlang stehen und Strafgymnastik machen, hier wurde die Suppe ausgeteilt.

Das Lager war zunächst mit Stacheldraht und einem Holzzaun umgeben, über diese Umzäunung ragten im Norden und Süden vier hölzerne Wachtürme. Im Sommer 1940 erbauten die Häftlinge rund um das Lager eine drei Meter hohe Steinmauer mit drei Wachtürmen auf der Nord- und zwei Wachtürmen auf der Südseite. Die 15 Meter hohen, im Grundriss quadratischen, 5 Meter breiten und langen, aus gehauenen Granit errichteten Türme hatten oben Schießstände, in denen Maschinengewehre aufgestellt und Alarmvorrichtungen installiert waren.

In das Lager gelangte man durch ein Tor, das in das mächtige Jourhaus, ein einstöckiges Gebäude in der süd-östlichen Ecke des Appellplatzes, eingebaut war. Dort befanden sich die Räumlichkeiten der Lagerleitung und im Keller das Gefängnis, mit einigen Zellen, Bunker genannt, im ersten Stock gab es einen Schießstand und Scheinwerfer.

Im Inneren war das Lager von einem 2,5 m hohen, mit Starkstrom geladenen Stacheldraht umgeben. Zwischen der Mauer und dem Stacheldraht patrouillierten ständig bewaffnete Wachen, das war die sog. kleine Postenkette.

VERNICHTUNGSLAGER GUSEN

Abb. 6: Wachturm, vermutlich Frühjahr 1943.

An die Südseite des Lagers schlossen die SS-Baracken, das SS-Führer- und das SS-Unterführerheim (Militärkasinos) an sowie ein kleiner Gemüsegarten. Sie befanden sich zwischen dem Lager und der Straße Mauthausen – St. Georgen. Auf der nördlichen Seite des Lagers waren die großen Gebiete des Steinbruchs Kastenhof, der sog. Unterbruch, etwas nördlicher, der obere Teil des Steinbruchs Kastenhof, der sog. Oberbruch und noch weiter der Steinbruch Pierbauer. Auf der westlichen Seite befand sich auf einer Anhöhe der Steinbruch Gusen. Die steilen Wände des Granitabbaus in den hohen Hügeln beschränkten auf diesen beiden Seiten den Horizont.

In den Steinbrüchen wurden die ersten Steinmetzhallen und die Hilfswerkstätten (Schmiede, Tischlerei, mechanische und elektrische Werkstatt) sowie Magazine gebaut. Eine Schmalspurbahn verband die Steinbrüche mit den Steinmetzhallen.

Es ist nicht bekannt, wer für die architektonische Planung des Lagers verantwortlich war. Als Autor dieses Plans gilt der erste Lagerführer, Karl Chmielewski. Wahrscheinlich brachte er bei der Planung des Lagers die mehrjährigen Erfahrungen aus anderen, in Deutschland früher gebauten Konzentrationslagern mit ein.

Abb. 7: Jourhaus, Mauer und Stacheldrähte, Photographie aus dem Jahr 1945.

Nach diesem architektonischen Konzept des Lagers sollten alle Einrichtungen der grundlegenden Aufgabe dienen, für welche die Lager geschaffen wurden: Die gesamte Häftlingsbelegschaft des Lagers sollte in kurzer Zeit durch mörderische Sklavenarbeit vernichtet werden, dabei sollten die für diese Vernichtung Verantwortlichen vollkommen sicher sein und die Möglichkeit zur totalen Kontrolle über Leben und Tod der Häftlinge haben. Dies ging aus der Anordnung der Lagerstraßen hervor, die eine geordnete Aufstellung der Arbeitskolonnen und ihren raschen Marsch zum Appellplatz oder zu ihren Arbeitsstätten ermöglichte und gleichzeitig den SS-Männern den Zugang zu jeder Baracke und den Wachmännern auf den Wachtürmen die genaue Beobachtung der Häftlinge erleichterte.

Die Bauweise des Lagers sollte dem ankommenden Häftling jeden Gedanken an eine Flucht oder eine Rebellion von vornherein nehmen. Die Aussichtslosigkeit seiner Situation sollte der Häftling sofort beim Betreten des Lagers spüren. Er musste begreifen, dass er von den bewaffneten Wärtern von oben beobachtet wird, die bei der kleinsten verbotenen Geste schießen würden und dass ein Gedanke an Flucht über den Stacheldraht, die Postenkette und die hohe Mauer keinen Sinn hätte.

Die Baracken waren die ersten zwei Winter lang nicht untermauert, die aus einzelnen Brettern bestehenden Wände schützten nicht vor Kälte und das Dach aus Pappe hielt die Hitze nicht ab.[14] Die provisorischen Waschräume und Latrinen wurden in einem Abstand von mehr als 50 Metern vom Barackeneingang aufgestellt. So weit musste der Häftling in der Nacht, nur mit einem Hemd bekleidet, gehen, wenn seine Verdauung, seine Nieren oder Harnblase nicht funktionierten; er riskierte dabei eine Verkühlung und letztendlich den Tod.

Die „Funktionalität" dieses Vernichtungslagers war also offensichtlich. Das Konzept wurde noch durch das lokale Mikroklima unterstützt. Das von Bergen umgebene Tal in Gusen hatte ein besonders unangenehmes Klima, sowohl im Sommer wie im Winter. Starke Winde, kühle Nächte sogar im Spätfrühling, Dunst über dem sumpfigen feuchten Boden, Nebel über der Donau und ihren Überschwemmungsgebieten, Winde aus Nord und Ost und dabei eine fast tropische Hitze im Sommer setzten den Häftlingen stark zu, besonders den älteren und wetterfühligen.

Als das mit Polen gefüllte Lager 1940 mit der wirtschaftlichen Produktion begann, wurde eine gemeinsame Verwaltung mit dem Hauptlager Mauthausen für die Lagerleitung mühsam. So wurden nach und nach die Kompetenzen des Lagerführers von Gusen erweitert, und bald konnte das Lager ziemlich autonom funktionieren.

Anfangs hatte Gusen kein eigenes Krematorium und kein eigenes Lagerkrankenhaus, es gab jedoch zahlreiche Arbeitsunfälle und Todesfälle unter den Häftlingen. Die Leichen der Toten wurden zunächst ins Krematorium Steyr gebracht, später nach Mauthausen. In der Folge wurde ein Krankenhaus, genannt Revier, eingerichtet, dem man einen Lagerarzt zuteilte, und ein Krematorium gebaut; dem Revier wurde eine Pathologische Abteilung angeschlossen.

Zunächst war Block 24 als Revier vorgesehen, aber schon 1940 erwies er sich als zu klein, so dass die Blocks 29 und 30 dem Revier hinzugefügt wurden, im Jahr darauf auch die Blocks 27, 28 und 31; Block 24 hingegen wurde wieder als Unterkunftsbaracke verwendet. Von da an war das Revier eine geschlossene Einheit der Blocks 27 bis 31, vom übrigen Lager durch Stacheldraht abgegrenzt und dem Lagerarzt unterstellt. Während der Typhusepidemie wurde die Stube B von Block 26 in eine Typhusabteilung umfunktioniert.

Im Sommer 1941 wurden die Kanalarbeiten beendet, eine Quellwasserentnahme und Brunnen außerhalb des Lagers gebaut und eine Abwasserleitung in die benachbarten Donauzuflüsse errichtet. Geplant wurden Desinfektionseinrichtungen, eine Wäscherei und wahrscheinlich auch Gaskammern innerhalb des Lagers an der Stelle, wo sich vorher Block 6, 7 und 8 befanden. Nachdem diese Baracken abgerissen worden waren, begann man mit dem Bau von zwei großen einstöckigen gemauerten Gebäuden. Im Herbst dieses Jahres wurden die Bauarbeiten jedoch eingestellt.

Da die Typhusepidemie abgeklungen war, wurde auf die Errichtung von weiteren Sanitäranlagen verzichtet, zum Vergasen von Häftlingen wurde das in der Nähe des Lagers gelegene Schloss Hartheim genutzt. Die Entlausung der Häftlingsbekleidung wurde in einer kleinen Baracke neben der Küche durchgeführt. Zwischen den Baracken 19 und 20 sowie 27 und 28 wurden Duschen unter freiem Himmel installiert, die erst im Frühjahr 1943 mit Brettern umgeben und mit einem Dach versehen wurden.

Im Oktober 1941 wurden die Baracken 13 bis 16 sowie 21 bis 24 vom Komplex der Häftlingsunterkünfte abgetrennt und mit einem Stacheldraht umgeben. Dort wurde das Kriegsgefangenenarbeitslager für sowjetische Kriegsgefangene eingerichtet. Das war ein vom Gesamtkomplex abgegrenztes Sonderlager, in dem die Kriegsgefangenen zunächst durch

VERNICHTUNGSLAGER GUSEN

Abb. 8: Steinbrecher.

Hunger, dann durch Arbeit und schließlich durch Giftgas getötet wurden. Dieses Lager existierte vom 24. Oktober 1941 bis zum Frühjahr 1943 als eine eigene Organisationseinheit, mit einer eigenen Leitung, eigenem Wachpersonal, Funktionären (Lagerältester, Blockältester, Schreiber) und eigenem Sanitätspersonal (Revier mit Ärzten und Sanitätern).

1941 waren die wichtigsten Vorbereitungsarbeiten für den Tagebau im Unterbruch und Oberbruch von Kastenhof beendet. Ausgebaut wurden hingegen die Steinbrüche Pierbauer und die sog. Westerplatte in Gusen. Mit der abgetragenen Erde vom Tagebau in Kastenhof wurde eine Terrasse aufgeschüttet, die allmählich den Raum zwischen dem Lager und dem Steinbruch ausfüllte. Darauf wurden später die wichtigsten Produktionsstätten des Lagers gebaut (Steinmetzhallen, Steinbrecher), das Bahnnetz und Straßen.

1942 konzentrierten sich die Investitionstätigkeiten auf die Errichtung des Steinbrechers (um verschiedene Steinkörnungen zu produzieren) sowie einer Bahnlinie, die das Lager mit dem Bahnhof St. Georgen verband. In den Steinbrüchen selbst wurde das Netz der Schmalspurbahnen ausgebaut (mit 60 und 90 cm Breite), welche alle Abbaustellen mit den Steinmetzhallen verbanden und diese mit der Rampe der Breitspurbahnlinie. Auf der Bahnrampe wurden Schüttgeräte als Hilfe beim Steinladen aufgestellt. Die Steinbrüche wurden durch eine Schmalspurbahn auch mit Mauthausen verbunden. Diese diente dazu, die Produktionsbetriebe des Lagers mit technischen Geräten zu versorgen und die Steinproduktion des Lagers abzutransportieren. bvnbvnbvvb

In unmittelbarer Nähe des Lagers, auf seiner Westseite, wurde ein Barackenkomplex als zentrales Kleidermagazin der Waffen-SS erbaut.[15] Ein Nebengleis mit einer gesonderten Rampe verband diesen Komplex mit St. Georgen. In diesen Magazinen wurden Offiziers- und Soldatenuniformen der SS sowie Wäsche und Decken, die in anderen KZ hergestellt wurden, aufbewahrt. Es arbeiteten dort Häftlinge aus Gusen. Gleichzeitig wurde eines der neben den Steinbrüchen errichteten Magazine dazu verwendet, die Beute aus den eroberten Ländern zu horten: Silber, Keramik, Lampen, Uhren, Weine, Liköre und Cognac.[16]

Für den internen Bedarf des Lagers wurden ziemlich große Werkstätten errichtet für Schneider, Schuster, Socken- und Wäschestopfer, es gab auch Spezialräume für eine Kaninchenzucht und für die Hunde. Auch die Gemüsegärten wurden vergrößert, um den Bedarf des SS-Führerheimes zu decken.

1942 war der Bau des Lagers und seiner Infrastruktur weitgehend beendet. Es gab bereits den riesigen Steinbruch, in dem 2.800 Steinmetze arbeiteten und ca. 15.000 m³ Granit produziert werden konnten, aus dem an Ort und Stelle Bau- und Straßensteine gemacht wurden.[17]

Anlässlich der in den Jahren 1941-1942 realisierten Investitionen konnte die Lagerleitung 6.000-7.000 Häftlinge zur Sklavenarbeit in einem riesigen Produktionsbetrieb zur Gänze ausnützen. So konnten die Häftlinge problemlos durch Arbeit vernichtet werden. Die in den darauf folgenden Jahren getätigten Investitionen, welche das Lager in ein riesiges Produktionszentrum der Kriegsindustrie verwandelten, haben die Vernichtungsfunktion des KZ grundsätzlich nicht gemildert, obwohl es vorwiegend der Steigerung der Produktion für die Kriegsmaschinerie des Dritten Reiches dienen sollte.

Die Niederlagen an den verschiedenen Kriegsfronten zwangen Hitlerdeutschland zu einer totalen Mobilisierung aller Produktionskräfte für die Rüstungsindustrie. In diese Mobilisierung wurden auch die Konzentrationslager eingebunden. In Österreich wurde Gusen zu einem der ersten und größten Produktionszentren für den Kriegsbedarf. Die Umwandlung der riesigen Erzeugungsstätte von Bausteinen in eine Fabrik zur Herstellung von Maschinenpistolen dauerte lediglich einige Wochen.

1943 wurde ein Teil der Steinmetzhallen in Produktionshallen für die Steyr-Daimler-Puch AG umgewidmet. Im selben Jahr begann man auch spezielle Produktionshallen und Stollen (unterirdische Tunnels) im Steinbruch Kastenhof für diese Firma zu errichten.

1944 wurde ein anderer Teil der Hallen der Firma Messerschmitt übergeben, und auch für diese Firma begann man riesige Stollen in die Felsen bei St. Georgen zu graben. Die Produktionsbasis für beide Betriebe wurde bis zum Ende des Krieges ausgeweitet.

Gleichzeitig wurde auch das Lager ausgebaut. Im Frühjahr 1943 wurden die zwei großen gemauerten einstöckigen Blocks fertiggestellt, mit deren Bau 1941 begonnen worden war. Sie bekamen die Bezeichnung Block 6 und 7. Sie wurden als Wohnräume zunächst für eine kleine Gruppe sowjetischer Häftlinge aus dem aufgelösten Kriegsgefangenenlager adaptiert, später wohnten dort Häftlinge, die bei Steyr-Daimler-Puch und Messerschmitt beschäftigt waren. In den neuen Blocks wurden ca. 3.000 Häftlinge untergebracht. Im Mai 1943 gab es mehr als 9.000 Häftlinge in Gusen.

Im Zuge des weiteren Ausbaus der Messerschmitt-Werke wurde 1944 auch das Lager wieder ausgebaut. Zu Beginn des Frühjahrs 1944 wurden auf dem Appellplatz vier Holzbaracken errichtet, die mit A, B, C und D bezeichnet wurden. Sie grenzten an die früheren Blocks 1, 2, 3 und 4. Dadurch wurde die Unterbringung von weiteren 2.000 Häftlingen möglich. Die sanitären Anlagen wurden jedoch nicht ausgebaut – die Bewohner der neuen Blocks mussten die früher errichteten Waschräume und Latrinen benützen, die schon vorher nur mit Müh und Not für eine geringere Häftlingszahl ausreichten.

Gleichzeitig mit der Errichtung der Blocks auf dem Appellplatz begann man mit dem Umbau der schon zuvor auf der westlichen Seite des Lagers, bereits auf dem Gebiet der Gemeinde St. Georgen, erbauten Baracken (anfänglich als zentrale Kleidermagazine für die Waffen-SS gedacht) in Räumlichkeiten für ein neues Lager – Gusen II. Die Anzahl der Baracken in diesem Lager wurde stufenweise auf 28 erhöht, eine Kanalisation wurde gebaut und provisorische Lagerstraßen wurden abgesteckt.

Gusen II wurde am 9. März 1944 eröffnet. Das neue Lager war eine Filiale von Gusen I – es teilte sich mit diesem die gemeinsame Lagerschreibstube und Politische Abteilung, die Effektenkammer der Häftlinge und die Verpflegung, dieselbe SS-Mannschaft, und es war mit derselben großen Postenkette umgeben. In Gusen II gab es nur eine Baracke, die als

KAPITEL 1

Ambulatorium diente, die Kranken von Gusen II kamen in das Revier von Gusen I.

Das Leben in Gusen II war fast ebenso primitiv wie in Gusen I im Jahr 1940. Im Herbst 1944 und im Winter 1944/45 lebten in Gusen II unter schrecklichsten Bedingungen zwischen 12.000 und 17.000 Häftlinge – durchschnittlich je vier Häftlinge pro Pritsche, die in zwei Schichten genützt wurden, einer Tages- und einer Nachtschicht. Gemäß der neuen von der SS-Zentrale eingeführten Nomenklatur war Gusen II ein Arbeitslager der Waffen-SS; in amtlichen Schreiben wurde es als Bergkristall oder Bergkristallfertigung bezeichnet.[18] Die Eile, mit welcher dieses Lager eingerichtet wurde, schlug sich in den Lebensbedingungen der Häftlinge nieder. Es war dies ein ziemlich chaotisch entlang der Bahnrampe aufgestellter Barackenkomplex, umgeben mit einem Doppelzaun aus Stacheldraht, der unter Starkstrom stand.

1944 wurde auch mit der Errichtung von Gusen III in Lungitz bei der Ortschaft Katsdorf-Lungitz, in der Gemeinde Gutau, Bezirk Freistadt, begonnen.[i] Ab 1940 gingen (manchmal wurden sie auch transportiert) täglich von Gusen nach Lungitz zwei sog. Außenarbeitskommandos, die in der dortigen Bäckerei und beim Bau eines Ziegelwerkes arbeiteten. 1944 wurde das Ziegeleigebäude in Lungitz in ein Magazin für Teile der Messerschmitt Flugzeugrümpfe, die in den Stollen von St. Georgen montiert wurden, umgewidmet. Für die Häftlinge, die dort arbeiteten, wurde eine erste Baracke errichtet – der Anfang eines neuen Lagers. Die Eröffnung von Gusen III erfolgte am 16. Dezember 1944. Ähnlich wie Gusen II war auch dieses Lager eine Filiale von Gusen I und hatte mit diesem die Lagerschreibstube, die Politische Abteilung, das Krankenrevier und die Verpflegung gemeinsam, aber eine eigene Postenkette. In Gusen III lebten ca. 300 Häftlinge.

Laut den Meldungen des Kommandanten des KZ Mauthausen war der gesamte Komplex der Lager Gusen I-II-III für 25.000 Häftlinge geplant, aber im Februar und März 1945 waren dort über 26.000 Häftlinge untergebracht.[19]

Gusen I und II hatten inklusive der Produktionsräume (ohne Stollen in St. Georgen) die Form eines unregelmäßigen Mehrecks, deren am wei-

---

i   Hier liegt eine Verwechslung vor. Der Standort Lungitz des Außenlagers Gusen III gehört zur Gemeinde Katsdorf im Bezirk Perg. Der Ort Lungitz in der Gemeinde Gutau, Bezirk Freistadt steht in keiner Verbindung zum Konzentrationslager Gusen.

testen voneinander gelegene Punkte nur einen Kilometer entfernt waren. Auf einem Gebiet, das nicht größer als 1 km² groß war, lebten und arbeiteten anfänglich ca. 9.000, später dann ca. 30.000 Personen (inklusive der SS-Mannschaft); drei riesige Industriebetriebe mit einer Belegschaft, die mehrere tausend Personen zählte und ganz verschiedene Dinge produzierte, waren dort tätig.

Die Arbeiten, zu denen die Häftlinge gezwungen wurden, waren mannigfaltig. Neben der Produktionstätigkeit in den Steinbrüchen und der Rüstungsindustrie gehörten dazu noch: der Bau der Stollen in St. Georgen, die Regulierung des Gusen-Flusses, die Errichtung der Dämme an der Donau, die Wohnsiedlungen in St. Georgen für die SS-Führer und die Direktion der Steinbrüche, die Eisenbahnstrecke Gusen – St. Georgen, die Ziegelei und die Bäckerei in Lungitz-Katsdorf, die Ausgrabungen in Spielberg. Die Gesamtheit all dieser Arbeiten lässt erahnen, wie sehr die Landschaft in Gusen infolge der Sklavenarbeit der Häftlinge des Konzentrationslagers Gusen verändert worden ist.

KAPITEL 2

II. GUSEN – EIN UNTERNEHMEN DER SS

Die Entstehung der DESt

Die Deutsche Erd- und Steinwerke GmbH (DESt) wurde am 29. April 1938 in Berlin von SS-Brif. Oswald Pohl, Chef des Wirtschaftsverwaltungshauptamtes (WVHA) in der Reichsführung SS (RFSS) gegründet. Das Stammkapital des Unternehmens, das Steinbrüche, die Millionen Mark wert waren, übernehmen sollte, wurde lediglich mit 20.000 RM angenommen. Das Gründungsdatum der Gesellschaft steht im Zusammenhang mit einer Reise Heinrich Himmlers nach Wien einen Monat vorher und seinem Aufenthalt in Mauthausen und Gusen; dies scheint umso wahrscheinlicher, als er während dieser Reise und bei der Besichtigung der Steinbrüche von Oswald Pohl begleitet wurde.[i]

Auf Anweisung Pohls nimmt SS-Ostf. Arthur Ahrens, der bald darauf Mitbegründer der DESt und „Partner" Pohls werden sollte, bereits am 7. April 1938 Gespräche mit der Verwaltung der Stadt Wien auf. Es geht dabei um die Übernahme durch die SS Zentrale der Steinbrüche Wiener Graben und Marbacher Bruch (nicht in Betrieb) sowie des Steinbruchs Bettelberg, den die Wiener Stadtverwaltung betreibt. Die Stadt Wien stimmt der Übergabe der Steinbrüche in Mauthausen an die RFSS zögerlich zu. Am 5. Mai schließt der Wiener Bürgermeister mit der SS einen Vorvertrag über die Vermietung der Steinbrüche. In diesem Vertrag verpflichtet sich die SS, an die Stadt Wien einen Pachtzins in Höhe von 5.000 RM zu bezahlen und es der Stadt zu erleichtern, sich mit den in Mauthausen abgebauten Steinen zu versorgen. Am 16. Mai 1938 pachtet die SS die Steinbrüche Wiener Graben und Marbacher Bruch, stellt 30 zivile Arbeitskräfte ein und nimmt sie in Betrieb.

---

i Die Vorgeschichte der Gründung der DESt geht zurück bis ins Jahr 1936 und steht in Zusammenhang mit der Gründung des KZ Buchenwald im Jahr 1937. Buchenwald war das erste Konzentrationslager, in dem KZ-Häftlinge in großer Zahl in der Baustofferzeugung für die Prunkbauten des Reiches zur Zwangsarbeit eingesetzt wurden. In der Folge wurden weitere Baustoffbetriebe der SS in der Nähe großer Konzentrationslager errichtet, die ab April 1938 in der DESt als Betreibergesellschaft zusammengefasst waren. Zur Geschichte der DESt siehe: Hermann Kaienburg: Die Wirtschaft der SS. Berlin: 2003, S. 603–770.

Als die DESt als Unternehmen durch die entsprechenden Behörden ins Handelsregister eingetragen wird (10. Juni 1938), kauft die SS die gepachteten Steinbrüche und entledigt sich somit ihrer Verpflichtung gegenüber der Stadt Wien.[20]

Im Juni 1938 führt Pohl im Namen der DESt Gespräche mit der Leitung der Deutschen Arbeitsfront über die Finanzierung des Baus eines Konzentrationslagers in Österreich. Bei diesen Gesprächen verhehlt Pohl nicht, dass in diesem Lager „die Häftlinge Baumaterial für Bauten des Dritten Reichs produzieren werden, wobei die Anzahl dieser Häftlinge im Zuge des Anschlusses Österreichs wesentlich ansteigen soll."[21]

Auf diese Weise wurden die wirtschaftlichen Ziele der politischen Entscheidungen enthüllt: die österreichischen Feinde Hitlerdeutschlands werden Baumaterial für architektonische Denkmäler des Dritten Reiches liefern.

Diese Denkmal-Bauten haben ihre eigene Entstehungsgeschichte. Albert Speer, der Generalbauinspekteur für die Neugestaltung der Reichshauptstadt Berlin, Hauptarchitekt und ab 1942 Reichsminister für Bewaffnung und Munition, schreibt in seinen *Erinnerungen*, wie nach und nach Projekte zur Verewigung der Herrschaft Hitlers durch Errichtung riesiger Bauten entstanden. Die Ideen dafür kamen von Speer. Er genoss das volle Vertrauen Hitlers, der seine Initiativen nicht nur unterstützte, sondern mit eigenen Ideen noch bereicherte. „Ihr Mann," sagte Hitler zu Speers Gattin, „wird für mich solche Bauten errichten, wie sie seit vier Jahrtausenden nicht mehr entstanden sind."[22]

Diese kolossalen Bauten, das waren:

1) das Nürnberger Stadion für 400.000 Zuschauer – 550 m lang, 460 m breit, mit Sporthallen in der Größe von 8.500.000 m^3 (drei Mal größer als die Cheops Pyramide);

2) der Umbau Berlins, insbesondere neue Gebäude rund um den Adolf-Hitler-Platz in Berlin: die Kanzlei der NSDAP, der Sitz des Oberkommandos der Wehrmacht und eine Versammlungshalle (für 150.000 bis 180.000 Stehplätze) mit einer Größe von 21.000.000 m^3; weitere Repräsentationsbauten in Berlin: der Zentralbahnhof mit einem riesigen Bahnhofshof im Ausmaß von 330 x 1.000 m, ein Triumphbogen in der Größe 170 x 119 x 170 m.

3) der Umbau von Nürnberg, München, Linz und 27 anderen deutschen Städten.

Hitler gestand Speer, dass es sein einziger Wunsch wäre, den Augenblick zu erleben, wenn diese Bauten fertig sein würden.[23]

Das Gesamtkonzept der Riesenbauten des Reichs wurde 1938 angenommen und ihre Fertigstellung für 1945-1950 festgelegt, wobei das Nürnberger Stadion als erstes fertig sein sollte, für den Parteitag der NSDAP im Jahr 1945.

Für die riesigen Bauwerke brauchte man viel Steinmaterial, u.a. weißen Granit, besonders für die Auskleidung der Tribünen des Nürnberger Stadions. Die im Eigentum der DESt stehenden Mauthausener Steinbrüche konnten unbegrenzte Mengen dieses Materials liefern. Sie konnten im übrigen für Speer auch noch andere Arbeiten durchführen. Sah doch der Gesellschaftsvertrag der DESt vor, dass das Unternehmen die Steinbrüche betreiben, Ziegel und Klinker produzieren, Straßen errichten und sämtliche Erd- und Steinarbeiten durchführen würde.

Darüber hinaus war im Gesellschaftsvertrag die Übernahme ähnlicher Betriebe oder eine Beteiligung an solchen Betrieben vorgesehen, was darauf hindeutete, dass die Gründer der DESt nach einer Monopolisierung dieses Produktionszweiges strebten.[24]

Himmler und Pohl nützten die Gelegenheit: Sie sicherten Speer die Lieferung verschiedener Baumaterialien (Granit, Ziegel, Klinker) für einen Zeitraum von 10 Jahren zu. Im Gegenzug erhielten sie von Speer, als dem Generalbauinspekteur für die Neugestaltung der Reichshauptstadt, ein unverzinstes Aufbaudarlehen in Höhe von 9.500.000 RM (davon bereits in den Jahren 1938-1939 die Summe von 4.700.000 RM), das als Anzahlung angesehen wurde und mit den Lieferungen der Baumaterialien abbezahlt werden sollte.

Gleichzeitig zapften sie weitere Geldquellen an. Als Chef des Verwaltungsamtes des Deutschen Roten Kreuzes verfügte Pohl über größere Geldmittel. So wurden von den Beiträgen für das Deutsche Rote Kreuz 8.000.000 RM an die SS-Spargemeinschaft e.V. überwiesen, welche wiederum 1939 dieses Geld an die DESt überwies.[25] Mit dem Aufbaudarlehen Speers und den Krediten vom Deutschen Roten Kreuz konnte die DESt große Investitionen in Mauthausen und Gusen und danach in anderen Konzentrationslagern tätigen. Man muss jedoch betonen, dass das KZ Mauthausen das erste Lager war, wo die DESt ihre Tätigkeit als Steinlieferant für die Großbauten des Reiches entfaltete.

In den Jahren 1938-1942 lieferte die DESt an Speer, der zu jener Zeit Hauptarchitekt des Deutschen Reiches war, die gesamte Produktion aus ihren zahlreichen Steinbrüchen und Kieswerken in Mauthausen, Gusen,

Flossenbürg, Groß-Rosen, Natzweiler und Bliżyn (Polen), aus ihren Ziegelwerken in Auschwitz, Berlsted (Außenlager von Buchenwald), Brenkowice-Babice (Außenlager von Auschwitz), Buchenwald und Dessau sowie aus den Klinkerwerken in Neuengamme, Rajsko, Reinmansfelde, Stutthof, Sachsenhausen und Treblinka.

In diesem riesigen Unternehmen spielte Gusen eine wesentliche Rolle. Seine Steinbrüche lieferten 1943 15.000 m³ Granit und beschäftigten 2.800 Steinmetze. Das Sortiment der Steinbruchproduktion war sehr groß und reichhaltig. Bausteine, Granitblöcke, Steinplatten, Treppenstufen, Fensterumrahmungen – das waren für die Leitung der DESt die interessantesten Produkte, da sie den größten Gewinn brachten. Die in den Steinmetzhallen beschäftigten Häftlinge wussten, dass die von ihnen bearbeiteten Steine nach Nürnberg, für den Bau des Riesenstadions des Reichs, geliefert werden.

In dem Maße jedoch, wie die Straßen und Eisenbahnlinien im Reich von Bomben der Alliierten und durch große Panzerbewegungen zerstört wurden, nahm die Produktion von Straßenbausteinen zu: Straßenschotter, Zuschlagstoffe, Kies und Kiessand (steinerne Unterlage für Asphalt). Für die Produktion von Straßenbausteinen wurden ein Steinbrecher mit einer Kapazität von 150 t Schotter täglich sowie ein Nebengleis für einen schnelleren Abtransport gebaut.[i]

Sowohl die Bau- wie die Straßenbausteine wurden an staatliche Institutionen verkauft. Die Umsätze der Firma wuchsen schnell.

Für Baumaterialien nahm die DESt in den aufeinander folgenden Jahren folgendes ein:[26]

Jahr	Zusammen	davon für Granit
1938	133.000 RM	133.000 RM
1939	1.589.000 RM	1.497.000 RM
1940	2.143.000 RM	1.716.000 RM
1941	5.169.000 RM	4.547.000 RM
1942	9.162.000 RM	6.940.000 RM
1943	14.822.000 RM	8.998.000 RM
1944 (Jän.–Nov.)	29.848.800 RM	mehr als 21.000.000 RM

---

i   Vgl. dazu auch: Hermann Kaienburg: Die Wirtschaft der SS. Berlin: 2003, S. 629ff.

Leider wissen wir nicht, wie die gesamten Umsätze und Gewinne der DESt in den Jahren 1944-1945 waren. Bekannt ist nur, dass die DESt in ihren Büchern niedrigere Gewinne, die 15% ihrer Umsätze nicht überschritten, angegeben hat, um einer Steuerprogression zu entgehen. Sogar bei den vorsichtigsten Berechnungen betrugen die Gewinne für die Jahre 1939-1944 um die 5.000.000 Reichsmark.

Himmler interessierte vor allem das Wachstum des Produktionspotentials, welches durch die Sklavenarbeit der Häftlinge erreicht wurde. Er betrachtete die Betriebe als für ewig gegründet und als ein Modell für zukünftige staatliche Unternehmen. Die Kriegserfolge machten es dem Deutschen Reich möglich, enorme Vorräte an Arbeitskräften aus fast ganz Europa zu nutzen. Die Errichtung riesiger Industriebetriebe und daneben ganzer primitiver „Lagerstädte" ließ daher den Schluss zu, dass in nächster Zukunft die Gewinne um ein Vielfaches wachsen würden.

Da das Deutsche Reich einen baldigen Sieg und das Ende des Krieges erwartete, und danach eine intensive Realisierung der riesigen Bauvorhaben, schloss es Mitte September 1941 Lieferverträge für Granit mit Schweden, Norwegen und Finnland ab, wobei die uns bekannten Größenordnungen dieser Bestellungen auf enorme Investitionsvorhaben schließen lassen. Schweden sollte 5.300.000 m^3 bearbeiteten Granit und 4.210.000 m^3 Rohgranit liefern, Norwegen – 9.270.000 m^3 bearbeiteten Granit und 2.400.000 m^3 Rohgranit. Im Vergleich zu den 100.000 m^3 Granit, die Pohl jährlich in den Steinbrüchen des Reiches herstellen wollte, war der Bedarf für das Bauwesen um ein Vielfaches größer. Die Bearbeitung des importierten Rohgranits sollte Fremdfirmen übertragen werden. „An die führenden Firmen der norwegischen, finnischen, italienischen, belgischen, schwedischen und holländischen Steinindustrie wurden für dreißig Millionen RM Aufträge vergeben," erinnert sich Speer.[27] Der Absatz der Steinbruchproduktion der DESt war demnach gesichert.

Die Entstehung des SS-Wirtschaftsimperiums

Da Pohl den steigenden Bedarf an der Produktion aus den SS-Unternehmen voraussah, baute er mit Himmlers Genehmigung diese Betriebe aus, übernahm einige Keramikwerke in Deutschland und der Tschechei, Zementwerke in Schlesien (Goleszów) und Ziegeleien in Großpolen (Posen). Im Generalgouvernement (Auschwitz, Majdanek, Treblinka und andere) und in den besetzten baltischen Republiken der UdSSR (Riga, Kovno, Vaivara in Estland) errichtete er riesige Konzentrationslager mit einem Netz von Außenlagern und nahm dort Produktionswerke der DESt oder anderer SS-Unternehmen in Betrieb.

Er weitete auch das Sortiment der Produktion aus. In Holzbetrieben wurden für die Konzentrationslager und neuen Siedlungen der deutschen Aussiedler Baumaterialien und Fertigteile für den Bau von Häusern und Baracken hergestellt, des weiteren Holzmöbel (Betten, Pritschen, Kästen, Regale usw.), ebenso Bautischlerprodukte (Fenster, Türen), darüber hinaus Munitionsanhänger für die Wehrmacht und SS-Einheiten sowie kleine Produkte wie Löffel, Bürstenrahmen und ähnliches. Für dieselben Kunden wurden in Metallbetrieben Waren aus Blech hergestellt (darunter auch Munitionsanhänger), aber auch Kunstgegenstände. Für die SS und die Wehrmacht wurde Brot gebacken, es gab Schneiderwerkstätten für die Uniformen, Webereien, Spinnereien und ähnliches. Daneben wurden auch Kräuterplantagen angelegt, wo sog. „Ersatzstoffe" z.B. für Tee oder Kaffee gepflanzt wurden, wie die berühmten Kräutergärten und die Pfeffermühle beim KZ Dachau. Zahlreiche Mineralwasserquellen wurden übernommen, vorwiegend im Protektorat Böhmen und Mähren, aber auch 30 riesige landwirtschaftliche Betriebe, 10 Forstbetriebe und 16 Fischereibetriebe, vor allem im Generalgouvernement (39 Betriebe) und im besetzten Teil der UdSSR.

Die gesamte Produktion war in zwei Unternehmen konzentriert. Das erste ist am 23. Januar 1939 entstanden und hieß Deutsche Versuchsanstalt für Ernährung und Verpflegung GmbH (VAEV). Gründer dieser Gesellschaft waren die DESt und ein Beamter des SS-Verwaltungsamts (SS-VA).[i] Das zweite trug den verheißungsvollen Namen Deutsche Ausrüstungswerke GmbH (DAW) und entstand am 3. Mai 1939, ebenfalls in Berlin. Auch diese Gesellschaft wurde von der DESt, diesmal zusammen mit Dr. Salpeter, dem Leiter der Rechtsabteilung im SS-VA gegründet.[ii] Es wurden dort keine Waffen hergestellt, jedoch Rüstungsteile, solche wie Munitionsanhänger und Gestellwagen, außerdem diverse Haus-

---

i   Laut Hermann Kaienburg trat allein die DESt als Gründerin auf, das Stammkapital wurde von Arthur Ahrens als Vertreter der DESt und Walter Salpeter, Mitgesellschafter der DESt und leitender Beamter im SS-Verwaltungsamt (später Hauptamt Verwaltung und Wirtschaft), aufgebracht. Die Gründung erfolgte im Auftrag Pohls. (Vgl. Kaienburg: Die Wirtschaft der SS, S. 773; zur Geschichte der VAEV siehe ebd., S. 771-856.)

ii   Zur Geschichte der DAW siehe: Kaienburg: Die Wirtschaft der SS, S. 857-935.

haltsgeräte aus Holz. Die Umsätze der DAW im Jahre 1943 beliefen sich auf 23.204.000 RM.

1940 gründete Pohl noch ein Unternehmen – die Gesellschaft für Textil- und Lederverwertung GmbH (Texled)[i], um Textilstoffe und Bekleidung sowie Leder und Lederwaren herzustellen. Für dieses Unternehmen wurden in allen Konzentrationslagern Haare der Häftlinge gesammelt. 1943 betrug der Umsatz der Texled 8.413.500 RM. Bis Ende des Krieges stellte Pohl 40 Unternehmen auf die Beine, zu denen 150 Fabriken und Betriebe gehörten.

Im Juli 1940 vereinigte Pohl alle zuvor gegründeten Unternehmen zu einer großen Holding mit der Bezeichnung Deutsche Wirtschaftsbetriebe (DWB). Neben Pohl war ihr Mitbegründer ein Untergebener Pohls, Georg Lörner. Im Vergleich zu den vorherigen Unternehmen war diese Holding ein starker wirtschaftlicher Organismus. Das anfängliche Stammkapital betrug 100.000 RM, es wurde allmählich auf 1.700.000 RM erhöht (1940), danach stufenweise auf 7.000.000 RM (1940), 12.000.000 RM (1942) und 16.000.000 RM (1943). Der Sitz der DWB befand sich in Berlin.[28]

Das Tempo, mit welchem Pohl die SS-Wirtschaft ausbaute, zeugt von seinem Organisationstalent. Die Geldmittel, die er für diesen Ausbau erhielt, machen deutlich, wie die Macht der SS im politischen Leben des Reiches wuchs.

Von der Dresdner Bank erhielten die einzelnen Unternehmen der SS insgesamt ca. 30.000.000 RM, von der Prager Escompte-Bank – 1.650.000 RM, von der Golddiskontobank – 16.000.000 RM, vom sog. Reinhart-Fonds (Verwaltung der den deutschen Juden konfiszierten Vermögen) – 30.000.000 RM. Wenn man dazu die Anzahlung Speers in Höhe von 9.500.000 RM und die 8.000.000 RM aus dem Fonds des Deutschen Roten Kreuzes, von denen bereits die Rede war, hinzuzählt, dann betrugen die öffentlichen Mittel, die man Pohl für den Aufbau der SS-Unternehmen zur Verfügung stellte, mindestens 95.000.000 RM.[29] Sie wurden zweckgebunden investiert und brachten Gewinne. Der Umsatz der in den DWB vereinten Unternehmen betrug 1943 86.700.000 RM und der Gewinn, nach Abzug der stillen Investitionsreserven und anderer Rücklagen, 12.300.000 RM. Ein Großteil dieses Gewinns wurde nach Entrichtung der Steuern und der Kriegsabgaben reinvestiert.[30]

---

i Zur Geschichte der Texled siehe: Kaienburg: Die Wirtschaft der SS, S. 936-977.

Der Umfang der Investitionskredite zeigt, wie hoch die Kosten für den Ankauf der Materialien und Maschinen für die SS-Unternehmen waren. Man muss jedoch die kostenlose Arbeit der Häftlinge beim Bau der Fabriken, der Landwirtschaften und der Produktionsbetriebe, der Lager und der SS-Unternehmen hinzurechnen. Es wird daher nicht allzu weit von der Wahrheit entfernt sein, wenn man den Wert des mit den Kräften der Häftlinge aufgebauten SS-Wirtschaftsimperiums mit einem mehrfachen Milliardenwert beziffert.

Eine so enorme Produktionsbasis sicherte der sich entwickelnden SS-Wirtschaft hervorragende Perspektiven, umso mehr, als auch ein weiterer maximaler Ausbau der Unternehmen den Bedarf an Baumaterialien, Möbel, Textilien, Kräuter usw. nicht gedeckt hat.

Bereits 1940 konnte Himmler zum Offizierkorps Leibstandarte SS „Adolf Hitler" sagen: „wir sind nicht denkbar ohne die wirtschaftlichen Unternehmungen."[31] Er plante die Durchführung einer großangelegten Schulungsaktion in den Arbeitslagern für die Bautätigkeit in der Nachkriegszeit, u.a. wollte er 5.000 Steinmetze und 10.000 Maurer ausbilden. Er war sich der Größe dieser Aufgabe durchaus bewusst:

„Wenn man bedenkt," schreibt er in seinem Rundschreiben vom 5. Dezember 1941 an die Lagerkommandanten, „dass in ganz Deutschland vor dem Kriege es etwa nur 4.000 gelernte Steinmetzen [sic!] gegeben hat, so ist der Umfang dieser Ausbildungsarbeit leicht zu erkennen und zu übersehen. Wir gebrauchen aber diese 5.000 Steinmetzen [sic!], da schon jetzt ein Auftrag des Führers vorliegt, nach dem die Deutsche Erd- und Steinwerke GmbH als Unternehmen der Schutzstaffel mit Friedensbeginn jährlich mindestens 100.000 cbm Granit für die Großbauten des Führers zu liefern hat. Das ist mehr, als alle Steinbrüche im Altreich vor dem Kriege geliefert haben."[32]

Gusen war Teil der meisten von Pohl ausgehenden Planungen. Es brauchte jedoch nur einen kleinen Teil der Investitionsmittel, die für den Ausbau der SS-Unternehmen vorgesehen waren. Die ganze Infrastruktur von Gusen – der Steinbrecher, die Bahnlinie, die Kräne, der Kompressor, die Produktionshallen und die Werkstätten wurden von Häftlingen gebaut, aus Materialien, die von Häftlingen hergestellt worden waren. Nur der Ankauf einiger Maschinen und Einrichtungen wurde aus den Krediten, die die SS-Zentrale erhalten hatte, finanziert. Wenn man bedenkt, dass 1942 in den Steinmetzbetrieben der DESt 6.913 Häftlinge arbeiteten und in Mauthausen/Gusen selbst – 3.844, dann betrug der Anteil dieses Lagers an den oben genannten Gewinnen der DESt aus der Steinproduktion mindestens 3.000.000 RM. Ebenso ist bekannt, dass in diesen Betrieben in Gusen und Kastenhof – bereits nach Inbetriebnahme der Steyr-Daimler-Puch Werke – 2.800 Häftlinge beschäftigt waren.

Wir haben keine genauen Angaben darüber, wie hoch der Anteil Gusens an der immer größer werdenden Wirtschaftsmacht der SS war.[i] Die Buchhaltung von Gusen wurde von den SS-Führern aus der Lagerleitung vor dem Verlassen des Lagers in den letzten Kriegstagen vernichtet. Zu den Buchhaltungsakten in der Zentrale der SS (WVHA) haben wir keinen Zugang. Doch muss dieser Anteil beträchtlich gewesen sein, wenn man bedenkt, dass es in Gusen noch andere Formen wirtschaftlicher Tätigkeit gab: für die DAW – Reparaturarbeiten der Munitionsanhänger, Bau von Gestellwagen, für die VAEV – Kaninchen- und Schafzucht, Fischteiche, Kräuteranbau sowie die Bäckerei in Lungitz und das Ziegelwerk in Lungitz-Katsdorf. Gern hat man Häftlinge gegen Entgelt an Privatunternehmen für Meliorations- und Erdarbeiten verliehen (Regulierung des Gusen-Flusses, Hafenbau, Verstärkung der Dämme an der Donau). Ebenso gern hat man Häftlinge bei archäologischen Ausgrabungen auf dem Spielberg eingesetzt; sie wurden aus Spenden der Gesellschaft zur Förderung und Pflege Deutscher Kulturdenkmäler bezahlt.

Um den Ausbau des Wirtschaftspotentials in Gusen zu beschleunigen, wurden an der Wende 1942/1943 fast alle von reichsdeutschen Gerichten wegen politischer und krimineller Verbrechen Verurteilten in das Lager überstellt, sie waren sog. Sicherheitsverwahrungs-Häftlinge (SV).

Die Rüstungsindustrie in den Konzentrationslagern

1942 waren die SS-Unternehmen von einer Katastrophe bedroht. Die Kriegsniederlagen im Osten und in Afrika, der Kriegseintritt der USA (11. Dezember 1941) und die wirksamen Bombenangriffe der Alliierten riefen ernsthafte Unruhe in Hitlers Umfeld hervor. Die Perspektiven ei-

---

i Rückschlüsse auf Produktion, Umsatz und Gewinn der DESt in Mauthausen und Gusen lassen sich aus den erhalten gebliebenen Geschäftsunterlagen der DESt im Bundesarchiv Berlin, Bestand NS 3 ziehen. Hermann Kaienburg schreibt dazu: „Der Werkskomplex Mauthausen gehörte zu den profitablen Bereichen der DESt. In den Jahresabschlüssen wurden, ausgenommen 1942, ab 1939 Gewinne ausgewiesen (in 1000,- RM): 1939: +135,5; 1940: +83,1; 1941: +185,2; 1942: -330,8; 1943: +404,6; 1. Halbj. 1944: +392,0." (Vgl. Kaienburg: Die Wirtschaft der SS, S. 633)

nes raschen Sieges und der Einführung einer Neuordnung in Europa schwanden dahin. In der Überzeugung, dass der Kampf gegen die Feinde noch lange dauern und sehr verbissen sein würde, wurde die gesamte Wirtschaft des Dritten Reiches weitgehend den Kriegszielen untergeordnet. Albert Speer wurde zum Reichsminister für Bewaffnung und Munition ernannt (8. Februar 1942), Fritz Sauckel zum Generalbevollmächtigten für den Arbeitseinsatz (21. März 1942). Sie waren beide gute Organisatoren, bekannt für ihre Fähigkeiten, ihren Ideenreichtum und ihre Energie.

Sofort nachdem Speer seine neue Funktion übernommen hatte, begann der Kampf um die Arbeitskräfte in den Konzentrationslagern, die man jetzt in der Kriegsindustrie einsetzen wollte. Um Schwierigkeiten vorzubeugen, die aus seinen vorherigen Verpflichtungen der SS gegenüber erwachsen konnten, schlug er Hitler bereits im April 1942 die Einstellung aller immer noch von ihm unterstützten Bauprojekte vor.[33] Das bedeutete den Abschied von allen wunderbaren Perspektiven der DESt, ja sogar ihre Verdrängung von bereits eroberten Positionen.

Die Leitung des WVHA hat auf die neue Situation sofort reagiert. Es ist sehr bezeichnend, wie schnell sie erkannte, dass sie Gefahr lief, ihre Errungenschaften zu verlieren, und wie geschickt sie dies zu verhindern wusste, indem sie schnell eine Möglichkeit schuf, mit Speer ein Geschäft zu machen, diesmal bei der Entwicklung der Rüstungsindustrie.

Da Himmler befürchtete, dass man ihm die Macht über die Konzentrationslager wegnehmen würde, gründete er im SS-Wirtschaftsverwaltungshauptamt (SS-WVHA) ein eigenes Inspektorat für diese Lager, welche ihm bis dato direkt unterstellt waren.[34] In dieser Situation war er der stärkere Partner – die Lager wurden zu einem Teil seines Produktionsapparates, und jegliches Verfügen über die Arbeitskräfte stand mit dem Produktionspotential der SS im Zusammenhang. Dadurch konnte er eventuellen Plänen Fritz Sauckels vorgreifen.

Aber mit Speer war es viel schwieriger. Mitte März desselben Jahres fand in Hitlers Hauptquartier eine Besprechung über die Pläne des Ausbaus der Produktionsbetriebe für die „V2"-Rakete statt. Man beschloss dort, die Konzentrationslager in einem stärkeren Grad als bisher in die Rüstungsindustrie einzubinden.[35] Schon in den ersten Apriltagen machte Hitler in seinem Hauptquartier den Vorschlag, für die Rüstungsindustrie auch Häftlinge in den KZ auf dem besetzten Gebiet der UdSSR zu verwenden.[36]

Bevor Himmler Schlüsse aus der neuen Situation ziehen konnte, übernahm Pohl die Initiative, vielleicht bereits durch Speer angeregt, der beim Durchführen der ihm übertragenen Aufgaben stets flexibel war und der gute Erfahrungen in der Zusammenarbeit mit Pohl gemacht hatte. Am 30. April 1942 legte Pohl Himmler einen umfassenden Bericht über den bisherigen Ausbau der Konzentrationslager und über die weiteren Pläne in diesem Bereich vor. Im Schlussteil des Berichts schlug er vor, sich der neuen Situation anzupassen:

„*Der Krieg hat eine sichtbare Strukturänderung der Konzentrationslager gebracht und ihre Aufgaben hinsichtlich des Häftlingseinsatzes grundlegend geändert. Die Verwahrung von Häftlingen nur aus Sicherheits-, erzieherischen oder vorbeugenden Gründen allein steht nicht mehr im Vordergrund. Das Schwergewicht hat sich nach der wirtschaftlichen Seite hin verlagert. Die Mobilisierung aller Häftlingsarbeitskräfte zunächst für Kriegsaufgaben (Rüstungsindustrie) und später für Friedensaufgaben schiebt sich immer mehr in den Vordergrund. Aus dieser Erkenntnis ergeben sich notwendige Maßnahmen, welche eine allmähliche Überführung der Konzentrationslager aus ihrer früheren einseitig politischen Form in eine den wirtschaftlichen Aufgaben entsprechende Organisation erfordern.*"

Gleichzeitig informierte Pohl Himmler darüber, dass er eine entsprechende Anordnung erlassen hätte, „damit die Übernahme von Arbeiten aus dem Bereich der Rüstungsindustrie keinen Verzug erfahre."[37]

Pohl erkannte die Notwendigkeit, sich den Wünschen Speers unterzuordnen, verhinderte aber gleichzeitig durch seine Vorgehensweise, dass die Lager vom Rüstungsministerium übernommen würden. Dies betonte deutlich Punkt vier seines Befehls an die Lagerkommandanten vom 30. April 1942: „Die Zuteilung von Arbeiten erfolgt nur zentral durch den Chef der Amtsgruppe D. Die Lagerkommandanten selbst dürfen eigenmächtig keine Arbeiten von dritter Seite annehmen, noch Verhandlungen hierüber führen."[38]

Himmler akzeptierte am 29. Mai 1942 den Standpunkt Pohls, unterstrich jedoch die Pflicht „für die Erziehung der noch besserungsfähigen Häftlinge zu sorgen", was daran erinnern sollte, dass gleichzeitig mit der Ausbeutung der Häftlinge in den Rüstungsfabriken weiterhin der bisherige Terror zur Erreichung politischer Ziele angewendet werden sollte.[39]

Widerstände gegen die Umstellung der Lager auf die Rüstungsindustrie waren auch in der SS-Führung groß. Wahrscheinlich deshalb wurde die Aussetzung des weiteren Ausbaus der für die SS so gewinnbringenden

Steinbrüche von Franz Ziereis, dem Kommandanten des KZ Mauthausen, hinausgezögert, wobei sich Ziereis auf Ostbf. Maurer vom WVHA berief.

Anfang 1943 arbeiteten in den Steinbrüchen von Mauthausen und Gusen ca. 4.800 Häftlinge, hingegen nur an die 4.000 in den Rüstungshallen. Deshalb griff Speer ein. Am 29. März 1943 führte er eine Inspektion des KZ Mauthausen durch, er beklagte sich danach in einem Brief an Himmler vom 5. April 1943 über die nicht entsprechende Beschäftigung der Häftlinge und forderte die völlige Verfügung über die Arbeitskräfte der Konzentrationslager zum Zweck der Rüstungsindustrie.[40]

Wahrscheinlich wäre der Kampf um die Arbeitskräfte der Konzentrationslager für die Rüstungsindustrie weiter gegangen, wenn es keine Niederlagen an der Ostfront und in Afrika gegeben hätte. Himmler musste nachgeben. Mit dem ihm eigenen Zynismus brüstete er sich schon bald darauf – im Oktober 1943, dass die SS „in den Konzentrationslagern riesige Rüstungsbetriebe hat […] Wir geben monatlich viele Stunden für die Rüstung her." Er fügte hinzu, dass „dies der Aufgabenbereich unseres Freundes, des SS-Ogrf. Pohl ist."[41]

Aber das Nachgeben Himmlers war nicht selbstlos. Für jeden in den Rüstungsfirmen beschäftigten Häftling erhielt die SS Geld, im Falle eines Facharbeiters 6 RM pro Tag, im Falle eines nur angelernten Arbeiters 4 RM pro Tag. Die Unterhaltskosten eines Häftlings wurden hingegen mit 1,34 RM (darin für Essen 0,30 RM) festgesetzt.

In der Geschichte der KZ begann eine neue Ära. Die Häftlinge wurden Teil der riesigen Kriegsmaschinerie des Dritten Reiches – sie wurden zur Produktion von Gewehren, Panzern, Flugzeugen und Raketen herangezogen, die ihre Landsleute töten sollten.

Gusen war – obwohl die Lagerleitung ohne Enthusiasmus an die Umstellung auf die Rüstungsindustrie heranging – das erste Lager, das am Ausbau dieses Industriezweiges teilnahm. Bereits am 14. März 1942 ging von hier der erste Transport von 1.000 Häftlingen in die Rüstungswerke von Steyr-Daimler-Puch ab.[42] [i] Die Kooperation der Lagerleitung mit die-

---

i   Bereits ab Frühling/Sommer 1941 wurden Häftlingskommandos aus dem KZ Mauthausen in Steyr zur Errichtung der Flugmotorenwerke der Steyr-Daimler-Puch AG eingesetzt. Im Jänner 1942 begann man mit dem Aufbau eines Barackenlagers zur künftigen Unterbringung der Häftlinge vor Ort. Am 14.3.1942 wurde das Außenlager Steyr-Münichholz als erstes für die Rüstungsindustrie errichtetes Lager offiziell ersen Betrieben musste günstig sein, denn gegen Ende 1942 mieteten die Steyr-Werke in Gusen einige Steinmetzhallen und Werkstätten, um dort die Produktion von Gewehrteilen, MP's und Fahrzeugmotoren aufzunehmen. Es entstand hier ein großer Betrieb der Rüstungsindustrie unter der Tarnbezeichnung „Georgenmühle."

Das Kommando Steyr wurde langsam zum größten Arbeitskommando im Lager. Die dort beschäftigten Häftlinge wohnten zunächst in zwei großen neuen Blocks – 6 und 7 – in denen 3.000 Häftlinge untergebracht waren, später kamen Arbeiter aus anderen Blocks dazu. Die Produktionsfläche der Steinbrüche, die Steyr übernahm, wurde immer größer: sie nahm den gesamten Hallenkomplex (18) ein, der entlang der Bahnrampe lag, später auch einen Stollen. Das Sortiment wurde vergrößert: es wurden fast alle Basisteile für die 32-schüssigen MP's hergestellt – für MP 40 und MP 44 (Sturmgewehr 44), auch für den 32-schüssigen Gasdrucklader – vor allem Läufe und Schlösser, später auch Blechgerüste. Für die Flugzeugmotoren wurden vor allem Schaltgetriebe erzeugt. Das Kommando Steyr zählte 1944 und Anfang 1945 ca. 6.000 Häftlinge, die in zwei Schichten arbeiteten.

Gleichzeitig wurde Gusen das Produktionszentrum von Flugzeugen und Raketen. Die Wahl gerade dieses Lagers zu einem riesigen Flugzeugproduktionszentrum steht mit der berühmten Bombardierung der Betriebe in Peenemünde in Zusammenhang,[i] bei der der polnische Untergrund-Geheimdienst eine große und verdienstvolle Rolle gespielt hat. Anfangs plante man in Gusen nur die Herstellung einiger Teile der Jagdflieger Me109, danach die Montage dieser Flugzeuge. Zu diesem Zweck übergab die DESt den Messerschmitt-Betrieben drei riesige Hallen, die

---

öffnet. (Vgl. Bertrand Perz: Steyr-Münichholz, ein Konzentrationslager der Steyr-Daimler-Puch A.G. Zur Genese der KZ-Zwangsarbeit in der Rüstungsindustrie. In: Dokumentationsarchiv des Österreichischen Widerstandes [Hg.]: Jahrbuch 1989. Wien: 1989, S. 52-61)

i Zu der hier und im nachfolgenden stehenden Behauptung, dass in Gusen bzw. in der Stollenanlage „Bergkristall" A4-Raketen gefertigt worden wären, sind in den einschlägigen Quellen keine Hinweise zu finden.

Ausschlaggebend für die teilweise Verlegung der Produktion des Jagdflugzeuges Me 109 war der von der U.S. Army Air Force am 17. August 1943 durchgeführte Luftangriff auf die Regensburger Messerschmitt GmbH, der große Teile der Jagdflugzeugproduktion lahm legte. Vgl.: Peter Schmoll: *Die Messerschmitt-Werke im Zweiten Weltkrieg*, Regensburg: ³2004, S. 124ff. u. 186f.

im unteren Teil von Kastenhof für die Bearbeitung der Steine und Lagerung von bereits bearbeitetem Granit errichtet worden waren. Die Leitung der Firma Messerschmitt bemühte sich um diese Standorte seit Beginn des Jahres 1943, unmittelbar nach den zerstörerischen Bombenangriffen auf große Betriebe dieser Firma in Regensburg. Infolge dieser Bemühungen wurde ein Kooperationsvertrag zwischen der DESt und Messerschmitt geschlossen, wobei die Aufgabenteilung vorsah, dass die Messerschmitt AG nach Gusen das Rohmaterial, Maschinen und Werkzeuge liefern und ihre Fachingenieure, Werkmeister und Vorarbeiter abstellen sollte, die DESt hingegen ihre Hallen, die Häftlinge und einen Teil der bisher in den Werkstätten tätigen zivilen Arbeitskräfte zur Verfügung stellen würde.[43] [i]

Ein ähnlicher Vertrag wurde für die DESt-Werke in Flossenbürg abgeschlossen. Immer mehr Häftlinge wurden für die Arbeiten in den Messerschmitt-Kommandos eingeteilt, je mehr neue Maschinen installiert wurden. In Flossenbürg waren es 1944 bereits 4.000 Häftlinge, in Gusen wahrscheinlich genau so viele. In den beiden Betrieben wurden 1944 bereits 35% der Gesamtproduktion der Messerschmitt AG hergestellt.[44]

Während die Messerschmitt-Betriebe in Gusen anliefen, wurde in der Nacht vom 17. auf den 18. August 1943 Peenemünde bombardiert, wo die V2 produziert wurde, damals als A-4-Rakete (Aggregat vier) bezeichnet. Der Einsatz der „Wunderwaffe" gegen Großbritannien und die Sowjetunion wurde dadurch verzögert, was eine große Bedeutung für den weiteren Kriegsverlauf hatte. Hitler ordnete an, dass das Reichsministerium für Bewaffnung und Munition (Speer) gemeinsam mit der RFSS (Himmler) die Schäden rasch wiedergutmachen sollten, durch Errichtung entsprechender Betriebe mit maximalem Einsatz der Arbeitskräfte in den KZ. Gleichzeitig gab er die Anordung, dass diese Betriebe in Grotten und Bunkern zu versteckt wären.

Gemäß der Entscheidung Hitlers wurden die bisherigen Aufgaben von Peenemünde auf drei Standorte im Reich aufgeteilt, die Abschussrampe hingegen sollte sich auf polnischem Gebiet befinden, in der Ortschaft

---

[i] Die Vereinbarung vom 16. Dezember 1943 zwischen DESt und Messerschmitt sah sowohl für das Werk in Flossenbürg als auch jenes in Gusen vor, dass die wirtschaftliche Verantwortung für die Produktion in Händen der DESt läge, und deren Endprodukte zu Fixpreisen von Messerschmitt angekauft würden. (Vgl. Kaienburg: Die Wirtschaft der SS, S. 618f.)

KAPITEL 2

Blizna. Einer der Orte, wohin die Produktion der A-4-Rakete verlegt werden sollte, sollte Oberösterreich sein, zunächst der Betrieb Zement in Fels bei Ebensee, danach auch der Betrieb Bergkristall[i], d.h. Gusen II.

Für die Realisierung dieses Plans wurde im WVHA ein Sonderstab unter der Leitung von SS-Ogrf. und General der Waffen-SS Dr. Ing. Hans Kammler berufen, der unmittelbar Himmler unterstellt war. Seine Aufgabe war es, die Produktion des sog. Jägerprogramms (Düsenjäger Me262 und He162) zu verbessern, neue unterirdische Betriebe zu errichten, in welche die Rüstungsfabriken verlegt werden könnten, sowie die Vorbereitung zur Herstellung von V2 und V1.

Zur Durchführung seiner Aufgabe stellte Kammler Gebietseinheiten seines Stabs auf. In Oberösterreich stand an der Spitze des SS-Führungsstabs B9 Dipl.-Ing. Karl Fiebinger.[ii] Er war für den Bau der Stollen und die Organisation der riesigen Produktionsbetriebe in Gusen I und II (Bergkristall), in Ebensee (Zement), Melk (Quarz) und Schlier (Rella X) verantwortlich.

Die letzten Monate des Bestehens von Gusen I, II und III, als die Leitung der Arbeiten Kammler und Fiebinger oblag, waren Monate übermenschlicher Anstrengung, die durch den in den Lagern und um die Lager konzentrierten Terrorapparat erzwungen wurde. An die 17.000 Tote im Zeitraum von Oktober 1944 bis zum Ende des Krieges sind ein deutlicher Beweis dafür, mit welchen Methoden der Stab Kammlers seine Aufgaben durchführte.[iii]

---

i Im polnischen Original wird „Bergkristall" zumeist fälschlicherweise als „Kristallberg" bezeichnet.

ii „B 9" bezeichnete das Kammler-Projekt „Quarz" in Melk, während dem unterirdischen Bauvorhaben in St. Georgen innerhalb der Kammler-Projekte das Kürzel „B 8" zugeteilt wurde. Die Leitung dieses Bauvorhabens unterlag dem „SS-Führungsstab B 8", während das Ingenieurbüro Karl Fiebinger die Planung dieses wie auch beinahe aller anderern Stollenbauprojekte in Österreich innehatte.
Zu „Quarz" s.: Bertrand Perz: Projekt Quarz. Steyr-Daimler-Puch und das Konzentrationslager Melk. Wien: 1991. (= Industrie, Zwangsarbeit und Konzentrationslager in Österreich 3); zu Fiebinger: Florian Freund u. Bertrand Perz: Das KZ in der Serbenhalle. Zur Kriegsindustrie in Wiener Neustadt. Wien: 1987, S. 43f.

iii Diese Zahl ist dem aktuellen Forschungsstand gemäß zu hoch gegriffen. Hans Maršálek nimmt für den gesamten Zeitraum 1944 bis 4. Mai 1945 eine Gesamtzahl von etwa 13.600 Toten an (Hans Maršálek: Gusen. Vorraum zur Hölle. Wien: 1987, S. 39). Stéphanie Vitry kommt in ihrer Auswertung des im Krankenrevier geführten To-

Im November 1943 wurde in Gusen mit dem Bau riesiger unterirdischer Produktionsräume für die Me262 und A-4-Raketen begonnen. Zu dieser Zeit wuchs die Anzahl der Häftlinge in Gusen I auf 8.461. Am 9. März 1944 wurde Gusen II eröffnet. In diesem Monat betrug der Stand der Häftlinge 10.494, aber bereits im September 1944 – 22.068. Alle neuen Häftlinge – insgesamt über 11.000 – von Gusen I und Gusen II arbeiteten entweder in den Messerschmitt-Betrieben oder beim Graben der Stollen.

Das Stollensystem in den Felsen von Kastenhof erhielt die Bezeichnung Kellerbau, die Stollen in St. Georgen bekamen den Tarnnamen Bergkristall.

Die Stollen Kellerbau I, II, III, IV wurden in den Berg getrieben und waren im Inneren durch Querstollen verbunden. Die Hauptstollen wurden ständig verlängert: Der Stollen Nummer eins erreichte 230 m, Nummer zwei 245 m, Nummer drei 180 m, Nummer 4 – 140 m, die Stollen fünf bis acht waren zwischen 35 und 48 m lang, mit dem Bau des Stollens Nummer neun wurde gerade begonnen.

Die Stollen wurden als riesige unterirdische Hallen gebaut, im Aushub 8,2 m breit und 5,2 m hoch. Für den Fall eines Bombenangriffs waren sie zusätzlich mit gemauerten Wänden aus Ziegeln oder gehauenen dicken Steinplatten bis zu 50 cm Stärke abgesichert, sie hatten auch Betondecken.[45]

Wie groß der Umfang der von den Häftlingen in nicht ganz einem Jahr gemachten Arbeiten war, kann man an der Fläche und der Größe der unterirdischen Räume erkennen. Insgesamt haben sie 7.845,1 m² Nutzfläche und Räume im Ausmaß von 29.401,7 m³ in den Felsen getrieben, davon konnten 5.191,2 m² und 20.100,6 m³ ausgekleidet und mit Decken versehen werden.[46] Die Felsmassen, hauptsächlich Granit, die aus

---

tenbuchs für den Zeitraum von Oktober 1944 bis Mai 1945 auf eine Zahl von 11.090 darin registrierten Todesfällen. Nicht in dieser Zahl enthalten sind die nicht im Totenbuch registrierten Toten, insbesondere die Vergasungen in Hartheim. (vgl. Stéphanie Vitry: Les morts de Gusen. Camp de Concentration Autrichien [a partir du depouillement d'un registre de morts Avril 1943 – Mai 1945]. Annexe. Maîtrise d'histoire, Universite de Paris: 1994, Annexe 15). Im Zuge der Recherchen für die im Besucherzentrum in Gusen entstandene Ausstellung „Konzentrationslager Gusen 1939 – 1945. Spuren – Fragmente – Rekonstruktionen" (Kuratoren: Christian Dürr, Ralf Lechner, Stefan Wolfinger) wurde für den gesamten Zeitraum der Jahre 1944/45 bis zur Befreiung am 5. Mai eine Mindestzahl von 15.636 Toten ermittelt.

dem Stollen beseitigt werden mussten, hatten ein Gewicht von ca. 50.000 t. Sie wurden mit bloßen Händen verladen und mit kleinen, von den Häftlingen geschobenen, Wagen abtransportiert.

Die Messerschmitt-Hallen in Gusen bekamen die Tarnbezeichnung BA I, die Stollen BA II. In den Hallen wurden Flugzeugrümpfe und -flügel montiert, hauptsächlich aus Teilen, die von anderen Messerschmitt-Werken zugeliefert wurden, in den Stollen Teile von Präzisionsvorrichtungen.

In einem Stollen stellte ein wissenschaftliches Institut der Technischen Hochschule Wien viele Maschinen auf, dort wurde an neuen Modellen von Raketen gearbeitet, die hier auch hätten hergestellt werden sollen.

Die Arbeiten an den Stollen in St. Georgen (Bergkristall), unter einem Hügel mit gemischter geologischer Zusammensetzung, wo Sandstein vorherrsche, wurden erst 1944 in Angriff genommen. Die Grabungen begannen im März desselben Jahres, nachdem das Lager Gusen II eingerichtet worden war. Sie trugen die Tarnbezeichnung BA III. Hier sollten riesige unterirdische Betriebe entstehen. In Bergkristall wurden 14 Haupttunnels gegraben, die mehrere hundert Meter lang und mit Querstraßen verbunden waren. Diese mit Nummern benannten Querstraßen (in den Aussagen von Häftlingen wird Straße Nr. 16 erwähnt) dienten zur Unterbringung von Maschinen, von mechanischen und Schlosserwerkstätten, in denen Flugzeuge gebaut oder repariert wurden. Nach einigen Angaben wurden bis Kriegsende insgesamt 4 km von den geplanten 12 km Tunnels gegraben, laut anderen Angaben betrug die Gesamtlänge dieser Straßen mehr als 10 km.[47]

Jeder fertige Stollenabschnitt wurde sofort in Betrieb genommen – es wurden Maschinen aufgestellt und die Produktion lief gleich an. Im April 1945 erzeugten die Messerschmitt-Werke in Gusen und St. Georgen monatlich 1.250 flugreife Me262 Jagdflieger. Damit war dies nach Dora-Mittelbau die zweitgrößte Düsenjägerfabrik im ganzen Reich.

Die Gebäude der Ziegelei in Lungitz, neben der das Lager Gusen III errichtet wurde, dienten als Magazine für die Bestandteile der Flugzeuge und Raketen. In diesen Magazinen arbeiteten 270 Häftlinge aus Gusen III.[i]

---

i   Tatsächlich dürften nur etwa 30 Häftlinge in den Magazinen der Messerschmitt-Werke in Lungitz gearbeitet haben. Der Großteil der Häftlinge des Lagers Gusen III war im Betrieb der dort errichteten Großbäckerei für die Lager Gusen und Mauthau-

Gegen Ende 1944 wurde das österreichische Gebiet zwischen Melk und Ebensee als „Alpenfestung" des Dritten Reiches bezeichnet. Hier wurden alle Produktionsreserven der Rüstungsindustrie konzentriert. Hierher wurden Häftlinge aus allen Ländern Europas, aus denen sich die Wehrmacht zurückzog, überstellt. Neben Ebensee (Zement) hatte Gusen den höchsten Häftlingsstand mit der größten Anzahl von Häftlingen, die in der Rüstungsindustrie beschäftigt waren.

Parallel zu den Steyr- und Messerschmitt-Betrieben wurde auch in den Steinbrüchen in Gusen gearbeitet, da die als Steinmetze arbeitenden Häftlinge die nötige Berufsqualifikation erlangt hatten. Bis Ende 1944 erzeugten die Steinbrüche nicht weniger als im Jahr 1942. Die Erzeugnisse wurden hauptsächlich gelagert, jedoch nur die, welche für die Riesenbauten bestimmt waren. Die Granitblöcke für den Damm am Fluss Enns hingegen, bei dem ein Kraftwerk errichtet werden sollte, das die Rüstungsindustrie in der Alpenfestung mit Strom zu versorgen hätte, wurden sofort zu der Baustelle gebracht. Es wurden auch weiterhin Steine für die Renovierung der Kirche in St. Florian bearbeitet, die das wunderbarste Denkmal deutschen Barocks werden sollte. Der Steinbrecher arbeitete ohne Pause, um den Bedarf des Eisenbahn- und Straßenbaus zu decken.

Die DESt gab sich alle Mühe, um ihren ständig erweiterten Besitzstand unverändert bis zum Kriegsende zu halten. Und obwohl sie anerkannte, dass die Priorität in der Deckung des Bedarfs der Kriegsindustrie lag, entwickelte sie sich dennoch weiter und drang in neue Sparten vor. Sie schloss mit den Hermann-Göring-Werken in Linz einen Vertrag über die Verarbeitung von Hochofenschlacke zu speziellen Ziegelsteinen. Gemeinsam gründeten die beiden Unternehmen im November 1942 die

---

sen tätig (siehe den Beitrag von Bertrand Perz zum Lager Gusen III, in: Benz, Distel [Hg.]: Der Ort des Terrors, S.381). Der Zeitzeuge Leo Reichl vertritt zudem die Ansicht, dass die im Magazin Beschäftigten keine Häftlinge von Gusen III waren, sondern täglich aus Gusen I mit dem LKW an- und abtransportiert wurden. (vgl.: Leo Reichl: Zeitgeschichtlicher Bericht über das KZ-Lager Lungitz [genannt Gusen III]. Aufbau und Abbruch der KZ-Großbäckereianlage 1943-1957. [=Heimatkundliche Schriftenreihe zur Geschichte des Raumes Katsdorf 3]. Katsdorf 2001, S.12). Die höchste Belegstärke des Lagers Gusen III wurde am 31. März 1945 mit 328 Häftlingen erreicht (Veränderungsmeldungen, Archiv der KZ.Gedenkstätte Mauthausen [AMM] B/12/14/2).

KAPITEL 2

Steine und Erden GmbH[i] – ein Unternehmen, in dem ebenfalls vorwiegend Häftlinge des neuen Lagers Linz I arbeiteten. Im Februar 1944 liefen über die DESt großangelegte Arbeiten zur Gewinnung neuen Baumaterials aus dem Schutt der durch Bomben zerstörten Städte im Ruhrgebiet an – in Essen und Düsseldorf, danach auch in Hamburg. Außerdem verlieh das Unternehmen mehrmals Häftlinge, die den bombardierten Linzer Bahnhof von Schutt räumten, beim Wiederaufbau zerstörter Bauernhöfe in der Gegend von Linz arbeiteten oder Erdwälle entlang der Überschwemmungsgebiete der Donau aufschütteten.

Im Bestreben, noch mehr Gewinne zu erzielen, baute die SS-Zentrale in Gusen auch Betriebe aus, die anderen Unternehmen des WVHA unterstanden. Hier wurden größere Mengen Munitionsanhänger, Gestellwagen und Kisten gesammelt, die von den Schlachtfeldern der Ostfront stammten. Ein Teil der wiedergewonnenen Bretter wurde im sog. Eschekommando zu Munitionsanhängern und -kisten umgearbeitet, ein anderer Teil an weitere DAW-Betriebe geliefert. Ebenso wurden Barackenteile und Möbel aus den aufgelassenen Lagern (Płaszów) auseinander genommen, um Bretter als Material für andere Betriebe zu gewinnen. Die Kaninchenzucht, besonders die der Angorakaninchen, wurde ausgebaut. Diese Tiergattung war während des Krieges wegen ihres Fells und Fleisches sehr beliebt. Auch die Schweine- und Schafzucht wurde ausgeweitet. In St. Georgen wurden Karpfenteiche angelegt.

Die SS-Zentrale und das WVHA nützten jede Einkommensquelle, die sich ihnen bot. Die Leichen wurden so lange nicht dem Krematorium

---

i   Hier irrt der Autor. Bei der „Steine und Erden GmbH." handelte es sich um ein schon früher gegründetes Tochterunternehmen der Reichswerke „Hermann Göring", welches als solches auch an der zwischen Reichswerken und DESt getroffenen Vereinbarung über die Errichtung und den Betrieb eines Hochofenschlackewerks in Linz beteiligt war. Die Fabrik wurde von der DESt im Auftrag und mit Mitteln der „Reichswerke Hermann Göring" errichtet. Die DESt pachtete der Vereinbarung gemäß das Werk von den Reichswerken und betrieb es seit November 1942 unter der offiziellen Bezeichnung: „Deutsche Erd- und Steinwerke G.m.b.H. Hochofenschlackewerk, Linz/Donau" (Bertrand Perz: KZ-Häftlinge als Zwangsarbeiter der Reichswerke „Hermann Göring" in Linz. In: Oliver Rathkolb [Hg.]: NS-Zwangsarbeit: Der Standort Linz der Reichswerke Hermann Göring AG Berlin, 1938-1945. Bd. 1: Zwangsarbeit – Sklavenarbeit: Politik-, sozial- und wirtschaftshistorische Studien, Wien, Köln, Weimar: 2001, S. 481-483; siehe auch: Bertrand Perz: Konzentrationslager in Linz. In: Fritz Mayrhofer, Walter Schuster [Hg.]: Nationalsozialismus in Linz. Bd. 2, Linz: 2001, S. 1057-1059.)

übergeben, bis ein speziell dafür abgestellter SS-Sanitäter sie genauestens untersucht hatte. Goldplomben, Kronen, Brücken und Zahnprothesen wurden entfernt und registriert. Häftlinge, die als Zahnärzte arbeiteten, reinigten diese Teile und schmolzen das Gold zu kleinen Stäbchen oder Klumpen ein, die dann an die RFSS-Zentrale in Sachsenhausen geschickt wurden. Anhand erhaltener Berichte hat man festgestellt, dass Mauthausen im Zeitraum vom 1. November 1941 bis zum April 1945 an das WVHA 24.499 g Zahngold übermittelte. Der Anteil Gusens an diesem „gesammelten" Gold war sehr groß. Józef Żmij gibt auf der Basis seiner eigenen Aufzeichnungen an, dass allein im April 1945 in Gusen 2 kg Gold gesammelt wurden.[4]

Das Konzentrationslager war also ein riesengroßes gewinnbringendes Unternehmen, das sich auf Sklavenarbeit stützte, welche in jeder erdenklichen Weise ausgenützt wurde: Häftlinge wurden in SS-Betrieben beschäftigt oder an „assoziierte" Unternehmen verliehen. An der Arbeit eines jeden Häftlings konnte man gut verdienen, egal ob sie verliehen oder in den eigenen Betrieben der DESt erbracht wurde.[49]

Die Väter der SS-Wirtschaft

Über die Väter des SS-Wirtschaftssystems, in welches Gusen eingebunden war, wissen wir ziemlich viel. Die leitenden Positionen hatten Männer inne, die in der Geschichte des Dritten Reiches gleich nach Hitler kamen und die oben bereits erwähnt wurden: Himmler und – in fast demselben Ausmaß – Speer. Die Schaffung riesiger, auf Sklavenarbeit basierender Unternehmen, die zu Zeiten der großen deutschen Siege Baumaterial für die als Denkmäler gedachten Riesenbauten erzeugten, und in Zeiten der Niederlagen Kriegsmaterial für die Wehrmacht herstellten, geht auf diese beiden Männer zurück. Weniger bekannt sind ihre unmittelbaren Untergebenen, die bei der Durchführung der Konzepte ihrer Chefs oft ebenso energisch und einfallsreich waren.

Die Geschichte Gusens ist vor allem mit Oswald Pohl eng verknüpft. Himmler übertrug ihm persönlich die Organisation des Konzentrationslagers Mauthausen-Gusen als eines Lagers für polnische Intellektuelle, die im Rahmen der Polen-Aktion im Frühjahr 1940 verhaftet wurden. Er ist der Gründer der DESt und anderer Betriebe, er hat die Verträge mit Steyr-Daimler-Puch und Messerschmitt abgeschlossen.

Die Biographie Pohls bis zur Machtübernahme der NSDAP ist nicht sehr reich an Ereignissen, aber ziemlich aufschlussreich. Er wird 1892 als

Sohn eines Werkmeisters der August Thyssen Hütte in Duisburg geboren. In der Marineschule wird er zum Fachmann im Bereich Seefahrt ausgebildet, 1918 geht er zur Kriegsmarine. Nach Ende des Ersten Weltkriegs beginnt er ein Studium der Rechts- und Staatswissenschaften. 1920 tritt er dem Freikorps „Brigade Löwenfeld" bei und kämpft gegen Aufständische in Oberschlesien und später gegen Arbeiter im Ruhrgebiet. 1926 tritt er der NSDAP bei, in den Jahren 1929-1931 ist er Anführer der NSDAP in Swinemünde, in den Jahren 1932-1933 organisiert er Sturmangriffe in Köln. 1933 tritt er in die SS im Rang eines Standartenführers (Oberst) ein und übernimmt bald darauf die Leitung der Verwaltungsabteilung im Stab des Reichsführers-SS (RFSS). In der Verwaltungshierarchie der SS und der NSDAP steigt er rasch auf, wird in der Folge Chef des Hauptamtes Verwaltung und Wirtschaft der SS und Chef des Hauptamtes Haushalt und Bauten im Reichsinnenministerium; überdies ist er Kassier der NSDAP und bevollmächtigter Verwalter des Deutschen Roten Kreuzes. Er übt mehrere Funktionen gleichzeitig aus. In der SS-Hierarchie erreicht er den höchsten Rang – ab 1942 ist er SS-Obergruppenführer und General der Waffen-SS.

Seine Untergebenen beschrieben ihn als eine „Führerpersönlichkeit, voller Energie, Pläne, Ideen und Initiativen", als fleißigen Menschen mit starkem Willen und weitem Horizont, aber auch als großtuerisch und wenig systematisch. Er mochte alles, was durch Größe imponierte, große Bauten, große Fabrikkomplexe, große technische Anlagen. Darin sahen seine Mitarbeiter die Quelle der Dynamik, mit der er die SS-Betriebe ausbaute, und seiner echten Bewunderung für die Ideen von Menschen mit ähnlichen Vorlieben, wie etwa Speer.

Von seiner Gemütsart her war er autokratisch und schwer zugänglich. Der ideale Verwalter war für ihn Friedrich der Große – er war ebenfalls ein typischer Preuße – zynisch und rücksichtslos gegenüber Schwächeren. In der Überzeugung, dass Hitler siegen würde, wiederholte er oft: „Ein Recht, das für die SS wichtig wäre, wurde noch nicht geschrieben."

Als Hauptangeklagter im Nürnberger Prozess der SS-Wirtschaftsbosse (NO II Fall IV) musste er sich vor dem amerikanischen Militärgerichtshof in Nürnberg verantworten. Er wurde am 3. November 1947 zum Tod verurteilt und 1951 durch den Strang hingerichtet.[50]

Von seinen unmittelbaren Untergebenen hatten Karl Mummenthey und Dr. Ing. Hans Kammler den größten Einfluss auf die Entwicklung der SS-Wirtschaft.

Karl Mummenthey, geboren 1906, spezialisierte sich nach Abschluss seines Jus- und Wirtschaftsstudiums in Handelswissenschaft und Bankwesen. 1934 trat er der SS bei. 1939 wurde er zu einem der Geschäftsführer der DESt, 1941 deren Generaldirektor. Er gehörte also zu der jungen Generation der SS-Wirtschaftsbosse. Seinen Fachkenntnissen und der Fähigkeit, die richtigen Leute für die leitenden Posten in der DESt zu finden, verdankte er seine finanzielle Stabilisierung und seine hohen Einkünfte.

Im Nürnberger Prozess stand er zusammen mit Oswald Pohl vor Gericht und wurde am 3. November 1947 zu lebenslanger Haft verurteilt. Später wurde die Strafe in 20 Jahre Haft umgewandelt.

Dr. Ing. Hans Kammler, von Beruf Architekt, leitete ab 1942 das Bauwesen der SS im WVHA. Durch seine Energie und seinen Unternehmensgeist brachte er diesen Bereich außerordentlich in Schwung. Unter seiner Aufsicht wurden 1943 Außenlager der KZ im Reich selbst, im Generalgouvernement und in der Sowjetunion eingerichtet. Er war der Bauherr der riesigen Krematorien in Auschwitz. Er befasste sich aber auch mit wirtschaftlichen Belangen – er war Mitglied des Aufsichtsrats des von der SS übernommenen polnischen Zementwerkes in Goleszów.

Himmler, der seine organisatorischen Fähigkeiten kannte, ernannte ihn zum Sonderbeauftragten des Reichsführers-SS für das A4-Programm und übertrug ihm am 22.8.1943 die Verantwortung für die Produktion der A-4 (V2) Raketen. Am 8. August 1944 machte ihn Himmler zum Generalbevollmächtigten für die A4-Fertigung. In diesen Funktionen erzwang er ein mörderisches Tempo beim Bau der unterirdischen Produktionsbetriebe in Gusen, Melk, Ebensee, Dora und anderen Orten auf. Gegen Ende des Krieges wurde er noch zum Sonderbeauftragten des Reichsmarschalls Hermann Göring „zur Brechung des feindlichen Luftterrors". Nach der deutschen Niederlage soll er angeblich am 9. Mai 1945 Selbstmord begangen haben.

Die Hausherren in Gusen

In Mauthausen und Gusen wurde die Leitung der DESt SS-Hauptsturmführer Otto Walther übertragen, Chef der DESt-Betriebe in Gusen war Ing. Kurt Paul Wolfram, sein Stellvertreter SS-Ost. Ing. Alfred Grau, und Leiter der Steinverarbeitungsbetriebe SS-Mann Josef Latzel.

Sowohl Walther wie auch Wolfram waren zwar geschickte Geschäftsführer der DESt-Betriebe, aber sie waren den Häftlingen gegenüber rücksichtslos. Die während der Nürnberger Prozesse angeklagten SS-Führer von Mauthausen und Gusen schoben in ihren Aussagen die Verantwortung für die „Vernichtung der Häftlinge durch Arbeit" hauptsächlich auf diese beiden ab.

Unterscharführer Anton Kaufmann, Leiter der Magazine in Gusen, sagte unmittelbar nach Kriegsende aus:

„Ich wurde oft vom Firmendirektor SS-Ost. Walther gerügt, dass ich die Häftlinge zu sanft behandle und sie zu wenig zur Arbeit antreibe. SS-Ostf. Kurt Paul Wolfram tadelte mich ständig, dass die Arbeit zu langsam durchgeführt würde und dass man die Häftlinge mit allen Mitteln zur Arbeit zwingen müsste. Er sagte: ‚Es macht nichts, wenn es weniger von diesen Hunden gibt.'"[51]

Ähnlich sagte SS-Mann Josef Latzel, Leiter der Steinmetzbetriebe, aus:

„Vom Betriebsleiter, SS-Ostf. Wolfram, wurde ich fast täglich getadelt, dass die Leistung der Häftlinge zu niedrig sei, ich wurde angetrieben, sie möglichst hoch zu kurbeln. Wolfram sagte: ‚Hab kein Mitleid mit den Häftlingen. Sie bekommen von mir Sonderprämien, wenn die Produktion steigt. Du musst bedenken, dass uns ein Häftling täglich 1,50 RM kostet. Es hat keine Bedeutung, dass die Häftlinge krepieren. Man muss aus unseren Feinden rücksichtslos alles herauspressen.'"[52]

Ing. Kurt Paul Wolfram war für seine Rücksichtslosigkeit und seine Verachtung den Häftlingen gegenüber bekannt. Stanisław Nogaj hat folgenden Vorfall aufgezeichnet:

„Der Direktor der DESt, Ostf. P. Wolfram, sagte bei der Inspektion der Häftlingskolonnen, die für die Arbeit in den Steinbrüchen von Kastenhof vorgesehen waren, zu den SS-Männern, Kommandoführern und Kapos: ‚Was soll ich mit dem Mist?' Er gab dadurch zu verstehen, dass man kranke und schwache Häftlinge eliminieren sollte, weil sie unproduktiv wären."

Nogaj schrieb weiter: Auf Anweisung von Dir. Wolfram „wurden 42 Häftlinge in den Sumpf von Kastenhof gejagt, wo sie umgekommen sind." An einer anderen Stelle notierte er: „200 Häftlinge, die in Kastenhof zu viel waren, wurden auf Wolframs Anweisung von Kapos umgebracht."[53]

Walther und Wolfram arbeiteten bei allen Tötungsaktionen eng mit der Lagerkommandantur von Mauthausen und Gusen zusammen. Sogar an der Vorbereitung zur kompletten Ausrottung des gesamten Lagers im April 1945 beteiligten sie sich unmittelbar: Zusammen mit Ziereis und

Seidler luden sie mit eigenen Händen Kisten und Fässer mit Dynamit und Giftgas ab, die zur Beseitigung des ganzen Lagers vorgesehen waren.[i]

Diese Aussagen und Fakten zeigen deutlich die Einstellung und die Mentalität der Betriebsleiter in den SS-Unternehmen. In der Lagerliteratur wurden diese Organisatoren der Sklavenarbeit, die aus den Feinden des Dritten Reiches „alles herauspressen" wollten, durch die Lagerführer, Rapportführer und Kommandoführer etwas in den Hintergrund gedrängt. Man muss daran erinnern, welche Rolle sie gespielt haben, zumal sie es verstanden haben, die Aufmerksamkeit der Richter auf den politischen Apparat der SS zu lenken, und trotz ihrer Tätigkeit während des Krieges zumeist recht billig davon gekommen sind.[54]

Eine ähnliche Rolle wie Walther und Wolfram in der DESt haben bei Steyr-Daimler-Puch die Ingenieure Rogen, Joseph Sturmberger und Franz (Ignaz) Ogris gespielt. Stefan Józefowicz, ab September 1939 Häftling der Konzentrationslager Buchenwald, Mauthausen und Gusen, beschrieb sie in seiner Aussage vor dem Richter am 9. Dezember 1945 folgendermaßen:

„Leiter der als ‚Georgenmühle' bezeichneten Gewehrfabrik war ein Mitglied der NSDAP namens Sturmberger aus Steyr, sein Helfer war ebenfalls ein Mitglied der NSDAP namens Ogris aus Wien. Beide gaben Anweisungen, Häftlinge umzubringen, die ihrer Meinung nach nicht schnell oder nicht genau genug arbeiteten. Sie sind schuld am Tod Hunderter Menschen. Die Kapos, die in ihrem Auftrag mordeten, bekamen von ihnen Zigaretten und Lebensmittel für ihren verdienstvollen Beitrag zum Wohl der Fabrik."[55]

Leiter der Messerschmitt-Betriebe in Gusen war Ostf. Paul (oder Peter) Ketterer. Seine Stellvertreter waren der bereits oben erwähnte Wolfram sowie Ostf. Ackermann.

---

i   Gegen Kriegsende kursierten im Lager Gerüchte über eine geplante Vernichtung aller Häftlinge aus Mauthausen und Gusen. Eindeutige Belege für einen solchen Plan existieren zwar keine, Freund und Perz weisen aber etwa darauf hin, dass die geplante Wiedererrichtung der Krematorien von Auschwitz in unmittelbarer Nähe Mauthausens und Gusens als Hinweis auf einen solchen Plan interpretiert werden könnte. (siehe den Beitrag von Freund und Perz in: Benz, Distel [Hg.]: Der Ort des Terrors, S. 331, bes. Fußnote 176 auf S. 344; vgl. dazu: Bertrand Perz, Florian Freund: Auschwitz neu? Pläne und Maßnahmen zur Wiedererrichtung der Krematorien von Auschwitz-Birkenau in der Umgebung des KZ Mauthausen im Februar 1945. In: Dachauer Hefte 20 [2004], S.58-70.)

Über alle Leiter der SS-Industrieunternehmen kann man dasselbe sagen wie über ihren Chef Mummenthey: Sie waren begabt, was die Organisation betrifft, rücksichtslose Vollstrecker der Anweisungen ihrer Behörden und der eigenen Anordnungen. Sie machten sich die Hände nicht selbst schmutzig, die „Drecksarbeit" überließen sie den SS-Führern und den Kapos, die für sie die verbrecherische Vernichtung durch Arbeit realisierten.

KAPITEL 3

III. VERANTWORTLICHE FÜR DIE VERNICHTUNG DURCH ARBEIT

Die Lehrmeister der Mörder

Ähnlich wie der Bau des Lagers Gusen, basierte auch seine innere Struktur auf Vorbildern, die in anderen Lagern ausgearbeitet worden waren. Damit das Lager seine Aufgaben noch schneller und vollständiger realisieren konnte, wurden diese Modelle noch vervollkommnet. Für die Organisation im Lager war sein Leiter verantwortlich, der jedoch im Unterschied zum Kommandanten des Hauptlagers Mauthausen nur als Lagerführer bezeichnet wurde. Er leitete das Lager mit Hilfe seines Stabes und der Lagerleitung. Für die Bewachung des Lagers stand ihm die Wachmannschaft zur Verfügung, die aus SS-Männern der SS-Totenkopfverbände bestand.

Der Lagerführer von Gusen unterstand dem Kommandanten des Stammlagers Mauthausen, der wiederum unmittelbar der SS-Zentrale in Berlin unterstand.

Die Konzentrationslager wurden zentral verwaltet, zunächst vom Inspektorat der Konzentrationslager im SS-Führungshauptamt (SS-FHA), und ab dem 16. März 1942 vom SS-Wirtschaftsverwaltungshauptamt (SS-WVHA). Diese beiden Hauptämter waren Teil der Reichsführung-SS (RFSS), an deren Spitze Heinrich Himmler stand, ab dem 17.6.1936 Reichsführer-SS und Chef der Deutschen Polizei.[56]

Die Konzentrationslager verwaltete im SS-FHA bis 1939 SS-Gruppenführer[57] Theodor Eicke als Inspekteur der Konzentrationslager und Führer der Wachverbände des KZ Dachau, wo er das ganze Organisationssystem eines Konzentrationslagers entwarf. Theodor Eicke war ein fanatischer Anhänger Hitlers. Er galt als psychisch labil (in den Jahren 1932-1933 war er in der Psychiatrischen Klinik der Universität Würzburg zur Beobachtung) mit eindeutig sadistischen Neigungen. In der SS-Schule, die er neben dem Konzentrationslager Dachau gründete, führte er eine verschärfte Ordnung nach dem Muster einer preußischen Junkerschule ein. Die Feldübungen sollten die Zöglinge dieser Schule zu der nötigen Härte erziehen, aber sie waren dermaßen brutal, dass – wie ein geflügeltes Wort von damals es zu bezeichnen pflegte – „ihnen das Wasser im Arsch kochte." Eicke brachte den zukünftigen SS-Führern während der praktischen Übungen im Lager Dachau bei, wie sie „sich als wie Stahl gehärtete Deutsche zeigen und nicht wie Weichlinge vor diesen Untermenschen (Häftlingen) stehen sollten." Diese Übungen trugen zur Entwicklung von Sadismus bei den jungen Anwärtern für die SS-Totenkopfeinheiten bei.

Eicke arbeitete auch die erste Lagerordnung aus, die zunächst nur in Dachau, später, bis zum Kriegsende, auch in allen anderen Konzentrationslagern des Dritten Reiches galt. Das System der Ausrottung in den Konzentrationslagern, das sich ein psychisch Kranker ausgedacht hatte, wurde bereits in vollem Umfang angewandt, als Mauthausen und Gusen entstanden.

Nach seiner Ernennung zum Inspekteur für Konzentrationslager arbeitete Eicke zunächst in Berlin, später verlegte er die Verwaltung der Lager nach Oranienburg (Sachsenhausen). Hier konzentrierte sich sowohl die Arbeit am Ausbau des Konzentrationslagersystems als auch die „erzieherische" Arbeit mit dem künftigen Führungskader der neuen Lager. Aus Sachsenhausen kamen die späteren Kommandanten der großen Konzentrationslager im Reich sowie in den besetzten Gebieten in Polen, der UdSSR, Frankreich, Holland und vielen anderen Ländern. Viel mehr noch als die Anordnungen Eickes bestimmten diese Leute darüber, wie wirksam das von ihm erfundene System zur Ausrottung der Gegner des Dritten Reiches war. Sie sorgten für die Kontinuität dieses Systems auch nach der Übergabe der Lagerverwaltung an Richard Glücks im Jahr 1939.[58]

Eicke war kein SS-Ideologe, er war „Ausbildner." Die Art dieser Ausbildung war in Hitlers *Mein Kampf* vorgegeben. Die Interpretation dafür lieferte der Ideologe des Rassismus, Alfred Rosenberg, in *Der Mythos des zwanzigsten Jahrhunderts*. Wie man den Nationalsozialismus verstehen sollte, das lehrten in der Praxis die Architekten des öffentlichen Lebens im Dritten Reich, solche Menschen wie Himmler, Kaltenbrunner, Sauckel, Speer oder Dietrich.

Den größten Einfluss auf die moralische und ethische Haltung der SS-Elite hatte ohne Zweifel der Reichsführer-SS Heinrich Himmler. In vielen Reden, Rundschreiben und Befehlen lehrte er, die Gegner des Nationalsozialismus und des Dritten Reiches zu hassen.

Seine Ansprache an die SS-Gruppenführer in Posen am 4. Oktober 1943 gibt die Atmosphäre wieder, in welcher die Leiter der Lager und der SS-Unternehmen erzogen wurden:

„*Ob die anderen Völker im Wohlstand leben oder ob sie verrecken vor Hunger, das interessiert mich nur insoweit, als wir sie als Sklaven für unsere Kul-*

KAPITEL 3

Abb. 9: Himmler und Kaltenbrunner inspizieren das Lager Mauthausen.

tur brauchen […] Wir Deutsche, die wir als einzige auf der Welt eine anständige Einstellung zum Tier haben, werden ja auch zu diesen Menschentieren eine anständige Einstellung einnehmen, aber es ist ein Verbrechen gegen unser eigenes Blut, uns um sie Sorgen zu machen und ihnen Ideale zu bringen, damit unsere Söhne und Enkel es noch schwerer haben mit ihnen. Ob beim Bau eines Panzergrabens 10.000 russische Weiber an Entkräftung umfallen oder nicht, interessiert mich nur insoweit, als der Panzergraben für Deutschland fertig wird. Wenn mir einer kommt und sagt: ‚Ich kann mit den Kindern oder den Frauen den Panzergraben nicht bauen. Das ist unmenschlich, denn dann sterben die daran,' dann muss ich sagen: ‚Du bist ein Mörder an deinem eigenen Blut, denn wenn der Panzergraben nicht gebaut wird, dann sterben deutsche Soldaten und das sind Söhne deutscher Mütter. Das ist unser Blut."[59]

Diese Ideen – prahlte Himmler – habe er der SS als eines der heiligsten Rechte der Zukunft eingeimpft.

Mit besonderem Hass begegnete Himmler den Polen. Er brachte dies in vielen seiner Reden zum Ausdruck. Als er die für Frühjahr 1940 geplante Polen-Aktion ankündigte, sagte er am 15. März 1940 bei einem Treffen mit Kommandanten der Konzentrationslager:

„Es ist unumgänglich, dass alle unsere Mitarbeiter und Mitarbeiterinnen ihre wesentlichste und wichtigste Aufgabe im Aufspüren aller polnischen Anführer sehen, damit sie unschädlich gemacht werden können. Meine Herren, als Lagerführer wissen Sie doch am besten, wie man diese Aufgabe durchführt. Alle Fachleute polnischer Herkunft werden in unserer Kriegsindustrie ausgenutzt. Dann werden alle Polen aus der Welt verschwinden. Im Zuge dieser verantwortlichen Arbeit müsst ihr die Polen rasch und in den vorgesehenen Etappen ausrotten. Ich erteile allen Lagerkommandanten meine Vollmacht."

Zum Schluss unterstrich er unter Hinweis auf die Wichtigkeit dieser Aufgabe ihren ideellen Rang: „Die Stunde der Bewährung eines jeden Deutschen kommt immer näher. Es ist daher von Wichtigkeit, dass das große deutsche Volk seine Hauptaufgabe in der Vernichtung aller Polen sieht."[60]

Sogar unter den fanatischen Hitleranhängern gab es Widerstände gegen die von ihm realisierte Politik der Vernichtung aller Polen. Man warf ihm öffentlich vor, die systematische Beseitigung der polnischen Führerschicht entspreche nicht „dem germanischen Geist". Himmler verteidigte sich gegen diese Vorwürfe und erklärte:

„Es tut mir leid, ich halte es für richtig und ich glaube, dass es richtig ist. Wir mussten dem Gegner zuerst die führenden Köpfe nehmen, das waren die Leute im Westmarkverband, in den aufständischen Verbänden, das war die polnische Intelligenz. Die mussten weg, da half nun nichts."[61]

Himmler gab ein Beispiel, wie man Menschen „schlechterer Rasse" fertig machen sollte. Im November 1940 befahl er, in Sachsenhausen „unter dem blutigen Banner der NSDAP" aus dem Jahr 1923 320 polnische Häftlinge zu erschießen, „um die Opfer des Münchner Putsches zu ehren."[62]

Während seiner Inspektion des Lagers Gusen im Jahr 1942 ließ Himmler „einen Häftling einen 45 Kilo schweren Stein auf den Rücken laden und ließ ihn solange mit herum laufen bis er tot zu Boden fiel und befahl eine Strafkompanie nach diesem Muster zu bilden um so mit der Art schneller die Häftlinge ins jenseits zu befördern."[i] Dies sagte über ihn Lagerkommandant Ziereis.[63]

---

i Von der Einvernahme Ziereis' am 24. Mai 1945 existieren mehrere Protokolle, die zum Teil erheblich von einander abweichen. Dies liegt darin begründet, dass mehrere Per-

Der Lagerkommandant des KZ Mauthausen
Franz Ziereis

Der Kommandant des Lagers Mauthausen und zugleich Vorgesetzter der Lagerführer aller Außenlager in Österreich, Franz Ziereis (geb. am 13. August 1905) gehörte zu jener Generation des SS-Führungskaders, die das Leiten von Konzentrationslagern in nach Eickes Modell bereits eingerichteten Lagern in der Praxis erlernte. 1936, als er in die SS eintrat, war er 31 Jahre alt. Vorher war er 12 Jahre lang Berufssoldat, der vom Unteroffizier langsam bis in den Rang eines Oberleutnants vorrückte. In der SS war er zunächst Ausbilder in Kampfschulung. Er diente in der 4. SS. Standarte in Oranienburg (Sachsenhausen) und lernte hier die Liquidierungsmethoden der Häftlinge sehr gut kennen. Seine Praxis absolvierte er im Lager Dachau, wo er Blockführer war. Am 17. Februar 1939 wurde er zum Kommandanten des Lagers Mauthausen ernannt, im Rang eines Hauptsturmführers (Hauptmann). Während seiner 6-jährigen Dienstzeit in Mauthausen erlangte er den Rang eines Standartenführers (Oberst). Für seine Verdienste erhielt er hohe Auszeichnungen.[64]

Als Himmler im Sommer 1939 eine neue Organisationseinheit, den SS-Totenkopfsturmbann (Regiment) mit Sitz in Mauthausen schuf, wurde Ziereis Anführer dieser Einheit. Zu Beginn, im Jahr 1940, zählte sie 1.250 SS-Führer, Unterführer und SS-Männer. Im Winter 1944/45 stieg die Zahl ihrer Mitglieder jedoch auf 5.697 SS-Männern und Wehrmachtsoldaten an, im März 1945 auf 9.799 SS-Männer, Angehörige der Luftwaffe, der Kriegsmarine und der Polizei.

Ziereis war gleichzeitig Vorsitzender des Sondergerichts für die SS-Totenkopfstandarte Ostmark in Wien (VII SS-Gericht Wien), was er zur

---

sonen bei der Einvernahme Protokoll führten, lt. Hans Maršálek waren dies neben ihm selbst zwei Überlebende des Lagers Gusen, Dr. Antoni Goscinski und Eugenius Pienta (wahrscheinlich Eugeniusz Pięta-Połomski) sowie Cpt. Lewi von der U.S. Army. Für die vorliegende Übersetzung wurden die zitierten Passagen aus den im Archiv der KZ-Gedenkstätte Mauthausen vorliegenden, deutschsprachigen Protokollen bzw. Abschriften übernommen (AMM P/18/2-4). Jene Textpassagen, die – wie die oben zitierte – in den deutschsprachigen Varianten nicht zu finden waren, wurden aus den bei Jerzy Osuchowski abgedruckten, polnischsprachigen Protokollen in die deutsche Sprache rückübersetzt. Bei Osuchowski (Gusen - przedsionek piekła *[Gusen - die Vorhölle]*. Warszawa: 1961, S. 186-199) finden sich zwei Versionen des Protokolls, ein von Leon Królak unterzeichnetes sowie eines ohne Angabe von Verfasser oder Quelle.

Verteidigung von SS-Männer nutzte, die wegen Gewalt gegen Häftlinge und Erschießungen „auf der Flucht" angeklagt wurden.

Unter den KZ-Kommandanten hat Ziereis – zusammen mit Höss aus Auschwitz – den wohl schlechtesten Ruf. Seine Wahl zum Kommandanten des Lagers mit dem strengsten Regime im Jahr 1940 zeugte davon, welches Vertrauen er bei seinen Vorgesetzten genoss, aber auch von seinen Charaktereigenschaften, ohne die die Führung eines solchen Lagers undenkbar war: Zynismus, Brutalität, Rücksichtslosigkeit und Sadismus.

Häftlinge, mit denen er in den Lagerbüros zusammentraf, beschreiben ihn treffend:

„Er war eine Art menschliche Bestie, vor ihm zitterten nicht nur Häftlinge, sondern auch die ihm unterstellten Soldaten und Offiziere. Nicht selten beschimpfte er seine Offiziere, behandelte sie wie Dreck, und das in Gegenwart von Häftlingen."[65]

Er liebte es, die ihm untergebenen Lagerführer der zahlreichen Außenlager unangemeldet zu besuchen. Zu diesem Zweck verschaffte er sich sogar ein kleines Flugzeug.

Über seine moralische Haltung berichtete sein älterer Sohn:

„Zu meinem Geburtstag befahl mein Vater vor mir 40 Häftlinge aufzustellen und gab mir einen Revolver; ich habe diese Häftlinge erschossen, einen nach dem anderen, denn ich musste lernen, auf bewegliche Ziele zu schießen."[66]

Ziereis hatte eine Vorliebe für Hinrichtungen. In seinen Aussagen auf dem Totenbett gestand er: „Ich habe während der Hinrichtungen mehrmals selbst auf die Häftlinge mit einem Kleinkalibergewehr geschossen, weil die Volksdeutschen sehr schlecht schossen." Er war Meister im Töten durch Genickschuss. Er fuhr auch persönlich den Wagen, in welchem Häftlinge vergast wurden. „Ich selber habe nie Gas in das Auto hineingelassen. – Ich selber habe nur das Auto auf der Strecke Mauthausen nach Gusen geführt, ich habe aber gewusst, dass die Häftlinge auf der Fahrt vergast werden."[67]

Ziereis verstand nichts von wirtschaftlichen Angelegenheiten. So wurde er langsam ein Werkzeug in den Händen der DESt-Direktoren. Ab 1942, als Pohl den Lagerkommandanten die Aufsicht über die SS-Unternehmen, in denen Häftlinge beschäftigt waren, übertrug, erhielt Ziereis dafür aus den Mitteln dieser Unternehmen die höchste Zulage – 300 RM monatlich. Dafür war er rücksichtsloser Vollstrecker der Anordnungen zur Leistungssteigerung der Häftlinge. Das Recht zu leben gestand er nur gesunden und starken, arbeitsfähigen Menschen zu, die anderen hielt er für Schmarotzer. Er versetzte sie gern in Strafkompanien. In seinen Aussagen gab er zu: „ich persönlich habe mehrere Hundert Leute ermordet – vielleicht 4.000, weil ich sie in die Strafkompanie schickte […]."[68]

Die Lagerführer in Gusen

Der erste Lagerführer in Gusen war Karl Chmielewski.[i] Trotz des polnischen Nachnamens war er kein Pole. Er wurde am 16. Juli 1903 in Frankfurt/Main geboren und ist in München aufgewachsen. Er hatte eine künstlerische Ausbildung, anfänglich war er Bildhauer, in den Jahren der Wirtschaftskrise 1929-1930 malte er Plakate.

In die SS trat er 1930 ein. Nach seiner Aufnahme in die SS-Totenkopfverbände wurde er dem Stab des Reichsführer-SS Heinrich Himmler zugeteilt, dann arbeitete er im Lager Sachsenhausen. Im Rang eines Obersturmführers (Oberleutnant) hatte er als Mitglied der Lagerführung Aufsicht über das Geld und die Kantine der Häftlinge. Anfang 1940 wurde er nach Mauthausen als Schutzhaftlagerführer versetzt. In dieser Funktion beaufsichtigte er den Bau des KZ Gusen. Nach der Eröffnung dieses Lagers (25. Mai 1940) wurde er dort Lagerführer.

Chmielewski hasste die Polen. Sein polnischer Name war ihm eine Last, gleichzeitig prahlte er mit seiner adeligen Herkunft. In Anwesenheit von Häftlingen erzählte er den SS-Führern, dass seine Vorfahren aus Sachsen stammten und den Namen Hopf trugen. Unter König August II von Sachsen wurde ein Hopf königlicher Postmeister. Die Polen hatten seinen Namen in Chmiel eingepolnischt, und nachdem er geadelt worden war, hieß er Chmielewski. Nach seiner Rückkehr nach Sachsen hatte der Vorfahre den Namen beibehalten.

Seine moralische Einstellung war durch den mehrjährigen Dienst im Lager Sachsenhausen geprägt worden. Hier kamen sein Hang zu Brutalität, gepaart mit Zynismus und Habgier zum Vorschein. In Gusen fiel er oft volltrunken im Lager ein und suchte nach Opfern unter den Häftlingen. Er schlug sie im Bunker und auf dem Appellplatz, er quälte auch die auf dem „Pfahl" hängenden solange sie noch Lebenszeichen von sich ga-

---

i Zur Person Karl Chmielewskis siehe auch: Karin Orth: Gab es eine Lagergesellschaft? „Kriminelle" und politische Häftlinge im Konzentrationslager. In: Norbert Frei et al. (Hg.): Ausbeutung, Vernichtung, Öffentlichkeit. Neue Studien zur nationalsozialistischen Lagerpolitik (= Darstellungen und Quellen zur Geschichte von Auschwitz 4), München 2000, S. 109-133.

ben. Er nahm an Massenerschießungen teil, veranstaltete massenweise Misshandlungen. Er wählte sich die brutalsten Verbrecher zu Handlangern seiner Massentötungsaktionen. Hier einige Aussagen von Häftlingen, die ihn charakterisieren:

„Über sich selbst sagte Chmielewski, er sei die Verkörperung von Tausend Teufeln, er habe keine menschlichen Empfindungen wie Mitleid oder Erbarmen, er verstehe nicht, was es heißt, ein Herz für Menschen zu haben, nichts und niemand könne ihn rühren."

„Beim Anblick dieser Bestie zitterten alle, vor allem die Polen. Wer konnte, ging ihm aus dem Weg. Wer an ihm vorbeigehen musste, war auf Schläge mit der Peitsche, auf eine Ohrfeige oder einen Tritt vorbereitet. Chmielewski fand immer einen Grund, einen Häftling zu schlagen."

„In der Nacht kam er betrunken in die Blocks. Er stieg durch das Fenster ein und trampelte auf den schlafenden Häftlingen herum [...] Die Blockältesten, die Stubenältesten, die Blockschreiber und Friseure flüchteten durchs Fenster aus ihren Kabuffs. Wer nicht schnell genug war, wurde ohne den geringsten Grund geschlagen und verletzt. In Block 18 schoss Chmielewski im August 1940 grundlos auf den Friseur. Er verlor ein Auge und starb nach einem halbjährigen Martyrium."[69]

Die Gewissheit, straflos davonzukommen, erleichterte ihm seine Verbrechen. Er war Meister darin, allerlei Güter „aufzutreiben". Er befahl den Häftlingen, Material für den Bau und die Erhaltung des Lagers sowie für die Errichtung seiner Villa in St. Georgen zu stehlen.

„Für sich selbst, seine Verwandten und Freunde ließ er die Häftlinge verschiedene Gegenstände aus Stein und Holz machen, Bilder malen, oder Schädel präparieren und menschliche Haut gerben, aus der dann Damenhandtaschen, Lampenschirme, oder Wanddekorationen gefertigt wurden. Besonders zu Weihnachten strich er jede Menge Geschenke ein, die im Lager hergestellt wurden."[70]

Während seiner 28-monatigen Herrschaft wurden 10.066 Häftlinge und 2.181 Kriegsgefangene ermordet. Beim Prozess wurde ihm persönliche Beteiligung an 293 Morden nachgewiesen.[i]

---

i   Der Prozess gegen Chmielewski fand 1961 vor dem Schwurgericht Ansbach statt. Zur Last gelegt wurden ihm die Ermordung von mindestens 242 Häftlinge durch sogenannte Totbadeaktionen sowie das Ertränken von mindestens 40 Häftlingen. (Das Urteil gegen Chmielewski findet sich in: C. F. Rüter, D.W. De Mildt [Hg.]: NS-Verbrechen, Band XVII. Amsterdam, S.152-210; vgl auch: Orth: Gab es eine Lagergesellschaft?, S. 130).

Die SS-Zentrale bewertete seine Tätigkeit im Lager als Kriegsverdienst, im Jahr 1942 wurde er dafür mit dem Kriegsverdienstkreuz ausgezeichnet.

Sein Vorgesetzter, Franz Ziereis, beschrieb ihn als notorischen Säufer und brutalen Menschen, der in Gusen „mehrere Tausend Menschen ermordet hat" und nach seiner Beförderung zum Lagerkommandanten in Hertogenbosch (ab Oktober 1942)

„*besoffen Häftlinge ohne Grund geschlagen, ermordet und erschossen hat. Später wurde er aus der SS ausgeschlossen, denn er eignete sich Stoffe, Devisen, Kleidung, Gold und Brillanten an, die Häftlingen gehörten. In die SS-Kantinen brachte er weibliche Häftlinge, schlug sie und missbrauchte sie sexuell. Er gab die sog. ‚Bierzeitung' heraus. Zuletzt wurde er zu 15 Jahren Haft verurteilt. Dieses Urteil wurde vom Reichsführer Himmler nicht bestätigt.*"[1]

Himmler hat Chmielewski tatsächlich begnadigt. Nach seiner Entlassung aus dem Gefängnis kam Chmielewski nach Gusen zurück, hatte aber keine Funktion mehr inne. Nach dem Krieg versteckte er sich lange Zeit unter einem falschen Namen, erst 1961 wurde er von einem Gericht in der BRD zu lebenslanger Haft verurteilt.

Die Anhänger der Theorie, dass sich die Elite der SS-Totenkopfverbände aus Menschen mit verbrecherischen Charaktereigenschaften zusammensetzte, könnten in den Persönlichkeiten der beiden Lagerführer von Gusen genügend Beweise für ihre Richtigkeit finden. Der größte Verbrecher in einer SS-Uniform, der das Lager für die „kaum noch erziehbaren" Gegner des Dritten Reiches leitete, war der Nachfolger Chmielewskis, SS-Obersturmführer Fritz Seidler.

Seine Karriere aus der Zeit vor seiner Lagertätigkeit ist unbekannt. Er tauchte erstmals als 2. Schutzhaftlagerführer in Auschwitz-Birkenau auf. Jerzy Osuchowski beschreibt, welch eine schreckliche Berühmtheit er dort erlangt hatte:

„*Als ihn ehemalige Auschwitz-Häftlinge in Gusen sahen, erstarrten sie vor Angst. Man lachte sie aus, als sie meinten, dass Chmielewski neben ihm ein Engel gewesen sei. Man erzählte sich, wie er in Auschwitz auf den Lagerstraßen zu Pferd galoppierte, ohne auf die herumgehenden Häftlinge zu achten, er ritt in die Baracken ein und band Häftlinge mit einem langen Strick an seinen Sattel, dann schleifte er sie hinter sich her über Felder, steinige Wege und unwegsames Gelände. Arbeitende Häftlinge schoss er ab als wäre er auf Entenjagd.*"

Andere Häftlinge berichteten, wie er nach der Flucht eines polnischen Häftlings das Arbeitskommando, in welchem dieser gearbeitet hatte, antreten ließ. „Er befahl jedem Dritten aus der Reihe, vorzutreten und ließ die so ausgewählten zehn Häftlinge vor den Augen des ganzen Lagers erschießen."

Anfangs war Seidler in Gusen stellvertretender Lagerführer, erst im Oktober 1942 wurde er als Lagerführer Herr über Leben und Tod tausender Häftlinge in Gusen.

Sein Verhalten bestätigte, was die Auschwitz-Häftlinge von ihm erzählten.

„Seidler schrie nicht, er regte sich öffentlich nicht auf, er handelte mit kaltem Blut, mit voller Absicht und konsequent [...] Er fühlte Abscheu allen gegenüber, ohne Ausnahme. Vor Beginn eines Gesprächs versetzte er dem Häftling zunächst eine kräftige Ohrfeige."

„Er liebte es zu schlagen, zu töten oder zu verletzen, wobei er für gewöhnlich die Kiefer des Häftlings mit bloßen Fäusten zerbrach." „Er hatte eine enorme Kraft. Sein Schlag ins Gesicht brach in der Regel die Kiefer."

Er war ein noch größerer Sadist als Chmielewski. In der Nacht, stockbesoffen, „schoss er kaltblütig aus seiner Browning auf die im Bunker festgehaltenen Häftlinge, wenn er meinte, dass die vorher angewandten Foltern beendet wären. Dr. Gruber, der bereits im Bunker gefoltert worden war und auf dem Boden lag, trat er mit Füßen und trampelte auf seinem Bauch und Hals herum, später hängte er ihn persönlich auf."[i]

„Durch die Fenster des Jourhauses beobachtete er oft die im Steinbruch arbeitenden Häftlinge. Es genügte, dass er jemanden erblickte, der nur für einen Moment untätig stand, sofort sprang er auf sein Motorrad und raste zu dieser Stelle, wenn er den Häftling erkannte, schickte er ihn in den Tod [...] Die Kapos fürchteten sein plötzliches Auftauchen, sie trieben die Arbeiter daher zu noch mehr schweißtreibender Arbeit an, um Seidler zufrieden zu stellen, dem immer alles zu wenig war."[2]

Angesichts der herannahenden Katastrophe, als der Lärm der sich von zwei Seiten nähernden Front immer deutlicher wurde, ordnete Seidler am 19. April 1945 an, in Block 31 die kranken Häftlinge und die Invaliden

---

i Zur Person des Priesters Dr. Johann Gruber und seiner Ermordung im Lager siehe auch: Wolfgang J. Bandion: Johann Gruber. Mauthausen-Gusen 7. April 1944. Mit 14 Radierungen von Alfred Hrdlicka. Wien: 1995.

vom Revier und Block 24 in Gusen I zu vergasen. Er befahl auch ein Massaker in Gusen II. Damals sind ca. 1.500 Häftlinge umgekommen. Nach der Niederlage des Dritten Reiches hat er sich geschickt versteckt. Bis heute wurde er nicht aufgespürt und ist einer Strafe entgangen.[i]

Das Verhalten von Ziereis, Chmielewski und Seidler beeinflusste die Einstellung der Mitglieder des Lagerstabs der SS, der Kommando- und Blockführer und der gesamten Mannschaft. Sie überboten einander an Bestialität oft deshalb, um sich bei dem Kommandanten und dem Lagerführer beliebt zu machen. Bereits 1940 merkten die Häftlinge, dass die SS-Männer sich die schlimmsten Übergriffe in der Anwesenheit von Ziereis und Chmielewski erlaubten.

Chmielewski leitete nur Gusen I, Seidler auch die Außenlager Gusen II und III mit Hilfe der Lagerleitung, der die gesamte Mannschaft der SS-Führer unterstand. Die Lagerleitung verfügte über Lagerbüros, an deren Spitze SS-Offiziere oder Unteroffiziere, ebenfalls Stabsmitglieder, standen. In lockerer Abhängigkeit von den Lagerführern standen:

1) die Politische Abteilung, die ein Gestapo-Organ war und an deren Spitze ein Gestapo-Offizier stand;

2) das Revier (Krankenhaus), das vom SS-Lagerarzt geleitet wurde, der dem Standortarzt in Mauthausen direkt unterstellt war, welcher die Behandlungen in allen Außenlagern von Mauthausen beaufsichtigte;

3) die Verwaltung der DESt, die autonom funktionierte, und deren Betriebsleiter ab 1942 nur mehr formal der Kommandant des KZ Mauthausen war.

Die SS-Führer

Die SS-Führer, die als Mitglieder der Lagerleitung leitende Funktionen inne hatten, sowie die Block- und Kommandoführer wurden vor ihrem Dienstantritt in einem Konzentrationslager in speziellen Kursen geschult. In den Jahren 1940-1943 betrug ihre Zahl in Gusen zwischen achtzig und neunzig Mann, in den Jahren 1944-1945 waren es mehr als Hundert. Sie alle gehörten zu den SS-Totenkopfverbänden und legten Hitler, als dem Führer und Kanzler einen Treueeid ab. Sie gelobten ihm

---

[i] Tatsächlich dürfte sich Seidler gegen Kriegsende das Leben genommen haben. David W: Pike behauptet, er hätte sich am 3. Mai 1945 in Pyburg das Leben genommen, führt dafür aber keine weiteren Referenzen an. (David W. Pike: Betrifft: KZ Mauthausen. Was die Archive erzählen. Grünbach: 2005, S. 32.)

und den von ihm ernannten Vorgesetzten Gehorsam bis in den Tod. Als SS-Mitglieder fühlten sie sich auch dazu berufen, Hitler und das Deutsche Reich vor „inneren Feinden" zu beschützen, während ihre gleichaltrigen Kameraden an den Kriegsfronten kämpften. Diese inneren Feinde waren ihrer Meinung nach vor allem Juden, Polen, Russen, die offiziell als Untermenschen oder Menschentiere und noch öfter als „mehr Tiere denn Menschen" bezeichnet wurden.

In ihren Ansprachen an die Häftlinge brachten sie oft das vorgetäuschte Bedauern zum Ausdruck, dass sie „diesen Mist" im Lager bewachen müssten statt für das Vaterland zu kämpfen. Sie pflegten auch ihre Haltung und Ordnungs- und Sauberkeitsliebe als Beispiel voranzustellen. Da sie selbst dem Kasernendrill verhaftet waren, verlangten sie diesen auch von den Häftlingen: beim Zusammentreffen im Lager oder bei der Arbeit einen Gruß mit unbedecktem Kopf; nach Aufforderung eine bestimmte Meldung mit festgelegter Formel. Sie verlangten absolute Sauberkeit im Block und glatt gemachte Betten, was unter den Lagerbedingungen unmöglich war. Von ihrem militärischen Dienst in den Kasernen hatten sie auch ihre Vorliebe, alles zu kontrollieren, was man nur kontrollieren konnte: die Sauberkeit der Füße, der Hände, des ganzen Körpers, die Sauberkeit der Schuhe, der Schüsseln und Löffel, die Reinheit und Ordnung in den Stuben usw. Jeden Verstoß betrachteten sie als Geringschätzung ihrer Anordnungen, als etwas, das die im Dritten Reich geltende Ordnung und ihre eigenen Autorität in Frage stellte. Sie bestraften meistens dafür kollektiv den gesamten Block oder die einzelne Stube mit „Turnübungen", wobei sie die anstrengendsten bevorzugten (Kniebeugen und Sprünge in der Beugehaltung mit ausgestreckten Armen).

Es versteht sich von selbst, dass vorwiegend pathologisch vorgeprägte Menschen eine Vorliebe für einen derartigen Dienst zeigten. Eine logische Konsequenz dieser Tatsache waren die vielen sadistischen Handlungen dieser Menschen. In diesem Klima fühlten sie sich wohl, das war ihre Form des Kampfes mit dem „inneren Feind", die ihnen Anerkennung und Ehre bringen sollte. Es hatte keine Bedeutung, dass der Feind schwach und körperlich ausgelaugt war. Das irritierte sie vielmehr. „Warum lebst du noch?" fragte Schutzhaftlagerführer Dammbach den Häftling Kornwasser."[73] Das bei zivilisierten Menschen übliche Mitgefühls für Schwache und Kranke und der Respekt vor dem Alter wurden von den SS-Führern als Weichheit empfunden, als unzulässig, ja sogar strafbar.

1940 waren die meisten Häftlinge – so wie auch in den darauf folgenden Jahren viele – gebildete Menschen (Lehrer, Ärzte, Beamte, Techniker), die den SS-Männern an Wissen und Intelligenz überlegen waren. Die SS-Führer der Lagerleitung, der Politischen Abteilung und des Krankenreviers ließen die Häftlinge bei jeder Gelegenheit ihre Verachtung spüren, durch Beschimpfungen, Herumstoßen und Schläge, oft auch durch erniedrigende Anordnungen. Die häufigste Bezeichnung für die Lagerinsassen war „Mistvolk", der einzelne Häftling wurde zumeist „Sauhund" tituliert.

Das Bedürfnis nach Kultur und Unterhaltung brachte einige wenige SS-Führer den Musikern, Sängern oder bildenden Künstlern unter den Häftlingen näher: sie versuchten sich als Kunst- und Sportmäzene. Das waren aber nur oberflächliche Erlebnisse und kein echtes Kulturempfinden dieser Menschen. Ein Beweis dafür sind z.B. die Dekorationen des Offizierscasinos (Führerheims), die polnische Häftlinge auf Anordnung des Lagerführers anfertigten und die bei der Lagerleitung Anerkennung fanden. Es waren riesige gemalte Karikaturen von Säufern an den Wänden des Casinos. Das Bild einer Sauforgie als Dekoration war Ausdruck der häufigsten inneren Bedürfnisse der meisten Mitglieder dieser Mannschaft. Manche SS-Führer waren ständig betrunken und veranstalteten regelmäßig Sauforgien. Das Beispiel kam im übrigen von oben. Chmielewski und Seidler veranstalteten gerne Saufgelage, die mit dem Geld von Häftlingskonten finanziert wurden.

Nur wenige SS-Führer ohne sadistische Neigungen traten in die SS ein. Sie taten dies meistens deshalb, weil ihnen die Macht der SS oder die von NSDAP-Ideologen verbreitete Vorstellung von der Rückkehr zur germanischen Moral oder auch der Mythos vom Tausendjährigen Reich, das die Welt beherrschen würde, imponierten. Manche von ihnen, wie z.B. Hstf. Jann Beck oder Stscha. Ludwig Füssl vermochten es nicht, mit der SS zu brechen, sie nahmen den Häftlingen gegenüber die Haltung von Vorgesetzten und Herrschern ein, aber sie zeigten auch menschliche Regungen und setzten sich manchmal für Häftlinge ein. Sie gehörten jedoch zu den Ausnahmen, vielleicht prägte sich den Häftlingen im Gedächtnis gerade deshalb ihr Benehmen ein, das sich von dem der meisten SS-Führer unterschied.

Die SS-Führer waren sich ihrer Verantwortung für die im Lager begangenen Verbrechen bewusst. Die letzten Tage ihrer Herrschaft verbrachten sie damit, die Spuren davon zu verwischen: Sie vernichteten den

Großteil des Lagerarchivs (einen Teil versteckten Häftlinge); sie sandten die gesamte Mannschaft des Krematoriums nach Mauthausen zum Erschießen, sie wollten auch die Häftlinge von der Politischen Abteilung liquidieren. Dazu kam es nicht, da diese von einem SS-Führer gewarnt wurden und sich im letzten Moment im Lager versteckten.

Der Stab des Lagerführers

Zur Lagerleitung gehörten der Lagerführer und seine Stellvertreter, der Schutzhaftlagerführer, sein Adjutant, der Leiter der Postzensurstelle sowie die Rapportführer und Arbeitseinsatzführer.

Der Schutzhaftlagerführer war für das Lebens im Innern des Lagers zuständig. In Gusen hatten diese Funktion in den Jahren 1940-1941 Hstf. Dammbach und nach ihm der Reihe nach Hstf. Meyer, Hans Altfuldisch und Michael Redwitz inne. Ab April 1942 wurden Hstf. Fritz Seidler, der spätere Lagerführer, sowie Ostf. Walter Ernstberger dazu ernannt, ab 1943 dann die Hauptsturmführer Jann Beck und Panusch. Beck bekleidete diese Funktion bis zur Befreiung.

Fast alle waren Schüler Eickes in Dachau und Sachsenhausen gewesen, unter seiner Leitung hatten sie auch zumeist ihren ersten Einsatz als SS-Führer. Dammbach war bereits 1937 in Dachau für seine brutale Behandlung der Häftlinge bekannt. Osuchowski schreibt über ihn: „Er schrieb sich mit Blut in die Geschichte von Gusen ein."

Alle, vielleicht mit Ausnahme Becks, hassten die „Ostvölker" – vor allem die Polen und die Russen. Michael Redwitz versicherte, dass „die sowjetischen Kriegsgefangenen zum Stamm der Menschenfresser gehören."[74] Walter Ernstberger war zunächst Rapportführer in Mauthausen. Während der Errichtung von Gusen wurde er – neben Ziereis und Bachmayer – als einer der „unvergesslichen drei entarteten Henker" berühmt. Kurz vor der Versetzung Chmielewskis nach Hertogenbosch wurde er Schutzhaftlagerführer in Gusen. Während seiner Amtszeit war die Sterblichkeitsrate im Kriegsgefangenenlager am höchsten. Von Gusen kam er als Lagerkommandant nach Groß-Rosen.

Beck stammte aus Nürnberg, er war von Beruf Bildhauer. In seinem Temperament und seinem Verhalten unterschied er sich sehr deutlich von seinen Vorgängern. Polnische Gusenhäftlinge verbinden mit seiner Person den Zeitpunkt einer Milderung des Lagerregimes, obwohl aus Dokumenten hervorgeht, dass diesbezügliche Erlässe vom WVHA schon ab 1942 ergingen. Es ist bezeichnend, dass es in den Erzählungen der Häft-

1. SS KOMMANDANTURSTAB
SZTAB KOMENDANTURY OBOZOWEJ

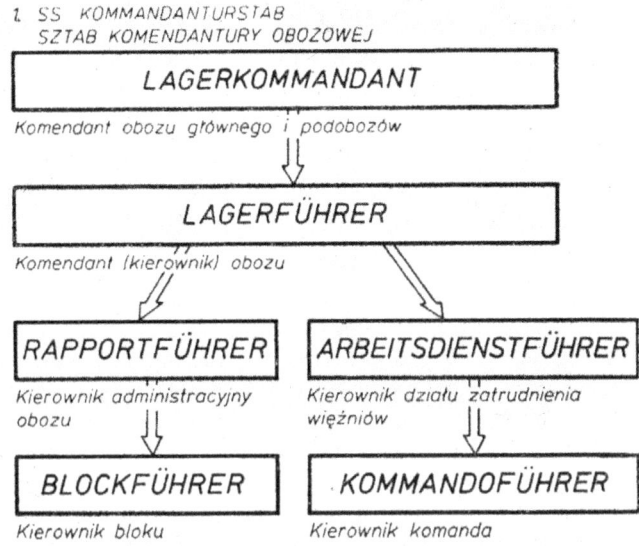

2 SS-SANITÄTSWESEN – SŁUŻBA ZDROWIA

3. SS-WACHTRUPPE - ODDZIAŁ WARTOWNICZY

Abb. 10a: Organisationsstruktur der Lager-SS, erstellt von Marian Sławiński.

linge keine Berichte über die Teilnahme Becks an Exekutionen und massiven Tötungsaktionen gibt; auch über brutales Verhalten den Häftlingen gegenüber gibt es keine Angaben. Im Gegenteil, in einigen Erinnerungen schreiben die Verfasser mit Anerkennung über ihn.[75] Manche behaupten sogar, er hätte sich den Anordnungen Seidlers widersetzt und vertrauliche Informationen über verbrecherische Absichten Ziereis' und Seidlers, u.a. über die Pläne, alle Insassen des Lagers in den Stollen von Kellerbau III zu vernichten, an Häftlinge weitergegeben.

Das Verhalten Becks konnte nur in einem geringen Grad Einfluss auf die allgemeine Situation der Häftlinge haben. Die Lagerleitung beachtete Becks Meinung nicht, ganz im Gegenteil – sie handelte ihr zuwider. Als 1943 die Gestapo-Zentrale an die Lagerleitung eine Anfrage betreffend die Freilassung von rund 40 Häftlingen – vorwiegend Deutsche und Österreicher – schickte und eine Stellungnahme verlangte, gab Beck in Vertretung Seidlers eine positive Stellungnahme ab und sprach sich für die Freilassung der betreffenden Häftlinge aus. Der Leiter der Schreibstube, Schulz, sandte seine Stellungnahme jedoch nicht nach Mauthausen zurück, sondern hielt das Schreiben bis zur Wiederkehr Seidlers zurück, der es zu vernichten befahl, über die Häftlinge das Schlechteste schrieb und somit ihre Chancen auf Entlassung zunichte machte.[76]

Eine ähnliche Rolle wie der 2. Schutzhaftlagerführer spielten auch die Lagerführer Oscha. Oskar Tandler im Kriegsgefangenenlager, Hscha. Franz Gottfried Schulz in Gusen II und Rottf. Wilhelm Mack in Gusen III.

Tandler stammte aus Łódź. „Er misshandelte niemanden, brachte niemanden um, aber er erfüllte genauestens alle Anordnungen seiner Vorgesetzten," so charakterisiert ihn Jerzy Osuchowski. Unter seiner Leitung schmolz jedoch das Kriegsgefangenenlager sehr schnell: Fast 2.000 sowjetische Kriegsgefangene starben vor Hunger und an Krankheiten, aber auch durch Spritzen der Sanitätsdienstgrade und der Blockältesten.

Sein Stellvertreter im Kriegsgefangenenlager wurde Rottf. Vladimir Smirnow – ein abtrünniger Russe und ehemaliger Offizier des Zaren. Er tat nichts, um das tragische Schicksal seiner Landsleute zu mildern.

Hscha. Franz Gottfried Schulz war vor dem Krieg ein berühmter Spieler des Fußballklubs F.C. Nürnberg. In Gusen II stachelte er Lagerkapo Hans Van Loosen zu Massenmorden auf und vor der Befreiung des Lagers verhalf er ihm zur Flucht. Den Ruf eines Henkers hatte auch der 2. Lagerführer von Gusen II, Hstf. Panusch.

Mack war nur 5 Monate lang Lagerführer von Gusen III. „Wir hatten ihm während unseres Aufenthalts in Lungitz nichts vorzuwerfen," schreibt über ihn ein Häftling von Gusen III. „Er hat sich ordentlich verhalten, deshalb haben wir ihn den Alliierten mit einer guten Stellungnahme übergeben."[77]

Den Stab der Lagerleitung leitete der Adjutant des Lagerführers, der gleichzeitig Leiter der Lagerschreibstube und der Rechnungsführung im Lager war. Das war eine besonders wichtige Funktion. Alle Häftlingsangelegenheiten gingen durch seine Hände, er bereitete auch die Durchführung aller Anordnungen der SS-Zentrale vor und verfasste die Berichte.

Die Adjutanten des Lagerführers waren der Reihe nach Oscha. Schmidt und Scha. Miroff in den Jahren 1940 und 1941 sowie Hscha. Heinz Jentzsch zwischen August 1941 und September 1942. In den letzten Jahren der Lagerexistenz bekleideten diese Funktion Uscha. Hans Hoyer und Johann Müller sowie Scha. Otto Schulz, ein Polenfresser und Gestapo-Intimus.

Als der schrecklichste ging Heinz Jentzsch (geb. am 8.6.1917 in Zittau) in die Geschichte Gusens ein. Er war Initiator der Badeaktionen, bei denen er über 2.000 invalide Häftlinge umbrachte.

Als 17-jähriger Junge trat er 1934 in die SS ein und diente bis 1938 in Sachsenhausen. 1940 gehörte er bereits zum Kommandanturstab in Auschwitz, von dort wurde er im August 1941 nach Gusen versetzt. Ende 1942 nahm ihn Chmielewski mit nach Hertogenbosch.

Während seiner Tätigkeit in Auschwitz lernte er Methoden des Massenmords kennen. Bald nach seiner Ankunft in Gusen begann er sie auch dort anzuwenden. Die SS-Zentrale in Berlin befahl, im Lager Gusen Platz für 10.000 Kriegsgefangene zu machen. Es mussten dafür einige Blocks geräumt werden. Jentzsch arbeitete einen Plan zur Liquidierung der Invalidenblocks aus, er tötete die Häftlinge systematisch in Badeaktionen mit eiskaltem Wasser. Bei der Umsetzung dieses Plans war er unbarmherzig. Seine Aktionen liefen zeitgleich mit der Tätigkeit des Lagerarztes Dr. Kiesewetter. Sie spornten einander zu Aktionen an, bei denen ihr Hass den Polen und Russen gegenüber in den bestialischsten Formen zum Ausdruck kam.

Im Ansbacher Prozess (BRD) wurde Jentzsch, ein wohlhabender Unternehmer in der Holzbranche, angeklagt, 2.000 Häftlinge umgebracht zu haben. Er wurde zu lebenslänglicher Freiheitsstrafe verurteilt.

Die Lagerschreibstube war eine ziemlich ausgebaute Institution. Beschäftigt waren dort SS-Unteroffiziere (siehe oben) und Häftlinge, mit dem Lagerschreiber an der Spitze, darunter Polen und Tschechen, die Deutsch konnten. Leiter der Lagerschreibstube war fast während der gesamten Zeit Hstf. Otto Schulz. Er war ein Vertrauter des Lagerführers und kontrollierte die Tätigkeit der anderen Mitglieder der Lagerleitung. Er konnte auch ihre Vorhaben zunichte machen.

Die für die SS-Mannschaft und die Häftlinge gemeinsame Poststelle unterstand unmittelbar dem Lagerführer. Sie kontrollierte die gesamte Korrespondenz der Häftlinge, sie zensierte also alle vom Lager abgehenden sowie an die Häftlinge adressierten Briefe, sie registrierte auch alle von den Familien der Häftlinge ins Lager geschickten Pakete.

Die Poststelle war sehr wichtig im Leben der Häftlinge. Seit man den Häftlingen erlaubt hatte, an ihre Familien Briefe zu schreiben (Juli 1940), war der Kontakt mit Daheim eine der wichtigsten moralischen Stützen im Lagerleben. Genauso wesentlich waren die Lebensmittelpakete, welche Häftlinge von ihren Familien ab Anfang 1943 erhalten durften. Die Kontrolle der Korrespondenz und der Pakete erlaubte es dem Leiter der Poststelle, die Kontakte der Häftlinge mit ihren Familien zu lenken.

Leiter der Poststelle in Gusen war Hscha. Wilhelm Grill (Dürrpfötchen). Ihm standen einige SS-Männer zur Seite (Iffert, Knogl, Keitloff), deren Aufgabe es war, den Inhalt der abgehenden und ankommenden Briefe genauestens zu analysieren und die Pakete gewissenhaft zu kontrollieren.

Grill wurde von den Häftlingen als fauler, bösartiger und habgieriger Mensch beschrieben. Seiner Faulheit und seiner Böswilligkeit schreiben sie die Tatsache zu, dass jeder Häftling nur einen Brief pro Monat schreiben und erhalten durfte, obwohl die offiziellen Vorschriften zwei Briefe oder zwei Postkarten monatlich zuließen. Osuchowski schreibt über ihn: *Er handelte „willkürlich [...], stets zum Nachteil der Häftlinge, besonders der Polen, die er so hasste, wie ein NSDAP-Mitglied nur hassen kann, zumal Grill Ortsgruppenführer der lokalen NSDAP-Gruppe war. Aufgrund dieser Funktion stellte er sich über andere und missachtete jeden. Er war anmaßend, arrogant, unzugänglich, ordinär und wurde sogar von den SS-Männern gehasst."*

Grill stachelte die in der Poststelle arbeitenden SS-Männer konsequent gegen die Polen auf. Er hetzte die lokalen Hitleranhänger gegen die Häftlinge auf und verbreitete mit ihrer Hilfe unter der Bevölkerung falsche Informationen über die Situation im KZ. Oft zerriss er ohne jeden Grund Briefe von Häftlingen oder deren Familien.

Leon Królak, ein in der Poststelle beschäftigter Häftling, beobachtete, wie sich Grill fremdes Eigentum aneignete.

„*Er holte sich eigenhändig die begehrtesten Lebensmittel aus den Paketen, die Familien an ihre Angehörigen im Lager schickten, und ließ zu, dass sich auch andere SS-Führer bedienten. In Grills Umgebung gab es immer andere SS-Männer seines oder auch höheren Ranges, an die er die gestohlenen Lebensmittel verteilte.*"[78]

Die Rapportführer und Blockführer

Die Lagerleitung hatte zwei Abteilungen, eine von ihnen beschäftigte sich mit der Verwaltung, die andere mit dem Einsatz der Häftlinge. Die für die Verwaltung zuständigen Rapportführer standen zwischen der Lagermannschaft und der Lagerleitung. Ihnen waren alle Blockführer unterstellt, zur Zeit Seidlers oblag ihnen die Wahl der Blockältesten und Blockschreiber. Rapportführer waren für gewöhnlich SS-Unteroffiziere im Rang eines Scharführers oder Oberscharführers, nur ausnahmsweise eines Sturmführers.

Außer Michael Killermann, der diese Funktion beinahe drei Jahre bekleidete, blieben die meisten nur kurze Zeit Rapportführer und wurden danach entweder in die Abteilung Arbeitseinsatz als Kommandoführer versetzt, oder sie erlangten einen höheren Rang und übernahmen leitende Funktionen in anderen Konzentrationslagern. Wenn sie einen Fehler machten, mussten sie an die Front. In Gusen gab es für gewöhnlich zwei Rapportführer. Diese Funktion hatten der Reihe nach: Hscha. Anton Streitwieser und Oscha. Kurt Isenberg im Jahr 1940; Oscha. Rudolf Brust, Scha. Kurt Gangstätter, Oscha. Knogl und Hscha. Kurt Hermann Kirchner im Jahr 1941; Oscha. Franz Priestersberger (Hinkebein oder Entenbein genannt), Uscha. Rennlein, Jörgl und Damaschke in den Jahren 1941-1942; Ostf. Gustav Bendel und Oscha. Michael Killermann in den Jahren 1943-1945. 1944 wurde Bendel Rapportführer in Gusen II. Außer Damaschke, der ein Volksdeutscher war und Polnisch konnte, blieben sie alle als brutale Henker in Erinnerung.

Anton Streitwieser (geb. am 3. Juli 1916) wurde in Gusen als der Verantwortliche für den Pogrom des ersten Dachautransports in der Nacht vom 25. auf den 26. Mai 1940 bekannt. Damals wurden 6 Häftlinge ermordet, von den vielen schwer Verletzten starben 20 in den folgenden Tagen. Ähnlich wie Jentzsch war er seit frühester Jugend (mit 18 Jahren) bei der SS und absolvierte seine „Praxis" in Dachau und Sachsenhausen (er war Eickes Chauffeur), danach in Mauthausen.

Streitwieser – ein typischer SS-Mann nach Eickes Modell – schoss mutwillig auf Häftlinge, peinigte sie und befahl, sie während der Arbeitszeit zu quälen. In der Nacht nach der Flucht Nowaks war er, nach Chmielewski, der aktivste bei den Folterungen der Häftlinge. Seine bestialischen Taten sind auch aus Außenlagern des KZ Mauthausen bekannt – aus Melk, Schwechat, Wien-Floridsdorf, Jedlesee und Hinterbrühl, wo er der Reihe nach Lagerführer war, später auch aus der Zeit der Evakuierung der Konzentrationslager in Niederösterreich. Für seine Verbrechen wurde er 1967 vom Landesgericht Köln zu lebenslanger Haft verurteilt.[79]

Über Isenberg ist bekannt, dass er am 12. und 13. August 1940 auf Anordnung Chmielewskis die Aktion „Rund geht's" durchführte, deren Ziel die Ermordung von 200 Polen war. Rennlein und Knogl überwachten die Ausrottung der Juden.

Rudolf Brust hat sich angeblich bei seinen Kameraden unter den SS-Führern beklagt, dass die Befehlshaber ihn dazu verpflichtet hätten, alle Häftlinge zu vernichten und er, entgegen seinem Willen, dieser Verpflichtung nachgekommen sei; dass er „möglichst rasch aus dieser Hölle entkommen möchte, aber Ziereis wolle in sein Ersuchen, ihn aus dem Dienst im Lager zu entlassen und an die Front zu schicken nicht einwilligen."[80]

Brust trägt die Hauptverantwortung für die Durchführung der Vernichtungsaktion von über 2.500 Invaliden im Jahr 1941. Im September 1941 sorgte er dafür, dass die kranken und invaliden Häftlinge zu den schwersten Arbeiten bei reduzierten Essensportionen herangezogen wurden.

Im Oktober 1941 nahm er an der Vernichtung von Invaliden durch „Badeaktionen" mit kaltem Wasser teil: Er legte die Termine der Badeaktionen fest und überwachte ihren Verlauf, er beteiligte sich an verschiedenen Exzessen anderer SS-Führer und erteilte selbst Befehle, jüdische Häftlinge auszulöschen.

Oscha. Killermann war ein SS-Mann der älteren Generation. Zunächst war er Blockführer in Gusen. 1943 stieg er zum Rapportführer auf und blieb in dieser Funktion bis zum Kriegsende.

In der Erinnerung der Häftlinge blieb Killermann als typischer fetter, dünkelhafter und beschränkter Deutscher erhalten, der seine Macht und körperliche Überlegenheit ausnützte, aber vor dem Lagerführer zitterte. Er zwang Häftlinge dazu, aus für die Häftlinge bestimmten Vorräten Lebensmittelpakete zu machen und schickte diese Pakete an seine Familie. Man fürchtete seine bösartigen Ideen. Er führte Häftlinge über die Postenketten hinaus, befahl ihnen dort zu arbeiten und ging weg. Die Wachmänner schossen auf die im Feld zurückgebliebenen unter dem Vorwand, sie hätten zu fliehen versucht. Er selbst erschoss an die 50 Häftlinge, den Blockältesten und Kapos befahl er, Hunderte zu ermorden. Vor den Augen des ganzen Lagers schoss er auf abgeschossene englische Flieger, noch bevor sie mit ihren Fallschirmen in der Nähe des Lagers landen konnten.

In den ersten Nachkriegstagen wurde er von Häftlingen erschossen, die ihn am Donauufer im Schilf versteckt fanden.

Die Rapportführer hatten großen Einfluss auf die zahlreichen Blockführer, die für die Einhaltung der „Ordnung" in den einzelnen Blocks verantwortlich waren. In Gusen gab es so viele von ihnen, wie es Blocks gab: 24 im Jahr 1940, später 27; in Gusen II 28, und in Gusen III war der 2. Stellvertreter des Lagerleiters Blockführer. Ihre Aufgabe war es, den Häftlingsstand des Blocks vor dem Morgenappell und beim Abendappell zu überprüfen sowie die Tätigkeit der Blockältesten, Schreiber und Stubenältesten zu beaufsichtigen. Die Blockführer führten auch aus eigenem Antrieb oder auf Anordnung des Lagerführers verschiedene Kontrollen durch (Sauberkeit der Stube, der Schwellen, der Füße der Häftlinge, der Kleidung, des Geschirrs u.ä.) und verordneten oder überwachten die Durchführung von auferlegten Strafen (Strafestehen, Strafübungen).

Blockführer waren meistens SS-Unteroffiziere niedrigeren Ranges, vom Rottenführer bis zum Oberscharführer. Die meisten kamen von der Hitlerjugend, hatten die Unteroffiziersschule der Waffen-SS absolviert und waren nicht zum Dienst an der Front, sondern in Konzentrationslagern qualifiziert. Viele von ihnen waren nicht einmal 20 Jahre alt, einige älter als 30. Nur wenige blieben im Lager während seines gesamten Bestehens, die meisten stiegen nach der Lagerpraxis auf und wurden in andere Lager in höhere Funktionen versetzt, oder gingen an die Front. Die Angst vor der Ostfront machte sie zu willenlosen Werkzeugen in den Händen der Lager- und Rapportführer. Manche von ihnen, besonders die ganz jungen oder solche, die aus volksdeutschen Familien kamen, legten Polen gegenüber ein besonders sadistisches Verhalten an den Tag.

Das Leben in den SS-Kasernen, voll Müßiggang und ohne wirklichen Inhalt, beschleunigte den Prozess ihrer Demoralisierung. Viele machten

Geschäfte mit Blockältesten und Kapos, besonders rege war der Handel mit Zahngold, Uhren und Alkohol. Was die Interessen und die Weltanschauung betrifft, so standen ihnen die Blockältesten – deutsche Kriminelle (BV[i]) am nächsten. Mit ihnen führten sie in den Kabuffs oft lange Gespräche, erfreuten sich an geheimen Gelagen, genossen die aus Häftlingspaketen „aufgetriebenen" Lebensmittel, stahlen Kleidungsstücke aus der Effektenkammer oder Kaninchenfelle aus der lagereigenen Zucht. Aufgrund dieser engen Beziehungen tolerierten die Blockältesten die Diebstähle und Grausamkeiten, die oft auf ihre eigene Anregung zurückgingen.

Die Mannschaft der Blockführer war solidarisch. Als der Kapo des Arbeitskommandos Schmiede, Karl Mandl (Deutscher AZR[ii]) beim Schnapstrinken erwischt wurde und bei der Untersuchung angab, dass er den Schnaps von einem SS-Führer erhalten hätte, wurde er von drei Blockführern (nur sie hatten Zugang zum Lager) – Becker, Peist und Hugh – in der Nacht ermordet.[81]

Die meisten Blockführer hatten pathologische Züge: die Neigung zu Sadismus und Alkoholismus. Uscha. Biernat zwickte Kriegsgefangenen die Nasenspitze mit einer Zange ab. Scha. Storbl verpasste eigenhändig einem Blockältesten und einem Blockschreiber je zehn Schläge dafür, dass ein Häftling ein Loch in ein Handtuch gemacht hatte, um es an einen Nagel hängen zu können.

---

i „BV" steht für „Befristete Vorbeugehaft". Damit wurden jene Häftlinge bezeichnet, die aufgrund ihrer Vorstrafen in ein KZ eingewiesen wurden. Personen, die mehrmals in gleicher Form straffällig geworden waren, oder mindestens dreimal zu Haft von mindestens drei Monaten verurteilt worden waren, konnten auf Grundlage des Erlasses des Reichsinnenministers zur „Vorbeugenden Verbrechensbekämpfung" vom 14. Dezember 1937 in KZ-Haft genommen werden. (Vgl. Klaus Drobisch, Günther Wieland: Das System der NS-Konzentrationslager 1933-1939. Berlin: 1993, S. 286f.) „BV"-Häftlinge wurden im Lagerjargon häufig als „Kriminelle" oder „Berufsverbrecher" bezeichnet. Es ist dabei jedoch zu betonen, dass deren Inhaftierung in einem Konzentrationslager keine rechtmäßige Verurteilung zugrunde lag und zugleich sämtliche gerichtlich verhängten Strafen längst verbüßt waren.

ii „AZR" steht für „Arbeitszwang Reich". AZR-Häftlinge wurden durch die Kriminalpolizei auf Basis des „Grunderlasses zur Vorbeugenden Verbrechensbekämpfung" vom 14. Dezember 1937 in ein Konzentrationslager eingewiesen, weil sie vorgeblich durch ihr asoziales Verhalten die Allgemeinheit gefährdeten. (Vgl. Drobisch, Wieland: Das System der NS-Konzentrationslager 1933-1939, S. 284-286.)

In den Erinnerungen der Häftlinge finden sich viele Berichte über solche Aktionen, wobei die Ausprägung des Sadismus oft von der „Inspiration" der Lagerleitung abhing.

Die Blockführer waren im Alltag die Erzieher der Block- und Stubenältesten – sie lehrten sie, das polnische Gesindel zu verachten, das zur Vernichtung bestimmt war, und untermauerten diese Verachtung oft mit der rassistischen Theorie von den Untermenschen aus dem Osten. Manchmal nutzten sie den Chauvinismus der deutschen Kriminellen aus und bestärkten sie in ihrem Hass auf die Polen, die angeblich die in Polen lebenden Deutschen quälten oder hinterrücks auf deutsche Soldaten schossen. Ein Blockführer ergriff nie Partei für einen Häftling, der vom Blockältesten gefoltert wurde. Hingegen kam es häufig vor, dass die Anzahl der Toten beim Morgenappell als zu niedrig angesehen wurde.

Im Lageralltag, besonders in den ersten drei Jahren des Bestehens von Gusen, spielten die Blockführer eine immens wichtige Rolle. Zusammen mit den Kommandoführern waren sie diejenigen, die die Vernichtung der polnischen, später auch der spanischen und sowjetischen Häftlinge vorantrieben. Die Tatsache, dass sie sich bei dieser Aufgabe oft deutscher oder österreichischer Krimineller bedienten, schmälert ihre Verantwortung nicht. Auf ihren Befehl oder auf ihre Anregung hin verloren Häftlinge ihre Gesundheit oder ihr Leben während der Strafübungen, oder des stundenlangen Strafstehens beim geringsten Vergehen gegen die Lagerordnung – sei es auch nur wegen eines nicht ganz glatt gemachten Bettes.

Die Blockführer wechselten häufig. Oft waren ihre Namen den Häftlingen nicht einmal bekannt; in der Gusener Literatur werden nur einige erwähnt, entweder weil sie diese Funktion länger innehatten oder weil sie sich durch besondere Brutalität auszeichneten: Michael Killermann (der spätere Rapportführer), Storbl, Dopierala, Hugo Stahl, Becker, Stiegle und Peist.

Die Arbeitseinsatzführer und Kommandoführer

Alle Angelegenheiten, die mit der Ausbeutung der Arbeitskraft der Häftlinge zu tun hatten, leitete der Arbeitseinsatzführer, der ab 1942 Lagerarbeitseinsatzführer genannt wurde. In seine Kompetenz fielen die Entscheidungen über die Anzahl der Häftlinge in den Arbeitskommandos, über den Bereich der Arbeiten, die Wahl der Kapos und Hilfskapos; er überwachte die Durchführung der Aufgaben, die den Kommandos oblagen, und besonders die Arbeitsleistung der Häftlinge.

In Gusen gab es für gewöhnlich zwei Arbeitseinsatzführer. Es waren dies in den Jahren 1940/1941 Scha. Kurt Gagstaedter, Hscha. Kurt Kirchner, die Oscha. Kotzur und Damaschke (eine Zeitlang Rapportführer) sowie Michael Killermann (der spätere Rapportführer). In den Jahren 1941/1942 hatten Oscha. Kluge und Alfons Gross, ab 1943 St.Scha. Ludwig Füssl diese Funktion inne.

Gangstätter übte seine Funktion zusammen mit Dammbach und Streitwieser aus. Sie waren eine gut zusammenpassende Mördermannschaft, die eigenmächtig Urteile vollstreckte und sich an massiven Repressionen der Häftlinge beteiligte.

Kurt Kirchner begann seine Karriere im KZ Mauthausen. Nach der Versetzung nach Gusen wurde er dort zum Schrecken der Häftlinge. Zu seiner Zeit war es nahezu unmöglich, sich von der Arbeit zu drücken. Im Block durften nur die Blockältesten, Blockschreiber und Blockfriseure bleiben. Er erkannte keine ärztlichen Freistellungen an und keine Invalidität. Seine Verdienste wurden von den Vorgesetzten wohlwollend zur Kenntnis genommen. 1941 wurde er in eine leitende Funktion nach Auschwitz versetzt, wo er seine sadistischen Praktiken fortsetzte.

Nach der Evakuierung von Auschwitz kehrte er als Arbeitsaufseher in den Messerschmitt-Betrieben nach Gusen zurück. Man sagte von ihm, er hätte Seidler eine neue Foltermethode in Gusen beigebracht, die sog. „Stäbchen" oder die „tibetische Gebetsmühle" (kurze Stäbchen wurden dem Häftling zwischen die Finger gesteckt und durch Händedruck fest zusammengedrückt).

Ähnlich wie Kirchner war auch Kotzur aus Radzionków rücksichtslos beim Einfordern der Arbeitsleistung.

Jedoch der Rücksichtsloseste und den Häftlingen gegenüber Grausamste war der 20-jährige Oscha. Helmuth Kluge, der 1940 nach Gusen zugeteilt wurde. Zunächst war er Kommandoführer im Steinbruch Kastenhof. Hier zeigte er sich als brutaler Arbeitsaufseher, der die Häftlinge auf bestialische Weise misshandelte. Die Polen hasste er, seine ordinären Beschimpfungen waren schlimmer als Chmielewskis. Er heiratete die Enkelin von Stbf. Peterseil[i], dem ersten Inspekteur des Gaus Oberdonau, Tochter eines reichen Lebensmittellieferanten für die Konzentrationslager Mauthausen und Gusen. Seine Stellung in der Lagerleitung

---

i   Zur Person Franz Peterseils siehe auch: Franz Gindlstrasser: Franz Peterseil. Eine nationalsozialistische Karriere. Grünbach 2006.

erlaubte ihm, die Betrügereien seines Schwiegervaters bei den Lieferungen zu decken.

Kluge nahm an allen Häftlingspogromen von 1940 teil, er organisierte 1941 die Selektion der invaliden Häftlinge und war für deren Transport ins Schloss Hartheim (Aktion „14f13") verantwortlich. Gemeinsam mit dem Adjutanten des Lagerführers, Jentzsch, veranstaltete er die Badeaktionen mit eiskaltem Wasser und beaufsichtigte ihren Verlauf. 1943 kam er an die Front, wurde verwundet und bemühte sich als Rekonvaleszent um eine Rückkehr zum Dienst im Lager.

Als er 1967 vor einem deutschen Gericht stand, behauptete er, unschuldig zu sein, obwohl er der Ermordung von 2.400 Häftlingen bei der Aktion „14f13" (Vergasung von Invaliden) und 423 Häftlingen bei den Badeaktionen angeklagt war. Er wurde zu lebenslanger Haft verurteilt.

Der letzte Arbeitseinsatzführer in Gusen war Ludwig Füssl („Tukan"). Zuerst war er Kommandoführer in einigen kleineren wirtschaftlichen Kommandos wie Kaninchenzucht und Gärtnerei. Er wurde zum Arbeitseinsatzführer ernannt, als die Lagerleitung eine höhere Arbeitsleistung herauspressen wollte. Brutale Methoden lehnte er ab. Von Anfang an soll er Häftlinge oft verteidigt haben, unter anderem als Ziereis und Seidler im April 1945 die Liquidierung des gesamten Lagers vorbereiteten. Er war ein überzeugter Anhänger des Hitlerregimes und glaubte daran, dass das deutsche Volk dazu berufen sei, über das Schicksal der Welt zu bestimmen. Er erzählte oft, dass er in der Ukraine 300 Morgen Land erhalten werde und suchte im Lager nach Freiwilligen, die dann bei ihm arbeiten sollten.

Man konnte ihm keine Beteiligung an Morden oder Folterungen vorwerfen, er benützte auch keine beleidigenden Ausdrücke. Zu seiner Zeit wurde der Druck auf die Kapos kleiner, durch Schläge eine höhere Arbeitsleistung zu erwirken. Aber das Beispiel Seidlers, der selbst häufig die Rolle des Arbeitsaufsehers übernahm und bei einer Verlangsamung des Arbeitstempos der Häftlinge eingriff, machte Schule.

Die Namen der Kommandoführer, deren Verhalten den Häftlingen gegenüber verbrecherisch war, sind oft dieselben, wie die Namen der oben genannten Mitglieder der Lagerleitung: Kluge, Gross, Kirchner, Brust, Bendel und Jentzsch. Einige von ihnen waren gleichzeitig auch Blockführer: Biernat, Becker, Stiegle, Stahl, Knogl, Peist. Außerdem sind in der großen Gruppe der Kommandoführer folgende SS-Führer zu nennen, die für die „Vernichtung durch Arbeit" verantwortlich waren: Johann Sauer, Franz Kinzing („Fryzjerek"), Kaiser, Krüger, Panhans, Jörgl, Kretschmer, Kuhtreiber, Reichert, Franz Kunzler, Max Fassler, Reinhold Furucker, Wallek, Wilhelm, Wirth, Alois Unterstab und Berutka.

Die Kommandoführer sind als Gruppe in einem noch viel höheren Grad für die Ermordung der Häftlinge in Gusen verantwortlich als die Blockführer. Während all der Jahre des Lagerbestehens haben ihre wachsamen Augen den Häftlingen nicht erlaubt, ihr Arbeitstempo den Kräften anzupassen, über die sie noch verfügten. Jeden Tag zwangen sie sie durch Gebrüll, Tritte, Schläge mit der Faust, mit dem Stock, mit dem Spatengriff, mit Peitschenhieben zu übermenschlicher Anstrengung. Sie schreckten nicht davor zurück, Häftlinge, oft völlig grundlos anzuklagen, dass sie faul wären, Anordnungen sabotierten, sich frech benähmen, den Lagerführer missachteten, was sofort die Versetzung in eine Strafkompanie zur Folge hatte.

Kommandoführer mit sadistischen Vorlieben nützten verschiedene Gelegenheiten, um ihre perversen Neigungen an bestimmten Häftlingen zu erproben. Als Helmuth Kluge Kommandoführer im Steinbruch „Kastenhof" war, schlug er Häftlinge am liebsten mit dem Spatenstiel, wobei er absichtlich auf die Nierengegend zielte. Manchmal hörte er nach 30 Schlägen auf, wenn er müde wurde. Die vor Schmerzen bewusstlosen Opfer brachte er wieder zu sich, indem er ihnen eine glühende Zigarette in die Nasenlöcher steckte.[82] Sauer terrorisierte die Häftlinge sogar für Gusener Verhältnisse besonders grausam. Mit einem Faustschlag streckte er einen Häftling zu Boden, stieg mit dem Stiefel auf seinen Hals und hielt ihn so lange nieder, bis er keine Lebenszeichen mehr von sich gab. Häftlinge, die während der Arbeit zu rauchen versuchten, trat er solange in die Geschlechtsteile, bis sie das Bewusstsein verloren. Die Ohnmächtigen warf er in die Abwassergruben und ertränkte sie durch Fußtritte.[83] Striegle schüttete über Häftlinge, die zu zusätzlicher Küchenarbeit in der Nacht gezwungen wurden Kübel mit eiskaltem Wasser, dann jagte er sie bei Frost auf den Appellplatz und befahl ihnen, 3-4 Stunden lang zu stehen.[84]

Bei der Wahl der Grausamkeiten wetteiferten die Kommandoführer mit den Kapos, den Berufsverbrechern. Sie gingen ihnen mit Beispiel voran, wie man Häftlinge „fertigmachen" soll, lernten aber wiederum auch von den Kapos. Das gute Einvernehmen der beiden Gruppen, die geschäftlichen „Transaktionen" mit den Kapos – solchen Mördern wie Krutzki oder Wuggenick, zeugten sowohl von ähnlichen Interessen und Charaktereigenschaften als auch von derselben moralischen Haltung.

Die Leiter der Politischen Abteilung

Die Politische Abteilung genoss eine formale Unabhängigkeit vom Lagerführer. Sie war eine Gestapo-Institution, die dem Lagerführer zur Verfügung gestellt war. Hier wurde das Verzeichnis der Häftlinge geführt, hier lagen ihre Akten, hier wurden auf Anordnung der Gestapo oder einer anderen deutschen Polizeidienststelle, aber auch der Gerichte oder des Lagerführers Verhöre durchgeführt. Von hier aus ergingen an die Familien Verständigungen über den Tod eines Häftlings. Von hier aus wurde die Polizei am Wohnort des Häftlings benachrichtigt, wenn jemand entlassen wurde oder geflohen war.

Die Politische Abteilung in Gusen bestand aus 4 Personen: neben dem Leiter und zwei SS-Männern als Helfer arbeitete hier auch ein Beamter der Kripo Linz.

Zunächst stand an der Spitze dieser Dienststelle Oscha. Struhler, später, für eine relativ kurze Zeit, Hüttenrauch, am längsten – in den Jahren 1941-1945 – Ostf. Hans Habenichts und in den letzten Monaten ein gewisser Kraus. Habenichts bekleidete diese Funktion zu einer Zeit, als die Politische Abteilung den relativ größten Einfluss auf die Zustände im Lager hatte.

Hans Habenichts, pensionierter Gymnasiallehrer, war fanatischer Hitleranhänger, ein exaltierter Nationalist. Polnische Häftlinge, die in der Politischen Abteilung putzten, nutzten seine Schwächen und seine Unaufmerksamkeit dazu, aus den Häftlingsakten alle belastenden Dokumente zu entfernen und Informationen über neue Häftlinge, die für ihre politische, soziale oder wissenschaftliche Tätigkeit in Polen bekannt waren, zu sammeln. Diese Informationen wurden an die im Lager tätigen Geheimorganisationen weitergegeben, die es leichter hatten, mit diesen Neuzugängen Kontakt aufzunehmen und sie allenfalls unter ihre Obhut zu nehmen (Lebensmittelhilfe u.ä.).

Seine Schwäche war seine „Schriftstellerei". Gegen eine Sonderzahlung in Brot und Margarine machten polnische bildende Künstler unter den Häftlingen Illustrationen und graphische Bearbeitungen für seine „poetischen" Werke. Einer von ihnen schreibt darüber: „Das waren graphomanische, kitschige Gedichte voll deutschem Hurra-Patriotismus und nationalsozialistischen Parolen, die sinnlos in seichte romantische Inhalte eingewebt waren. Wir amüsierten uns über diese Poesie köstlich."[85] Er schrieb auch Liebesgedichte, die ebenso wie die politischen Werke von den Häftlingen in wunderschöner kaligraphischer Schrift abgeschrieben wurden.

Gefährlich war Habenichts jedoch während der Verhöre, die Häftlinge dazu bringen sollten, die Volksdeutschenliste zu unterschreiben. Es gab viele solche Verhöre im Lager. Falls jemand ablehnte (Drozd, Filarski, Sonnenberg), wurde er wütend: Er fühlte sich persönlich beleidigt, beschimpfte die Häftlinge und übergab sie den SS-Führern von der Lagerleitung.

Die Helfer Habenichts', Uscha. Alfred Klein und Rottf. Georg Klinger, passten sich ihrem Vorgesetzten an. Kriminalassistent Stscha. Pillexeder aus Linz hatte hingegen eher ein neutrales Verhältnis zu den Häftlingen, in ihre politischen Angelegenheiten mischte er sich nicht ein, einem Reiniger aus der Abteilung erleichterte er sogar die Korrespondenz mit seiner Familie.

Die zivilen Werkmeister der DESt, Steyr- und Messerschmittwerke

Die Vorstände der DESt, von Steyr und Messerschmitt engagierten zivile Meister – lokale Steinmetze und Mechaniker – um die Häftlingsarbeit in fachlicher Hinsicht zu beaufsichtigen. In den Jahren 1943-1945 wurden als Fachaufseher auch Meister aus dem Steyr-Daimler-Puch-Werken in Steyr und aus den ausgebombten Messerschmitt-Werken in Regensburg nach Gusen versetzt.

Um der Einberufung und Entsendung an die Front zu entkommen, traten zivile Meister im Wehrdienstalter (bis 50 Jahre) der SS bei und wurden als Untergebene der Lagerführer zu Fachaufsehern in den Steinbrüchen, in den Fabrikshallen und in den Stollen. Ältere blieben weiterhin Zivilpersonen.

Die meisten österreichischen Meister hatten Mitleid mit den Häftlingen, einige gingen so weit, dass sie ihnen zusätzliche Lebensmittel oder gebrauchte Kleidung brachten. Mit großer Dankbarkeit denken die Häftlinge an Karl Prammer („Jodler"), den Gemeindevorsteher von Langenstein und Obermeister der Steinmetze in Gusen, an Viktor Max Plank, Karl Prinz, Andreas Satzinger – Steinmetzmeister aus Langenstein und St. Georgen, an Johann Karl aus Regensburg, den Hallenmeister von Bergkristall und an viele andere, deren Namen nicht bekannt sind, zurück. Sie waren auch die Verbindungspersonen zwischen dem Lager und der freien Außenwelt – sie berichteten über Rundfunknachrichten, brachten Zeitungen ins Lager, manche erleichterten auch die Korrespondenz mit der Heimat. Sie mussten bei ihren Kontakten mit den Häftlingen die größtmögliche Vorsicht walten lassen, denn sie mussten dafür mit Repressalien seitens der Gestapo rechnen, ja sogar mit einer Inhaftierung im Lager.

Die Atmosphäre ständigen Terrors und die schwierige Nahrungssituation hatten großen Einfluss auf das Verhalten der zivilen Meister. Sie hatten enge Kontakte mit den SS-Führern, machten mit ihnen Handelsgeschäfte, meistens Tauschhandel mit den Kapos – sie verkauften Schnaps, Wein, Weinbrand, bessere Zigarettenmarken und Uhren für Gold. Über Vermittlung eines zivilen Meisters verkaufte der Kapo Nagel 500 Paar Schuhe, die er aus Sachsenhausen angekommenen Häftlingen weggenommen hatte. Über zivile Meister verkauften Kapos der in der Effektenkammer tätigen Arbeitskommandos außerhalb des Lagers Pelz, Unterwäsche und Nippes.

Andere deutsche Nationalisten oder Hitleranhänger aus dem SD machten mit den SS-Führern gemeinsame Sache. Sie „pressten" aus den Häftlingen die letzten Kräfte durch Schläge, Gebrüll und Anzeigen der etwas weniger arbeitswilligen Häftlinge heraus. Sie unterschieden sich in nichts von den Kapos, die ja Berufsverbrecher waren oder den Kommandoführern, in deren Rolle sie schlüpften. Besonders bei Messerschmitt waren sie sehr zahlreich. Viele von ihnen gehörten zum Sonderdienst der SS, einer Sondereinheit für wirtschaftlichen Schutz.

Häftling Stefan Józewicz, der lange Zeit in der Politischen Abteilung arbeitete, sagte 1945 vor einem polnischen Gericht über sie aus:

„Zivile Meister bei Messerschmitt sind für viele Todesurteile von Häftlingen wegen angeblicher Sagotage verantwortlich. Ich las ihre Anzeigen: ‚Obwohl der Häftling [...] diese Arbeit häufig anstandslos in meiner Anwesenheit ausgeführt hatte, hat er diesmal meine Abwesenheit ausgenützt [...] Das ist eine offensichtliche Sabotage'. Auf solche Anzeigen folgten Massenexekutionen."[86]

Die SS-Lagerärzte und SS-Sanitätsdienstgrade

Eine gesonderte, formell vom Lagerführer unabhängige Gruppe SS-Führer waren die Lagerärzte, die das Krankenrevier unter ihrer Obhut hatten. Sie waren im Revier ziemlich autonom, denn sie unterstanden einer gesonderten Dienststelle des WVHA – der Amtsgruppe D III: Sanitätswesen und Lagerhygiene.

Die meisten jungen Lagerärzte waren Absolventen medizinischer Schulen der SS; die älteren hatten an deutschen und österreichischen medizinischen Fakultäten studiert. Ihr Verhältnis zu kranken Häftlingen war grundsätzlich negativ, voll Verachtung und Abscheu. Sie hielten es nicht für ihre Pflicht, das Leben von Häftlingen zu retten, im Gegenteil – viele von ihnen waren Befürworter von Euthanasie aus falsch verstandenen humanitären (Verkürzung der Leiden von hoffnungslos Kranken) oder wirtschaftlichen (Beseitigung nutzloser Esser) Motiven. Meistens wiesen sie pathologisch sadistische Neigungen auf oder waren einfach Alkoholiker.

Von den 16 Lagerärzten in Gusen blieben den Häftlingen in besonders schlechter Erinnerung: Hstf. Dr. Siegbert Ramsauer (1941), Ostf. Dr. Hermann Richter (1941/42), Hstf. Dr. Karl Gustav Böhmichen (1943), Ostf. Dr. Hermann Kiesewetter (1941-1943), Hstf. Helmut Vetter (1944-1945). Sie alle führten pseudomedizinische Versuche durch, ebenso Massentötungen durch Injektionen ins Herz. Die übrigen – mit ganz wenigen Ausnahmen – die in Gusen einige oder mehrere Wochen arbeiteten, übten sich im Töten, aber ihre Verbrechen sind aus anderen Konzentrationslagern viel bekannter.

Alle Lagerärzte in Gusen waren von ihren unmittelbaren Vorgesetzten in Mauthausen inspiriert: von den Hauptsturmführern Dr. Richard Krieger (1940-1941), Dr. Gerhard Schiedlausky (1941), Dr. Eduard Krebsbach (August 1941 bis Juni 1943), Dr. Friedrich Entress (1943-1944) und Stbf. Dr. Waldemar Wolter.

Der Name von Dr. Eduard Krebsbach, genannt „Spritzbach", rief bei den Häftlingen Grauen hervor. Ziereis behauptet in seiner Aussage, dass das „Vergasen von Häftlingen auf Anordnung von Dr. Krebsbach" geschah, er beschuldigte Dr. Krebsbach, dass er die Vergasung von 170 sowjetischen Kriegsgefangenen angeordnet hätte, auch die Ausarbeitung der Massenliquidierung von Häftlingen in Schloss Hartheim schrieb er ihm zu.[87]

Dr. Siegbert Ramsauer

„wurde dadurch berühmt, dass er Häftlinge mit besonders tätowierter Haut töten und nach spezieller Präparierung und Gerbung daraus Handtaschen, Buchumschläge, Lampenschirme und ähnliches erzeugen ließ. Er machte auch medizinische Versuche, für die er völlig gesunde Personen aussonderte."[88]

Dr. Hermann Richter hatte großen wissenschaftlichen Ehrgeiz. Er benützte Häftlinge als Versuchsmaterial, wobei ihn am meisten Bauchoperationen interessierten, insbesondere das Verbinden von Gedärmen. Oft entfernte er völlig gesunden Menschen große Darmstücke, den Magen oder innere Sekretionsorgane. Für gewöhnlich starben die Operierten.

Die Praktiken Richters waren seinen Vorgesetzten bekannt und wurden von ihnen akzeptiert. Ziereis sagte über ihn:

„*Dr. Richter, SS.-Obersturmbannführer, welcher mehrere hundert Häftlinge ohne jeglichen Grund operierte, und ihnen teilweise das Gehirn ausgeschnitten hat oder Magen-, Nieren- und Leberoperationen zu Studienzwecken durchgeführt hat, wurde von mir in das Lager Gunzkirchen [sic] geschickt, mit dem Auftrag, die dortigen Insassen in ärztliche Obhut zu nehmen.*"[89]

Dr. Hermann Kiesewetter war ein junger Arzt (28) am Beginn seiner Berufspraxis. Er hasste die Häftlinge, besonders die Polen, die er für Verbrecher hielt. Er fiel – für gewöhnlich betrunken – unerwartet im Lager ein, unterwegs wählte er Häftlinge aus und nahm sie mit zum Revier, um dort an ihnen Versuchsoperationen durchzuführen. Meistens beendete er die Operationen gar nicht, er ließ das Opfer in Narkose mit offener Bauchhöhle und auseinandergezogenen Därmen einfach liegen. Betrunken brachte er auch Häftlinge ins Revier, sonderte sie zum Töten durch Injektion, für den Invalidenblock oder zum Transport nach Hartheim aus.

Kiesewetter trat seinen Dienst am 20. April 1942 mit folgenden Worten an: „Heute bringe ich zum Geburtstag des Führers ein Blutopfer", und im Laufe des Tages brachte er rund hundert Häftlinge durch Injektionen um. Tbc-Kranke brachte er systematisch durch „Spritzen" um – 10 bis 30 pro Tag. Er gehörte zu den grausamsten Mördern im KZ Gusen – so beschreibt in aller Kürze Stanislaw Nogaj die Rolle von Kiesewetter im Alltag der Häftlinge.[90]

Dr. Helmut Vetter hatte ein ähnliches Verhältnis zu den Häftlingen wie Kiesewetter. Er bediente sich ähnlicher Methoden: Verabreichen von Injektionen und Vergasen; er führte keine Operationen durch, aber er experimentierte im großen Umfang mit verschiedenen neuen Medikamenten der Firma IG-Farben. Für seine verbrecherischen Experimente wurde er von einem amerikanischen Kriegsgericht zum Tod verurteilt.

Der einzige Arzt, an den man sich im Lager gern erinnerte, war Dr. Benno Adolph, Oberst der Wehrmacht. Er wurde bei Stalingrad verwundet und nach seiner Genesung zur Genesung in das Revier von Gusen zugeteilt. Dr. Zbigniew Wlazłowski schreibt über ihn:

„*Er verbot die Tötung von Kranken, die Injektionen, die Vergasungen. Er erlaubte keine Transporte von Invaliden aus dem Lager (nach Hartheim). Er sorgte in der Küche für eine höhere Essensration für die Kranken und zusätzliche Lebensmittel für die Genesenden. Jede freie Minute verbrachte er im*

Spital, wo er mit den Ärzten und dem Personal Freundschaft schloss.[...] Er machte den Häftlingen Mut, tröstete sie und versprach ihnen Hilfe. Häufig stritt er lautstark mit dem Lagerführer oder den SS-Männern und widersetzte sich der Rechtlosigkeit, die im Lager herrschte, den Selektionen und den Folterungen."

Dr. Benno Adolph machte lediglich 3 Monate Dienst im Lager, danach kehrte er zum Frontdienst zurück.[91]

Den SS-Lagerärzten halfen bei ihrer Arbeit die SS-Sanitätsdienstgrade (SDG). Das waren unqualifizierte Personen, die gehorsam die Anordnungen der Ärzte ausführten. Vor allem ihnen wurden die Tötungsaktionen oder die Aufsicht bei solchen Aktionen, die das Revierpersonal durchführte, übertragen: Verabreichen von Injektionen, Vergasen mit Zyklon B, Ertränken in Fässern. Durch besondere Grausamkeit zeichnete sich der SS-SDG Heschel aus.

Die SS-Wachmannschaft

Dem Lagerführer von Gusen war die recht zahlreiche Wachmannschaft, die ihren Dienst im Lager versah, unterstellt. Kommandanten der Wachtruppen in Gusen waren: Stbf. Obermeier, die Obersturmführer Schüttauf, Otto Riemer, Bäkker, Ustf. Müller und andere. Bataillons- oder Kompanieführer der Wachmannschaft waren: Ostf. Gädecke, Schmutzler, Vaessen und andere.

Die Aufgaben der Wachmänner waren davon abhängig, wo sie Dienst machten: in der sog. kleinen Postenkette, wo Tag und Nacht Wache gehalten wurde oder in der sog. großen Postenkette, die ein immer größeres Gebiet umfasste je mehr das Lager ausgebaut wurde. Eine dritte Wachtruppe begleitete die sogenannten Außenkommandos, die außerhalb der großen Postenkette zur Arbeit gingen, z.B. nach Spielberg, nach St. Georgen oder Lungitz. Aus den Reihen der Wachmänner wurden auch die Exekutionskommandos formiert.

In der Wachmannschaft dienten zunächst SS-Schützen, deutsche Soldaten der SS-Totenkopfverbände, und ab 1942 auch Wehrmachtsoldaten, zunächst Freiwillige, später auch zum SS-Dienst abkommandierte Männer. Je mehr das Lagernetz ausgebaut wurde, desto mehr wurden die Wachkompanien mit SS-Männern aufgefüllt, die Volksdeutsche waren – aus der Slowakei, Rumänien, Polen, Ungarn und Jugoslawien oder auch mit Anhängern des Nationalsozialismus aus Belgien, Holland und Norwegen sowie Mitgliedern der kroatischen Ustascha.

Die Deutschen, Österreicher und Vertreter anderer Nationalitäten, die für die SS-Wachtruppen angeworben wurden, waren wenig wertvolle und für den Frontdienst ungeeignete Soldaten, oft ohne einen Beruf und ohne Ehrgeiz, mit niedriger Moral, aber dafür mit besonderen Vorlieben und Neigungen, vor allem aber sehr sadistische Menschen.

Ab 1943 wurden den Wachtruppen auch ukrainische Nationalisten, Mitglieder der Russischen Befreiungsarmee von Wlassow[i] und andere Verräter, die zum Dienst für die SS mit äußerst drastischen Mitteln gezwungen wurden, einverleibt. 1944 und 1945 wurden den Wachtruppen ziemlich große Reserveeinheiten der Luftwaffe und Flugabwehr, der Kriegsmarine aber auch der Polizei beigefügt. So entstand eine multinationale gemischte Wachmannschaft, deren Mitglieder einander oft mit Antagonismus begegneten.

Die Stärke der Wachtruppen in Gusen wurde im Februar 1940 durch eine Verfügung des Inspekteurs der Konzentrationslager mit 4 SS-Kompanien festgesetzt, d.i. 600 Führer, Unterführer und Männer. Jede Kompanie zählte 128 SS-Männer, 20 Unterführer (15 SS-Scharführer und 4 Oberscharführer sowie 1 Hauptscharführer) und 2 Führer (je 1 Obersturmführer und Hauptsturmführer).[92]

Ab November 1941 stieg die Stärke der Wachmannschaft allmählich an. Gegen Ende des Krieges, im März 1945 gab es in Gusen I, II und III 13 SS-Kompanien mit 3.029 Mann.

Die Anzahl der Wachmänner lässt darauf schließen, dass die SS-Führung danach strebte, ein Verhältnis von 1 Wachmann auf je 10 Häftlinge zu erreichen. Es gab Zeiten, wo dieses Verhältnis sogar zugunsten der Wachtruppen überschritten wurde.

Ebenso wie der Zivilbevölkerung in der Umgebung von Gusen, so wurde auch den Wachmännern eingeredet, dass sie die größten politischen Verbrecher und Feinde des Deutschen Reiches sowie Kriminelle

---

i   Der sowjetische General Andrej Andrejewitsch Wlassow geriet im Juli 1942 in deutsche Kriegsgefangenschaft. Als Antistalinist stellte er sich zunächst der antibolschewistischen nationalsozialistischen Propaganda zur Verfügung. Angesichts der drohenden Niederlage Deutschlands ließ man ihn im November 1944 das „Komitee zur Befreiung der Völker Russlands" gründen, unter dessen Namen aus sowjetischen Kriegsgefangenen und „Ostarbeitern" zwei Infanteriedivisionen zusammengestellt wurden, die unter Wlassows Oberbefehl an deutscher Seite kämpften. (Vgl.: Benz et al. [Hg.]: Enzyklopädie des Nationalsozialismus. München: 2001, S. 807f.)

bewachten. Für jeden „auf der Flucht Erschossenen" teilte man ihnen eine Sonderprämie zu – einen 3-tägigen Urlaub, 100 Zigaretten und einen Gratisbesuch im Bordell. Sie nützten daher jede Gelegenheit, um Häftlinge zu erschießen, die oft bewusst in selbstmörderischer Absicht das Lager verließen, oder auch unter einem Vorwand von Kommandoführern (Killermann) vor das Lager geschickt bzw. schlichtweg von SS-Führern und Kapos über die Postenketten gejagt wurden. In Gusen gab es viele solche Fälle – entweder waren es Verzweiflungstaten oder Tötungsaktionen. Es kam nur einmal vor, dass der SS-Mann Kaak einen Schussbefehl verweigerte. Er wurde dafür von Seidler und Killermann erschossen.

Angehörige der Wachkompanien (Führer und Unterführer) durften das Lager nicht betreten, in der Regel mischten sie sich auch nicht in die Arbeitskommandos ein. Die Leitung des WVHA war damit nicht zufrieden. Am 8. Dezember 1943 schrieb SS-Gruppenführer Glücks an alle Lagerkommandanten:

„Es ist mir aufgefallen, dass vor allem von den kleinen Häftlingskommandos wenig oder gar nichts gearbeitet wird. Der Unterführer und die Posten stehen an der Arbeitsstelle umher und bekümmern sich kaum um die Häftlinge. Ein Unterführer hierüber zur Rede gestellt, behauptete, dass es verboten sei, die Häftlinge zur Arbeit anzutreiben. Das ist natürlich Unsinn. Jeder Unterführer und Wachmann hat umherstehende Häftlinge zur Arbeit anzuhalten [...]. Ob der Wachmann das in deutscher oder in fremder Sprache tut, ist gleichgültig [...]. Ich bitte, in jeder Woche am Montag die Kommandoführer über diese selbstverständliche Pflicht der Wachmänner zu belehren."[93]

Zu Beginn des Lagerbestehens ging die feindliche Haltung der Wachmänner den Häftlingen gegenüber Hand in Hand mit der allgemeinen Feindseligkeit der gesamten Lagerleitung. Im August 1941 überfiel eine SS-Abteilung ein ins Lager zurückkehrendes Arbeitskommando, das an der Regulierung der Gusen arbeitete (150 Häftlinge) und veranstaltete ein Massaker, bei dem u.a. 4 Polen getötet und sehr viele verwundet wurden.[94]

KAPITEL 4

IV. HÄFTLINGSFUNKTIONÄRE

Die Auswahl und „Erziehung" der Funktionäre

In seinen an das deutsche Volk gerichteten Ansprachen unterstrich Himmler immer wieder mit größtem Zynismus die „erzieherische" Funktion der Konzentrationslager. Sie sollten Orte der Umschulung sein, zunächst für politische Häftlinge, später auch für Kriminelle und Asoziale[i]. Aber bereits vor 1940 war es allgemein bekannt, dass die Konzentrationslager für die erste Gruppe Todeslager und für die andere Gruppe Orte eines noch größeren Verderbens waren, aber auch Orte der Ermordung unschuldiger Geiseln oder von Personen, die unter irgendeinem Vorwand von Vertretern des NS-Regimes festgenommen oder angehalten worden waren.

Die Kommandanten aller Konzentrationslager trachteten danach, sich der im Lager inhaftierten Kriminellen als Gehilfen bei der Vernichtung der Feinde des Deutschen Reiches zu bedienen. Nur in wenigen Lagern ist ihnen dies nicht gelungen (Dachau). In keinem KZ jedoch wurden die Berufsverbrecher, zunächst nur die deutschen, später auch anderer Nationalitäten, in so einem Maße als Helfer bei der Ausrottung von Häftlingen aus den besetzten Ländern eingesetzt wie in Gusen – vor allem der Polen, Spanier und Sowjetbürger.

Die Anordnungen der Lagerleitung wurden durch den stark ausgebauten, aus Häftlingen bestehenden Vollzugsapparat durchgeführt. Der Lagerführer und sein Stab vollzogen ihre Anordnungen mit Hilfe des Lagerältesten, der Blockältesten, der Stubenältesten und der Stubendienste;

---

[i] Der Autor verwendet die Begriffe „kriminell" und „asozial" zumeist deskriptiv als Bezeichnungen für die derart von der SS kategorisierten Personen- und Häftlingsgruppen und setzt sie aus diesem Grund auch in der Regel nicht unter Anführungszeichen. Es kommt im Text jedoch phasenweise zu einer Vermischung von deskriptiver und normativer Verwendungsweise dieser Begriffe, die in einer zum Teil unkritischen Übernahme dieser Zuschreibungen aus dem NS-Jargon begründet ist. Auf eine nachträgliche Setzung von Anführungszeichen als Ausdruck der Distanzierung von der NS-Terminologie wurde für diese Publikation verzichtet, es soll jedoch darauf hingewiesen werden, dass die beiden Begriffe im Zusammenhang dieses Textes in ihrem deskriptiven Sinne als Bezeichnungen für die von der SS geprägte Kategorisierung von Häftlingen gelesen werden müssen und somit keinerlei normativen Gehalt haben.

der Rapportführer verfügte über den Lagerschreiber I und die Blockschreiber; der Arbeitseinsatzführer über den Lagerschreiber II, die Oberkapos, Kapos, Hilfskapos, Vorarbeiter und die Kommandoschreiber; der Lagerarzt über die Kapos, Blockältesten und Revierschreiber.

Dieser Exekutivapparat in Gusen musste zu einem langsamen, aber unfehlbaren Werkzeug zur Ausrottung von Häftlingen werden, zunächst einmal nur der politischen, später auch anderer Kategorien. Auf Befehl der SS-Führer machten seine Mitglieder alle Drecksarbeiten. Damit das auch funktionierte, mussten für die Besetzung der Funktionen Häftlinge herangezogen werden, die nach Meinung der Lagerleitung dafür psychisch prädestiniert waren oder die richtigen geistigen Voraussetzungen und Neigungen mitbrachten.

Die für gewöhnlich richtige Wahl der Häftlingsfunktionäre zeugte von einer guten Menschenkenntnis der Lagerleitung und der Wirksamkeit der Methoden, mit Hilfe welcher die ausgewählten Häftlinge verdorben wurden. Die wenigen Fehlbesetzungen wurden entweder schnell korrigiert oder, als Ausnahmen von der Norm zugelassen, um die Wachsamkeit der Lagerinsassen zu täuschen.

In den Jahren 1940-1942 wählte Chmielewski persönlich die Funktionshäftlinge aus, unter Seidler (1942-1945) taten dies die Rapportführer und Arbeitseinsatzführer. Manche Funktionen wurden mit Häftlingen besetzt, die dafür bereits in Dachau und Sachsenhausen ausgewählt worden waren (Kammerer und Becker – Lagerältester I und II).

Für die Funktionen, die dem Lagerführer unterstanden, wurden vorwiegend Berufsverbrecher gewählt, meist Mörder oder Banditen. Ebenso waren die Oberkapos und Kapos in den Massenkommandos, welche in den wichtigsten Produktionsbetrieben arbeiteten (Steinbrüche, Straßen- und Eisenbahnlinienbau, Rüstungsbetriebe) fast immer Berufsverbrecher. Im Lagerrevier und im Revier des sowjetischen Kriegsgefangenenlagers waren die Kapos und Blockältesten meist krankhafte Persönlichkeiten mit deutlich ausgeprägten sadistischen Zügen.

Mit Ausnahme der Blockältesten hatten am Anfang nur Deutsche aus dem Reich, Sudetendeutsche und deutschnationale Schlesier sowie eine Reihe österreichischer Verbrecher Funktionen inne. Im Laufe der Zeit, als der demoralisierende Einfluss des Lagerregimes die moralischen Bedenken mancher politischen Häftlinge anderer Nationalitäten schwinden ließ, wurden auch Polen, Tschechen und Spanier zu Funktionären gewählt, die dem Arbeitseinsatzführer oder dem Lagerarzt unterstanden.

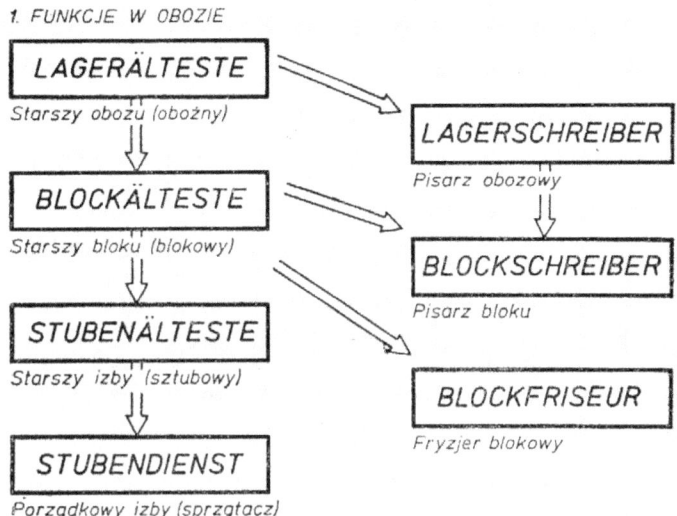

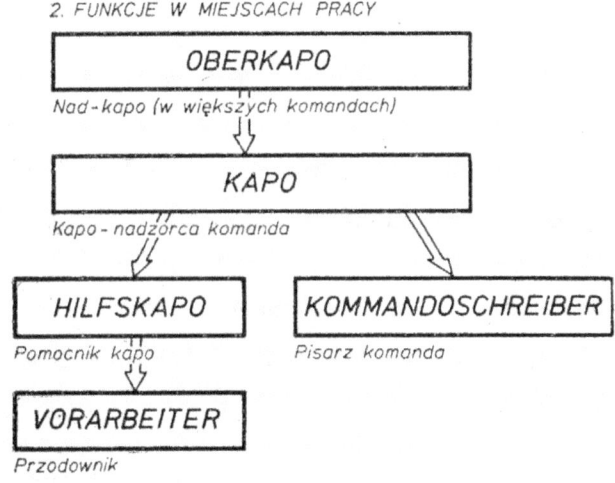

Abb. 10b: Das System der Funktionshäftlinge, erstellt von Marian Sławiński.

Funktionäre, die für den Rapportführer arbeiteten, mussten perfekt Deutsch schreiben und peinlich genau die Statistiken führen können. Blockschreiber wurden meistens politische Häftlinge, da sie gebildet waren und Deutsch sprachen, unter ihnen gab es auch einige Polen aus Schlesien, Pommern und Großpolen.

Sowohl Chmielewski als auch seine engsten Mitarbeiter erwiesen sich als Meister im Anwenden von „Erziehungsmethoden" bei den Häftlingsfunktionären. Sie scheuten nicht davor zurück, an die patriotischen Gefühle der deutschen Kriminellen zu appellieren, obwohl sie sie bei offiziellen Anlässen als Mist und Untermenschen bezeichneten. Von Anfang bis Ende des Lagerbestehens wurden die deutschen Funktionshäftlinge in nationalsozialistischer Ideologie indoktriniert. Ein Nebeneffekt dieser Vorgangsweise war die Vorbereitung der deutschen Verbrecher auf eine Einverleibung in die Wehrmacht und in späteren Jahren in das SS-Sonderkommando von Oskar Dirlewanger.[i]

Vor der Ankunft der ersten polnischen Häftlinge aus Dachau versammelte Rapportführer Isenberg im Mai 1940 die deutschen Häftlinge – die zukünftigen Blockältesten und Kapos – und teilte ihnen mit, dass Polen in das Lager gebracht würden – allesamt Banditen, Gesindel und Halunken, organisierte Partisanen, die heimtückisch auf deutsche Soldaten schossen, und 62.500 Deutsche ermordet hätten; die ihre Opfer bestialisch quälen, sie bei lebendigem Leib begraben, ihnen die Augen ausgestochen und die Zungen an den Tisch genagelt hätten. Er warnte davor, dass die polnischen Häftlinge mit ihnen, den deutschen Häftlingen, ähnlich verfahren könnten und rief sie daher zur Rücksichtslosigkeit den Polen gegenüber auf. Er ermächtigte sie, dabei die strengsten Strafen bis hin zur Todesstrafe anzuwenden, wenn sie nicht bedingungslos folgen würden. Er ermahnte sie, keine Klagen der Polen zu berücksichtigen. Er

---

[i] Das SS-Sonderkommando Dirlewanger, zuletzt Teil der 36. Waffen-Grenadier-Division der SS, war ursprünglich zur Bewährung von Wilderern gegründet worden, später wurden auch KZ-Häftlinge und Strafgefangene rekrutiert. In Mauthausen und Gusen wurden ab 1944, vermehrt gegen Kriegsende, kleinere Gruppen „krimineller" und auch politischer Häftlinge in die Einheit Dirlewanger zum Frontkampf eingezogen. (Siehe: Hans-Peter Klausch: Antifaschisten in SS-Uniform. Schicksal und Widerstand der deutschen politischen KZ-Häftlingen, Zuchthaus- und Wehrmachtsgefangenen in der SS-Sonderformation Dirlewanger. Edition Temmen. Bremen: 1993; vgl auch: Maršálek: Die Geschichte des Konzentrationslagers Mauthausen, S. 252)

versprach ihnen, dass sie als Deutsche bei guter Führung die Freiheit erlangen könnten, die Polen hingegen müssten alle vernichtet werden. Dafür hätte man das Konzentrationslager Gusen schließlich errichtet. Nach der „Ausrottung" der Polen würden die Deutschen aus dem Lager entlassen. Die Vernichtung der Polen läge demnach in ihrem Interesse.[95]

Als der Transport mit den sowjetischen Kriegsgefangenen ankommen sollte, versicherte Rapportführer Isenberg den zu ihrer Beaufsichtigung abkommandierten Häftlingsfunktionären, dass dies hauptsächlich wilde Menschenfresser sein würden und warnte vor Vertraulichkeiten mit ihnen.[96]

Diese Methode, eine Lagerabart des Herrenvolkes heranzuziehen, wurde in den ersten Kriegsjahren in allen Lagern praktiziert und auf vielfältige Art bis zum Kriegsende fortgesetzt. Als Chmielewski Van Loosen zum Lagerkapo machte,[97] ermutigte er ihn mit fast denselben Worten dazu, Polen zu vernichten. An dieselben Gefühle und Überzeugungen appellierte Seidler bei der Rekrutierung deutscher Häftlinge für die Dirlewanger-Einheit im März und April 1945.

Um die Polen zu demütigen und den Deutschen zu zeigen, welche Stellung sie im Lager hatten, formulierte es der Lagerkommandant von Mauthausen, Franz Ziereis, in einer seiner Ansprachen an die Gusener Häftlinge folgendermaßen:

„Hier schreiten die Deutschen, mutig und mit erhobenem Haupt, hinter ihnen folgt in großem Abstand ein Misthaufen, dann kommen die Zigeuner, hinter ihnen 10 Misthaufen und erst am Ende, und das nicht unmittelbar hinter ihnen, gehen die Polen – das Mistvolk, die Sauhunde. Daran sollten jeder Pole und jeder Deutsche denken."[98]

Eine etwas andere Abstufung führte 1941 Kommandoführer Stiegle in Kastenhof bei der Essensausgabe ein. Einen Nachschlag durften die Kapos zunächst den Deutschen, Spaniern, Zigeunern und erst danach, wenn etwas übrig blieb den Polen geben.[99]

Das Verhältnis der Lagerleitung zu den deutschen Häftlingsfunktionären, also den Blockältesten und Kapos, erfuhr eine wesentliche Entwicklung. In den Jahren 1940-1942 bemühte sich die Lagerleitung, aus ihnen eine von der Häftlingsgemeinschaft isolierte Elite zu machen, die privilegiert war, unter dem Schutz der SS stand und im Gegenzug alle Tötungsaktionen gehorsam ausführte. Den deutschen Funktionären wurde eingebläut, sie wären Mitglieder des zur Weltherrschaft berufenen Volkes, berechtigt zur Vernichtung anderer Völker, die Feinde des deutschen Volkes und auch für die deutschen Häftlinge gefährlich wären. In den Jahren 1943-1944 wurde diese Idee weiterentwickelt, es wurden neue Argumente hinzugefügt: Die Deutschen hätten die Pflicht zur Selbstverteidigung gegen die drohende Vernichtung. Dadurch wurden die Funktionshäftlinge mobilisiert, die Arbeitsleistung der Häftlinge maximal auszubeuten. In den letzten Kriegsmonaten appellierte man an die nationale Solidarität und erpresste die Funktionäre ganz offen mit der Verantwortung für die im Lager begangenen Verbrechen.

Aus diesem Grund versuchte man, die Spuren der begangenen Verbrechen zu beseitigen und ließ im April 1945 durch Häftlingsfunktionäre die Zeugen – ca. 1.500 Häftlinge – liquidieren.

Gingen die deutschen Häftlinge diesen Schmeicheleien und nationalistischen Phrasen auf den Leim?

Wahrscheinlich nur wenige von ihnen. In der Masse waren sie zu demoralisiert, um von solchen Argumenten überzeugt zu werden. In den SS-Männern sahen sie vor allem Gefängniswärter, die sie in der Zeit fürchteten, als die Konzentrationslager für Deutsche – Feinde der Reiches – bestimmt waren. Den Nationalsozialismus sahen sie hauptsächlich als eine feindliche Ideologie an, deren Realisierung der Grund für ihre Verlegung von den Gefängnissen in Konzentrationslager war. Deshalb machten sie aus ihrem Hass gegen die SS-Männer keinen Hehl. Aber sie kannten keine Alternative zu diesem Hass – etwa Solidarität mit den Häftlingen. Die Polen, später die Spanier und sowjetischen Kriegsgefangenen waren ihnen völlig fremd, denn am Anfang waren sie zu Tode erschreckt und hilflos, nahmen die Repressalien, Strafübungen und Schläge widerstandslos auf sich, ließen zu, dass man sie bestahl. Die Idee vom Herrenvolk fand hier einen guten Nährboden – sie garantierte Straflosigkeit, Autorität und materielle Vorteile. In dem unmoralischen verbrecherischen Milieu galt alles als „Recht", was ausschließlich der Funktionärsgruppe zukam und was diese nicht verlieren wollte.

Genauso demoralisiert war in den Konzentrationslagern eine bestimmte Gruppe deutscher politischer Häftlinge. In Gusen war diese Gruppe nicht sehr groß. Möglicherweise hatte die Lagerleitung von Dachau, Sachsenhausen oder Buchenwald deutsche Häftlinge als politische eingestuft, um sie als Vertrauensmänner oder Spione zur Spaltung der Häftlingsgemeinschaft einzusetzen. Das Beispiel des Lagerältesten von Gusen, Kammerer, würde auf eine solche Möglichkeit hindeuten. Auch Verbrecher wie Hans van Loosen, Karl Schrögler oder Heinrich Roth, die im Lager als politische

Häftlinge auftraten, konnten als solche angesehen werden, da sie nichts anderes als gewöhnliche Raufbolde oder Nörgler waren.[100]

Obwohl die beschriebene Einstellung gang und gäbe war, gab es in Gusen einige deutsche und österreichische Kapos, die sich zumindest so anständig benahmen, dass man sie aus dem Gros der Verbrecher herausnehmen kann. Zu ihnen gehörten vor allem der Lagerälteste I Karl Rohrbacher, die Lagerschreiber Rudi Meixner und Erich Timm, die Blockschreiber Heinrich Haug und Franz Gruszka, die Kapos Hans Hess vom Werkzeugmagazin, Max Slonina vom Kommando Straßenbau, Franz Kern vom Kommando Barackenbau, der Kapo der Elektriker Johann Verzetnitsch, Franz Leonhard, Heinrich Lutterbach vom SS-Revier und Martin Meilinger von der Schusterwerkstatt.

Es war jedoch nicht leicht, die Funktion eines Kapos zu halten und gleichzeitig mit den Häftlingen solidarisch zu sein. Davon zeugt das Schicksal von Maximilian Buhl, vormals Schuldirektor in Zebrzydowice, der als Hilfskapo im Planierungskommando einer Schar müder Häftlinge, Sandträger, erlaubte, sich einige Augenblicke auszuruhen. Chmielewski bemerkte dies, schlug Buhl zusammen, ließ ihn zur Strafe stundenlang vor dem Jourhaus stehen und versetzte ihn in die Strafkompanie unter besonders strenger Aufsicht. Zweimal wurde er in eine Fäkaliengrube geworfen, er trug ständig nasse Kleidung, bekam am Körper Geschwüre, aber als einer von der Strafkompanie durfte er nicht ins Revier. Nach zwei Monaten starb er.[101]

Für die immer zahlreicheren Arbeitskommandos in den Steinbrüchen und der Rüstungsindustrie benötigte man immer mehr Aufsichtspersonal. Es gab nicht genug Deutsche, um den Bedarf an Häftlingsaufsehern zu decken. Überdies waren nicht viele stark genug, um für eine strenge Disziplin unter oft hunderten Häftlingen zu sorgen. So wurden auch polnische Häftlinge für die Aufsicht herangezogen. Man gab ihnen untergeordnete Funktionen oder setzte sie an solchen Arbeitsstellen ein, wo die Produktionsleistung nicht vorrangig war. Nur in einigen wenigen Fällen hatten sie gleichwertige Funktionen wie die Deutschen.

Unter den polnischen Kapos gab es eine Gruppe von rund einem Dutzend, die sich der deutschen Kapoelite völlig anpasste. Józef Kołeczko, zunächst Hilfskapo, danach Kapo in dem Kommando, das an der Errichtung der Eisenbahnlinie arbeitete, und später beim Stollenbau für die Messerschmittwerke; Bronisław Ott und Józef Bartoszewski, der Kołeczko bei seiner Karriere begleitete; Bolesław Stroiński und Kazimierz Polkowski,

Kapos im Steinbruch Kastenhof; Karol Schmidt (Zigeuner) in Gusen; Ernst Brandenburger, Kapo im Werkzeugmagazin; Aleksander Alejski, Hallenmeister von Steyr; Jan Ciesielski, Zygmunt Zapart, zunächst Stubendienste, dann Hilfskapos und Kapos, die den Mördern zu Diensten waren und immer mehr in die verbrecherischen Praktiken hineinwuchsen; diese hatten mit den übrigen polnischen Häftlingen nur die polnische Abstammung gemeinsam. Manche von ihnen meldeten gleich nach ihrer Ankunft der Lagerleitung ihre Bereitschaft, als Spitzel zu fungieren (J. Kołeczko);[10] die meisten von ihnen hatten die Volksliste unterschrieben.

Man muss jedoch betonen, dass eine große Gruppe Kapos polnischer Nationalität sehr positiv in die Lagergeschichte eingegangen ist. Sie bekleideten in der Regel solche Funktionen, die man den deutschen Berufsverbrechern nicht geben wollte, weil sie nicht redlich waren und ihnen überdies die nötigen Fachkenntnisse fehlten.

Henryk Brachtig und Antoni Małecki, die ersten polnischen Kapos, leiteten die Ordnungsarbeiten in der Effektenkammer der Häftlinge; Władysław Gębik die archälogischen Ausgrabungen in Spielberg; Franciszek Gołata die Kaninchenzucht; Witold Karaskiewicz die Sockenstopferei; Feliks Mazurek die Lagergärtnerei; Czesław Darkowski den Holzplatz; Andrzej Herzog den Bau der Schmalspurbahn; Stanisław Sawała den Service im Offizierskasino (Führerheim); Dionizy Gajewski die Schusterwerkstatt.[10]

Sie waren durch und durch ehrliche Männer, die ihren Kameraden halfen. Ihre Kommandos waren Zufluchtstätten für Muselmänner[i] und Invaliden. Die meisten erfüllten ihre Pflichten, ohne mit dem eigenen Gewissen in Konflikt zu geraten. Einige dieser Funktionäre waren Mitglieder der Widerstandsbewegung im Lager. In den Kommandos, die sie leiteten, arbeitete leider nur eine geringe Anzahl von Häftlingen, manchmal gab es diese Arbeitsstellen nur für eine gewisse Zeit, wie z.B. das Kommando Spielberg. Diese Ausnahmen ändern nichts an der Gesamtbeurteilung des Verhältnisses zwischen den Kapos und der Häftlingsgemeinschaft, im Gegenteil: aufgrund des Kontrastes wird die Unmenschlichkeit der meisten Funktionäre noch offensichtlicher.

---

i Als „Muselmänner" wurden im Lagerjargon schwer entkräftete und am Rande des Todes wandelnde Häftlinge bezeichnet, die daher von jeglicher sozialer Interaktion isoliert waren und deren Verhaltensweise durch besondere Apathie und Willenlosigkeit auffiel.

KAPITEL 4

Der Status der Häftlingsfunktionäre

Die ersten Funktionäre wurden aus den Reihen der deutschen und österreichischen Berufsverbrecher, die das Lager errichteten, gewählt. Sie stellten von da an den sog. Stamm der Häftlingsgemeinschaft. Fast alle hatten viel Zeit in deutschen oder österreichischen Gefängnissen verbracht, die meisten hatten einen mehrjährigen Aufenthalt in Buchenwald und Mauthausen hinter sich. Mit diesen Leuten wurden bis zu Kriegsende die wichtigsten Lagerfunktionen und die Funktionen der meisten Blockältesten und Oberkapos besetzt.

Die deutschen Stammhäftlinge waren eine solidarische, exklusive Gruppe, die sich in Konfliktsituationen gegenseitig beistand und die jedem, der aus dieser Solidarität ausbrach und zum Schaden der Gruppe agierte, völlig rücksichtslos begegnete. Nur selten gab es im Lager Klagen gegen die Funktionäre. Es geschah wahrscheinlich nur einmal, dass ein deutscher Funktionär von einem anderen Funktionär angezeigt wurde: Walter Junge hatte 500 RM beim Kartenspiel verloren und beklagte sich darüber beim Rapportführer Dammbach. Dieser holte zwar das Geld zurück, bestrafte aber die Kartenspieler nicht. Das bewahrte Junge vor der Rache der anderen Prominenten.

Häufiger waren Fälle, wo Funktionäre unter Folter andere Funktionäre belasteten; sie endeten meistens tragisch. Als die Kapos Heyde und Schwendemann, die in der Lagerleitung gefoltert wurden, um in einer Homosexuellen-Affäre auszusagen, andere Prominente verrieten, wurden sie danach von der solidarischen Stammhäftlingsgruppe gezwungen, an den elektrischen Stacheldrähten Selbstmord zu begehen.

Von Anfang an genossen die deutschen Prominenten eine besondere Fürsorge. Sie wohnten in abgeteilten Kabuffs oder in einem abgesonderten Block (zuerst in 8, dann in 1 und 2), erhielten eigene Betten und Bettwäsche (während die übrigen Häftlinge auf einem Strohlager oder zu zweit in einem Bett schliefen), saubere, gute Kleidung, auf denen Sonderzeichen angebracht waren, die sie als Blockälteste und Kapos auswiesen, und eine besondere Wäsche.

Sie bekamen zahlreiche Privilegien, dadurch unterschieden sie sich von „gewöhnlichen" Häftlingen. 1940 durften sie z.B. Zigaretten rauchen, während für Polen ein strenges Rauchverbot galt. Ein Verstoß dagegen wurde in der Regel mit grausamen Strafen geahndet. Sie durften eine Fußballmannschaft aufstellen, Theaterstücke und Kabarettvorstellungen aufführen. Erst nach längerer Zeit, als man den deutschen Häftlingsfunktionären den Glauben an ihre Überlegenheit über Häftlinge anderer Nationalitäten eingebläut hatte, wurden nach und nach auch Polen, Spanier und andere Völker zu diesen Lagervergnügen zugelassen.

Funktionäre verfügten über die Essensrationen für ihre Blockinsassen und sie teilten das Essen aus, in der Regel sehr ungerecht: Sie stahlen Margarine, Wurst, Marmelade, Topfen, von der Suppe schöpften sie das Fett ab, sogar die kleinsten Fleischstücke fischten sie sich heraus.

Die deutschen Funktionäre bekamen die besten Wurstwaren und das beste Gebäck aus den Paketen von den Häftlingsfamilien. Sie durften einen hohen Prozentsatz – manchmal sogar die Hälfte – der Rauchwaren aus der Kantine für Geld aus der Effektenkammer oder für Prämienscheine erwerben. Es ist nur ein Fall bekannt, in dem der Lagerführer des Kriegsgefangenenlagers gegen einen Funktionär, der Häftlinge bestahl, auftrat: im Februar 1942 fand er anlässlich einer Revision im Kabuff des Blockältesten von Block 13 42 gut versteckte Margarinestücke von je 500 g. Aber auch diese Margarine gab er den Häftlingen nicht zurück. Sie wurde eingezogen und dem SS-Kasino übergeben.

Der materielle Nutzen verband die Funktionäre enger mit den SS-Führern als die nationalsozialistische Propaganda. Hätte dieser Anreiz keine Wirkung erzielt, hätten sie ihre Funktionen verlieren und wegen Ungehorsams in die Strafkompanie versetzt werden können.

Ständiges Privileg dieser Gruppe war die Straflosigkeit bei Übergriffen jeglicher Art – Funktionäre konnten die Lebensmittel der Häftlinge stehlen, ihnen die Uhren wegnehmen, sie schlagen, misshandeln, ja sogar töten. Ein Häftling anderer Nationalität konnte sich über einen deutschen Funktionär nicht beschweren, denn dafür riskierte er eine Strafe. Auch wenn ein SS-Führer seine Klage anhörte und versprach, sich der Sache anzunehmen, konnte es passieren, dass der Häftling von dem betroffenen Funktionär oder seinen Kumpanen gefoltert oder gleich umgebracht wurde. S. Nogaj notierte bereits 1940:

„Der Blockälteste von Block 5, August Mang, und sein Blockschreiber haben den Polen Jan Kaniewski zur Abschreckung vor *Klagen* oder Beschwerden gegen die Prominenten, einfach aufgehängt. Kaniewski hatte sich bei Rapportführer Streitwieser beschwert, dass Kapo Van Loosen ihm die Uhr gestohlen hatte."[104]

In solchen Angelegenheiten griff die Lagerleitung nicht ein. Sie untersuchte hingegen peinlich genau Konflikte zwischen den deutschen Häftlingen (die Österreicher wurden als Deutsche angesehen), auch wenn solche Fälle selten waren. Wurde ein Funktionshäftling für schuldig befunden (Willkür, Misshandlungen), wurde er seiner Position enthoben und in die Strafkompanie versetzt. So wurde zum Beispiel der Lagerälteste Helmut Becker für das Verprügeln des Küchenkapos bestraft. Die Strafen waren jedoch befristet, und nach ihrer Absolvierung bekam der Deutsche, vor allem wenn er ein Stammhäftling war, seine Funktion wieder zurück.

Prominente Deutsche wurden von der Lagerleitung auch für Taten bestraft, die der SS Schaden zufügten – zum Beispiel für Diebstahl von SS-Eigentum in den SS-Unterkünften oder von Materialien aus den Fabrik- und Lagermagazinen.

Die Straflosigkeit bei den verbrecherischen Praktiken der Funktionäre wurde mit der Zeit als Zustimmung zu ihrer bestialischen Vorgangsweise gegenüber den Häftlingen empfunden. Oft nahmen SS-Männer an Tötungsaktionen der Prominenten teil. S. Nogaj vermerkte am 11. Mai 1942:

„Der Revierarzt SS-*Unterstumführer* Dr. Kiesewetter befahl Klockmann, den Häftling Bondy umzubringen, und sah zu, wie Klockmann einen Gummischlauch in den Magen des Opfers einführte und dann mit einem starken Wasserstrahl seinen Magen zum Platzen brachte."[105]

Wohlwollend sahen die SS-Führer Peist, Bendel und Krüger den Verbrechen von Funktionär Jazik zu. Chmielewski beobachtete bewundernd, wie die Kapos Hirsch und Bronsart einen Häftling am Feuer „schmorten". Kluge und Brust, SS-Führer von der Lagerleitung, prügelten zusammen mit Oberkapo Krutzki auf Häftlinge ein und veranstalteten regelrechte Folterschauspiele – sie steckten ihren Opfern z.B. glühende Zigaretten in die Nasenlöcher.

Solche bestialischen Henker erfreuten sich bei der Lagerleitung besonderer Fürsorge und Gunst. Den grausamsten „Mordkapo" von Gusen, Van Loosen, nahm Chmielewski unter seine Fittiche und setzte sich persönlich für ihn ein, als er von anderen Prominenten wegen eines Uhrendiebstahls gelyncht werden sollte. Als Gegenleistung verlangte Chmielewski von ihm die Vernichtung der Polen, er wies ihn an, „den Sauhunden Beine zu machen", was Van Loosen in seiner Funktion als Lagerkapo mit großer Ergebenheit tat.

Das verbrecherische System brachte die SS-Führer und die Funktionäre einander näher, hatten sie doch ähnliche Interessen und führten sie ein Leben als Schmarotzer. Die Verrohung und die bestialischen Foltermethoden wurden für sie alltäglich. Wie weit der Verrohungsprozess fortgeschritten war und wie verdorben diese Menschen waren, davon zeugen Berichte über Spiele wie „Zirkus" oder „Gladiatorenkämpfe", welche von Blockältesten und Kapos in Gusen auf Anregung und mit Hilfe der SS-Führer veranstaltet wurden.

An einem Samstagnachmittag im Sommer 1941 wurden die Juden von der Strafkompanie wie üblich zu Strafübungen vorgeführt. Zwischen Block 8 und 16 wurde unter der Aufsicht der Kapos eine kleine Arena eingerichtet, wo die Vorstellung stattfinden sollte. Die Kapos Morent, Fridtum, Matucha, Adam und weitere – vor allem Funktionäre aus Block 16 – hatten lebendige „Zirkusutensilien" vorbereitet: eine angebundene Ratte, Regenwürmer und Käfer, die bei den Spielen mit Häftlingen verwendet werden sollten. Von den SS-Männern Becker und Stahl erhielten sie 4 Ochsenziemer. Regie führte Peter Keilhauer, Blockältester von Block 8. Als Zuschauer fungierten Juden und andere Häftlinge aus der Strafkompanie. Die Veranstalter und ihre Vorgesetzten – die SS-Führer Becker, Brust, Kluge, Purucker und Stahl – beobachteten die ganze Vorstellung.

Die Opfer des „Zirkusspiels" wurden auf vulgäre Art und Weise verspottet: man zwang sie, sich gegenseitig an intimen Körperstellen zu küssen, die Würmer zu essen und zum Schluss hetzte man Ratten auf sie. Die Opfer versuchten, sich durch Geschrei und Weinen zu verteidigen, manche sogar durch Flucht, aber die mit Schlagstöcken bewaffneten Henker ließen dies nicht zu. Und die ganze Zeit über lachten die Zuschauer aus vollem Hals.[106]

Der vertraute Umgang der SS-Führer mit den Funktionshäftlingen mündete bald in Handelsgeschäften, die sie gemeinsam tätigten. Bereits 1940 trieb Oberkapo Krutzki mit den SS-Führern Kluge, Brust, Peist und Krüger regen Handel. Beide Seiten agierten im Geheimen: Die SS-Führer deckten die Mordtaten Krutzkys und seiner Helfershelfer an Häftlingen, denen er die Goldzähne ausbrach und deren Wertsachen er stahl. Im Falle seiner Absetzung wäre ja diese gute Einkommensquelle versiegt. Krutzki wiederum verschaffte sich über die SS-Führer Schnaps, Rauchwaren und Lebensmittel und zahlte dafür mit dem geraubten Gold.

Die SS-Führer waren sich der Verschwiegenheit der Funktionäre sicher. Im übrigen konnten sie sie auch erzwingen, wie man an dem oben zitierten Fall des Kapo Mandl sehen kann.

Die Leichtigkeit, mit der die Geschäfte mit den SS-Führern vonstatten gingen, veranlasste die Funktionäre dazu, ähnliche Transaktionen mit den zivilen Meistern in den Steinbrüchen, später auch in der Rüstungsindustrie, abzuwickeln. Oft waren das richtig große Geschäfte – die Funktionäre boten Gold, Rauchwaren, Margarine, manchmal gestohlene Waren wie Schuhe, Pullover, Schals u.ä. an. Die Zivilen lieferten ihnen im Gegenzug Schnaps oder bezahlten die Waren in Reichsmark. Manche Geschäfte wurden von mehreren Funktionären gemeinsam betrieben. Kapo Nagel verkaufte gemeinsam mit Eugen Müller 500 Paar Schuhe, die von einem Häftlingstransport aus Sachsenhausen entwendet worden waren – dies wurde bereits im vorhergehenden Kapitel beschrieben.

Die Funktionäre verfügten über eine beträchtliche Menge Gold, besonders Zahngold. Es wurde gut versteckt, denn die Lagerleitung hätte es sonst konfisziert und ins WVHA geschickt. Die meisten trachteten danach, es möglichst rasch loszuwerden. Nur wenige dachten sich findige Verstecke in den Blocks oder Steinbrüchen aus, um ihre Schätze später in die Freiheit mitzunehmen.[107]

Für ihre Freizeit dachten sich die Kapos verschiedene Unterhaltungen aus: Kartenspiele, Saufgelage, homosexuelle Beziehungen oder Ausflüge in das Lagerbordell. Karten waren ihre Lieblingsbeschäftigung an den langen freien Vormittagen und kalten Winterabenden. Seit das Lager bestand, gehörten Saufgelage der Funktionäre zum Alltag. Sie stahlen zunächst geringe Mengen an Spiritus, der für die Revierärzte vorgesehen war; später bekamen sie Alkohol in der Kantine oder kauften ihn von SS-Führern und SS-Wachmännern, welche die Arbeitskommandos, die weit vom Lager beschäftigt waren, begleiteten. Von zivilen Meistern kauften sie häufig Wein und Apfelmost.

Ins Lager wurde eine beträchtliche Menge Alkohol geschmuggelt. Viele Häftlinge erinnern sich, dass manche Kapos oder Blockältesten ständig betrunken waren – meistens diejenigen, die gute Beziehungen zum Revier hatten (wo für sie auch Fusel gebrannt wurde),[108] aber auch reiche Prominente wie die aus der Kantine, aus den Magazinen oder die Lagerschreiber.

Die homosexuellen Praktiken waren eine der perfidesten Formen, wie die Funktionäre ihre Überlegenheiten gegenüber den übrigen Häftlingen manifestierten. Der langjährige Aufenthalt der deutschen Kriminellen in Gefängnissen und Konzentrationslagern trug wesentlich zu ihrer Verbreitung bei. Aufgrund ihrer Sonderstellung im Lager, der guten Ernährung und der Untätigkeit erfreuten sich die Prominenten guter körperlicher Kräfte. Es war für sie leicht, einen willenlosen Partner zu finden. Dadurch war die Homosexualität weit verbreitet.

In den Jahren 1941-1942 wurde sie allmählich zu einer Plage im Lager. Viele Funktionäre nutzten in den Jahren 1940 und 1941 die schwierige Lage junger polnischer und spanischer, in späteren Jahren auch sowjetischer, französischer und anderer Häftlinge aus. Durch Überredungskunst und Geschenke, Versetzung in bevorzugte Kommandos, Ernennung zum Stubendienst oder Schwung, oft auch durch Drohung und Erpressung brachten sie junge Männer dazu, sich zu prostituieren. Wer sich weigerte, wurde von den Kapos oder ihren Freunden in der Regel fertiggemacht.

Die Prostitution junger Häftlinge belastete das Leben in manchen Blocks und Kommandos. „Da niemand ihnen ihr Benehmen vorhalten konnte ohne sich den tödlichen Hass ihrer Beschützer zuzuziehen," schreibt darüber der französische Historiker von Gusen, Prof. Michel de Bouard, „nützten sie ihre Lage weidlich aus und legten eine unerträgliche Arroganz an den Tag; diese Arroganz machte sie noch ekeliger als ihre Beschützer."[109] Die SS-Führer unternahmen nichts gegen diesen Moralverfall, vermutlich deshalb, weil ihnen diese Praktiken nicht fremd waren.[110] Nur zweimal ist die Lagerleitung in diesem „Lebensbereich" der Häftlinge eingeschritten: zum ersten Mal anlässlich der sog. homosexuellen Affäre, zum zweiten, als eine Orgie im Revierkabuff aufflog, wobei gleichzeitig der Diebstahl von Alkohol und Drogen, die für medizinische Zwecke bestimmt waren, aufgedeckt wurde. Wegen Homosexualität wurde auch Oberkapo Gustav Krutzki („Tiger") seiner Funktion enthoben.

Angeblich, um der Plage der Homosexualität unter den Deutschen entgegen zu wirken, ließ Himmler in Gusen einen „Puff", also ein Lagerbordell errichten, wo weibliche Häftlinge aus anderen Konzentrationslagern zur Prostitution gezwungen wurden. Tatsächlich ist die Homosexualität zurückgegangen, aber nicht ganz verschwunden; sie wurde danach eher im Geheimen betrieben. Funktionäre, die bei den Bordellbesuchen privilegiert waren, verliebten sich oft in die dort tätigen „Damen". Sie rivalisierten miteinander um die Gunst der Liebesdienerinnen und überboten einander mit Geschenken für sie. Die Gaben waren meist aus Häftlingspaketen oder der Effektenkammer gestohlen oder es waren kleine Kunstgegenstände, zu deren Erzeugung sie künstlerisch begabte Häftlinge zwangen.

Auch die Lagerschneider arbeiteten für die Kapos und deren Herzensdamen. Sie nähten ihnen gut sitzende Lageruniformen; die Weber und Stricker machten für sie warme Pullover (die Wolle dafür wurde von gebrauchten Pullovern oder aus der Effektenkammer gestohlen); Maler malten ihre Porträts, Bildhauer machten kleine Geschenke (Zigarettenetuis, Puderdosen). Das waren zwar erzwungene Arbeiten, manchmal wurden sie aber auch mit zusätzlichen gestohlenen Essensrationen oder Rauchwaren, die ebenfalls aus der Häftlingszuteilung stammten, bezahlt.

Der Status der Funktionshäftlinge im Lager war ein Teil des Vernichtungssystems – ein wichtiger, weil folgenschwerer Teil. Die moralischen Konsequenzen dieses Sonderstatus lasteten auf der Lageratmosphäre, das soziale Leben litt darunter und wurde primitiver. Die Blockältesten steckten mit ihrem Lebenswandel Dutzende Häftlinge an, die für sie Hilfsfunktionen ausübten – Stubenälteste und deren Stellvertreter, Blockfriseure und Stubendienste sowie zahlreiche andere Hilfskräfte, die alle übrigen Häftlinge ausnützten.

Der langjährige Aufenthalt in Gefängnissen und Konzentrationslagern vertiefte die bereits weit fortgeschrittene Demoralisierung der Berufsverbrecher, die wegen Gewalttaten verurteilt und von der deutschen Gesellschaft isoliert worden waren. Die Lager wurden zu Schulen des Verbrechens, wo die Kriminellen überaus konsequent und gezielt weiter verdorben wurden, um sie zu willenlosen Werkzeugen des Vernichtungsprogramms zu machen.

Aus den bereits veröffentlichten Erinnerungen und Aussagen ehemaliger Häftlinge könnte man viele Beispiele von Sadismus anführen, die das Blut in den Adern gefrieren lassen. Eine genaue Analyse dieser Geschehnisse zeigt den Prozess des Übergangs von der Teilnahme an einzelnen Morden zur Teilnahme an Massenvernichtungsaktionen.

In den Tagebüchern beschreiben Häftlinge meistens die Ermordung einzelner Kameraden durch Kapos oder Blockälteste im Jahr 1940 und in der ersten Hälfte 1941. Aus den folgenden Jahren gibt es zahlreiche Beschreibungen von Massenmorden, die von Funktionärsmannschaften durchgeführt wurden. Gegen Ende 1941, während der Totbadeaktionen, riefen Chmielewski oder in seiner Stellvertretung Brust bzw. Jentzsch den Lagerältesten Rohrbacher zu sich, teilten ihm Termin und Block mit, wo die Badeaktion durchgeführt werden sollte, und befahlen ihm, Blockälteste, Stubenälteste und Kapos zu benennen, die Jentzsch helfen würden. „Der Beteiligung an dem Verbrechen konnte sich niemand verweigern.

Sonst drohte ihm der Tod", meint S. Nogaj in seinem Bericht über dieses Verbrechen. Er führt auch Namen von 23 Blockältesten und Kapos an, die für gewöhnlich an den Badeaktionen teilnahmen. Das sind Namen, die bereits früher mit Häftlingsmorden in Verbindung gebracht wurden.[111] Einige von ihnen werden im Zusammenhang mit der Vergasungsaktion sowjetischer Kriegsgefangener 1942, den Massenmorden in den Invalidenblocks von Gusen I sowie den Tötungen, die Van Loosen in Gusen II im April 1945 veranlasste, wieder genannt werden.

Die Mörder-Kapos begannen sich üblicherweise etwas menschlicher zu benehmen, wenn sie mit Sport oder Musik im Lager in Berührung kamen. Die Beweggründe für dieses Verhalten sind ziemlich kompliziert. Hauptsächlich spürten sie die Notwendigkeit, ihre „Größe" und ihre Stärke zu manifestieren. Der Oberkapo von Kastenhof, Emil Lipinski, in Zivil gewöhnlicher Verbrecher und im Lager ein Mörder, wollte sich mit Schmeichlern umgeben – er hielt sich zu diesem Zweck sogenannte „Schwungs".[i] Er wollte Hofmusikanten und -sänger, also kümmerte er sich um Künstler; er wollte seine Lieblingssportler, also kümmerte er sich auch um sie. So entstand ein besonderes Mäzenatentum als Nebenprodukt der Bemühungen der Lagerleitung, im Lager das Herrenvolk zu erziehen.

Das Interesse für Fußball brachte bei den Funktionären menschliche Regungen zum Vorschein – eine Sympathie für die Spieler, den Willen, ihnen zu helfen, egal welcher Nationalität sie waren. Hallen, der Kantinenbetreiber im Lager, und der Lagerälteste Kammerer, selbst ein Spieler und Mäzen der Fußballmannschaft, schöpften alle Möglichkeiten aus, um den Spielern eine bessere Verpflegung, entsprechende Kleidung und eine Arbeit in solchen Kommandos zu verschaffen, die sie körperlich nicht auszehrte.

Der zweite Bereich, der die Kapos, sogar die größten Verbrecher, zu menschlichen Wesen machte, war jegliche Art von Musik – Sologesang, Instrumentalmusik, Gesang mit Begleitung, Orchester, eine Gruppe von Schlagersängern in der Art der Rewelers, Chor. Dieser künstlerische Be-

---

i   Als „Schwung" wurden nach Hans Maršálek im SS- und Häftlingsjargon gleichermaßen „Häftlingslaufburschen bei höheren SS-Führern bezeichnet." (Maršálek: Die Geschichte des Konzentrationslagers Mauthausen, S.358) Offenbar war diese Bezeichnung aber gleichermaßen auch für Häftlinge gängig, die sich Funktionshäftlingen andienten.

reich konnte sich deshalb entfalten, weil – neben den oben genannten Motiven – die jahrelang im Lager isolierten Funktionshäftlinge nach künstlerischer Schönheit und Emotionen hungerten. Sie selbst konnten keine Kunst schaffen, hatten, mit wenigen Ausnahmen, dafür weder Talent noch eine Ausbildung. Wenn sie auf eigene Ideen angewiesen waren, veranstalteten sie Gladiatorenkämpfe, von denen bereits die Rede war. „Wenn sie polnische, spanische und russische Sänger hörten, oder der Musik polnischer Gruppen lauschten, schienen sie für kurze Zeit ihre Menschlichkeit wieder zu gewinnen", schrieb darüber ein Häftling.[112]

Der Lagerälteste

Für alle Lagerangelegenheiten war der Lagerälteste verantwortlich. Er hatte das Recht, sich in alle lagerinternen Dinge einzuschalten, in der Praxis konnte er vor allem die Essenszuteilungen und die Arbeit in der Kantine kontrollieren, weiters die Kleider- und Schuhwerkausgabe. Er konnte das Verhalten der Blockältesten und Kapos der Innenkommandos beeinflussen. Er war für die Durchführung der Anordnungen des Lagerführers in Disziplin- und Ordnungsangelegenheiten zuständig, nahm an den Exekutionen und am Vollzug von Strafen durch SS-Führer teil, ab 1943 vollzog er auch persönlich oder durch seine Helfer Züchtigungen. Wenn ein Häftling fehlte, veranlasste der Lagerälteste die Suche nach ihm innerhalb des Lagers. Wie Stanisław Nogaj richtig bemerkte, war der Lagerälteste „eine Art Bürgermeister mit Rechten eines Richters und Staatsanwalts".

Lagerälteste in Gusen waren: vom 26. Mai 1940 bis zum 7. Januar 1941 Hans Kammerer; vom 7. Januar 1941 bis zum 15. Mai 1941 Helmut Becker; vom 15. Mai 1941 bis zum 12. Dezember 1944 Karl Rohrbacher; und in den letzten Monaten des Lagers Heinz Heil (15. Dezember 1944 – 1. April 1945) und Martin Gerken (1. April 1945 – 5. Mai 1945).

Hans Kammerer, ein junger Bayer (28 Jahre alt), von Beruf Fleischer, war laut den von S. Nogaj in der Politischen Abteilung gesammelten Akten ein „gewöhnlicher mehrmals gerichtlich vorbestrafter Verbrecher", in Dachau war Kammerer vor dem Krieg anfänglich als „Asozialer" eingestuft gewesen und trug ein schwarzes Dreieck. Nach einjährigem Lageraufenthalt wurde er nicht entlassen, wie andere Asoziale, sondern weiter interniert, jedoch zu einem politischen Häftling umkategorisiert.[113] In Gusen spazierte er mit einem roten Dreieck herum. Chmielewski brachte ihn als einzigen Deutschen zusammen mit dem Polentransport[i] nach Gusen und wies ihm von vornherein eine leitende Funktion zu.

Kammerer war Chmielewskis Vertrauensmann. Wahrscheinlich hatte er diese Rolle auch in Dachau für andere Vorgesetzte gespielt. Während seines Prozesses[ii] sagte Kammerer aus, dass Chmielewski ihn zum Chef einer Sonderkommission, der sog. Mordkommission ernannt hätte, deren Aufgabe es war, alle polnischen Häftlinge umzubringen.[114] Er hasste die Polen und bezeichnete sie stets verächtlich als Saupolacken. „Er suchte förmlich nach Gelegenheiten, um uns zu schlagen, zu treten und uns zu quälen," schreibt Nogaj über ihn. „Er war ein typischer Bandit und Sadist. Er mordete ohne den geringsten Funken Mitleid […] Die Schmerzen gefolterter Menschen bereiteten ihm Vergnügen." In den Aufzeichnungen Nogajs wird er oft als Mörder aus eigenem Antrieb oder auch auf Befehl Chmielewskis erwähnt. In den sieben Monaten seiner „Amtsführung" brachte er persönlich 96 Polen und Juden um (ohne die Toten während der Aktion „Rund geht's"). Zu Beginn 1941 wurde er aus nicht näher bekannten Gründen nach Mauthausen geschickt und in die Strafkompanie gesteckt.[115] Später wurde er wieder Kapo. 1942 wurde er in die Wehrmacht einberufen.[iii]

---

i   Gemeint ist der Transport polnischer Häftlinge vom 25.5.1940 aus dem Konzentrationslager Dachau. Kammerer wurde bereits am 8. Mai 1939 von Dachau nach Mauthausen transferiert und im Mai 1940 als Funktionshäftling nach Gusen überstellt. (Namensliste des Transports vom 8. Mai 1939, ITS Arolsen, Dachau Nr. 117; aus dieser Liste geht hervor, dass Kammerer in Dachau noch als „A.Z.R."-Häftling registriert war.)

ii Hans Kammerer wurde 1950 vor einem deutschen Gericht zu lebenslanger Haft verurteilt. Das Urteil wurde veröffentlicht in: Justiz und NS-Verbrechen, Band VII, S. 538.

iii Hier irrt der Autor. Nachdem Kammerer aus der Strafkompanie entlassen worden war, hatte er bis Jänner 1944 die Funktion eines Blockältesten in Mauthausen inne. Am 4.1.1944 wurde er offiziell aus dem Lager entlassen, danach zur „Einheit Dirlewanger" eingezogen. Siehe dazu: Orth: Gab es eine Lagergesellschaft?, S. 118-133. Orth hat in ihrem Artikel die Namen der Funktionshäftlinge abgeändert, es ist jedoch eindeutig, dass sich das Pseudonym „Hermann Siebert" auf Hans Kammerer bezieht. Orth gibt darin an, dass Kammerer im Herbst 1944 aus dem Lager entlassen und in die „Einheit Dirlewanger" eingezogen worden wäre. Aus den Dokumenten der Lagerverwaltung geht jedoch hervor, dass die Entlassung bereits im Jänner 1944 erfolgte (Häftlingszugangsbuch der politischen Abteilung Mauthausen, AMM Y/36; Häftlingszugangsbuch der Schutzhaftlagerführung Mauthausen, AMM Y/44).

Sein Nachfolger, Helmut Becker, ein ehemaliger SS-Mann, stammte aus Hannover. Aus der SS wurde er wegen Diebstahl entfernt und als Verbrecher zu einer Gefängnisstrafe verurteilt, danach ins Konzentrationslager überstellt. In den ersten Monaten des Bestehens von Gusen war er Zweiter Lagerältester und Stellvertreter Kammerers. Er war ein grausamer Mörder, der persönlich seine Opfer vor dem Umbringen folterte; gerne führte er von den SS-Führern willkürlich verhängte Todesstrafen aus. Die erschütternde Beschreibung der Ermordung von Wiktor R. Ornicki zeigt ihn als kaltblütigen Henker, der mit stoischer Ruhe die Todesstrafe ausführte.[116]

Becker war nur kurz im Amt: für das Zusammenschlagen eines deutschen Häftlings wurde er in die Strafkompanie versetzt, aber gleichzeitig zum Blockältesten im Block 16 ernannt, wo die Strafkompanie, abgesondert vom Rest des Lagers, untergebracht war und wo sich fast alle Juden befanden. Seine weitere „Tätigkeit" als Henker polnischer, jüdischer und sowjetischer Häftlinge wurde durch seinen plötzlichen Tod unterbrochen, für den Häftlinge von der Untergrundbewegung im Lager sorgten.

Der dritte Lagerälteste war Karl Rohrbacher, ein Wiener, „der König der internationalen Safeknacker." Die dreieinhalb Jahre, die er diese Funktion inne hatte, fielen in jene Zeit, als das Lager auf die Rüstungsproduktion und die damit verbundene geänderte Behandlung der Häftlinge umgestellt wurde. Zunächst war er ein säumiger Vollstrecker der Befehle Chmielewskis, beteiligte sich niemals persönlich an Morden, sondern schaute nur passiv den Gräueltaten der SS-Führer, Blockältesten und Kapos zu. Nach und nach wurde er zu einem deklarierten Verteidiger der Häftlinge und ging sogar so weit, dass er Anordnungen des Lagerführers und seines Stabs boykottierte.

Die Anführer der Widerstandsbewegung machten sich seinen Hass den Preußen und Hitleranhängern gegenüber zunutze. Rohrbacher hat viele von ihnen vor Verfolgungen geschützt. Er wurde Mitglied der österreichischen Widerstandsgruppe und gegen Ende des Krieges ihr Anführer. Im Dezember 1944 wurde er seiner Stellung enthoben und als Kapo in die Steyrwerke geschickt.

Die tiefe Anerkennung für Rohrbacher wurde am besten von Władysław Gębik formuliert:

„Rohrbacher erfreute sich der allgemeinen Sympathie aller Häftlinge, weil ihm sein Sinn für Solidarität befahl, zunächst und vor allem Kamerad zu sein und erst in zweiter Linie Lagerältester, also ein Vollstrecker von Anord-

nungen der Lagerleitung. Er war für uns der Vertreter der im Lager so seltenen ‚anständigen' Deutschen."

Nach der Befreiung des Lagers am 5. Mai 1945 „wurde er von der freudetrunkenen Menge gepackt, und mit den Rufen ‚Hoch soll er leben!', auf den Schultern herumgetragen. Zur selben Zeit übten die Häftlinge an anderen Funktionären Gerechtigkeit."[117]

Heinz Heil, der an der Wende 1944-1945 kurz diese Funktion inne hatte, war den Lagerinsassen als Blockältester im Kriegsgefangenenlager bekannt, wo er ganz offen Essensrationen stahl.[118] Seine dreieinhalb Monate im Amt fielen in die Zeit, als im Lager die Repressalien stärker wurden und die Häftlingszahl rapide anstieg, wodurch der Hunger größer wurde und die Sterblichkeitsrate stieg. Später ging er in die Dirlewanger-Einheit.

Martin Gerken war genauso ein Bandit wie viele andere. Gegen Ende des Krieges änderte er sein Verhalten und versuchte, das Vertrauen der Häftlinge zu gewinnen. Er war einer der wenigen Funktionäre, die nach der befreiung von den Häftlingen nicht getötet wurden, obwohl auch er für etliche Morde verantwortlich war. Dies verdankte er wahrscheinlich der Tatsache, dass der Kommandant der österreichischen Polizei, die nach dem Abmarsch der SS die Wache rund um das Lager übernommen hatte, ihm die Gründung eines Internationalen Häftlingskomitees übertrug, welches die Lagerverwaltung übernehmen sollte.

Zu derselben Kategorie, wie Kammerer und Becker, gehörte auch Karl Pastewka, ein Berufsverbrecher aus Westfalen, der Lagerälteste im sowjetischen Kriegsgefangenenlager. Zuerst war er Kapo im Steinbruch Kastenhof, nach Errichtung des Lagers Blockältester in Block 2. Obwohl dieser Block als Unterkunft für privilegierte Häftlinge vorgesehen war, zeigte er sich Bereits hier als allmächtiger, ja despotischer Funktionär. Bar jeglicher moralischer Grundsätze schlug er rücksichtslos zu, wenn ihm etwas nicht gefiel. Er nahm an allen Totbadeaktionen teil. Als Lagerältester im Kriegsgefangenenlager sorgte er dafür, dass dort die Häftlinge auf grausamste Art und Weise umgebracht wurden. Unter seiner „Aufsicht" starben 2.200 sowjetische Kriegsgefangene infolge von Hunger, Schlägen, oder tödlichen Injektionen. Er starb, nachdem ihn polnische Häftlinge mit Typhusviren angesteckt hatten.

Der Lagerälteste in Gusen II in der Zeit von März 1944 bis zum 5. Mai 1945 war Hans van Loosen, der Schrecken von Gusen I und sogar von SS-Führern als „Mordkapo" bezeichnet. Er brachte die Menschen massenweise um – durch Erschlagen mit Äxten oder Knüppeln, durch Erwürgen mit bloßen Händen, durch Ertränken in einem Wasserfass, durch eiskalte Wasserstrahlen aus einem Gummischlauch. Seine Verbrechen erschütterten die Häftlinge von Gusen I, sie schwächten auch den Widerstandswillen derjenigen, die ihm ausgeliefert waren.

Józef Żmij erzählte, dass er ihn einmal im Waschraum von Block 6 angetroffen hatte, als er gerade dabei war, sein neunzehntes Opfer zu ertränken. Und vor dem Waschraum standen geduldig weitere Personen und warteten auf dasselbe Schicksal.

In Gusen II war Van Loosen der absolute Herr über Leben und Tod. Von Zeit zu Zeit führte er willkürlich und ungehindert Tötungsaktionen von Kranken und Invaliden durch. Antoni Lisiecki, Häftling in diesem Lager, erzählte, dass Van Loosen gegen Ende 1944 „eigenhändig in nur einer einzigen Nacht 245 Häftlinge umgebracht hat". Im April 1945 ermordete er auf Befehl Seidlers gemeinsam mit anderen Funktionären ca. 600 Häftlinge. Am letzten Tag vor der Befreiung verhalfen ihm SS-Männer zur Flucht. Er versteckte sich und entging so der Rache der Häftlinge.[119]

In Gusen III war der Lagerälteste zugleich der Kapo des Kommandos Messerschmitt, das dort untergebracht war.

In Gusen I hatte der Lagerälteste einen Stellvertreter. Nur einer von ihnen, Oskar Kühlemund aus Hamburg, blieb in dieser Funktion zwei Jahre lang (1940-1942). In den darauf folgenden Jahren bekleideten folgende Personen dieses Amt: Willi Triquart, Alfons Bechter, Hackl, Peter Keilhauer (Pitt) in den Jahren 1942-43 und Hermann Amelung in den Jahren 1944-1945.

Bei der Behandlung der Häftlinge unterschieden sich Kühlemund, Keilhauer und Amelung nicht von Kammerer und Becker. Kühlemund beteiligte sich oft an ihren Mordaktionen. Keilhauer als Blockältester und Amelung als Lagerältester waren besonders grausam und rücksichtslos Polen gegenüber. Nur Bechter bezeichnete man als einen „ehrlichen Grünen" (grüner Winkel).

Die Blockältesten

Der Blockälteste war ständig in unmittelbarem Kontakt mit den Häftlingen. Formal gesehen war seine Zuständigkeit gegenüber den Häftlingen in seinem Block die gleiche wie die des Lagerältesten gegenüber der gesamten Lagergemeinschaft. Er war für die Ordnung im Block verantwortlich (Sauberkeit, ordentlich gemachte Betten, die ganze Ausstattung), er teilte persönlich oder mit Hilfe der Stubenältesten das Essen, die Kleidung, die Wäsche und das Schuhwerk aus. Er führte Anordnungen aus, die er unmittelbar vom Blockführer erhielt und Befehle des Lagerführers, die ihm vom Lagerältesten übermittelt wurden, also auch alle Arten von Strafen. Morgens, mittags und abends befahl er dem Block, sich aufzustellen und erstattete vor dem Abmarsch zum Appellplatz dem Blockführer Bericht. Er hatte praktisch eine schier unbegrenzte Macht über die ihm unterstellten Häftlinge: Er konnte töten, aushungern, aussondern, Essensrationen stehlen und vieles mehr.

Für die Ernennung der Blockältesten, die in den Jahren 1940-1942 zunächst von Chmielewski persönlich, in den Jahren 1943-1945 von Killermann vorgenommen wurden, war es ausschlaggebend, dass die ausgewählten Häftlinge der Lagerleitung völlig gehorchten und ohne moralischen Rückhalt waren. Deshalb waren die meisten Blockältesten Verbrechertypen mit einer gehörigen Dosis Sadismus, die meisten von ihnen hatten homosexuelle Neigungen.

Die ersten Blockältesten, die polnische Häftlinge aus den Mai- und Junitransporten 1940 beaufsichtigen sollten, waren Berufsverbrecher mit jahrelangen Gefängnis- und Lageraufenthalten. Alle gehörten zum sog. Stamm, das heißt, sie hatten das Lager vor seiner Eröffnung errichtet. Folgende Personen bekleideten diese Funktion: Block 2: Karl Pastewka; Block 3: Rudolf Schubert, danach Jakob Nasdoll; Block 4: Oskar Kühlemund, danach Emil Lipinski; Block 5: August Mang, danach Karl Schrögler; Block 6: Richard Martick; Block 7: Otto Schneidereit, später Rudolf Schubert. Block 1 war zunächst als Gerätemagazin vorgesehen. Als er zur Häftlingsunterkunft wurde, wurde sein Blockältester Emil Sommer. Die Namen dieser Funktionäre werden in den Berichten über Einzel- und Massenmorde, die SS-Führer anordneten, oder auf eigene Initiative zurückgingen, immer wieder vorkommen. Besonders einfallsreich beim Ausdenken von Schikanen und Folterungen waren Pastewka, Kühlemund und Martick.

Die Blockältesten in den Blocks, die in den Sommermonaten 1940 bezogen wurden, standen den Erstgenannten in nichts nach. Block 8: Morent, nach ihm Peter Keilhauer (Pitt); Block 9: Nagel, danach Neff; Block 10: Eugen Müller, später Teo; Block 11: Hugo Reichling; Block 12: Hugo Gasch; Block 13: Damiel, nach ihm Hatsch und Grill; Block 14: Franz Liesberg; Block 15: Heinrich Ehlers, nachher Heinz Heil; Block

16: Rudolf Kokesch, nach ihm Fritz Langner, dann Tisler; Block 17: Edi Steinbauer; Block 18: Hans Walter; Block 19: Ernst Zisler; Block 20: Emil Lipinski; Block 21: Rudolf Schmiedkunz; Block 22: Harry Zarniko; Block 23: Pürer; Block 24: Ernst Hallen, nach ihm Heinrich Roth.

Blockältester wurde man nicht für immer. Manche dieser Funktionäre waren gleichzeitig Kapos. Wenn in ihren Kommandos mehr Arbeit anfiel, wurden sie der Funktion des Blockältesten enthoben, behielten jedoch das Recht, im Kabuff zu wohnen, Hilfsdienste zu haben und zusätzliche Essensrationen zu erhalten. Manche stiegen auf – Pastewka zum Lagerältesten des Kriegsgefangenenlagers, Kühlemund zum 2. Lagerältesten. Manche wechselten in andere Lager – z. B. Gasch (Block 12) und Teo (Block 11) nach Buchenwald, Ehlers nach Mauthausen. An ihre Stelle traten andere Häftlinge aus dem Stamm. Blockälteste wurden danach: Hermann Amelung (Block 3), Georg Jorg, Martin Gerken.

Sie trugen ihren Zynismus oft zur Schau: „Ich bin der größte Mörder in Gusen und werde jeden Rekord beim Morden brechen," erklärte Ehlers vor seinem Block vor versammelten Häftlingen. Es gab aber auch Ausnahmen: der erste Blockälteste von Block 8, Morent, liebte Gesang und kümmerte sich um die Sänger (Faliszewski, Chormitglieder); er war aber auch habgierig – für Geschenke aus Paketen von Häftlingen drückte er ein Auge zu, wenn sie sich versammelten oder voneinander lernten. Ähnlich verhielt sich Kokesch von Block 16.

Die Häftlinge versuchten, die Blockältesten durch Geschenke oder Dienstleistungen zu bestechen. Kleine Essensgaben aus den Paketen, Zigaretten aus der Kantine, manchmal ein Kleidungsstück (Schal, Handschuhe) trugen dazu bei, dass sie in Ruhe gelassen wurden, manchmal sogar für einen längeren Zeitraum.

Als 1942 eine Typhusepidemie ausbrach, fielen einige Blockälteste ihrer Rücksichtslosigkeit zum Opfer. Das Revierpersonal sorgte dafür, dass einige von ihnen kurz nach ihrer Verlegung ins Revier starben. Als sich die Kunde davon im Lager verbreitete, wurde der Terror der Blockältesten etwas abgemildert, sie begannen um ihr Leben zu fürchten. Als in Winter 1942/1943 einige Funktionäre an Tbc erkrankten und kurz darauf starben, wandelte sich diese Befürchtung in Panik.

Der Lagerleitung gelang es 1943 nur schwer, Deutsche aus dem Stamm zu überreden, die freigewordenen Funktionen zu übernehmen.[120] Sie musste also auf deutsche Häftlinge zurückgreifen, die nicht nur die SS-Führer hassten, sondern auch ihr perfides Spiel durchschauten und keine Begeisterung für eine Kooperation zeigten. Unter diesen neuen Blockältesten gab es auch Deutsche, die Polen gegenüber Sympathie zeigten – einige, um den SS-Führern zu trotzen, andere, da sie aus einer „friedlichen" Zusammenarbeit mit den Polen Vorteile zogen. Sie waren jedoch in der Minderheit, zeigten wenig Selbstbewusstsein, da sie bei der Lagerleitung keine Unterstützung fanden und von ihr nur geduldet wurden. Von der „alten Garnitur" der größten Banditen wurden sie gering geschätzt und fürchteten, ihr unangenehm aufzufallen. So ist auch ihr doppeltes Spiel zu verstehen – manchmal waren sie wirklich streng und beteiligten sich an Morden, aber manchmal gaben sie die Strenge nur vor, suchten nach Vorwänden, um an Tötungsaktionen nicht teilnehmen zu müssen.

Schrecken im Lager verbreiteten etwa die Blockältesten Pastewka, Kühlemund, Amelung, Reichling, Ehlers, Käferböck, Liesberg, Martick, Schrödler, Gasch, Keilhauer. Ihr „Hineinwachsen in das Verbrechen" konnte man genau beobachten. Dieser Prozess war im übrigen von der Lagerleitung geschickt gelenkt. Wenn es ihr nämlich gelang, Häftlinge als Mittäter zu gewinnen, wurden diese in der Folge zu gehorsamen Werkzeugen. Sicherlich war es am schwierigsten, einen Häftling zum ersten Mal dazu zu bringen, jemanden umzubringen. Vermutlich wurden auf diese Weise solche Personen für die Beteiligung an Tötungsaktionen gewonnen, die wegen Arbeitsverweigerung, Diebstahl oder ähnlicher Verbrechen (SV) verurteilt worden waren, somit aus der Vorkriegszeit keine Erfahrungen als Mörder hatten. Dies traf aber auch auf manche politischen Häftlinge zu.

Das Stubenpersonal

Weiters gab es in der Lagerhierarchie noch zwei Sorten von Funktionshäftlingen: der Stubenälteste und der Stubendienst.

Der Stubenälteste war ein Gehilfe des Blockältesten. In jedem Block gab es zwei von ihnen, in den gemauerten Blocks (6 und 7) je fünf. Am häufigsten hatten diese Funktion Kapos oder Hilfskapos, meistens Deutsche, Berufsverbrecher oder Asoziale inne.

Die Stubenältesten wurden mit Zustimmung des jeweiligen Blockführers vom Lagerältesten ernannt. Schlecht ging es den Blocks, wo Banditen mit sadistischen Neigungen oder skrupellose Diebe, die bei den Essensrationen betrogen, Stubenälteste waren. Leider kam dies, besonders in den ersten beiden Jahren des Lagerbestehens, häufig vor.

Der Stubenälteste sorgte für Ordnung in der Stube, kontrollierte die Sauberkeit der Betten und des Essgeschirrs, teilte das Essen und die Kleidung aus. Er konnte den ihm unterstellten Häftlingen sehr viel Gutes tun: Er konnte für Ruhe in der Freizeit sorgen, er konnte Kranken, die in der Stube blieben eine Verschnaufpause geben; aber er konnte auch durch unmenschliche Schikanen das Leben schwer machen.

Als es immer weniger Deutsche vom Stamm gab, bekamen auch mildere Häftlinge die Funktion eines Stubenältesten. Ein Teil der Altgedienten, die aber mit Mord und Terror nicht so vertraut waren, wurden von den Stubenbewohnern mit Geschenken und Dienstleistungen bestochen – so war von dieser Seite nicht mehr so viel zu befürchten. Die meisten Stubenältesten hatten außerdem noch andere Funktionen im Rahmen der Arbeitsorganisation, daher zeigte sich ihre Einstellung den Häftlingen gegenüber vorwiegend in einer gerechten oder ungerechten Essensausteilung, die meist die Stubendienste vornahmen. Wie genau diese kontrolliert wurden, bestimmte darüber, ob und in welchem Ausmaß die Stubenbewohner bestohlen wurden.

Die Ordnung in den Kabuffs und Stuben oblag dem Stubendienst. Meist hatte diese Funktion nur ein einziger Häftling inne, der dazu vom Block- oder Stubenältesten ausersehen wurde. Oft waren die Stubendienste aber Diener der Blockältesten, Blockschreiber oder Kapos, so dass sie andere Häftlinge ihre Arbeit machen ließen, die dafür zusätzliche Suppen-, Brot-, Margarine- oder Wurstrationen bekamen.

Lange Zeit waren die Stubendienste von ihren Arbeitskommandos nicht freigestellt, nur einigen Blockältesten gelang es, für sie dieses Privileg zu erreichen. So war es vor allem in der Zeit, als Kirchner und Kluge Arbeitseinsatzführer waren. Später herrschte in diesem Bereich größere Freizügigkeit, besonders dann, wenn in den Blocks diejenigen Häftlinge wohnten, die in der Nachtschicht bei den Steyr- oder Messerschmittwerken arbeiteten.

In einigen Blocks hatten die Stubendienste sehr viel zu sagen – als Favoriten von Blockältesten griffen sie ziemlich stark in das Privatleben der Häftlinge ein. Einige waren Spitzel, andere stahlen Teile aus Nahrungsmittelpaketen, wieder andere bestimmten, welche Häftlinge zusätzliche Arbeiten am Samstag Nachmittag oder Sonntag verrichten mussten. Stubendienste waren vom Gros der Lagergemeinschaft gefürchtet, waren sie doch von Verbrechern in diese Funktion geholt worden.

Zu Beginn waren viele Polen, die Deutsch konnten, Stubendienste, später auch Spanier und ab 1942 auch sowjetische Gefangene.

Einige wenige Polen begannen im Lager ihre Verbrecherkarriere als Stubendienste, nach ein oder zwei Jahren in dieser Funktion erhielten sie den Winkel eines Kapos. Unter ihnen waren: Jan Kobryś, Feliks Jakubowski, Zygmunt Zapart, Ernest Brandenburger. Aber auch einige Spanier und sowjetische Gefangene gingen als Schrecken in die Lagergeschichte von Gusen ein. Der grausamste war Sadowski, ein Weißrusse, der den raffiniertesten Mördern gleichkam. Genauso sadistisch war ein anderer sowjetischer Kriegsgefangener, Pietka M., Stubenältester in Block 6, als dort die Invaliden untergebracht waren. Beide waren Verräter, die als Freiwillige in Hilfseinheiten der Wehrmacht gedient hatten, bevor sie ins Lager kamen.[121]

Zu den Stubendiensten gehörte auch der Blockfriseur. Das war eine ständige, recht bequeme Funktion, in manchen Zeitabschnitten sicherte sie eine Freistellung von den Arbeitskommandos in den Produktionsbetrieben. Geschicktere Häftlinge versuchten, diese Funktion zu bekommen.

Am Abend und am Sonntag schnitt der Friseur den Häftlingen die Haare oder besserte die „Linie" in der Kopfmitte aus und sammelte die Haare ein. In seiner Freizeit wurde er zu Reinigungsarbeiten im Block oder Ordnungsarbeiten im Lager verwendet.

Nur wenige Friseure ließen sich ins „Mordgeschäft" hineinziehen (Feliks Jakubowski), die Häftlinge hatten jedoch ihnen gegenüber genau solche Vorbehalte wie gegnüber den Stubendiensten.

Zu jener Zeit, als Gusen I den höchsten Häftlingsstand hatte, waren im Verantwortungsbereich des Lagerältesten insgesamt ca. 95 Funktionäre, zusammen mit den Stubendiensten und Blockfriseuren ca. 160. Ihr Anteil am gesamten Häftlingsstand betrug zunächst 1,5-2%, ab dem Jahr 1943 1-1,5%. Das war die Lagerelite, die die Lagerordnung für eigene Interessen ausnützte und um das Beibehalten ihrer Funktionen mit allen Mitteln kämpfte.

Die Lager- und Blockschreiber

Die Funktionshäftlinge, die dem Rapportführer unterstanden, dies waren die Lagerschreiber und Blockschreiber, hatten andere Aufgaben zu erfüllen und eine andere Stellung im Lager.

Der Lagerschreiber I erstellte alle Angaben für den Morgen- und Abendrapport des gesamten Lagers, verwaltete die Arbeit der Häftlinge in der Schreibstube und beaufsichtigte die Einträge in Karteien und Statistiken.

Die einzelnen Blockschreiber bereiteten die Rapporte über den Stand ihrer Blocks vor, führten Verzeichnisse der Häftlinge in den einzelnen Blocks und vermittelten bei deren Korrespondenz mit der Familie. In ihren Rapporten berechneten sie täglich die Anzahl der anwesenden, der zu den Außenkommandos abgestellten, der ins Krankenrevier eingewiesenen und der am Tag oder in der Nacht verstorbenen Häftlinge. Der Rapport musste genau sein: Eine Abweichung in der Gesamtanzahl im Vergleich zum Vortag oder zum Morgenrapport deutete auf eine Flucht hin und war Anlass für Suchmaßnahmen. Der Rapport war auch die Grundlage für die Anforderung der Essensrationen für den nächsten Tag und zur Feststellung der in den Arbeitskommandos Beschäftigten.

Als Lagerschreiber wurden intelligente Häftlinge gewählt. Die ersten Lagerschreiber I in Gusen waren vom 26. Mai 1940 bis zum 21. Februar 1942 der Österreicher Rudolf Meixner und vom 21. Februar 1942 bis zur Befreiung der Deutsche Adolf Jahnke. Sie unterschieden sich hinsichtlich ihrer Vergangenheit, ihres Charakters und ihrer Anschauung völlig voneinander.

„Der Wiener Rudolf Meixner, mehrmals als Heiratsschwindler verurteilt, hasste die Preußen und die Nazis, er empfand eine besondere Sympathie für Polen und versuchte, wo er nur konnte, ihr Schicksal zu erleichtern", schreibt über ihn Nogaj. Viele von ihm abhängige Posten (Blockschreiber, Büroarbeiter) besetzte er mit Polen, denen er stets Vertrauen entgegenbrachte. Die Polen verdankten ihm viel, besonders die von der Schreibstube. Er schützte sie vor Schikanen, veranlasste eine Bereinigung der Akten derjenigen, die mit schwerwiegenden Vorwürfen belastet waren, in vielen Fällen setzte er sich für Häftlinge bei den Rapportführern ein. Wegen seines Eintretens für Invalide, die in Totbadeaktionen ermordet werden sollten, versetzte man ihn nach Mauthausen, wo er bis zur Befreiung als gewöhnlicher Häftling verblieb.

In der Erinnerung der Polen verblieb Meixner auch als Beschützer der polnischen Fußballmannschaft.

„Im Lager hatte er „im allgemeinen einen guten Ruf. Über die Vermittlung Meixners konnten wir bei der Arbeitsplatzzuteilung viele Angelegenheiten für die Polen günstig erledigen, manche Häftlinge in bestimmte Blocks umsiedeln oder in Arbeitskommandos unterbringen, die für die Arbeit in unserer Organisation nützlich waren." [122]

Adolf Jahnke war ein Polenfresser, obwohl er sich damit brüstete, dass in seinen Adern polnisches Blut floss. Gleich nach Übernahme seiner

Funktion entließ er unbequeme oder weniger gefügige polnische Blockschreiber, von den übrigen ließ er sich in Zigaretten bezahlen. Er hetzte Deutsche gegen Polen auf und beteiligte sich an Mordaktionen.

Beide Lagerschreiber übten ihre Funktion in Zeiten aus, in denen es ihnen die von oben bestimmte Lagerordnung schwer machte, ihre Einstellung offen zu zeigen: Meixner war Lagerschreiber zur Zeit des größten Terrors – zeitgleich mit Kammerer und später Becker, die seine für die Häftlinge günstigen Aktionen verhinderten, so dass er erst in der kurzen Zeit der Zusammenarbeit mit Karl Rohrbacher seinen Einfluss im Lager geltend machen konnte. Das war jedoch die Zeit, in der Totbadeaktionen und Fahrten nach Hartheim stattfanden, in der es massenweise Vergasungen und andere Tötungsaktionen gab. Jahnke hingegen konnte seinen Polenhass nicht allzu offen zeigen, da er seine Funktion in der Zeit ausübte, als es einen größeren Druck auf die Arbeitsleistung gab und Karl Rohrbacher eine immer wichtigere Rolle im Lagerleben spielte. Umso mehr war er verhasst. Am Tag der Befreiung wurde er getötet.

In Gusen II bekleidete die Funktion des Lagerschreibers Leitzinger, einer der größten Verbrecher, Helfershelfer Van Loosens. Im Januar 1945 stach er während eines Streits den dortigen Lagerschreiber II Franz Gruszka nieder. Für diesen Mord wurde er später erschossen. Seine Funktion übernahm der Pole Antoni Lisiecki.

Lisiecki versuchte mit allen Mitteln die Aktionen Van Loosens zu bremsen: Er kaufte todgeweihte Häftlinge mit Brot und Zigaretten frei, indem er sie ins Revier nach Gusen I verlegte oder leichteren Kommandos zuteilte. Seine Tätigkeit konnte jedoch nicht wesentlich zur Änderung der Verhältnisse in diesem Lager beitragen.

Blockschreiber wurden Deutsche und Österreicher sowie Polen, die gut Deutsch konnten. Anfänglich wurden Deutsche der Stammbelegschaft in diese Funktion gewählt, die sich dem Charakter nach nicht viel von den Blockältesten unterschieden: Wochnik in Block 5, Otto Weber in Block 6, Hans Heyde in Block 7, Warzecha in Block 9, Alois Madlmayer in Block 13 und Kletetzka in Block 15. Sie bestahlen die Häftlinge und beteiligten sich an Morden. Sie erschwerten die Häftlingskorrespondenz und prügelten für formale „Verstöße" bei Briefsendungen. Briefe, die nicht nach den geltenden Normen abgefasst waren, wurden von ihnen zerrissen und das Briefrecht dem Schreiber entzogen.

Von den deutschen Blockschreibern muss Heinrich Haug von Block 3 erwähnt werden, ein politischer Häftling, Kommunist aus Konstanz, mit viel Idealismus, der Vertretern aller Nationalitäten gegenüber freundlich eingestellt war. Von den Österreichern waren besonders beliebt: Stephan Dolezal, der nur kurz Schreiber in Block 2 war; Karl Stephan (ehemaliger Bezirkshauptmann), Schreiber in Block 3, der ebenfalls nur kurz diese Funktion hatte; Franz Cihal in Block 18 und Franz Gruszka, Schreiber in Block 19 (später Lagerschreiber II in Gusen II), der als Polenfreund bekannt war.

Polnische Blockschreiber, die 1942 sehr zahlreich waren, hatten für das Lager eine besondere Bedeutung. In der zweiten Hälfte dieses Jahres wurden einige von ihnen vorübergehend wieder in Arbeitskommandos gesteckt, aber da ihre Nachfolger, deutsche Blockschreiber, sehr ungeschickt waren, kamen sie nach und nach in ihre Funktionen zurück. Der Druck der polnischen Häftlingsgemeinschaft hielt sie davon ab, sich an Verbrechen deutscher Funktionäre zu beteiligen. Sie waren ein solidarisch agierendes Team, das in kritischen Situationen die Pläne der Lagerleitung durchkreuzen konnte. Viele von ihnen waren Mitglieder in der Widerstandsbewegung, sie beteiligten sich auch an der Organisation des kulturellen Lebens im Lager (Stanisław Nogaj, Blockschreiber der Reihe nach in Block 16, 12 und 2) und der Fürsorge für die jüngsten polnischen Häftlinge (Jerzy Osuchowski, Zdzisław Rakowski, Zygmunt Baranowski).[12]

Ähnlich wie die Stubenältesten für die Blockältesten machten auch die Gehilfen der Schreiber, in den meisten Blocks Polen, für diese die Arbeit. Auch sie nützten ihre Stellung, um Konflikte zwischen den Blockältesten oder Kapos und den Häftlingen zu schlichten; sie halfen auch, Häftlinge von „schweren" in „bessere" Blocks zu verlegen. Manche von ihnen stiegen mit der Zeit zu Blockschreibern auf.

Auch im Lager der sowjetischen Kriegsgefangenen waren meist Polen Schreiber. Aber dort konnten sie nicht viel ausrichten – sie waren machtlos gegenüber den genau ausgesuchten Block- und Stubenältesten und ihren Misshandlungen.

Der Lagerschreiber im Kriegsgefangenenlager, Edmund Bursche, starb während einer Typhusepidemie. Die Blockschreiber Kazimierz Malinowski, Tadeusz Murasiewicz und Jerzy Osuchowski wurden nach nicht ganz einem Jahr in ihren Funktionen zum Bau der Eisenbahnstrecke Gusen – St. Georgen versetzt.

Besonders schwierig war die Lage der Blockschreiber in Gusen II, als Leitzinger dort Lagerschreiber wurde. Sie waren hilflos gegenüber dem selbstherrlichen, bestialischen Verhalten Van Loosens. Nur durch Bestechung oder List konnten sie seine Zustimmung zur Verlegung eines Häftlings nach Gusen I erwirken, meistens durch eine Einweisung ins Revier. Auf diese Weise wurden die am stärksten Bedrohten gerettet.

Der Einfluss der Blockschreiber war nur gering. Sie durften sich in die Essenzuteilung nicht einmischen, gegen die von den Blockältesten verhängten Strafen nicht protestieren, sogar die Einsweisung eines Kranken ins Revier oblag dem Blockältesten. In einzelnen Fällen jedoch konnten sie Häftlinge vor Verfolgung oder sogar vor dem Tod retten. Ganz zu Beginn des Lagerbestehens galt es, viele Ärzte, Lehrer, Politiker zu decken. Man musste in die Kartei einen unverfänglichen Beruf eintragen. Viele Ärzte, die nicht im Revier arbeiten durften, waren vom Tod bedroht, so musste man in erster Linie in der Schreibstube ihren wahren Beruf durch solche Berufe wie Fleischhauer, Gärtner u.ä. ersetzen. Analog dazu musste der Eintrag auch im Blockbuch geändert werden. „Unter Lebensgefahr," schreibt Nogaj, „fälschten folgende Schreiber Evidenzkarten: Dolezal in Block 2, Stephan in 3, Haug in 4, Wochenik in 5, Weber in 6, Hedy in 7, Cihal in 8, Warzecha in 9, Madlmayer in 13, Kletetzka in 15." Folgende Ärzte, als Reinigungskräfte oder Sanitäter eingetragen, konnten im Revier arbeiten: Dr. Garbień aus Chrzanów, Dr. Pończa aus Cieszyn und Dr. Duława aus Bielsko.[12]

Als Seidler im April 1945 befahl, alle Invaliden zu vergasen, nahmen polnische Blockschreiber 106 von ihnen heimlich in ihren Blocks auf. Stanisław Nogaj berichtet darüber und schreibt den Verdienst dafür völlig zurecht vor allem dem Schreiber des Invalidenblocks 24, Jerzy Osuchowski, zu, sowie polnischen Schreibern, die das Risiko auf sich nahmen und diese Häftlinge ihren Blocks zuschrieben.[125]

Insgesamt gab es in Gusen bis 1944 nicht mehr als 30 Schreiber. Nach Eröffnung von Gusen II stieg ihre Anzahl auf 50 an. Trotz vieler Deutscher mit kriminellen Neigungen war dies eine Funktionärsgruppe, die mit den Häftlingen enge Kontakte hatte und ihnen in gefährlichen Situationen zu helfen trachtete.

Die Kapos

Dem Arbeitseinsatzführer waren der Lagerschreiber II, die Oberkapos, die Kapos und die Hilfskapos sowie die Kommandoschreiber unterstellt. Der Lagerschreiber II beaufsichtigte die Karteien und die Statistiken der Arbeitskommandos im Lagerarbeitseinsatz. Die Kapos hingegen hatten die Aufsicht über die Häftlinge bei den Arbeitskommandos, oder sie waren Leiter von Hilfsgruppen in lagerinternen Betrieben, wie zum Beispiel in der Küche, den Werkstätten, den Magazinen, dem Revier u. ä.

Lagerschreiber II war bis zum 1. April 1945 Erich Timm, der seinen Sitz im Lagerarbeitseinsatz hatte, nach ihm Heinrich Lutterbach. Beide wurden von den Häftlingen positiv beurteilt, Lutterbach genoss als Dirigent des Lagerorchesters allgemeine Sympathie.

Die Wahl der Oberkapos und Kapos traf der Arbeitseinsatzführer, oft gemeinsam mit den Leitern der Betriebe, welche die Häftlinge beschäftigten. Die endgültige Entscheidung allerdings traf Chmielewski, danach die folgenden Rapportführer.

Den Oberkapos oblag die Leitung aller Arbeiten in den großen Produktionsbereichen: in den Steinbrüchen Gusen und Kastenhof, bei der Errichtung der Baracken, dem Bau der Eisenbahnlinie usw., später auch bei Steyr und Messerschmitt. Diese Funktion bekleideten in der Regel Deutsche. Bei ihrer Auswahl gingen Chmielewski und die Rapportführer von denselben Voraussetzungen aus, wie bei der Wahl der Blockältesten. Nur rücksichtslose Vollstrecker ihrer Anordnungen, sei es beim Arbeitstempo oder hinsichtlich des Schicksals einzelner Häftlinge, manchmal auch ganzer Kommandos, konnten diese Funktion bekommen. Die Oberkapos verlangten vor allem ohne jegliches Mitleid die Erfüllung der Produktionsleistungen – anfänglich in den Steinbrüchen, später auch in den Steyr- und Messerschmittbetrieben.

Nur Kapos ohne Gewissen und menschliche Regungen konnten die ihnen übertragene Aufgabe, Häftlinge durch übermenschliche Anstrengung umzubringen, entsprechend erfüllen. Die ersten Oberkapos – Richard Wuggenigg und Emil Lipinski im Steinbruch Gusen, Bruno Weidemann und Otto Heidemann im Steinbruch Kastenhof – waren Berufsverbrecher, die ihre Aufgaben eifrig und zur vollen Zufriedenheit ihrer Vorgesetzten erfüllten.

Demselben Menschenschlag gehörten auch die Kapos der internen Kommandos an: Johann van Loosen – der Lagerkapo und Schrecken aller Lagerinsassen – Walter Junge, August Adam, Karl Matucha und andere. Hunderte Häftlinge starben entweder unmittelbar unter ihren Stock-, Spatenstiel-, manchmal Brettschlägen, oder infolge der bei der Arbeit erlittenen Verletzungen. Auch der Oberkapo von Messerschmitt, Johann Apitz, war wie sie.

Den Oberkapos waren die Kapos unterstellt. Größere Kommandos hatten mehrere Kapos, in Gusen jede Steinmetzhalle, die Bohrer, die

Steinträger, die Handspalter und auch andere. Die Funktion der Kapos für die Arbeitskommandos musste ebenfalls von der Lagerleitung bestätigt werden. Die Hilfskapos hingegen wurden von den Oberkapos gewählt, in kleineren Kommandos von den Kapos.

Oberkapos und Kapos waren in den Blocks untergebracht, wo sie oft die Funktion des Stubenältesten hatten; manche von ihnen, wie zum Beispiel Lipinski, waren vorübergehend auch Blockälteste. In dieser Funktion nahmen sie – in der arbeitsfreien Zeit und meist aus eigenem Antrieb – an Tötungsaktionen teil, die von Blockältesten oder Mitgliedern der Lagerleitung angeordnet waren, oder exekutierten die von Blockältesten verhängten Todesstrafen.

Während der Arbeitszeit hatten die Kapos in den Kommandos unbeschränkte Macht über die Häftlinge. In Häftlingserinnerungen werden folgende Kapos oft als Schergen und Henker beschrieben: Richard Wuggenigg, der Oberkapo von Gusen, ein mehrfach verurteilter Verbrecher.

„Er missachtete alle und alles. [...] Wehe dem, der ihm unangenehm auffiel. Er tötete nicht gleich, wie viele andere, er folterte wochenlang. Er vergaß nichts. Bei jeder Gelegenheit verspürte das Opfer seinen Hass. Er ließ keine Gelegenheit zum Schlagen aus. Er achtete jedoch darauf, nicht gleich tot zu schlagen."

Emil Lipinski

„schlug wirklich theaterreif. Mit Boxerschlägen nahm er das vor ihm stehende hilflose Opfer buchstäblich auseinander. Beim Schlagen hielt er immer eine Rede. [...] Er unterhielt sein Opfer mit einem Gespräch, mit einer grausamen Erzählung, die ihm die Folgen der Schläge vor Augen führte – das langsame Krepieren, das Krematorium, die Tränen der Gattin, der Verlobten oder der Mutter bei der Nachricht von seinem Tod." [126]

Gustav Krutzki, genannt Tiger, ab 1942 Oberkapo von Kastenhof „war ein unumschränkter Herrscher im Lager, Tausende Personen waren von ihm abhängig, Tausende sind auch von seiner Hand umgekommen." Er war für die Ermordung oder Verstümmelung mit Todesfolge von 3.000 bis 4.000 Personen verantwortlich, darunter auch viele sowjetische Kriegsgefangene.

„Er tötete auf Befehl der vorgesetzten SS-Führer, er tötete aus Gewinnsucht, um an Goldzähne, Uhren oder andere Wertgegenstände heranzukommen, er tötete unbequeme Zeugen, er tötete aus Rache für Beschwerden bei der Lagerleitung, er tötete unbewusst im Affekt, er tötete schließlich aus sadistischem Vergnügen. In Krutzki's Unterkunft spielten sich höllische Szenen

ab. Wegen des geringsten oder nur mutmaßlichen Vergehens brachte er seine Opfer dorthin, schlug sie unerbittlich oder hängte sie nach der lagerüblichen Art auf. Jeden Tag musste er seine Augen an dem Anblick blutender Opfer weiden."

Krutzki schloss mit Keleberc Wetten ab, „wer schneller einen Häftling mit einem Faustschlag gegen den Kiefer zu Fall bringt. Sie suchten sich dafür entsprechende Opfer aus und protzten mit ihrer Kraft." Krutzkys Bande beraubte und mordete diejenigen, die Wertgegenstände hatten. Polkowski, Tomanek, Keleberc, Damm und andere suchten Häftlinge, die Goldzähne, Uhren, Ringe oder andere Wertgegenstände hatten. Diese Häftlinge wurden Krutzki vorgeführt, der ihnen die Sachen wegnahm und sie danach ermordete. Krutzki zwang Häftlinge dazu, als Gegenleistung für seinen „Schutz", ihm ihr Vermögen zu überschreiben. Über SS-Führer oder Zivilmeister übermittelte er diese Schenkungsakte seiner Familie, um die Vermögen zu übernehmen, oder sie für Erpressungen zu nutzen.[127]

Johann Apitz, in den Jahren 1943-1945 Oberkapo im Kommando Messerschmitt, Sohn reicher Eltern aus Leipzig, Germanistikstudent, wegen verschiedener krimineller Verbrechen verurteilt, „ein Perverser, ein Homosexueller, der dies vor den Häftlingen nicht verbarg, vergnügte sich ziemlich oft mit einem jungen Italiener." Ein ehemaliger Häftling erzählt über seine Rachsucht:

„Er befahl mir, mich in einer Kniebeuge zwischen gelagerten Geräten hinzustellen. Ich durfte mich nicht bewegen, mit ausgestreckten Armen musste ich schwere Gewichte halten. Meine Arme schliefen ein, meine Beine zitterten, der Schweiß rann mir in Strömen herab[.]"[128]

Otto Heidemann, Kapo vom Oberbruch in Kastenhof, genannt „der Lange" (er war über zwei Meter groß), litt an Schwindsucht; er war ein raffinierter bestialischer Mörder.

„Beim Rückmarsch von Steinbruch „stieß er den erstbesten Häftling und stellte ihm gleichzeitig das Bein. Dadurch fiel das Opfer auf seine vor ihm gehenden Leidensgenossen. Täglich erlitten zig Personen Verletzungen, diejenigen, die er hinabstieß, starben meist auf der Stelle. Wenn er bei der Arbeit zuschlug, und das kam häufig vor, geschah dies unvorhergesehen. Er sprach ruhig mit seinem ausgesuchten Opfer […] plötzlich schlug er ihm stark ins Gesicht. Der Geschlagene fiel zu Boden. Er musste sofort aufstehen und das Gespräch ging weiter." Nach einer gewissen Zeit *„folgte blitzartig ein Schlag in den Magen, danach war es schwer aufzustehen. Manchmal warf er*

sein Opfer auf die Erde, mit einem Bein drückte er es am Hals nieder und mit dem anderen trat er es so lange auf den Kopf, bis es kein Lebenszeichen mehr von sich gab. Ab und zu, zur Abwechslung, trat er statt auf den Kopf auf den Brustkorb und brach so dem Liegenden sämtliche Rippen. Am brutalsten jedoch waren Tritte gegen die Hoden. Darin war Heidemann Meister. Er stellte sein Opfer zwei Schritte vor sich auf, befahl ihm die Hände nach hinten zu nehmen und still zu stehen. Nach diesen Vorbereitungen versetzte er ihm einen so starken Tritt gegen den Unterbauch, dass die Hoden sofort auf die Größe eines großen Balls anschwollen. Das Opfer starb innerhalb weniger Minuten unter entsetzlichen Qualen." [129]

In der Geschichte Gusens waren Perversitäten bei der Behandlung der Häftlinge an der Tagesordnung. Johann van Loosen mordete in den Jahren 1940-1942 als Lagerkapo in Gusen I, 1944-1945 als Lagerältester in Gusen II. Józef Kołeczko war all die Jahre Henker der polnischen Intelligenz, besonders der Lehrer. Wie weit fortgeschritten der Verlust sämtlicher menschlicher Regungen manchmal war, davon zeugen folgende Berichte über Kapos:

„Jaziak, ein Deutscher aus Gleiwitz, Kapo in Kastenhof, suchte sich die müdesten und ausgemergeltsten sowjetischen Kriegsgefangenen aus. Das ausgesuchte Opfer schlug er mit einem schweren Schlagstock bis zum Umfallen. Den Liegenden trat er mit Füßen; als er merkte, dass das Opfer im Sterben lag, drehte er es mit dem Gesicht nach oben, stellte sich triumphierend auf seinen Oberkörper, nahm ein Stück Brot aus der Tasche und begann es zu essen. Ab und zu warf er einen Blick auf den Liegenden und trat ihn auf den Hals." [130]

Solche Szenen spielten sich nicht nur während der Arbeit ab. Max Hirsch und Franz Baerwolf machten auf einem freien Platz vor der Küche ein Feuer, suchten sich im Lager einen Muselmann, steckten ihn in einen Korb an Stangen oder Seilen und schaukelten das Opfer über dem Feuer. Der polnische Häftling Kostka fiel aus dem Korb mitten ins Feuer. Chmielewski war von diesem „Spiel" begeistert.[131]

Klockmann spezialisierte sich auf das Töten mit Gummischläuchen, die an die Wasserleitung angeschlossen waren und dem Opfer mit aller Gewalt in den Mund und den Hals gestopft wurden. Als der Wasserhahn aufgedreht wurde, zerriss das unter Druck eingeleitete Wasser seine Gedärme. Auch andere Tötungsmethoden wandte er häufig an: Er ertränkte Häftlinge in einem Fass oder in einem Teich, hängte sie an den Leitungsrohren in den Waschräumen auf, erschlug sie mit einem Stock oder Eisenstab, hetzte sie auf den elektrischen Stacheldraht. 24 Stunden vor dem beabsichtigten Verbrechen kündigte er seinen Opfern den nahen Tod an, um sich an ihrer Angst zu weiden.

„Ein ums andere Mal begnadigte er die von ihm Verurteilten und schenkte ihnen einen Tag oder eine Woche. Er lachte mit zynischem Vergnügen, als er in die vor Entsetzen geweiteten Augen sah und das Wimmern der zum Tod Verurteilten hörte."[132]

In den ersten Tagen des Lagerbestehens bildete Chmielewski aus solchen Leuten einen Mördertrupp, der alle polnischen Häftlinge umbringen sollte; später eine zweite Gruppe, der er alle Juden zu ermorden befahl.[133]

Die Methoden der Oberkapos, um Häftlinge fertig zu machen, wurden von Kapos und Hilfskapos nachgeahmt, manchmal sogar noch perfektioniert. Es war für die Häftlingsgemeinschaft erkennbar, dass die Oberkapos ihre Untergebenen mit ihrem Sadismus ansteckten. Oberkapo Krutzki versammelte eine große Gruppe ähnlicher Mörder wie er selbst um sich: Kazimierz Polkowski, Aleksander Keleberc, Rudolf Tomanek, Max Peters, Hans Matewi, Alois Damm, Janusz Kamieński. Zu Wuggeniggs Gruppe gehörten Josef Rösler, Karol Schmidt, Max Petrikowski. Diese Personen nahmen unter der Leitung erfahrener, in der Lagerhierarchie hoch stehender Mörder an einer eigenartigen Schulung in Verbrechen teil, so lange, bis sie selbständig töten konnten.

Dank dieses „Heranziehens" von Mördernachwuchs sorgte die Lagerleitung in Gusen für eine hohe Sterblichkeit der Häftlinge und für eine genügende Anzahl an Verbrechern in der Funktion der Kapos.

Gewisse Namen von Kapos und Hilfskapos, Block- und Stubenältesten tauchen immer wieder bei Mordaktionen auf, meist bei Massenmorden. In den Jahren 1941-1943 betrug die Anzahl der Kapos im Lager an die 150, als die Steyr- und Messerschmittwerke in Betrieb gingen, stieg sie auf über 200 an.

Die Funktionäre im Revier

Die Kapos und Blockältesten im Krankenrevier wurden auf ähnliche Weise ausgewählt, wie die Kapos und Blockältesten für die Arbeitskommandos.

Der Kapo des Reviers hatte eine ähnliche Funktion wie der Lagerälteste. Er war unabhängig von den ihm hierarchisch gleichgestellten Lagerfunktionären. Er war noch gefährlicher, da er eigenverantwortlich war.

Allein die Tatsache, dass nicht ein Revierältester eingesetzt wurde, der für das Alltagsleben im Revier verantwortlich gewesen wäre, sondern ein Kapo, also ein Aufseher einer Arbeitsgruppe, zeugte davon, dass die Kranken als Reservearbeiter betrachtet wurden. Sie mussten entweder rasch wieder gesund werden, oder sie wurden im Schnellverfahren umgebracht. Einen längeren Zeitraum hindurch, fast bis Anfang 1942, war das Revier vor allem ein Todeskommando. Nur wenige von den tausenden Häftlingen, die ins Revier eingewiesen wurden, kamen mit dem Leben davon.

Der erste Revierkapo war der Wiener Franz Zach, dem man niemals Kranke hätte anvertrauen dürfen. Er entledigte sich aller unbequemen Kranken, besonders der Ruhrkranken, indem er sie unter dem Vorwand einer Diät verhungern ließ, andere wurden erschlagen, ertränkt, oder mit anderen Methoden umgebracht. Zach war homosexuell und suchte sich unter den jüngeren Häftlingen Gespielen aus, mit denen er Sauf- und Sexorgien in seinem Kabuff veranstaltete.

Seine Brutalität erreichte ihren Höhepunkt, als er zum Kapo im Revier der sowjetischen Kriegsgefangenen ernannt wurde. Während der Typhusepidemie fand in diesem Revier auf Anordnung des Standortarztes aller Mauthausen-Lager, Hstf. Dr. Eduard Krebsbach, eine großangelegte Euthanasie-Aktion statt. Zach war der eifrigste Vollstrecker. Er tötete jeden Tag am Abend Dutzende von Häftlingen mit Benzininjektionen. Er starb an Lungentuberkulose mit der er von im Revier arbeitenden Häftlingen angesteckt worden war.

Sein Nachfolger im Revier des Hauptlagers wurde der Sudetendeutsche, Heinrich Roth, ein politischer Häftling. Er hatte Syphilis im fortgeschrittenen Stadium, daher bekam er oft Tobsuchtsanfälle und wurde dann unzurechnungsfähig. Mit besonderem Hass verfolgte er ältere, ausgezehrte und hilflose Häftlinge. Er prügelte sie, würgte sie und „schlug ihren Kopf so lange an die Mauer, bis sie ihren letzten Atemzug taten." Massenweise brachte er Menschen mit Injektionen um. Schließlich wurde er selbst von einem Lagerarzt durch eine Injektion getötet, nachdem er beschuldigt worden war, diesen ermorden zu wollen. In die Geschichte von Gusen ging er als „rotes Ungeheuer" des Reviers ein.[134]

Józef Bobrowski, von den Häftlingen „Kassandra" genannt, wurde dritter Revierkapo. Er war ein Volksdeutscher und Sanitäter im Revier. Von der Betreuung Kranker hatte er mehr Ahnung als seine Vorgänger, also begann er die Funktion des Oberarztes zu übernehmen: Er stellte Diagnosen, verschrieb Medikamente, führte Operationen durch und tötete mit Injektionen. Als er polnische Ärzte zu erpressen begann und drohte, ihre konspirative Tätigkeit im Revier auffliegen zu lassen, beschloss man, ihn loszuwerden. Er wurde beschuldigt, mit Drogen und Alkohol zu handeln. Aus Angst vor Folterungen beging er Selbstmord.

Der letzte Revierkapo war Emil Sommer. Auch er war Sudetendeutscher und politischer Häftling. Vor seiner Versetzung ins Revier galt er als Polenfeind, aber nach seinem „Aufstieg" in diese Funktion arbeitete er mit dem ärztlichen Personal im Revier zusammen. Er billigte zwar die Verbrechen der Blockältesten im Revier, unterstützte aber gleichzeitig Dr. Antoni Gościński, Dr. Adam Konieczny, Doz. Franciszek Adamanis und andere, die mit allen Mitteln kranke Häftlinge zu retten suchten. In seiner Amtszeit führte Dr. Vetter die schrecklichsten pseudomedizinischen Experimente durch. Die kranken „Versuchskaninchen" konnten nur mit Wissen und Zustimmung von Sommer gerettet werden. Er musste daher in die konspirative Tätigkeit im Revier teilweise eingeweiht werden. Er beteiligte sich zwar im April 1945 auf Geheiß Seidlers an der Vergasung von Kranken und Invaliden, andererseits half er polnischen Häftlingen, einen Großteil dieser Todgeweihten zu retten. Nach der Befreiung hat das Internationale Lagerkomitee seinen guten Willen anerkannt, ihm Schutz gewährt und eine sichere Rückkehr nach Hause ermöglicht.

Die Blockältesten im Revier – zuerst Heinrich Roth, später Heinrich Käferböck und Reinkober waren schlichtweg Mörder. Käferböck wurde im Jahr 1942 als Nachfolger Zachs in der Funktion des Kapos im Revier der sowjetischen Kriegsgefangenen berüchtigt. Noch eifriger als sein Vorgänger führte er massenweise Euthanasie-Aktionen durch. Als er ins Lagerrevier versetzt wurde, beschloss man ihn wegen seiner Gefährlichkeit zu beseitigen. Auch er wurde mit Typhus angesteckt und starb.

Ab 1942 waren dem SS-Lagerarzt 8 bis 12 Häftlinge unterstellt, darunter Kapos und Blockälteste des Lagerreviers und des Kriegsgefangenenlagers sowie Revierschreiber. Revierschreiber waren der Reihe nach: Alojzy Hnide (1940), J. Jarczyk, Józef Piechocki und Franciszek Jankowski (1941); Johann Gruber und Ignacy Łuczak (1941-1943); und in den letzten Jahren Franciszek Adamanis, Roman Kosmala, Leon Lajtner und Marian Czerwiński (1943-1945).

Die polnischen Revierschreiber erwarben sich große Verdienste bei der Rettung kranker Häftlinge. In Kooperation mit den Ärzten wurden im Revier Häftlinge aufgenommen, denen der Tod drohte. Außerdem wurden Kranke, die zur Euthanasie vorgesehen waren, versteckt, oder vom Revier abgemeldet, Karteien von Kranken gegen Karteien von Toten ausgetauscht usw.

Die Gesamtzahl der Funktionshäftlinge in allen Bereichen der Lagerverwaltung betrug in den Jahren 1940-1943 (vor der Eröffnung von Gusen II) 250 bis 300 Häftlinge, ab der Hälfte 1943 über 400 Häftlinge, also 4% und später 1,5-2 % des Gesamtlagerstandes. Diese privilegierte Lagerelite war zahlenmäßig also gering.

Nur wenige Funktionäre wurden für ihre Beteiligung an der Ermordung von 47.000 Menschen[i] zur Verantwortung gezogen. Einige starben von Hand der Häftlinge, an einigen wurden Urteile der Untergrundbewegung im Lager vollstreckt. Am häufigsten geschah dies durch Ansteckung mit Typhus oder Tbc, wie zum Beispiel in den Fällen von Richard Martick, Franz Zach, Józef Bobrowski, Rudolf Tomanek, Heinrich Käferböck und Karl Pastewka. Heinrich Roth und Helmut Becker wurden zum Selbstmord getrieben. Eine größere Gruppe der Funktionshäftlinge bezahlte ihre Verbrechen am Tag der Lagerbefreiung und in den Tagen danach: in Gusen I ca. 30 – darunter Hermann Amelung, Adolph Jahnke, Otto Schneiderreit, Johann Apitz, Max Peters, „Aczi" Schibowski, Franz Sebel („General"), Heinz Steyer, Karl Donecker, Bruno Ott, und Przygoda – in Gusen II ca. weitere 30.

Wenige – wie etwa Hans Kammerer (lebenslange Haft) – wurden von deutschen, andere – wie Aleksander Keleberc – von tschechoslowakischen Gerichten verurteilt. Walter Junge wurde durch ein Gericht der BRD aus Mangel an Beweisen freigesprochen.

Einige polnische Funktionäre mussten sich vor polnischen Gerichten verantworten und erhielten entsprechende Strafen: Józef Kołeczko, Bolesław Stroiński, Zygmunt Zapart wurden zum Tode verurteilt, Karol Schmidt hat im Gefängnis Selbstmord begangen.[ii]

---

i   Diese Zahl ist nach aktuellem Forschungsstand überhöht und widerspricht zudem den weiter unten im Text angeführten Zahlen. Siehe dazu die Anmerkungen zu den Opferstatistiken weiter unten.

ii Zudem wurden mindestens 16 ehemalige Funktionshäftlinge des Konzentrationslagers Gusen nach der Befreiung in mehreren US-Militärprozessen angeklagt und in der Mehrheit der Fälle verurteilt.

KAPITEL 5

V. EINRICHTUNGEN IM LAGER

Da das Lager als Quelle von Arbeitskräften für diverse Unternehmen und gleichzeitig als Vernichtungsstätte dienen sollte, brauchte es entsprechende Einrichtungen. Sie sorgten für Effektivität bei der Ausbeutung der Häftlingsarbeit und bei der Vernichtung der Arbeitsunfähigen. Das angeborene Organisationstalent der Deutschen kam in diesen Einrichtungen deutlich zum Ausdruck. In Gusen folgten die meisten Einrichtungen dem Vorbild von Dachau, Sachsenhausen und Buchenwald.

Die Häftlinge waren im Lager nicht nur als Arbeitssklaven beschäftigt – das System sah ihre Einbindung in die Planung und Aufsicht der Produktion aber auch der Vernichtung vor. Die Betriebe, in denen ihre Arbeitskraft **schonungslos** ausgenutzt wurde, entwarf das Konstruktionsbüro und errichtete das Baubüro. Für die Arbeitseinsätze war die Abteilung **Arbeitseinsatz** verantwortlich. Die dort beschäftigten Häftlinge waren für die Planung der Arbeitskommandos zuständig. Sie wiesen den laufend eintreffenden Häftlingstransporten ihre Aufgaben zu, die jene Lücken auffüllten, welche durch die konsequente Befolgung des Prinzips „Vernichtung durch Arbeit" entstanden. Häftlinge waren in allen Lagerbüros beschäftigt, sogar in der Politischen Abteilung, obwohl das WVHA dies eigentlich nicht gestattete.

So wurden die Häftlinge zu Rädchen im Getriebe einer riesigen Maschinerie, deren einzelnen Funktionseinheiten nur indirekt für die Vernichtung sorgten, die aber als Ganzes störungsfrei funktionierte. Diese Maschinerie hatte zwei Betriebsphasen: in der ersten beutete sie die Arbeitskraft der Häftlinge – so lange sie arbeiten konnten – aus. Wurden sie arbeitsunfähig, schaltete sie auf die zweite Phase um: Der menschliche Ausschuss, der bei der ersten Phase angefallen war, wurde zwecks Bereicherung der SS zu materiellen Gütern verarbeitet. Es gab keine Einrichtung im Lager, die nicht dem Produktions-, Wirtschafts- und Finanzsystem, aber auch dem Vernichtungssystem diente. Sogar die Zahnstation, wo Lagerinsassen, vor allem Funktionshäftlinge und Prominente, behandelt wurden, war gleichzeitig ein kleines Labor, wo man Zahngold ermordeter Häftlinge zu Stäbchen einschmolz, um diese anschließend an das WVHA weiterzuleiten. Selbst die Leichenasche aus dem Krematorium wurde als Düngemittel oder bei **der Befestigung von Straßen in der Umgebung des Lagers verwertet.**

139

Die Lagerbüros

Für das reibungslose Funktionieren der Lagerverwaltung sorgte die Lagerschreibstube. Sie wurde vom Lagerschreiber I geleitet, der für die Statistik, Registrierung und Verteilung der Lagerinsassen auf einzelne Blocks, für die umgehende Verständigung der Häftlinge, die zu politischen Verhören und Gerichtsermittlungen zitiert wurden, für die Vollstreckung der Strafen und die Einweisung in die Strafkompanie zuständig war.

Ohne qualifiziertes Personal in der Lagerschreibstube war das Funktionieren der ganzen Lagerstruktur undenkbar, was sich auch mehrmals bestätigte. Als 1942 der neu ernannte Lagerschreiber Adolph Jahnke, nach dem Wunsch von Lagerführer Seidler, die in der Schreibstube tätigen Polen entließ, sie in den Steinbruch schickte und ihre Stellen mit Deutschen nachbesetzte, erhielt er „bereits am nächsten Tag, nach der Entfernung der bisherigen Schreibstubenarbeiter zahlreiche Reklamationen und Ersuchen der SS-Männer, Abteilungsleiter und der zivilen Betriebsmitarbeiter, die bisher im Büro Beschäftigten dort zu belassen." Dreimal versuchten Seidler und Jahnke die Lagerbüros mit eigenen Leuten, meist Deutschen, zu besetzen und jedes Mal waren sie gezwungen, das qualifizierte, zumeist polnische Personal, wieder einzuberufen.[135]

In der Lagerschreibstube arbeiteten hauptsächlich Polen. Ohne sie *„wäre – angesichts der zahlreichen Außenkommandos, der Fehlstände durch Erkrankungen und Todesfälle, der Überstellungen, der Neuzugänge und anderer täglich anfallender Veränderungen – die tägliche Ermittlung des Lagerstandes nicht denkbar gewesen. Dies hatte natürlich nicht nur Auswirkungen auf die Meldung des Häftlingsstands beim Appell, sondern auch auf die Verpflegung der einzelnen Blocks und des Reviers, auf die Versorgung der Außenkommandos, auf die Brotrationen, die Abendverpflegung usw."*[136]

Die Arbeit der Lagerschreibstube beaufsichtigte ein Adjutant des Lagerführers. Ihre Leiter waren SS-Führer und ihr Kapo der Österreicher Franz Cihal, einer der anständigsten Menschen im Lager, ein Freund der Polen.

In der Schreibstube arbeiteten mehr oder weniger lang: Józef Żmij, Jan Matczyński, Czesław Cichocki, Karol Cofała, Stanisław Nogaj, Zdzisław Rakowski, Antoni Gościński, Franciszek Golec, Stanisław Sielski u. a. sowie zwei Österreicher: Stephan und Dolezal. Die Schreibstube wurde zu einer konspirativen Zelle, von wo aus die Widerstandsbewegung im Lager ausging und wo man versuchte, nach Möglichkeit, Tötungsaktionen der Lagerleitung entgegenzuwirken.

Mit der Schreibstube arbeitete das Arbeitseinsatzbüro eng zusammen. Seine Aufgaben bestanden darin, die Zusammensetzung der Kommandos zu bestimmen, die Zahl der von Häftlingen geleisteten Tagessätze bzw. Stunden zu ermitteln und jene Vergütung zu berechnen, die Betriebe für die Entlehnung von Häftlingen an die Kommandantur abzuführen hatten. Anhand der Daten dieses Büros konnte man die Arbeitsleistung der Häftlinge ermitteln, den Bedarf an Arbeitskräften anpassen, einen Bedarf an Fachkräften anmelden usw.

Im Alltag der Häftlinge hatte das Arbeitseinsatzbüro eine große Bedeutung. Nur über dieses Büro konnte man gegen den Willen eines Kapos das Kommando wechseln; dieses Büro stellte auch, entsprechend den Anforderungen von Mauthausen und der SS-Zentrale, Fachkräfte für auswärtige Einsätze ab. Auf diese Weise konnte man den gefährlichen Mörder Lipinski in Gusen los werden oder von der Exekution bedrohte Häftlinge durch eine Überstellung retten.[137]

Aufsicht hatten hier die Arbeitseinsatzführer: 1940-1943 Hscha. Otto Schulz und 1943-1945 Uscha. Hans Hoyer, ein Sudetendeutscher, der als bestechlich galt. Dem Kommando Arbeitseinsatzbüro stand Kapo Herbert Fritschen vor, ein Deutscher aus Essen, der im Lager allgemeine Achtung genoss und eng mit den Polen zusammenarbeitete. Auch in diesem Büro waren hauptsächlich Polen beschäftigt (u. a. Kazimierz Zmyśliński, Zygmunt Igłowicz, Wacław Piętka, Antoni Bianga), aber auch Jugoslawen – Ranislav Matić und Dr. Emil Fink.

Das Konstruktions- und das Baubüro arbeiteten sowohl für die Wirtschaftsverwaltung des Lagers als auch für die im Lager ansässigen Betriebe. Im Konstruktionsbüro wurden neue Produktionsanlagen, anfangs für den Steinbruch, später auch für die Rüstungs- und Flugzeugbetriebe, entworfen. Das Personal des Konstruktionsbüros arbeitete unter anderem die Pläne für den großen Steinbrecher, für die Bahnverladeanlage und für einen Kompressor aus. Hier entstanden auch sämtliche Pläne der Lagerinfrastruktur: der Wasser-, Kanal- und Elektroleitungen, Straßen, Betriebsbahnen und Transportvorrichtungen. 1943 entwarf das Konstruktionsbüro Baupläne riesiger unterirdischer Produktionshallen für die Rüstungsindustrie, später auch für den Flugzeugbau. Das junge Personal dieses Büros setzte sich aus Ingenieuren und Studenten polnischer technischer Hochschulen zusammen: Czesław Łęski, Willy Drozd, Stefan Zbylicki, Jerzy Lewandowski sowie einem Serben namens Svetislav Vučković.

Die sogenannte Bauleitung mit dem Baubüro, dem technischen Büro und dem Betriebsbüro war für die Durchführung aller Ausbauprojekte zuständig. An ihrer Spitze standen die Oscha. Wilhelm Wirth und Ing. Wilhelm Seidler. Die Bauleitung war eine komplexe Institution, die viele wichtige Aufgaben erfüllte: Sie beaufsichtigte die Arbeit der Vermesser, des Werkzeugmagazins, der Materialbuchhaltung, des Holzplatzes und vieles mehr. An allen Schlüsselpositionen waren dort Polen beschäftigt: Ing. Teodor Bursche, Tadeusz Unkiewicz, Roman Miądowicz, Jan Sroka, Marian Grzeszczyk (Bauwesen, Zeichnerraum); Michał Stein, Tadeusz Olszewski (Buchhaltung); Grzegorz Timofiejew (Karteiführung) und Czesław Darkowski (Holzplatz). Einige Funktionen oblagen tschechischen Häftlingen: Alois Hlavač, Karel Malina, Dr. Pavel Havlik, Karel Benda, R. Habřina und Franta Pokorny. Bei der Errichtung der Stollen „Kellerbau" und „Bergkristall" waren die Vermessergruppen unter Ing. Mieczysław Kwaśniewicz und Bauingenieur Stanisław Borowski tätig.

Bei der Lagerleitung gab es eine Häftlingseigentumsverwaltung (HEV), der die Effektenkammer unterstellt war. In der Effektenkammer wurden alle Habseligkeiten, die die Häftlinge bei der Festnahme mithatten, sowie Kleidungsstücke und Gegenstände des persönlichen Gebrauchs, die von den Familien geschickt, aber den Empfängern nicht ausgefolgt worden waren, aufbewahrt. Auch hier arbeiteten Polen: Henryk Bachtig und Antoni Małecki als Kapos und Jan Bianga im Büro.

Das in der Effektenkammer gelagerte Sachvermögen war angesichts der wachsenden Häftlingszahl und der Massensterblichkeit zusehends schwerer zu verwalten. Es steht außer Zweifel, dass dieses Vermögen von Anfang an das Interesse von SS-Führern und Funktionshäftlingen weckte. Es gab ständige Sichtungen der „Effekten"; die wertvollen Gegenstände wurden entwendet, kostbare Pelze und Anzüge für die Mitglieder der Lagerleitung umgearbeitet. Aus der Effektenkammer brachte man aber auch heimlich warme Pullover, Schals, Handschuhe, Schuhe und Wäsche ins Lager, von dort stammten auch die meisten Musikinstrumente des Lagerorchesters.

Das Eigentum der Verstorbenen wurde in den Jahren 1940-1942 noch ihren Familien übersandt, in den Folgejahren wurde es jedoch konfisziert und an die vom WVHA genannten Stellen übermittelt.

Im Depot der HEV waren auch beträchtliche Geldbeträge gelagert. Das Geld war den Häftlingen bei ihrer Festnahme abgenommen oder von ihren Familien für den Einkauf in der sogenannten Kantine angewiesen worden. Die Lagerleitung holte sich aus diesem Depot Geld, um die Ausstattung der Lagerbüros, des Führer- und des Unterführerheims sowie die Ausrüstung für manche lagerinternen Kommandos anzukaufen, um das Lagerbordell zu errichten, um diverse nicht ganz astreine Ausgaben zu decken, einschließlich der Kosten für Saufgelage des Lagerführers.

Józef Żmij, ein polnischer Häftling, der größte Kenner der Verhältnisse in der Lagerleitung, schätzt die Gesamthöhe der den Häftlingen konfiszierten und an die Sparkasse Mauthausen übermittelten Beträge auf 3.500.000 – 4.500.000,- RM.[138] Es waren Einlagen vornehmlich polnischer, in Gusen verstorbener Häftlinge.

Die Politische Abteilung

Der Politischen Abteilung kam eine besondere Funktion zu. Sie war eine Niederlassung der Gestapo bzw. Kripo im Lager und untersuchte politische und kriminelle Straftaten, die den Häftlingen angelastet wurden. Die Abteilung verfügte Erschießungen aufgrund von Gestapo-Urteilen, verfolgte die Geflüchteten, erledigte die Freilassungen und Übernahmen in die Wehrmacht bzw. in das SS-Sonderkommando Dirlewanger, führte kriminalistische Ermittlungen durch, verhörte politische Häftlinge und wickelte alle Formalitäten bei der Unterzeichnung der Volksliste ab.

In der Politischen Abteilung durften keine Häftlinge beschäftigt werden. SS-Führer Struhler und Habenichts umgingen dieses Verbot, da sie Häftlinge als Reiniger anforderten und sie Büroarbeiten, wie Aktenordnen, Zusammenstellung der Transportlisten, Schriftverkehr über die entlassenen und verstorbenen Häftlinge u. ä. ausführen ließen. Die in der Politischen Abteilung Beschäftigten dienten als Dolmetscher bei Vernehmungen von Häftlingen, die noch vor ihrer Einweisung ins Lager in Straftaten verwickelt waren, wie etwa illegalen Handel, Manipulationen mit den Lebensmittelkarten, Raufhandel.

In der Politischen Abteilung arbeiteten auch Polen: Jan Boehm, Antoni Balcer und Jan Kaizer, die 1940 aus dem Lager entlassen wurden, sowie – im Jahre 1943 – Jan Bursche und Otto Chromik (beide im Lager verstorben), Oswald Burdak, Stefan Józefowicz und Marceli Wyrwiński. Nach 1943 kam ein Belgier – Lucien Vanherle – dazu. Ihre Tätigkeit dort war für die Widerstandsbewegung sehr wichtig: Sie nutzten ihren Zugang zu den Akten, um belastende Dokumente von Häftlingen zu entfernen. Damit retteten sie viele Personen vor der Verfolgung.

In der Politischen Abteilung wirkten auch viele Lagerdolmetscher – am häufigsten Stanisław Nogaj und Kazimierz Odrobny – der vierzehn Sprachen beherrschte.

Mitte Januar 1945 wurden alle in der Politischen Abteilung beschäftigten Häftlinge in die Steyr-Rüstungsbetriebe eingewiesen. Ihre früheren Aufgaben übernahmen evakuierte deutsche Frauen aus den bombardierten deutschen Städten.

Die Poststelle

Eine besondere politische Rolle fiel der lagereigenen Poststelle, auch Zensurpoststelle genannt, zu. Sie war für die Kontrolle der Pakete sowie des Briefverkehrs zwischen den Häftlingen und ihren Familien zuständig. Ihr Leiter war Hstf. Wilhelm Grill (polnisch. „Suchołapka" genannt, was soviel heißt wie „Dürrpfötchen"). Er war zwar an geltende Vorschriften gebunden, befolgte sie jedoch nach eigenem Gutdünken. Die Vorschriften besagten, wie folgt:

„*1. Jeder Schutzhaftgefangene darf im Monat zwei Briefe oder zwei Karten von seinen Angehörigen empfangen und an sie absenden. Die Briefe an die Gefangenen müssen gut lesbar mit Tinte geschrieben sein und dürfen nur 15 Zeilen auf einer Seite enthalten. Gestattet ist nur ein Briefbogen normaler Größe. Briefumschläge müssen ungefüttert sein, in einem Brief dürfen nur 5 Briefmarken à 12 Pf. beigelegt werden. Alles andere ist verboten und unterliegt der Beschlagnahme. Postkarten haben 10 Zeilen. Lichtbilder dürfen als Postkarten nicht verwendet werden.*

2. Geldsendungen sind gestattet.

3. Zu beachten ist, dass die Adresse, bestehend aus Namen, Geburtsdatum und Häftlingsnummer, auf den Geld- und Briefsendungen angegeben wird. Bei fehlerhaften Adressenangaben wird die Sendung zurückgeschickt oder vernichtet.

4. Zeitungen sind gestattet, dürfen aber nur durch die Poststelle des K. L. Mauthausen bestellt werden.

5. Pakete dürfen nicht geschickt werden, da die Gefangenen im Lager alles kaufen können. [Ab 1943 wurde diese Vorschrift geändert und es hieß: „Pakete dürfen an die Häftlinge in uneingeschränkter Zahl geschickt werden."; Anm.]

6. Entlassungsgesuche aus der Schutzhaft an die Lagerleitung sind zwecklos.

7. Sprecherlaubnis und Besuche von Gefangenen im Konzentrations-Lager sind grundsätzlich nicht gestattet."

Die Poststelle war eine lagerinterne Einrichtung. Ihre Rolle im Lagersystem war es, durch die strenge Handhabung der Zensur, die Isolierung der Häftlinge noch zu vertiefen. An die Familien wurden nur Nachrichten mit vorgegebenen Floskeln weitergeleitet: „Ich bin gesund, mir geht es gut." Diese Formulierung war selbst für Schwerkranke und Sterbende verpflichtend. Die gezielt falschen Informationen erfüllten anfänglich ihren Zweck, besonders in den ersten zwei Jahren des Lagerbestehens, bevor die ersten Entlassenen über die wirkliche Situation im Lager berichten konnten und die zahlreichen Todesnachrichten den falschen Vorstellungen über das „Gutgehen" ein Ende setzten.

Die SS-Männer in der Poststelle betrachteten die aus Polen eintreffende Korrespondenz mit Argwohn. Alles, was über die Schilderungen des alltäglichen Familienlebens hinausging, machten sie mit Tusche unleserlich oder schnitten es aus. Falls mehrere verdächtige Formulierungen vorlagen, vernichteten sie den ganzen Brief, beigelegte Fotos oder Zeitungsausschnitte entfernten sie. Bei etwaigen Unklarheiten in der Korrespondenz wurden die Häftlinge schikaniert und geschlagen.

In der Poststelle führten Häftlinge nur zweitrangige Tätigkeiten aus: Sie sortierten und verschickten Briefe und führten die Korrespondenzkarteien.

Briefe und Lebensmittelpakete erhielten Häftlinge aus den vom Dritten Reich besetzten Ländern, mit Ausnahme der Sowjetunion, Norditalien (ab 1943) und Spanien. Auch die französischen und belgischen Häftlinge aus der Aktion „Nacht und Nebel"[i] durften keine Pakete erhalten.

Die in der Poststelle beschäftigten SS-Führer entwendeten im Einvernehmen mit dem Postleiter die besseren Sachen aus den Paketen. Die gestohlenen Wurstwaren, Fett, Gebäck und Zigaretten teilten sie mit den SS-Führern aus der Lagerleitung. Die tägliche Ausbeute betrug an die 20 kg.[139] Anfangs versuchten Häftlinge, die beim „Ausweiden" der Pakete

---

i   Die „Aktion Nacht und Nebel" basiert auf einem Erlass Wilhelm Keitels von Dezember 1941, welcher wiederum auf einen Befehl Hitlers zurückgeht. Der Erlass sah vor, dass des Widerstands verdächtige Personen aus den besetzten Gebieten, deren gerichtliche Verurteilung nicht gesichert war, heimlich nach Deutschland deportiert und dort von einem Sondergericht zum Tode verurteilt oder in ein KZ eingewiesen werden sollten. Der Verbleib der im Rahmen dieser Aktion verschleppten Personen sollte aus Gründen der Einschüchterung geheim bleiben, weshalb den in ein KZ eingewiesenen Gefangenen jeglicher Kontakt zur Außenwelt untersagt blieb. (Vgl.: Enzyklopädie des Nationalsozialismus, S. 595)

mitmachen mussten, Diebstähle zu verhindern. Später rekrutierte der Postleiter für diese Arbeit deutsche Kriminelle und ähnlich eingestellte Polen, die bereitwillig mitmachten. Zu ihren Aufgaben gehörte auch der Abtransport der gestohlenen Produkte durch das Jourhaus-Tor in das Lokal der NSDAP. Die Sachen waren unter Altpapier versteckt, damit ein SS-Führer, der in den Diebstahl nicht eingeweiht und an der Verteilung der Beute nicht beteiligt war, sie nicht entdecken konnte.

Die Einrichtungen der Häftlingsversorgung

Die wichtigsten lagerinternen Einrichtungen der Häftlingsversorgung waren jene für Verpflegung, Bekleidung und die Gesundheitsfürsorge. In den Jahren 1940-1943, selbst in den Zeiten mit geringeren Neuzugängen, glich das Lager einer Kleinstadt mit 5.000-7.000 Einwohnern. Ihre Verpflegung war ein schwer lösbares Problem, besonders beim kriegsbedingten System der Lebensmittelrationierung.

Die Verpflegungsverwaltung in Gusen leiteten SS-Führer, auch dort arbeiteten Häftlinge. Die Verpflegungsverwaltung bestellte bei Lieferanten, meist aus den umliegenden Kleinstädten und Dörfern, die Lebensmittel. Fast von Anfang an versorgte auch der Schwiegervater von Helmuth Kluge das Lager – seine Protektion durch die Lagerleitung sicherte ihm trotz all seiner Betrügereien Straffreiheit. Er lieferte halbverfaulte Kartoffeln, Steckrüben und Kraut, Pferde- oder Rindfleisch schlechtester Qualität, maschinell gemähten Spinat, der oft durch das lange Liegen angefault war. Selbst von diesen Lieferungen wurden Produkte, insbesondere Fleisch, für die Küche und Kantine der SS-Führer und -Unterführer abgezweigt.

Der Verpflegungsverwaltung unterstanden ein Brot- und ein Lebensmittelmagazin, große Kartoffelmieten und die Lagergärtnerei, die eine zusätzliche Verpflegungsquelle für die SS-Mannschaft waren. Die SS-Führer bedienten sich oft aus den Fettrationen (Margarine) der Häftlinge. An deutschen Feiertagen und zur Faschingszeit wurden 2 oder 3 Kartons Margarine für das Braten von Kartoffelpuffern abgezweigt. In der darauffolgenden Woche wurden die Häftlingsrationen um die gestohlene Menge gekürzt.

Die Gärtnerei sollte Gemüse für den Lagerbedarf liefern. Es wurden dort Blumen, einige Gemüsesorten und Salat angebaut. Der Arbeitseinsatzführer Ludwig Füssl verwendete die Ernte meist für sich selbst und für befreundete SS-Führer.

Ihre Vorräte mussten die Häftlinge auch mit der Zivilbevölkerung Oberösterreichs teilen. 1944 verlangte der Gauleiter von Oberdonau, August Eigruber, vom Kommandanten von Mauthausen, dass 50% der für den Winter eingelagerten Kartoffeln abgetreten würden.[140] Daher herrschte im Frühjahr 1945 im Lager Hunger.

Die sogenannte Kantine sollte eine Aufbesserung der Lagerkost ermöglichen. Bereits auf den Briefvordrucken für Häftlinge war die Information angebracht, dass „die Gefangenen im Lager alles kaufen können." In der Kantine sollten Häftlinge auch ihre Prämienscheine einlösen.

Auch hier wurden die Häftlinge ausgebeutet. Mit dem Geld aus den Häftlingsdepots wurden im Jahr 1940 mehrmals Einkäufe von Industriewaren getätigt, die im Lager überflüssig oder sogar unzulässig waren: Hunderte Liter Tinte, Schreibpapier, Papierblocks, Schreibfedern, Schnupf- und Kautabak, Schuhpaste, Schuh- und Kleiderbürsten, einige Flakons Mundwasser, Spiegel und einige Uhren. Einige von diesen Artikeln wurden an deutsche Funktionäre verteilt, die Kosten hierfür mussten Häftlinge tragen.

1941 tauchten ungenießbare eingelegte rote Rüben und Sauerkraut sowie Zigaretten und Tabak zum ersten Mal in der Kantine auf, später kamen verschiedenartige von den Deutschen konzipierte Ersatzartikel hinzu, wie z. B. Wurst aus Kraut und Karotten bzw. Steckrüben, ab und zu auch Dörrzwetschken, Schneckenkonserven und übel riechende Meerkrabben. Nur die ganz vom Hunger Ausgezehrten aßen diesen Fraß, meist mit tragischen Folgen für ihre Gesundheit.

Häftlinge, die Geldkonten im Depot hatten, durften in der Kantine einkaufen, die Mengen der Lebensmittel und Tabakwaren, die sie beziehen durften, wurden tageweise festgesetzt. Der Ankauf erfolgte über den Blockschreiber.

Durch die Existenz der Kantine verschafften sich die Funktionshäftlinge zusätzliche Privilegien. Der Blockschreiber war angewiesen, von den gekauften Zigaretten einige für den Block- und den Stubenältesten abzuzweigen. Er ließ zuweilen Geld von den Häftlingdepots auf die Konten von Funktionären übertragen. Zum Schein wurden folgende Gründe angegeben: Anstreichen des Blocks, Ungezieferv ernichtung, Einkauf des Heizmaterials für den Blockofen.

Die finanziellen Machenschaften der Lagerleitung sind nicht erforscht. Wie viel die Lagerleitung allein an Zigaretten verdienen konnte, kann anhand der Kantinenpreisliste ermittelt werden: für 1 RM erhielt ein Häftling 10 Zigaretten der Marke „Juno" – laut dem aufgedruckten Preis sollte man für 1 RM aber 25 Zigaretten bekommen.

Nach Berechnungen von Józef Żmij betrug der Jahresumsatz der Kantine 2.500.000 RM, in den letzten Jahren sogar bis zu 4.000.000 RM.[141] Dabei wurden um diese Beträge nicht Artikel gekauft, die für die Häftlinge bestimmt waren, sondern hauptsächlich Zigaretten und Alkohol für die Lagerleitung. Es gab eine gemeinsame Buchhaltung für die Häftlings- und die SS-Kantine, dadurch waren Betrügereien an Häftlingen keine Grenzen gesetzt. Der Kantinenführer reduzierte die Preise für die SS-Führer und SS-Männer, die Differenz schlug er auf die Preise der Häftlingswaren auf. Selbst die penibelste Kontrolle wäre nicht imstande gewesen, diese Betrügereien aufzudecken, weil sowohl die Warenkartei als auch die Bücher tadellos geführt waren. Die in der Kantine arbeitenden, ausschließlich deutschen Häftlinge wussten jedoch davon und machten ebenfalls krumme Geschäfte auf eigene Faust. Alle aufeinanderfolgenden Kantinenarbeiter (Hallen, Zisler, Gerken und andere) hatten eine starke Position im Lager, sie waren sozusagen die Bankiers der Funktionshäftlinge. Sie verborgten nicht nur Zigaretten, die Lagerwährung, sondern auch Geld, und schmuggelten Alkohol ins Lager.

Kleidung, Wäsche und Schuhe wurden den Häftlingen aus der Bekleidungskammer ausgegeben. Es gab nicht genug gestreifte Lagerkleidung, so dass die meisten Häftlinge Uniformen aus den deutschen, französischen und jugoslawischen Altbeständen erhielten, meist abgetragene Militärkleidung (bis auf die jugoslawischen Uniformen). Zum Lagerregime gehörten auch Schikanen der Blockältesten bei der Zuteilung von Kleidung, Kopfbedeckungen und Wäsche, besonders für ältere und gebildete Häftlinge, die an Größe und Form unpassende Bekleidung erhielten. In Gusen II wurde die Wäsche monatelang nicht gewechselt, gegen Kriegsende gab es überhaupt keine mehr, auch keine Socken und Handschuhe.

Am schlimmsten waren die Schikanen bei der Schuhzuteilung. Die für die Bewegungsart im Lager ungeeigneten Holzschuhe verursachten beim Laufschritt Abschürfungen und Fußwunden, die zu tödlichen Phlegmonen führten. Die Holzschuhe schränkten auch die Bewegungsfreiheit ein, was viele Häftlinge, die 1940-1941 eingeliefert wurden, mit ihrer Gesundheit oder mit ihrem Leben bezahlten.

In einem kleinen Gebäude neben der Küche befanden sich Wäscherei und Entlausungskammer, wo ausschließlich Häftlinge arbeiteten. Die

Kapazität dieser Einrichtungen war für 7.000 Häftlinge berechnet, so dass sie ab der zweiten Hälfte 1944, als der Lagerstand 20.000 Personen überstieg, nicht mehr ausreichte. Die Verschlechterung der bereits ohnehin katastrophalen sanitären Verhältnisse, zu der auch die abgetragene Kleidung, Überbelegung der Blocks und wütende Epidemien beitrugen, führte zu einer immer höheren Sterblichkeit.

Als Kultureinrichtungen im Lager waren Bibliothek, „Theater" und Kino gedacht.

Die Bibliothek bestand aus 760 Büchern in deutscher Sprache, die von der Lagerleitung aus den Depotgeldern gekauft wurden. Fast die Hälfte aller Bücher bestand aus politischer Literatur, angeführt von Hitlers „Mein Kampf", sowie Schriften über den Siegeszug der Wehrmacht (z. B. „Der Feldzug in Polen", „Soldaten-Kameraden", „Eine braune Armee marschiert"). Die übrigen Bücher waren meist Romane, zum Großteil Krimis oder pornographische Erzählungen, die meistgefragte Lektüre der deutschsprachigen Funktionshäftlinge in ihrer arbeitsfreien Zeit. Es gab auch einige wenige wissenschaftliche Titel und Sachbücher.[142]

Das Kino befand sich in der SS-Unterkunft. 1944 wurden manche Häftlinge, die bei den Steyr-Rüstungsbetrieben arbeiteten, ins SS-Kino geführt. Man zeigte Filmchroniken, Kriegsfilme oder nur Ausschnitte davon, vor allem die militärischen Siegesparaden vor Adolf Hitler. Es gab einige Vorführungen, so dass manche Häftlinge während ihrer mehrjährigen Lagerhaft zwei oder drei Mal im Kino waren.

Das „Theater" dagegen entstand Anfang 1943 auf dem Dachboden von Block 6, als legale lagerinterne Institution. Es wurde auf Betreiben der deutschen Funktionshäftlinge, hauptsächlich des Lagerschreibers Adolf Jahnke, gegründet. Auf einem hohen Podium errichtete man eine Bühne, für Dekorationen sorgten einige Kunstmaler unter den polnischen Häftlingen.

In der Weihnachtszeit wurden verschiedene Kabarettvorstellungen gezeigt. Das Programm umfasste deutsche und spanische Lieder, vorgeführt von Polen und Spaniern, deutschsprachige meist pornographische oder antiklerikale Sketches und vulgäre Monologe. Aus der Erinnerung stammende Motive wurden von Lagerliteraten umgedichtet. Die Vorstellungen besuchten vornehmlich Deutsche, Funktionshäftlinge und die Mädchen aus dem Häftlingsbordell. Der Eintritt kostete 10 Zigaretten für vordere und 5 für hintere Reihen. Dies war ein für die meisten Häftlinge unerschwinglicher Luxus – der Gegenwert von einem Laib Brot.

Die Vorführungen des Lagertheaters besuchten auch oft Mitglieder der Gusener Lagerleitung und sogar der Mauthausener Kommandantur. Sie zeigten damit, dass sie mit der „Lagerelite" gemeinsame Interessen hatten und ihre „kulturellen" Errungenschaften zu schätzen wussten.

Das Theater war als Belohnung für Funktionshäftlinge gedacht, die sich besonders bei der Steigerung der Arbeitsleistung verdient gemacht hatten. Eine ähnliche Rolle kam dem 1942 gegründeten Lagerbordell, dem Puff, zu. Heinrich Himmler verfügte anlässlich seiner Lagerbesichtigung 1942 die Errichtung eines kleinen Gebäudes, des sogenannten Sonderbaus. Anfang November 1942 wurden 10 weibliche Häftlinge aus dem Lager Ravensbrück dorthin gebracht. Die Frauen hatten sich angeblich freiwillig gemeldet: Es wurde ihnen zugesichert, dass sie nach einigen Monaten eines solchen „Dienstes" freigelassen würden. Es waren meist Deutsche, in jeder der drei nacheinander nach Gusen überstellten Frauengruppen gab es jedoch auch Französinnen und Polinnen. Im Lager herrschte die Meinung, sie wären durch Anordnungen der Kommandanten von Ravensbrück zu diesem Dienst gezwungen worden.[i]

Der Puff sollte einen Anreiz zur Steigerung der Arbeitsleistung bieten. Die Anordnung Oswald Pohls vom 15. Mai 1943 sah die Gewährung verschiedener Vergünstigungen für Häftlinge vor, die sich „durch Fleiß, Umsichtigkeit, gute Führung und besondere Arbeitsleistung" ausgezeichnet hatten; darunter war auch unter Punkt 5 „Bordellbesuch" angeführt. Tatsächlich war dies eine Belohnung für eifrige Kapos und Vorarbeiter dafür, dass sie alles aus den Häftlingen herausholten.

Der Puff sollte auch die Homosexualität im Lager eindämmen, was – wenn auch in eingeschränktem Umfang – erreicht wurde. Das Lagerbor-

---

[i] Die für das Lagerbordell vorgesehenen Frauen wurden in Ravensbrück mit dem Versprechen rekrutiert, sie würden nach sechsmonatiger Sex-Zwangsarbeit aus dem Lager entlassen – was jedoch praktisch nie eingelöst wurde. Stattdessen wurden die Frauen nach sechs bis acht Monaten nach Ravensbrück rücküberstellt, wo sie danach häufig als „asozial" kategorisiert wurden, was ihre weiteren Überlebenschancen zusätzlich minderte. Gegen Kriegsende wurden die Sex-Zwangsarbeiterinnen ohne jegliche Versprechungen bei den Appellen rekrutiert. (Vgl.: Baris Alakus et al. [Hg.]: Sex-Zwangsarbeit in nationalsozialistischen Konzentrationslagern. Wien: 2006, S. 143-153; zum Thema der Sex-Zwangsarbeit in KZ-Bordellen siehe auch: Christa Paul: Zwangsprostitution. Staatlich errichtete Bordelle im Nationalsozialismus. Berlin: 1994.)

dell wurde von den meisten deutschen Funktionshäftlingen sowie einigen Polen und Spaniern frequentiert. Der Besuch kostete 2 RM, die von dem Depotkonto des betreffenden Häftlings abgezogen wurden. Dem WVHA brachte der Puff Gewinne. Von den 2 RM Eintrittsgebühr erhielten die Frauen lediglich 50 Pfennig, der Rest wurde an die SS-Zentrale abgeführt. Während des gesamten Bestehens des Bordells Gusen verdiente die SS daran ca. 130.000 RM.

Diese Einrichtung demoralisierte aber auch die Funktionäre. Das Lagerbordell lenkte zwar ihre Aufmerksamkeit von den Häftlingen ab, was eine gewisse Liberalisierung des Regimes in vielen Blocks nach sich zog. Die Kapos und Blockältesten, die eifrigsten Bordellbesucher, überboten einander jedoch an Geschenken für die Lagerprostituierten, wozu sie Geld oder Zigaretten brauchten. Dies trug manchmal zur erhöhten Ausbeutung der Häftlinge bei, denen die Funktionäre Geld abnahmen oder die Ausführung von kunstvollen Geschenken (Schnitzereien, Bildern, Nippes) und sogar das Nähen von Damenwäsche auftrugen.

Die Einrichtungen der Massenvernichtung

In den Invalidenblocks, den Waschräumen und im Krankenrevier wurden Häftlinge massenweise umgebracht.

Im Invalidenblock sollten die arbeitsunfähigen Häftlinge wieder zu Kräften kommen. Als dieser Block im April 1941 auf Anordnung des RSHA errichtet worden war, hieß es, dass Häftlinge, die im Lager ihre Kräfte verloren und ihre Gesundheit eingebüßt hatten, nach einem kurzen Zwischenaufenthalt im Invalidenblock in das zu einem Erholungslager umfunktionierte KZ Dachau bzw. nach Bad Ischl und in andere „Sanatorien" überstellt würden. In Gusen selektierte man ca. 2.000 Invalide. Sie wurden zunächst in den Blocks 17 und 23, später in den Blocks 20, 21, 22 oder 23 untergebracht und arbeitsfrei gestellt. Ihre täglichen Essensrationen wurden um die Hälfte gekürzt, also auf ca. 600 bis 800 Kalorien pro Tag.

Kurz danach wurde ein Teil der Selektierten nach Hartheim gebracht und dort vergast. Dieses Schicksal sollte auch allen anderen Invaliden zuteil werden. Da die Anstalt Hartheim in der zweiten Hälfte des Jahres 1941 für andere Zwecke benötigt wurde, brachte man die Invaliden nach und nach durch Totbadeaktionen um. Nach der Einstellung der Totbadeaktionen wurden die noch übrig gebliebenen Invaliden 1942 wieder nach Hartheim gebracht.

Ab Juli 1941 diente auch Block 32 als Invalidenunterkunft. Er lag am Rand des Lagers, zusammen mit den Revierblocks vom übrigen Lager abgetrennt. Dieser Block wurde ironisch „Genesungsblock" genannt. Kranke Häftlinge, bei denen eine Besserung nicht zu erwarten war, ließ der SS-Lagerarzt in den Invalidenblock verlegen. Er wollte also diese Häftlinge nicht selbst totspritzen, sondern überließ ihre Tötung dem Blockältesten und dem Blockpersonal.

Als im Lager die ganze Wahrheit über das „Erholungslager Dachau" und "Sanatorium Bad Ischl" bekannt wurde, begannen die SS-Führer und Funktionshäftlinge bei den Lagerinsassen Abneigung gegen die Invaliden zu schüren. Sie bezeichneten sie als unnütze Fresser, deren Verpflegung das Lagerbudget belastete und die den arbeitenden Häftlingen zustehende Essensrationen vertilgten. Ein Invalide wurde allgemein „Kretin" und „Muselmann" beschimpft. Im Vokabular der Blockältesten und SS-Führer gab es Begriffe wie „Ofenfutter" und „Kaminfeger" sowie „Arbeitssaboteur."

SS-Führer und Funktionäre zeigten offen ihre Verachtung gegenüber einem ausgezehrten Häftling, Verwunderung darüber, dass er noch am Leben ist, Abscheu vor seiner elenden Erscheinung und seiner Hilflosigkeit. Von Mitgefühl für Schwache und Leidende war keine Rede. Gehör fanden dagegen Argumente für Euthanasie, die den ohnehin zum Tode verurteilten unheilbar Kranken und Entkräfteten viel Leid ersparen könnte.

Der Invalidenblock 32 war 1942-1945 für todgeweihte, meist von Krankheiten ausgezehrte Häftlinge, bestimmt. Die dorthin verlegten Kranken erhielten gekürzte oder gar keine Essensrationen. Ihre Kleidung wurde ihnen abgenommen, sie lagen nackt auf dem Boden oder auf einem schmutzigen Lager, ihre Körper wurden mit Wasser aus einem Gummischlauch oder mit Reisbürsten gereinigt. War die Zahl der Invaliden zu hoch, wurden sie vom Blockältesten Karl Schrögler und seinem Gehilfen Sepp mit Stöcken traktiert. Die Sterbenden und Toten wurden vor den Block geworfen. Die Invaliden wurden auch in einem Vergasungswagen getötet. Am 2. März 1942 wurden 300 Invalide in diesem Block bei einer Lagerdesinfektion vergast. 1944 gingen auch mehrere Invalidentransporte nach Hartheim ab.

Die meisten Massenmorde in Gusen fanden in der Duschanlage und im Revier statt. Diese Einrichtungen, die scheinbar der Gesundheit der Häftlinge dienten, wurden wie viele andere Lagereinrichtungen für Tötungsaktionen missbraucht.

Die Duschanlage entstand an der Stelle der Waschräume und Aborte zwischen den nebeneinander liegenden Blocks 19 und 20 in der dritten, und den Blocks 27 und 28 in der vierten Reihe. Die große viereckige Fläche, zunächst nur mit Betonboden und Duschen ausgestattet, später von einer 60 cm hohen Betonwand umgeben und schließlich mit Holzplatten abgeschirmt und überdacht, sollte anfangs größeren Häftlingsgruppen das Duschen ermöglichen. Da es zu Beginn keine Einrichtungen für Warmwasseraufbereitung gab, duschten die Häftlinge mit eiskaltem Wasser aus einer nahen Bergquelle. Das Duschen war Pflicht, ungeachtet der Jahreszeit, Witterung und Lufttemperatur. Am Samstag Abend und in der Nacht wurden Häftlinge blockweise, nackt und barfuß, meist zu zeitig, zur Duschanlage geführt. Das lange Warten vor der Anlage, die eiskalte Dusche, anschließendes Aufstellen und der Marsch im Gleichschritt bewirkten bei den unterkühlten, nassen Häftlingen ebenso viele Todesfälle infolge von Lungen- und Nierenentzündungen, wie Hunger und Prügel während der Arbeit. Nur ein ganz Abgehärteter konnte eine solche Prozedur ohne Schaden überstehen.

Im Sommer 1941, als die Transporte von Invaliden zur Vergasung nach Hartheim unterbrochen wurden, schlug Hscha. Heinz Jentzsch dem Lagerführer Chmielewski vor, in der Duschanlage Totbadeaktionen für Invalide, Tbc-Kranke und Juden durchzuführen. Zu diesem Zweck versah man die Duschanlage mit einer niedrigen Wand und die Wasserabflüsse mit Sperrventilen.

Die Invaliden aus einem bestimmten Block wurden meist zweimal nacheinander „gebadet": nach dem Abendessen und nach dem Signal zur Nachtruhe. Chmielewski, Brust oder Jentzsch legten fest, welcher Invalidenblock an einem bestimmten Abend „gebadet" werden sollte, bestellten eine große, meist 20 Personen zählende Gruppe von Blockältesten und Kapos zur Beaufsichtigung und übernahmen in Begleitung des Blockführers des betreffenden Blocks das Kommando. Die nackten Invaliden wurden in die Anlage getrieben, wo sie unter der eiskalten Dusche mindestens eine halbe Stunde bleiben mussten. Der Wasserpegel im Becken stieg allmählich an, anfangs knöchel-, später kniehoch. Die Schwächeren hielten die Kälte nicht mehr aus und brachen zusammen. Die mit Stöcken bewaffneten Kapos drängten Fliehende zurück. Jentzsch, manchmal auch Fassler und Kluge sowie einige Blockführer griffen zu den bereitliegenden Wasserschläuchen und warfen die sich am Rand Befindenden mit einem kräftigen Wasserstrahl um.

Das neuerliche Baden dauerte noch länger, es gab noch mehr Opfer. An manchen Tagen brachte man von der Duschanlage bis zu 94 Leichen ins Krematorium.[143]

Aus Angst vor dieser Folter warfen sich manchmal mehrere Invaliden täglich auf die Starkstromdrähte. In den Gusener Totenbüchern gibt es in der Zeit der Totbadeaktionen mindestens 60 Eintragungen über Selbstmörder.

In der Duschanlage wurden 1943 massenweise Muselmänner in Fässern ertränkt. Auf Anordnung des Lagerführers und unter Aufsicht der gefährlichsten Lagerbanditen wurden die Blockschreiber zum Morden angehalten.[144]

Eine besondere Rolle im Leben der Gusener Häftlinge spielte das lagereigene Krankenhaus, das Revier. Bei der Planung des Lagers war keine solche Einrichtung, geschweige denn ein Lagerarzt, vorgesehen. Die ersten Fälle von Flecktyphus (am 5. Juli 1941) und eine drohende Epidemie, die leicht auf die SS-Unterkünfte und die umliegenden Orte übergreifen konnte, zwangen jedoch die Lagerleitung zur Errichtung eines Krankenhauses innerhalb des Lagers. Das Revier war in fünf nebeneinander stehenden Baracken untergebracht: 27, 28, 29, 30 und 31. Sie wurden vom übrigen Lager mit Stacheldraht abgetrennt; das Personal und die Patienten betraten das Gelände über ein Tor. In Block 27 war die chirurgische Abteilung. In einer Stube lagen Patienten mit Verletzungen, in der anderen die Operierten. In Block 28 waren eine Zahnambulanz mit Behandlungszimmer und Zahnersatzlabor, ein Röntgen- und ein Physiotherapieraum untergebracht. In einem Flügel dieses Blocks befand sich ursprünglich das Prosektorium, die sog. Pathologische Abteilung. In diesem Block wurden auch ein Operationssaal samt Vorbereitungsraum und eine Apotheke eingerichtet.

Beide Blocks waren durch einen breiten Gang verbunden, der als eine Art Behandlungsraum diente. In diesem Gang haben SS-Ärzte eine größere Anzahl von Kranken totgespritzt. Die Blocks 27 und 28 waren ein Vorzeigeteil des Reviers, den man Sanitärkommissionen des WVHA, des Standortarztes und des Deutschen Roten Kreuzes vorführte. Daher lagen hier die Kranken in Eisenbetten mit sauberer Bettwäsche.

Die Blocks 29, 30 und 31 bildeten eine Abteilung für innere Krankheiten. In Block 29 war eine Stube für Tbc-Kranke bestimmt, die zweite für alle anderen internistischen Fälle bis auf Durchfälle und Hungerödeme. Ein abgetrennter Teil der Tbc-Krankenstube war den unheilbar

Kranken vorbehalten – er wurde im Lagerjargon „Zakopane" [bekannter polnischer Erholungsort für Tbc-Kranke – Anm. d. Übers.) oder „Bahnhof" genannt. Die in den „Bahnhof" verlegten Kranken erhielten kein Essen mehr – sie starben vor Hunger und Erschöpfung. In den Blocks 30 und 31 lagen die Kranken mit Durchfall, Hungerödemen und Phlegmonen. Ähnlich wie in Block 29 war in Block 31 die Stube B für Schwerkranke vorgesehen, denen man keine Pflege mehr zuteil werden ließ. Von dort wurden sie in den Invalidenblock verlegt. Der Zutritt zu den internistischen Blocks war allen bis auf das Revierpersonal strengstens verboten. Es gab dort 3-stöckige Holzpritschen mit Strohsäcken und Decken aber ohne Bettwäsche. Auf einer Pritsche lagen zwei bis drei Kranke.

Die Revierräumlichkeiten reichten für ca. 400 Patienten aus; sie waren unvorstellbar überbelegt. Zuweilen überstieg die Anzahl der Kranken 1.500, manchmal erreichte sie sogar 2.000. Massentötungen mit Spritzen oder Knüppeln (in Block 31), Transporte nach Hartheim, 1945 zeitweise auch ins Krankenlager Mauthausen, ließen die Krankenanzahl unter 1.500 sinken.

Im Revier der sowjetischen Kriegsgefangenen, das von Oktober 1941 bis März 1942 in den Blocks 13 und 16 bestand, sowie in Gusen II, wo zunächst ein und dann zwei Blocks (13 und 16) für Kranke bestimmt waren, herrschten ähnliche Zustände wie zu Beginn in Gusen I. Die Schwerkranken von Gusen II wurden ins Krankenrevier Gusen I verlegt.

Bald nach der Gründung des Reviers begriffen die Häftlinge, dass die Ärzte, statt Leben zu retten, die Patienten umbrachten. Die ersten Todesfälle durch die von Dr. Krieger verabreichten Spritzen wurden am 9. August 1940 registriert, die nächste große Tötungsaktion an polnischen Häftlingen fand am 18. September desselben Jahres statt. Ab diesem Zeitpunkt wurden ausgesonderte Kranke mit Herzinjektionen von Phenol, Benzin oder Wasserstoffsuperoxyd-Lösung umgebracht.[145] Ähnliche Praktiken betrieben auch SS-Unterführer in der Funktion von Sanitätsdienstgraden sowie, ab 1942, die Kapos und Blockältesten des Reviers. Die Anzahl der Totgespritzten war sehr hoch. „Dr. Kiesewetter ermordete mit Phenolspritzen an einem einzigen Tag 45 Häftlinge," berichtet Nogaj.[146] Trotz Angst um sein Leben musste ein Schwerkranker ins Revier, es war aber nicht leicht dorthin zu gelangen. Die von der Lagerleitung festgelegte Prozedur, nach der man Häftlinge krank schrieb, schloss jeden Simulationsversuch aus. Es gab mehrere Prüfstufen. Zunächst musste sich ein Häftling nach dem Abendappell beim Blockschreiber melden und um die

Abb. 11: Vor dem „Bahnhof", Zeichnung von Aldo Carpi aus dem Jahr 1945.

Eintragung in eine Krankenliste ersuchen. Der Blockschreiber hatte zu entscheiden, ob sich der Betreffende für eine weitere Prüfung qualifizierte. Fand er das Fieber nicht hoch genug oder die Wunde nicht allzu gefährlich, verweigerte er die Eintragung. Die vom Blockschreiber als krank Qualifizierten wurden noch am selben Abend vom Blockältesten „untersucht". War der Häftling zuvor dem Blockältesten irgendwie unangenehm aufgefallen, wurde er mit einem Fußtritt oder einer Ohrfeige auf seine Pritsche zurückbefördert; die für krank Befundenen mussten sich genau waschen und Haare am ganzen Körper abrasieren lassen. Am nächsten Tag nach dem Morgenappell sah sich der Lager- oder Rapportführer alle Krankgemeldeten genau an. Meist machte er unter den Gemeldeten „Simulanten" aus, die er in die Steinbrüche schickte. Die übrigen wurden ins Revier gebracht. Dort nahm der Revierkapo eine Besichtigung der künftigen Patienten vor. Er ließ sie nackt antreten, überprüfte, ob sie sauber und genau rasiert waren, und erstattete dem eingetroffenen Lagerarzt Meldung. Der Arzt untersuchte die Patienten nicht mehr. Wenn ihm jemand leicht krank erschien, ließ er ihm eine Arznei verabreichen, befand ihn entweder für arbeitstauglich, oder schrieb ihn für drei Tage krank und erlaubte ihm, diese Zeit im Block zu verbringen. Nur die als schwerkrank Qualifizierten wurden in eine Revierabteilung aufgenommen.

Dieses vierstufige Prüfverfahren führte dazu, dass das Revier eine Sammelstätte für Sterbende war. Das Arzneimittelsortiment war gering, die Medikamentenzuteilungen selten. Da es sogar an Verbandszeug fehlte, wurden die Wunden wochenlang nur mit Zementsackpapier versorgt, der für medizinische Zwecke benötigte Spiritus wurde gestohlen oder an Kapos verkauft.

Die Situation im Revier besserte sich meist während Epidemien, die auch für die SS-Besatzung gefährlich waren, vor allem bei Fleck- und Darmtyphus. Im Januar 1942 brach eine so gefährliche Epidemie aus, dass die Lagerleitung den inhaftierten Ärzten erlaubte, im Revier zu arbeiten. Infolgedessen begann eine große Gruppe von polnischen Ärzten und Medizinstudenten im Revier zu wirken; später kamen auch Russen, Spanier und Franzosen dazu. Sie alle versuchten die Zustände im Revier zu ändern, was nur teilweise gelang. Der Lagerarzt blieb weiterhin Herr über Leben und Tod: Er nahm die Selektion der Kranken für Todesspritzen oder für Verlegung zunächst in den Invalidenblock (32) und von dort nach Hartheim vor, wählte Häftlinge für medizinische Experimente aus, ordnete Massenvergasungen an, ließ seine Patienten in einem Fass ertränken oder mit einem Knüppel erschlagen. Die SS-Sanitätsdienstgrade standen ihm zur Seite und behielten die Arbeit der Häftlingsärzte im Auge.

Dennoch gelang es polnischen Ärzten, viele Kranke zu retten. Die größten Möglichkeiten hierzu hatte der Chirurg Dr. Antoni Gościński, der Anfang 1942 vom Häftlingspersonal zum Chefarzt gewählt wurde.

Oft griff er bei einer vom SS-Lagerarzt falsch durchgeführten Operation ein. Er bemühte sich auch, eine bessere Versorgung mit Arzneien und Verbandszeug sowie eine bessere Krankenkost zu erwirken.

Dr. Adam Konieczny, Internist in Block 29, versuchte gemeinsam mit dem Pharmazeuten Doz. F. Adamanis, Tbc-Kranken zu helfen. An dieser Patientengruppe begann Dr. Böhmichen 1942 Versuche mit dem Präparat Nr. 101 durchzuführen. An die 300 Kranke mit offener Tuberkulose und mit Veränderungen in der Lunge wurden mit diesem Präparat behandelt. Die erwarteten Ergebnisse blieben aus. Heimlich behandelten die polnischen Ärzte diese Patienten mit herkömmlichen Methoden, sie spritzten ihnen Calciumchlorid und Glukose. Eine doppelte Krankendokumentation rettete viele Leben. Ähnlich rettete man 1944 „Versuchskaninchen" des Dr. Vetter.

Die Leiter der Abteilungen für Durchfall- und Phlegmonekranke hatten viel geringere Möglichkeiten, ihren Patienten zu helfen. Hier war die Lage aussichtslos. Die Ärzte Czesław Budny und Kazimierz Miłoszewski in Block 30 sowie Józef Krakowski in Block 31 hatten keine Arzneien zur Verfügung, auch die Einhaltung einer entsprechenden Diät war nicht möglich. Nach der Inbetriebnahme der Steyr-Werke besserte sich die Krankenkost etwas. Als Oberst Benno Adolph Lagerarzt war, konnten einige Häftlinge auch in diesen Blocks gerettet werden. In den letzten Monaten des Lagerbestehens herrschte in den Blocks 30 und 31 eine geradezu tragische Situation. Im April 1945 wurden die meisten Kranken aus diesen Blocks vergast.

Ab Mitte 1944 lagen durchschnittlich 1.500 Kranke im Revier, im April 1945 waren es 1.456, die meisten davon in den Blocks 30 und 31. 90% aller Häftlinge, die im Revier aufgenommen wurden, starben dort.

Die Pathologische Abteilung und das Krematorium

Ab Mitte 1941 wurden die Leichen zunächst der Pathologischen Abteilung überlassen und anschließend ins Krematorium gebracht. In Zeiten einer hohen Sterblichkeit kamen Tote ohne auffallende anatomische Merkmale direkt ins Krematorium.

Auf Weisung von **Amt D III**, Sanitätswesen und Lagerhygiene, dem die Gesundheitsfürsorge in den KZ unterstand, errichtete man 1941 in den Krankenrevieren Abteilungen, die Obduktionen durchführten, interessante anatomische Abnormitäten aussuchten und Präparate für den Lehrbetrieb an medizinischen SS-Hoch- und Mittelschulen herstellten.

KAPITEL 5

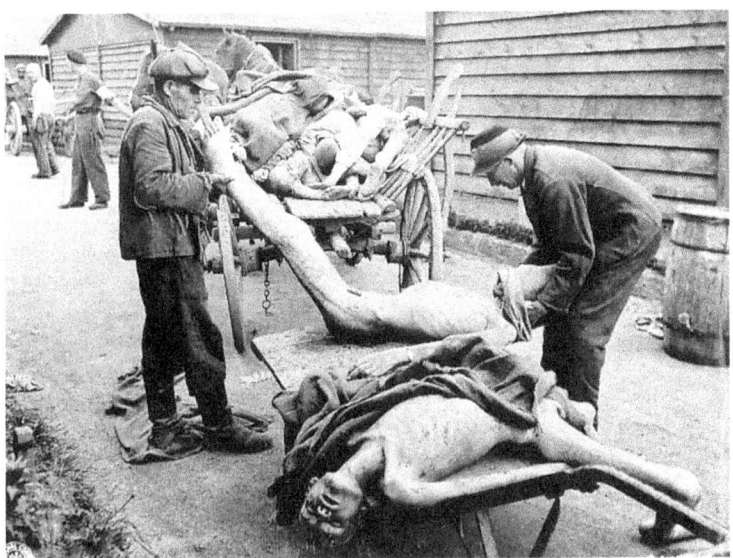

Abb. 12: Lokale Bevölkerung beim Aufladen von Häftlingsleichen nach der Befreiung des Lagers Gusen.

Die Errichtung der Pathologischen Abteilung in Gusen wurde der Lagerleitung von Hstf. Dr. Friedrich Entress befohlen, der das Revier im April 1941 im Auftrag dieses Amtes inspizierte. Er erkannte in einem kranken Häftling, Dr. Feliks Kamiński, seinen Anatomielehrer aus der Studienzeit an der Universität Posen und empfahl ihn dem Lagerführer als Leiter dieser Abteilung.

Die Abteilung befand sich unmittelbar neben dem Krematorium im selben Gebäude. Trotz primitiver Ausstattung erfüllte sie ihre Aufgaben dank des Fachwissens von Dr. F. Kamiński. Er machte histopathologische Präparate aus den Organen der Verstorbenen, sein Gehilfe, der Medizinstudent S. Malost, makroskopische anatomisch-pathologische Präparate. Beide Präparatsarten wurden genau beschrieben. Sie wurden anschließend entweder an die Medizinische SS-Universität in Graz verschickt oder an verschiedene Universitäten, vor allem nach Wien und Berlin, verkauft. Die Qualität der Präparate wurde überall hoch geschätzt.

Neben den Aufgaben für Lehr- und Forschungszwecke erbrachte die Pathologische Abteilung auch Leistungen für den Lagerführer und seine Mitarbeiter: Hier wurden Schädel als Tischschmuck oder Nippes für die Schreibtische der Offiziere der Totenkopfverbände präpariert. Auch Hautstücke mit schönen oder ausgefallenen Tätowierungen wurden hier gegerbt, sie stammten von Leichen der Verstorbenen oder der zu diesem Zweck absichtlich getöteten Häftlinge. Die tätowierte Menschenhaut wurde zu Lampenschirmen, Handschuhen, Handtaschen und ähnlichen Requisiten verarbeitet, die SS-Angehörige an ihre Familien oder Bekannten verschenkten. An manchen Stücken der menschlichen Haut brachte man aktuelle politische Losungen oder Belehrungen des Inspekteurs der Konzentrationslager, Eicke, an und hängte sie gerahmt im Lagerleitungsbüro auf.[147]

Die Existenz dieser Abteilung war für deutsche Ärzte ein zusätzlicher Anreiz, um Häftlinge zu töten, die anatomische Auffälligkeiten oder Tätowierungen hatten. Auf diese Weise bekamen sie einmalige Exemplare von Skeletten, Schädeln, Handknochen oder künstlerisch verzierte Menschenhaut.

Revierkapos oder Sanitätsdienstgrade erhielten Befehle, Häftlinge mit besonderen Körpermerkmalen umzubringen. Voll Zynismus bestellten die Auftraggeber Präparate in der Pathologischen Abteilung, als ob es sich dabei nicht um Menschenleben und um Leichenschändung handelte.

Auf diese Weise wurde zum Beispiel ein ungarischer Jude von zwerghaftem Wuchs getötet, weil sein Skelett mit verhältnismäßig kurzen Beinen und einem großen Schädel das Interesse der SS-Führer erweckt hatte.[i] Dr. Pięta-Połomski schreibt:

„*Heimlich wurde er ins Revier gebracht und unter nicht näher bekannten Umständen von einem Sanitätsdienstgrad getötet. Seine Leiche wurde nicht verbrannt, man ordnete an, das Skelett zu präparieren und in eine Kiste zu verpacken. Anschließend wurde es aus dem Lager gebracht, höchstwahrscheinlich, um die Sammlung eines berühmten SS-Arztes oder einer medizinischen Fakultät zu zieren.*"[148]

Das Krematorium in Gusen ging erst 1941 in Betrieb. Zuvor wurden die Leichen in Krematorium Steyr oder in Mauthausen verbrannt. In Gusen wurden vorerst ein, später zwei Öfen der Erfurter Firma „Topf

---

i Vermutlich bezieht sich der Autor hier auf die Ermordung des holländischen jüdischen Häftlings Alexander Katan. Maršálek schreibt dazu: „So wurde am 27. Jänner 1943 ein verkrüppelter, aber völlig gesunder jüdischer holländischer Mittelschullehrer, Häftlings-Nr. 13.992, mittels einer Injektion ins Herz getötet und sein Skelett präpariert." (Maršálek: Die Geschichte des Konzentrationslagers Mauthausen, S.171)

KAPITEL 5

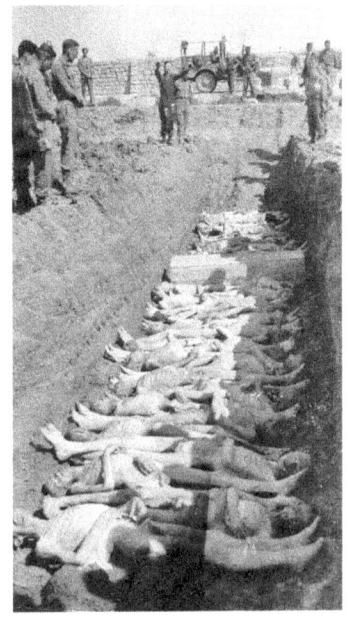

Abb. 13: U.S.-Soldaten
vor einem Häftlingsgrab,
Mai 1945.

und Söhne" aufgestellt.[i] Sie hatten eine große Leistung. Innerhalb von 2 Stunden konnten in jedem Ofen durchschnittlich 5 Leichen verbrannt werden; die tägliche Leistung des Krematoriums erreichte bis zu 120 Leichen. Anfänglich wurden die Leichen in jedem Ofen einzeln verbrannt, später je 4 bis 8 Leichen gemeinsam.

---

i   In Wirklichkeit kam der zweite für Gusen vorgesehene Krematoriumsofen nie zur Aufstellung. Jean-Claude Pressac schreibt dazu: Bauleiter Naumann „storniert im August 1941 den von seinem Vorgänger abgeschlossenen Vertrag über zwei Öfen Typ ‚Auschwitz'. Nach Verhandlungen mit der Firma Topf erklärt er sich zur Abnahme eines Ofens bereit. Wird von Oberscharführer Heider von der Abteilung II des SS-HHB zum Kauf des zweiten gezwungen. Sabotiert den Befehl und verweigert nach Anlieferung der Teile im Januar 1943 den Aufbau der Öfen. Anfang 1945 wird schließlich einer von beiden aufgestellt." (Jean-Claude Pressac: Die Krematorien von Auschwitz. Die Technik des Massenmordes. München: 1995, S. 180; vgl. auch S. 147-170). Ursprünglich war einer der genannten beiden Öfen für Mauthausen, der andere für Gusen vorgesehen. Nur der für Mauthausen vorgesehene kam dort Anfang 1945 zur Aufstellung.

161

Laut Hans Maršálek fand die erste Leichenverbrennung am 29. Jänner 1941 statt.[149] Von diesem Tag an rauchte der Schornstein des Krematoriums ununterbrochen bis zur Lagerbefreiung und noch einige Wochen danach.

Vor der Übergabe der Leichen an das Krematorium untersuchte man sie genau. Goldzähne wurden entfernt und an die Zahnambulanz weitergeleitet, wo sie zu Stäbchen eingeschmolzen wurden. Die von den Lagerärzten begehrten Tätowierungen wurden abgenommen. Fielen anatomische Besonderheiten auf, wurden die Leichen in die Pathologische Abteilung gebracht.

In den Jahren 1940-1941 hatte man noch die Angehörigen vom Ableben eines Häftlings telegraphisch verständigt und vor der Einäscherung binnen 3 Tagen eine Leichnamsbesichtigung in einer kleinen Holzbaracke vor dem Lagereingang ermöglicht. Nachdem die Anzahl der verstorbenen Spanier und später auch der Sowjetbürger drastisch angestiegen war, ging man bereits 1941 davon ab und brachte die Leichen direkt ins Krematorium.

1940 und zu Beginn 1941 verständigte die Lagerleitung die Familien der Verstorbenen, dass sie gegen Gebühr die Asche in einer Urne zugeschickt bekommen könnten. 1941 stellte man den Versand der Urnen ein. Die Asche lagerte bei den Krematoriumsöfen, und als es dort keinen Platz mehr gab auf einem kleinen Vorplatz vor dem Krematorium.

Die Aschemengen waren beträchtlich. Die Lagerleitung begann sie, höchstwahrscheinlich gegen Entgelt, den umliegenden Bauernhöfen als Düngemittel anzubieten. Da es wenige Interessenten gab, verstreute man die Asche auf den Straßen, die zur Donau führten. Im Lager machten Gerüchte die Runde, dass der örtliche Pfarrer und die Bürger der Gemeinde Langenstein dagegen protestierten. Ab diesem Zeitpunkt wurde die Asche in unbekannter Richtung abtransportiert, höchstwahrscheinlich in die Donauauen.

Nach größeren Tötungsaktionen war das Krematorium nicht imstande, alle Leichen einzuäschern. Sie wurden mit unbekanntem Ziel aus Gusen abtransportiert, höchstwahrscheinlich verscharrt, oder in Krematorien anderer Lager (Mauthausen, Hartheim, Ebensee, Melk) verbrannt. In den Jahren 1955-1956 wurden in der Nähe von Mauthausen und Gusen 3.162 Leichen exhumiert. Nur ein Teil von ihnen stammte aus der Zeit nach der Lagerbefreiung.[150]

Abb. 14: Leichen von Häftlingen vor dem Krematorium, Zeichnung von Prof. Aldo Carpi aus dem Jahr 1945.

KAPITEL 6

VI. DIE HÄFTLINGE IN GUSEN

Die Häftlingszahlen

Das Gusener Lager war für 7.200 Häftlinge vorgesehen. Bei der Annahme, dass ein Häftling drei Monate verschärftes Lagerregime durchsteht,[151] war die Vernichtung von ca. 25.000 Menschen pro Jahr geplant.

Obwohl verschiedene Methoden des Massenmordes rücksichtslos angewendet wurden, war es bereits 1940 klar, dass diese Annahme nicht zutraf. Polnische und spanische Häftlinge, die in den Jahren 1940-1941 95% des Lagerbestands ausmachten, zeigten eine höhere Widerstandsfähigkeit gegenüber den Lagerbedingungen als angenommen. In den Jahren 1940-1942 überlebte ein Häftling durchschnittlich ca. 6 Monate, 1943 ca. 8 Monate und 1944 ca. 12 Monate. Erst 1945 sank die Lebensdauer eines Häftlings – der ursprünglichen Annahme entsprechend – auf 3 Monate.[152]

Nach Errichtung neuer Baracken Anfang 1943 konnte das Lager 9.200 – und nach der Eröffnung von Gusen II im März 1944 – ca. 16.000 Häftlinge aufnehmen. Die Überbelegung in Gusen I, der weitere Ausbau von Gusen II und die Eröffnung des Lagers Gusen III Ende 1944 machten die Aufstockung der Häftlingszahl auf 25.000 möglich. Nach offiziellen Unterlagen der Kommandantur des Lagers Mauthausen war dies als Höchstbelegung in Gusen vorgesehen. Im Zeitraum zwischen dem 17. Februar und dem 1. März 1945 betrug die Höchstzahl der in Gusen registrierten Häftlinge sogar 26.311 Personen.[i] Am Vorabend der Lagerbefreiung, nach der Überstellung von über 3.394 Häftlingen in das Krankenrevier[ii] nach Mauthausen und nach den Massenmorden zwischen 20. und 22. April 1945, waren im Lager immer noch 21.487 Häftlinge.

Der Häftlingsstand wurde systematisch aufgestockt. Am 25. Mai 1940, dem Tag der Lagereröffnung, übernachteten 212 aus dem Stammlager Mauthausen kommende Häftlinge – im Lagerbau eingesetzte Häftlinge und die ersten Häftlingsarbeiter des Steinbruchs Kastenhof – zum

---

i Dieser Häftlingshöchststand wurde am 27. und am 28. Februar 1945 erreicht. (Rapportbuch, AMM E/6/11)

ii Laut Rapportbuch wurden in der Zeit von 28. Februar bis 14. März 1945 3.394 Häftlinge von Gusen nach Mauthausen überstellt (AMM E/6/11).

ersten Mal in Gusen.[i] Unter ihnen befanden sich 25 deutsche politische Schutzhäftlinge, 122 deutsche und österreichische Asoziale (AZR) und Verbrecher (BV), 5 deutsche Bibelforscher sowie 60 politische Schutzhäftlinge aus Polen.[153] Der erste Häftlingstransport traf in der Nacht vom 25. auf den 26. Mai 1940 aus Dachau ein; er bestand aus 1.084 Polen. Sie wurden von Karl Chmielewski persönlich unter einigen tausend polnischen Häftlingen im Lager Dachau ausgewählt.[154] Die meisten von ihnen waren im April, im Rahmen der sogenannten „Polen-Aktion", die gegen die führende Schicht des polnischen Volkes gerichtet war, festgenommen worden.

1940 kamen weitere Transporte an: am 28. Mai 1.000 Polen aus dem Lager Sachsenhausen; am 1.6. 1.000 Polen ebenfalls aus Sachsenhausen; am 5.6. 1.584 Polen aus dem Lager Dachau; am 26.6. 1.002 Polen aus Dachau; am 2. Juli 1.500 Polen aus Dachau,[ii] darunter 150 schlesische Geistliche; und am 17. Juli 500 Polen aus Dachau.[iii]

In den folgenden Monaten trafen in Gusen weitere, wenn auch nicht so zahlreiche, Polentransporte und kleinere Transporte von Deutschen und Österreichern ein. Insgesamt wurden 1940 ca. 8.800 Häftlinge nach Gusen überstellt.[155] Bereits im Juni wurden 600 Häftlinge aus den ersten drei Transporten zur Arbeit im Steinbruch Wiener Graben in Mauthausen eingeteilt. Die übrigen warteten auf ihre Entlassung. Es wurden jedoch nur 150 Personen freigelassen, 152 Geistliche nach Dachau überstellt, 240 Häftlinge erschossen und zumindest 1.533 Polen (darunter 26 polnische Juden) sowie 15 Deutsche und Österreicher zu Tode geschunden.[156]

Die genaue nationale Zusammensetzung der ersten Transporte nach Gusen ist nicht bekannt. Aufgrund der Aufzeichnungen der in der Schreibstube beschäftigten Polen und anhand der Totenbücher kann man die Nationalitäten nur annähernd feststellen (Tabelle 1).

---

i   Siehe: Liste des Stammpersonals vom 25.5.1940, AMM B/12/9a.
ii Hier irrt der Autor. Dieser Transport traf am 2. August 1940 ein (Transportliste im ITS Arolsen, Ordner ITS Dachau Nr. 118, S.235-273).
iii Auch hier irrt der Autor. Die Rede ist hier von dem Transport von 1.000 Häftlingen, der am 16. August 1940 von Dachau nach Mauthausen ging. 500 Häftlinge des Transports wurden tags darauf, also am 17. August, weiter nach Gusen überstellt. (Vgl. Maršálek: Die Geschichte des Konzentrationslagers Mauthausen, S. 111; siehe auch: Transportliste im ITS Arolsen, Ordner ITS Dachau Nr. 119)

Tabelle 1
Nationale Zusammensetzung der Häftlinge des Lagers Gusen im Jahr 1940*)

Häftlingskategorie	Nationalität			
	Polen	Deutsche	Österreicher	Tschechen
Politische	ca. 8.500	41	20	?
Kriminelle	-	122	78	-
Asoziale	-	6	-	-
Homosexuelle	-	6	-	-
Bibelforscher	-	16	-	-
Emigranten	-	5	-	-
Insgesamt	ca. 8.500	196	98	?
davon Juden	122	12	14	2

* Aufzeichnungen von S. Nogaj und Statistiken der in Gusen verstorbenen Häftlinge

Die Häftlingszugänge von Mauthausen nach Gusen 1941 sind nach Zugangsmonat, Nationalität und Kategorie in Tabelle 2 dargestellt.

Tabelle 2
Häftlingsüberstellungen von Mauthausen nach Gusen im Jahr 1941*)

Monat	Polen	Spanier	Sowjet. Kriegsgefangene	Deutsche und Österreicher		Sonstige	Gesamt
				Politische	Kriminelle		
Januar	812	-	-	25	116	8	961
Februar	18	1.769	-	6	3	2	1.798
März	6	2	-	2	5	1	16
April	48	700	-	2	32	-	782
Mai	1	-	-	-	3	-	4
Juni	87	396	-	2	15	-	500
Juli	-	16	-	-	-	-	16
August	7	13	-	7	11	4	42
September	-	-	-	1	-	-	1
Oktober	255	945	1.150	29	82	6	2.467
November	3	5	400	6	13	12	439
Dezember	-	-	600	-	-	18	618
Gesamt	1.237	3.846	2.150	80	280	51	7.644

*H. Maršálek, *Konzentrationslager Gusen*, Wien 1968, S. 15

Darüber hinaus wurden mindestens 1.550 Häftlinge von Gefängnissen und anderen Lagern nach Gusen gebracht; sie sind in der obigen Statistik nicht berücksichtigt, da sie in Mauthausen nicht registriert wurden.[i] Die in der Tabelle angeführte Zahl der sowjetischen Kriegsgefangenen vom ersten Transport (Oktober 1941) betrug nach anderen Quellen ca. 2.000.[157] [ii] Insgesamt wurden somit ca. 7.050 politische Häftlinge, vorwiegend Polen und Spanier, sowie mehr als 2.000 sowjetische Kriegsgefangene in Gusen eingeliefert.

1941 bestanden bereits zwei Lager in Gusen: das Schutzhaftlager und das Kriegsgefangenenarbeitslager, das innerhalb des ursprünglichen Lagers die Baracken 13-16 sowie 21-24 einnahm.[158] Jedes Lager hatte ein eigenes Häftlingsregister.

Eine genaue Liste der 1942 in Gusen angekommenen Häftlingstransporte lässt sich nicht erstellen. Die Schreibstube teilte ganzen Transporten die Nummern verstorbener Häftlinge wieder zu und gab innerhalb eines Kalenderjahres lediglich 1.000 neue Nummern aus. Würde man die Zahl der Verstorbenen als Berechnungsbasis nehmen, so würde die Zahl der Neuzugänge nach Gusen 1942 ca. 8.000 betragen. Anhand von Häftlingserinnerungen über Transporte sowjetischer Kriegsgefangener kann man annehmen, dass in diesem Jahr im Februar 110 Kriegsgefangene, im August 1.650 und Anfang Dezember 150 (hauptsächlich politische Offiziere) ins Lager kamen, also insgesamt mindestens 1.910 Personen.[159]

Für das Jahr 1943 ergibt die Zusammenstellung der eintreffenden Häftlingstransporte zumindest 9.800 Schutzhäftlinge sowie 329 sowjetische Kriegsgefangene.[160] Unter den neuen Schutzhäftlingen überwogen von deutschen Gerichten verurteilte Personen, darunter ca. 3.000 Polen aus dem Deutschen Reich einverleibten Gebieten. Auch politische Häftlinge aus Auschwitz (2 Transporte: am 10. April 1.212 Polen und am 8. November ca. 1.000 Personen, vorwiegend Polen) und aus Lagern in

---

i Es ist nicht bekannt, wie der Autor zu dieser Zahl nicht in Mauthausen registrierter Häftlinge gelangt. Sie lässt sich jedoch durch keine der bislang bekannten Primärquellen belegen. Aus den im Archiv der KZ-Gedenkstätte Mauthausen aufliegenden Transportlisten und Veränderungsmeldungen für das Jahr 1941 ergibt sich eine Mindestzahl von 5.527 Neuzugängen (exklusive der Sowjetischen Kriegsgefangenen).

ii Diese Zahl wird etwa durch den Bericht des Verwaltungsführers Mauthausen bestätigt (Tätigkeitsbericht Nr. 2 des Verwaltungsführers Mauthausen; Original im ITS Arolsen, AMM)

KAPITEL 6

Westeuropa (Franzosen, Belgier und Niederländer) wurden nach Gusen überstellt. Die Neuzugänge wurden unter den Nummern bereits verstorbener Häftlinge registriert – in diesem Jahr wurden lediglich 500 neue Nummern zugeteilt.[161]

1943 wurde das Lager der sowjetischen Kriegsgefangenen aufgelöst, die 109 Überlebenden wurden dem Schutzhaftlager zugerechnet.

Der Häftlingsstand in Gusen betrug am 31. Mai 1943 9.095 Häftlinge – am Ende dieses Jahres sank er, trotz steter Neuzugänge, infolge hoher Sterblichkeit auf 7.925.

Ab dem 23. Januar 1944 registrierte die Schreibstube des Lagers Gusen keine Häftlinge mehr. Alle Häftlinge erhielten einheitliche Nummern des Lagers Mauthausen (Nr. 43.001 – 50.666[i]).[162]

Von Mitte Februar bis Jahresende 1944 wurden 23.970 Häftlinge verschiedener Nationalitäten nach Gusen gebracht.[163] Im Herbst desselben Jahres waren die Zugänge besonders zahlreich: vorwiegend Häftlinge aus evakuierten Lagern sowie aus frontnahen Gebieten in der Sowjetunion (Riga, Kaunas, Vaivara), aus dem Generalgouvernement (Majdanek, Auschwitz) und aus Ländern, wo die Repressalien der Besatzungsmacht besonders intensiv waren: Polen (Zivilbevölkerung Warschaus), Italien, Ungarn und Frankreich.

Auch aus der Sowjetunion und Polen ins Reich verschleppte Zwangsarbeiter wurden massenweise ins Lager eingewiesen.

Am 11. Sepember 1944 überstieg die Häftlingszahl 20.500, am 30. Sepember betrug sie mehr als 22.000, am 16. Oktober mehr als 23.300[ii], am 19. November mehr als 24.000 und am 31. Dezember 1944 betrug sie genau 24.266 Häftlinge.

---

i Die im Archiv der KZ-Gedenkstätte Mauthausen aufliegende Kopie der Standliste Gusen vom 23. Jänner 1944 weist insgesamt 7.312 Datensätze aus, wobei allerdings die ersten hundert Namen dieser alphabetischen Liste fehlen. Der Nummernbereich von 43.001 bis 50.308 ist im vorhandenen Bereich durchgängig vergeben. Vereinzelt wurden jedoch auch höhere Nummern zugewiesen, die höchste davon ist 50.575, vergeben an einen italienischen Häftling (Standliste Gusen vom 23.1.1944, AMM B/12/50).

ii Laut Rapportbuch zählte man in Gusen am 16. Oktober 1944 22.357 Häftlinge (AMM E/6/11).

VERNICHTUNGSLAGER GUSEN

Lagerstände in Gusen [i]

Datum	Häftlingszahl	Datum	Häftlingszahl
1940 25.5.	212	1944 31.3.	10.494
26.5.	1.296	30.4.	10.433
31.12.	ca. 6.000	31.5.	13.745
1941 31.12.	ca. 6.500	30.6.	16.221
1942 31.12.	ca. 6.000 [ii]	31.7.	16.671
1943 31.3.	6.840	31.8.	19.441
30.4.	8.563	30.9.	22.068
31.5.	9.095	31.10.	23.338
30.6.	9.017	30.11.	23.887
31.7.	8.889	31.12.	24.266
31.8.	7.353	1945 31.1.	23.730
30.9.	7.083	28.2.	26.311
31.10	7.906	30.3.	23.951 [iii]
30.11.	8.461	27.4.	22.768 [iv]
31.12.	7.925	29.4.	18.646
1944 31.1.	7.357	30.4.	21.207
29.2.	7.558	4.5.	20.487 [v]

---

i Die Zahlen dieser Tabelle basieren für das Jahr 1943 offenbar auf den monatlichen Meldungen des Häftlingsstands unterteilt nach Altersstufen (AMM E//6/5), für den Zeitraum von 29.2.1944 bis 15.3.1945 auf den Angaben des Rapportbuches (AMM E/6/11). Die Häftlingszahl für den 25.5.1940 basiert auf der Standliste des Stammpersonals vom jenem Tag (AMM B/12/9a), jene für den 29.4.1945 stammt aus der Aufstellung über die Bewegungen im Monat April 1945 (AMM E/6/7). Alle weiteren Zahlen können auf keine bekannten Primärquellen zurückgeführt werden.

ii Wahrscheinlich ist für dieses Datum ein Häftlingsstand in Gusen von 7.862 Häftlingen. Dieser ergibt sich aus der Differenz des Häftlingsstandes im Hauptlager und den Außenlagern außer Gusen am 31. Dezember 1942 bei Maršálek (Maršálek: Die Geschichte des Konzentrationslagers Mauthausen, S.126) und des Gesamtstandes für Mauthausen und alle Außenlager im Bericht des Arbeitsdienstführers für 1.1.1943. (Tätigkeitsbericht Nr. 2 des Verwaltungsführers Mauthausen, AMM; Original im ITS Arolsen)

iii Laut der Veränderungsmeldung vom 31. März 1945 wurden am Vortag 23.843 Häftlinge in Gusen gezählt (Veränderungsmeldung vom 31. März 1945, AMM B/12/14/2).

iv Laut einer Aufstellung der Bewegungen im K.L. Mauthausen im Monat April 1945 wird für 27.4. ein Stand von 20.722 Gusener Häftlingen ausgewiesen (AMM E/6/7).

In den ersten vier Monaten 1945 kamen 15.651 Häftlinge hinzu,[164] vor allem aus Auschwitz, aus den Lagern rund um Wien sowie aus Groß-Rosen und Sachsenhausen. Die Evakuierungen wurden bis Kriegsende fortgesetzt. Am 8. April 1945 wurden nach Gusen II 275, am 13. und 15. April zusammen 109, am 17. April 582, am 20. April 336 und am 28.4. 69 Häftlinge überstellt.[i]

Evakuiert wurden politische Häftlinge und Kriegsgefangene. Die letzteren schienen im Register nicht auf, wurden jedoch in der Gesamtstatistik berücksichtigt (1.987 am 27. April 1945). Die höchste Häftlingszahl notierte man am 27. und 28. Februar 1945 mit 26.311 Personen. Der Lagerstand am 30. April 1945 betrug 21.207 Häftlinge, davon in Gusen I 11.437 (davon wiederum 736 Kranke), in Gusen II 9.516 und in Gusen III 254 Häftlinge. Am Vortag der Befreiung betrug der Lagerstand 20.487 Insassen.

Die Ermittlung der genauen Zahl aller Gusen-Häftlinge liefert erhebliche Schwierigkeiten. Die Berechnungen von Józef Żmij und Hans Maršálek brachten ähnliche Ergebnisse: ca. 68.000 bzw. 67.667.[165] Sie basieren auf Angaben über die verstorbenen, in andere Lager überstellten und freigelassenen Häftlinge. Diese Zahlen sind nicht exakt und können auch nicht genau ermittelt werden, da wir nicht über vollständige Listen der Häftlingstransporte verfügen. Dies macht eine Hochrechnung sowohl der Anzahl der ins Lager Gebrachten, der dort Verstorbenen, der Überlebenden, aber auch der Freigelassenen oder in andere Lager Überstellten notwendig.

Die größten Schwierigkeiten bereiten die großen Schwankungen des Lagerstandes infolge der hohen Sterblichkeit. Eine Zusammenstellung der Veränderungen des Standes Auf Basis der täglichen Meldungen der Schreibstube im Zeitraum vom 15. Februar 1944 bis zum 15. März 1945 zeigt auch andere Ursachen dieser Schwankungen:

    Im Unterschied dazu nennt die entsprechende Veränderungsmeldung des Lagers Gusen einen Stand von 20.467 Häftlingen (Veränderungsmeldung vom 28. April 1945, AMM B/12/14/2). Der Unterschied ergibt sich vermutlich daraus, dass sich die erste Zahl auf den Stand beim Morgen-, die zweite hingegen auf jenen beim Abendappell bezieht.

v   Diese Zahl basiert auf einer Zählung polnischer Lagerschreiber und ist der letzte bekannte Lagerstand von Gusen (AMM B/12/7).

i   Vgl. Zugangslisten des Lagers Gusen II, AMM B/13/2/1 bis B/13/2/5.

1. Im Lager wurden vorwiegend arbeitsfähige Häftlinge behalten – die Schwerkranken wurden in das Krankenlager Mauthausen überstellt.
2. Nach Gusen wurden vorwiegend solche Häftlingsgruppen gebracht, deren Vernichtung von oben angeordnet worden war: ungarische Juden, sowjetische Kriegsgefangene der „Aktion K"[i], Franzosen aus der Gruppe „Nacht und Nebel" (Tabelle 3).

Tabelle 4
In den Jahren 1940–1945 ins Lager Gusen überstellte Häftlinge *

Jahr	Häftlinge im Schutzhaftlager	Sowjetische Kriegsgefangene	Gesamt
1940	8.800	-	8.800
1941	ca. 7.050	2.000	ca. 9.050
1942	ca. 8.000	1.910	ca. 9.910
1943	9.800	329	10.129
1944	ca. 24.000	-	ca. 24.000
1945	15.651	-	15.651
Gesamt	ca. 73.301	4.239	ca. 77.540

* Darstellung aufgrund der von H. Maršálek, S. Nogaj bzw. J. Osuchowski publizierten Daten sowie aufgrund der Zusammenstellung der erhaltenen *Veränderungen*.

Eine genauere Zusammenstellung der Häftlingszahlen nach dem Jahr ihrer Einlieferung ins Lager ergibt weit höhere Zahlen, als die von Maršálek und Żmij genannten. Die Differenz entsteht vor allem dadurch, dass diese Autoren sowjetische Kriegsgefangene, die in den Jahren 1941-1943 in einem gesonderten Buch registriert wurden, außer Acht ließen. Da das Lager der sowjetischen Kriegsgefangenen von mir als integraler Teil des Lagers Gusen betrachtet wird (die sowjetischen Kriegsgefangenen wurden

---

i Dabei handelte es sich um vom sogenannten „Kugelerlass", einem Befehl des OKW von Anfang 1944, betroffene Kriegsgefangene. Mit dem Erlass wurde angeordnet, dass entflohene und wiedererergriffene Kriegsgefangene – mit Ausnahme britischer und US-amerikanischer – dem Chef der Sipo und des SD zu übergeben und zur Tötung in das KZ Mauthausen zu überführen seien. Von dem Erlass waren überwiegend sowjetische Kriegsgefangene betroffen. (Vgl. Enzyklopädie des Holocaust, S. 559f.) Von März 1944 bis Februar 1945 wurden ca. 5.000 „K-Häftlinge", davon 4.700 Sowjetbürger, in das KZ Mauthausen-Gusen eingewiesen (Maršálek: Die Geschichte des Konzentrationslagers Mauthausen, S.142).

mit den Häftlingen des Schutzhaftlagers denselben Kommandos zugeteilt), musste ich die Kriegsgefangenen zum Gesamtlagerstand dazuzählen. Von der Gesamtzahl der ca. 77.500 Häftlinge[i] wurden 51% nach dem 1. März 1944 nach Gusen gebracht. Mehr als 45% (ca. 35.000 Häftlinge) kamen im Zeitraum von Mai 1944 bis April 1945. Höchstwahrscheinlich hatten die meisten dieser Häftlinge bereits eine jahrelange Lagerhaft in Stutthof, Auschwitz, Groß-Rosen oder in den Lagern rund um Wien hinter sich. Ein kleiner Prozentsatz kam aus Lagern, die sich auf dem vormals besetzten sowjetischen Gebiet befanden. Unter den im Jahr 1944 festgenommenen Personen überwogen Polen (Zivilbevölkerung aus dem Warschauer Aufstand), ungarische Juden und Italiener.

Das Alter der Häftlinge

Auf Weisung des WVHA sollte die Gestapo die Arbeitskommandos in Gusen ständig auffüllen. Das Amt ging davon aus, dass für die Gusener Produktionsbetriebe stets vollwertige Arbeitskräfte zur Verfügung stehen sollten. Politische Erwägungen spielten lediglich im ersten Jahr des Lagerbestehens eine gewisse Rolle, als Polen und Spanier eingewiesen wurden. Dieser Grundsatz wurde bereits 1942 verworfen, als über 1.000 wegen Verbrechen oder politischer Betätigung verurteilte Personen aus deutschen Gefängnissen nach Mauthausen und Gusen überstellt wurden.

Aus dem Alter der Häftlinge geht hervor, dass bei ihrer „Rekrutierung" wirtschaftliche Überlegungen eine Rolle spielten. Am besten belegt dies eine Häftlingsstatistik aus dem Jahr 1943, die an die Zentrale des WVHA nach dem Stand zum Monatsletzten übermittelt wurde. Aufgezeichnet

---

[i]   Auf Basis des aktuellen Forschungsstandes ist die exakte Ermittlung der Gesamtzahl sämtlicher zwischen 1939 bzw. 1940 und 1945 nach Gusen eingelieferten Häftlinge nicht möglich. Dies liegt unter anderem daran, dass manche Transporte ohne vorherige Registrierung in Mauthausen nach Gusen abgegangen waren. Ebenso wurden die sowjetischen Kriegsgefangenen zwischen 1941 und 1943 nicht in der Registratur des Schutzhaftlagers erfasst. Für wenige Zeiträume liegen relativ ausführliche Dokumentationen über eintreffende Transporte vor, so etwa für die Jahre 1940, 1941 und 1944. Für andere Zeitbereiche lässt sich nur eine annähernde Mindestzahl anhand von Häftlingsständen sowie bekannten Mindestzahlen von Todesfällen, Überstellungen und Entlassungen errechnen. Im Zuge der Recherchen für die Ausstellung im Besucherzentrum Gusen konnte auf diese Weise eine Mindestzahl von etwa 71.000 zwischen Dezember 1939 und Mai 1945 nach Gusen überstellten Häftlingen ermittelt werden.

Tabelle 3
ÄNDERUNGEN DES LAGERSTANDES IN GUSEN: 15. Februar 1944 – 31. März 1945*

Jahr / Monat	Häftlingszahl	Zugänge	Woher?	Häftlingszahl	Abgänge	Wohin?	Verstorben	Freigelassen	Geflüchtet	Hingerichtet
1944										
15.–29. Febr.	105	100	Mauthausen	4			77	3	-	-
	3.328	378	Stutthof	177	99	Steyr	208	3	-	-
März		1.950	Mauthausen		58	Mauthausen		-	-	-
April	1.297		-	1.203		Mauthausen	158	2	-	-
Mai	3.215		Mauthausen	7		-	88	-	-	1
Juni	2.745		w.o.	57			303	-	1	6
Juli	1.006		w.o.	214			333	-	2	7
August	3.591		w.o.	428	398	Auschwitz	417	1	2	4
September	2.891		w.o.	39			198	-	1	-
Oktober	1.935		w.o.	81			494	-	5	-
November	1.756		w.o.	232		Mauthausen	1.064	7	3	-
Dezember	2.101		w.o.	659			1.105	-	2	-
Gesamt										
15.2.–31.12.	23.970			2.901			4.345	16	16	18
1945										
Januar	1.635	813	Auschwitz	20**	500	Neuengamme	2.064	3	4	1
		494	Steyr							
Februar	5.152	132	Steyr;	1.351	331	Dora	1.733	-	6	-
		200	Ebensee, 500 Linz,		500	Mauthausen				
		200	Schlier							
1.–15. März	1.589	117	Steyr	2.894	1.000	Schwerkranke nach Mauthausen	786	-	3	-
					1.894	Mauthausen	-		-	

* Meldungen des Lagerführers von Gusen

** Laut anderer Meldung wurden 30 Häftlinge im Zeitraum vom 15.1. bis zum 31.1.1945 von Gusen nach Mauthausen überstellt.

wurden relevante Neuzugänge in den Monaten April, Mai und November sowie in der Jahresmitte und am Jahresende.

Tabelle 5
Häftlinge in Gusen im Jahr 1943 nach dem Alter (Stand zum Monatsletzten)*

Monat	unter 20 J.	21-30 J.	31-40 J.	41-50 J.	51-60 J.	61-70 J.	Gesamt
April	13,3%	38,2%	31,7%	12,6%	3,8%	0,4%	
	1.141	3.265	2.716	1.081	324	36	8.563
Mai	13,7%	38,5%	31,5%	12,4%	3,5%	0,4%	
	1.246	3.507	2.862	1.126	315	39	9.095
Juni	14,1%	38,2%	31,4%	12,5%	3,4%	0,4%	
	1.278	3.442	2.823	1.130	305	39	9.017
November	10,7%	35,5%	31,3%	17,2%	4,7%	0,7%	
	895	3.016	2.647	1.458	395	52	8.461
Dezember	11,1%	36,6%	32,4%	15,3%	4,3%	0,3%	
	878	2.901	2.567	1.209	342	28	7.925

* Ausgearbeitet auf Basis der Monatsberichte des Lagerführers von Gusen [i]

Aus der Tabelle geht hervor, dass das Durchschnittsalter in Gusen 1943 relativ niedrig war. Die Prozentwerte aus den ersten Monaten 1944 bestätigen dies ebenfalls: 46,7% bis 52,3% der Häftlinge waren jünger als 30 Jahre, Häftlinge unter 40 Jahren stellten 77,6% bis 83,7% des Lagerstandes dar. Unter den Jüngsten überwogen sowjetische Staatsbürger und Polen. Verhältnismäßig ältere Häftlinge kamen in den Gruppen der Berufsverbrecher (BV) und Asozialen (AS) vor, in überwältigender Mehrheit waren es Deutsche. Unter den deutschen Berufsverbrechern waren lediglich 18,5% unter 30. 46,3% waren zwischen 30 und 40 und 23% zwischen 40 und 50 Jahre alt. Ein bedeutender Teil der jungen deutschen Häftlinge wurde nämlich direkt vom Lager zum Militärdienst eingezogen oder dem SS-Sonderkommando Dirlewanger zugeteilt.

Im Jahr 1943 gab es im Lager auch eine größere Gruppe von Minderjährigen im Alter zwischen 12 und 16 Jahren, hauptsächlich Polen und sowjetische Staatsbürger, die gemäß einer Anordnung Himmlers als

---

i   Die Quelle, auf die sich der Autor bezieht, ist nicht bekannt. Die Zahlenangaben decken sich jedoch mitjenen der monatlichen Meldungen des Häftlingsstands im K.L. Mauthausen unterteilt nach Altersstufen (AMM E/6/5).

Steinmetzlehrlinge nach Gusen gebracht worden waren. Für sie galten dieselben Haftbedingungen wie für die übrigen Häftlinge.

Ende Februar 1945 wurden 420 jüdische Kinder im Alter von 4 bis 7 Jahren nach Gusen gebracht. Sie wurden bald ermordet. Im Häftlingsregister sind ihre Nachnamen nicht verzeichnet.[166]

Die Häftlingskategorien

In Gusen gab es alle Kategorien von KZ-Häftlingen.

Ein offizielles Berichtsformular des WVHA (KL/16/44) zählte 13 Häftlingskategorien in folgender Reihenfolge auf:

1. Schutzhäftlinge arisch (Sch), politische Häftlinge
2. Bibelforscher (BF)
3. Homosexuelle
4. Aus der Wehrmacht
5. Geistliche
6. Rotspanier
7. Ausländische Zivilarbeiter (AZ oder RZA)
8. Juden
9. Asoziale (AS)
10. Berufsverbrecher (BV)
11. Sicherungsverwahrte (SV)
12. Zigeuner
13. SU-Kriegsgefangene (KG)

Außerdem gab es in den Konzentrationslagern Häftlinge, die in der Kartei als NN (Nacht und Nebel) bzw. K (Kugel) geführt wurden und meist zur ersten Kategorie zählten.

Zur ersten Kategorie (Sch) gehörten politische Häftlinge, anfangs deutsche Kommunisten und Sozialdemokraten sowie Mitglieder deutscher Oppositionsparteien. Nach dem Anschluss Österreichs und der Besetzung der Tschechoslowakei kamen österreichische und tschechische Kommunisten sowie andere angesehene Oppositionelle hinzu, ab September 1939 Polen und in der Folge Staatsangehörige aller anderen vom Deutschen Reich besetzten Länder. Ihr Kennzeichen war ein rotes Dreieck (im Lager Winkel genannt) mit einer Spitze nach unten.

In den Jahren 1940-1941 war diese Kategorie am zahlreichsten. 1940 machten die Häftlinge mit der Bezeichnung „Sch" – hauptsächlich Polen und in geringerer Zahl Tschechen, Deutsche und Österreicher – über 97% des Lagerstandes aus. 1942-1943 wurde die Kategorie „Sch" anteilsmäßig kleiner, da ziemlich große Gruppen von Zivilarbeitern (Kategorie 7) und Sicherungsverwahrten (Kategorie 11) ins Lager eingewiesen wurden. Zu Beginn des Jahres 1944 wurden die Schutzhäftlinge wieder zur Mehrheit (57%). In dieser Kategorie gab es Polen, Deutsche, Österreicher, Jugoslawen, Franzosen, Belgier, Tschechen, sowjetische Staatsbürger, Griechen und Italiener. Gegen Kriegsende kamen auch Albaner, Niederländer, Luxemburger, Rumänen, Ungarn, Norweger und viele Balten (Letten, Litauer und Esten) hinzu.

Zur zweiten Kategorie (BF) zählten Bibelforscher und Zeugen Jehovas. Sie kamen wegen ihrer Weigerung, Wehrdienst zu leisten und einen Treueschwur auf Hitler abzulegen, ins Lager. Ihr Kennzeichen war ein lila Dreieck mit einer Spitze nach unten. Zu dieser Häftlingskategorie gehörten einige wenige Häftlinge, anfangs nur Deutsche und Österreicher, 1944 auch 5 Polen und 1945 2 Tschechen.

Zur dritten Kategorie zählten Häftlinge, die gemäß § 175 des deutschen Strafgesetzbuchs verurteilt worden waren, da die deutsche Gesetzgebung dieser Zeit sexuelle Entartungen für strafbar hielt. In Gusen waren dies hauptsächlich Homosexuelle. Ihr Kennzeichen war ein rosa Dreieck mit einer Spitze nach unten (rosa Winkel). Diese Häftlingskategorie war ebenfalls nicht zahlreich: 1944 waren es nur Deutsche und Österreicher (16), 1945 auch ein Pole und zwei Tschechen.

Zur vierten Kategorie zählten deutsche Soldaten oder Freiwillige aus besetzten Ländern, die wegen Fahnenflucht, Disziplinverletzung oder Raub, Diebstahl und Mord zu Lagerhaft verurteilt wurden. In den Akten waren sie als Kriegsverbrecher oder Wehrmachtsangehörige bezeichnet. Ihr Zeichen war ein rotes Dreieck mit einer Spitze nach oben. Nur wenige gehörten in Gusen zu dieser Häftlingskategorie. Anfang 1944 gab es 9 solche Häftlinge, darunter 5 Deutsche, ein Belgier und ein Niederländer. 1945 waren es 31 Häftlinge, darunter 22 Deutsche und Österreicher, 3 Letten, 2 Franzosen, 2 Niederländer, ein Belgier und ein Ungar.

Zur fünften Kategorie zählten Geistliche aller Religionsbekenntnisse mit Ausnahme von Rabbinern. Sie trugen ein rotes Abzeichen, genauso wie die politischen Häftlinge (Sch). Bereits im Dezember 1940 wurden 150 polnische Geistliche aus Pommern und Schlesien nach Dachau überstellt. In den Jahren 1941-1945 gab es in Gusen nur wenige Geistliche; einige verheimlichten ihren Stand.

Zur sechsten Kategorie gehörten alle ehemaligen, noch vor dem Zweiten Weltkrieg in Frankreich internierten Soldaten der spanischen republikanischen Armee. Sie trugen blaue Dreiecke mit einer Spitze nach unten, ursprünglich für deutsche Emigranten vorgesehen, die 1940/1941 in den besetzten Gebieten aufgegriffen wurden. Neben Spaniern, Katalanen und Basken gehörten zu dieser Kategorie u. a. auch wenige Bulgaren, Franzosen und Italiener, sowie im Jahr 1945 5 deutsche Emigranten.[i]

Zur siebenten Kategorie (RZA) zählten Zwangsarbeiter aus Polen und den besetzten Gebieten der Sowjetunion, die nach Deutschland verschleppt worden waren und zur Bestrafung für Flucht, Ungehorsam, oder nicht entsprechendes Verhalten gegenüber Aufsehern und Arbeitgebern, eingewiesen wurden. Ungeachtet ihrer tatsächlichen Nationalität wurden sie zur Kategorie der russischen Zivilarbeiter gezählt. Je nach Zuordnung durch die Gestapo trugen sie rote (politische Häftlinge), grüne (durch Gerichte Verurteilte) oder schwarze (Arbeitsscheue) Dreiecke mit der Spitze nach unten. In der Gusener Lagerstatistik war dies eine ständig wachsende Kategorie. Am 31. März 1943 gab es nur 896 solcher Häftlinge (12,8% des Lagerstandes), am 27. April 1945 jedoch bereits 5.460 (24%), darunter 82 Polen.

In der achten Kategorie wurden Juden aller Nationalitäten erfasst. Je nach der ihnen beigemessenen Schuld wurden sie mit einem roten, grünen oder schwarzen Dreieck mit der Spitze nach unten gekennzeichnet, welches auf einem gelben Dreieck mit der Spitze nach oben aufgenäht war, sodass beide Dreiecke einen Davidstern bildeten. Zu Beginn waren in Gusen nur Juden aus Polen. Sie wurden ermordet, genauso wie niederländische, belgische und französische Juden, die in den Jahren 1941-1943 ins Lager kamen. In den Jahren 1944 und 1945 wurden viele Juden aus anderen KZ, hauptsächlich aus Auschwitz, nach Gusen (vor allem nach Gusen II) gebracht, ebenso die 1944 deportierten ungarischen Juden. 1945 waren sie die drittgrößte Häftlingskategorie (2.585 – 11,3%). Unter ihnen befanden sich Juden aus Polen, Ungarn, Griechenland, Frankreich, Österreich, Deutschland, der Tschechoslowakei, Belgien, Italien, den Niederlanden, Rumänien, der Sowjetunion, Jugoslawien und anderen Ländern.

---

i   Dabei handelte es sich um Gefangene, die sich aus Solidarität mit der Spanischen Republik den auf Seite der spanisch-republikanischen Armee gegen die Franco-Truppen kämpfenden Internationalen Brigaden angeschlossen hatten.

Die neunte Kategorie hatte eine eigene Geschichte. Anfangs gehörten ihr fahrende Zigeuner an, über die ein Arbeitszwang verhängt wurde – daher auch die Bezeichnung „AZR"[i] (Asoziale Zigeuner Reich). Später wurden neben den Arbeitsscheuen auch die sogenannten „asozialen Elemente" in dieser Kategorie erfasst, die dann das Kürzel „AZ" (Arbeitszwang)[ii] oder „AS" (Asoziale) erhielten. Die nationalsozialistische Auslegung, was als „asoziale Elemente" galt, war sehr diffus. Dieser Kategorie wurden Landstreicher, Zuhälter, Schmarotzer und Diebe zugeordnet, aber auch Personen, die wegen verspäteten Erscheinens am Arbeitsplatz, unerlaubten Arbeitsplatzwechsels, Urlaubsantrittes zu einem ungünstigen Zeitpunkt oder schlechter Behandlung eines Dienstmädchens, das dem BDM angehörte, verurteilt worden waren. Die deutschen AS-Häftlinge kamen für eine gewisse Zeit ins Lager, meistens für ein Jahr, danach wurden sie zum Wehrdienst einberufen. Die Häftlinge der AS-Kategorie trugen schwarze (Arbeitsscheue) oder braune (Asoziale) Dreiecke. In Gusen gab es wenige Häftlinge dieser Kategorie; es waren meistens Deutsche und Österreicher. Bereits zu Beginn 1944 jedoch tauchten in dieser Gruppe 20 Polen und 1945 auch 2 Tschechen und 2 Italiener auf.

Zur zehnten Kategorie zählte man Berufsverbrecher (BV), die zu hohen Haftstrafen wegen Banditentums, Mordes, Einbrüchen und anderen Schwerverbrechen verurteilt waren, aber auch Wiederholungstäter. Diese Kategorie trug grüne Dreiecke mit der Spitze nach unten, sie hatte im Lager das Sagen, aus ihr wurden nämlich die Funktionshäftlinge rekrutiert. In Gusen überwogen in dieser Kategorie Schwerstverbrecher. Anfänglich waren dies ca. 250 deutsche und österreichische Kriminelle, aber 1944 wiesen die Statistiken auch polnische (25), ungarische (26), italienische (10), tschechische (5), jugoslawische (3), französische (2) und andere auf.

---

i Tatsächlich stand die Abkürzung „A.Z.R." für den Begriff „Arbeitszwang Reich" und wurde zur Kategorisierung von Häftlingen verwendet, die durch Reichsbehörden auf Basis des Grunderlasses des Reichsinnenministers vom 14. Dezember 1937 aufgrund von „Arbeitsdelikten" in ein KZ eingewiesen wurden. (Vgl. Drobisch, Wieland: Das System der NS-Konzentrationslager 1933-1939, S. 284-286; Annette Eberle: Häftlingskategorien und Kennzeichnungen. In: Benz, Distel [Hg.]: Der Ort des Terrors. Geschichte der nationalsozialistischen Konzentrationslager, Band 1: Die Organisation des Terrors. München 2005, S. 96f.)

ii Das Kürzel „A.Z." stand eigentlich für die Kategorie „Arbeitszwang Gemeinde" (Vgl.: Eberle: Häftlingskategorien und Kennzeichnungen, S. 97).

Man kann nicht feststellen, ob die Zuordnung von Häftlingen aus den besetzten Ländern nach der ursprünglichen Nomenklatur erfolgte. In vielen Fällen kamen auch wegen Schmuggel und illegalem Handel Verurteilte als Schwerverbrecher ins Lager, andere, wegen ähnlicher Vergehen Verurteilte, wurden jedoch der Kategorie Sicherungsverwahrte (SV) zugeteilt.

Zur elften Gruppe (SV) zählten Häftlinge, die von deutschen Gerichten zu Strafen von über 8 Jahren (Deutsche und Tschechen) bzw. über 3 Jahren (Polen, sowjetische Staatsbürger, Juden und Zigeuner) verurteilt worden waren. Sie sollten für die Kriegsdauer im Lager gehalten werden und ihre Gefängnisstrafen erst nach dem Krieg absitzen. Anders als die Kategorie BV waren diese Häftlinge zum ersten Mal gerichtlich verurteilt. Sie trugen ebenfalls grüne Dreiecke, deren Spitze jedoch nach oben zeigte. Diese Häftlingskategorie tauchte in Lagern erst 1942 auf. Historiker meinen, Hitler hätte am 20.8.1942 Justizminister Dr. Thierack angewiesen, die Insassen deutscher Gefängnisse zwecks „Vernichtung durch Arbeit" der Gestapo zu übergeben. Von ca. 35.000 Gefangenen wurden 10.191 Personen im Zeitraum von 26. November 1942 bis 1. März 1943 in die verschiedenen Konzentrationslager gebracht. Laut einem Geheimschreiben Pohls an Himmler vom 16. März 1943 wurden 7.587 davon ins KZ Mauthausen/Gusen eingeliefert, von denen bis 1. März 1943 in Mauthausen/Gusen 3.306 verstarben. Pohl erklärte eine so hohe Sterblichkeit damit, „dass Mauthausen/Gusen das schlechteste Material bekam."[167]

Laut Aufzeichnungen von S. Nogaj kamen im Dezember 1942 die ersten SV-Transporte nach Gusen. Die Sterblichkeit in dieser Häftlingskategorie war enorm. Laut Angaben für März und April 1943 starben innerhalb von 2 Monaten 956 SV-Häftlinge, also fast 26% des Standes vom 1. März dieses Jahres. Unter den Häftlingen dieser Kategorie gab es besonders viele Polen. Gemäß der Anordnung des Chefs der Sicherheitspolizei und des SD Kaltenbrunner wurden alle Polen aus Haftanstalten in die KZ überführt. Laut der Statistik vom 31. Januar 1944 waren unter den 1.257 SV-Häftlingen 879 Polen (77%), nur 238 Deutsche, 30 Russen und 10 Tschechen.

Die zwölfte Kategorie bildeten alle Zigeuner, ungeachtet ihrer Staatsbürgerschaft. Zunächst wurden sie als Arbeitsscheue bzw. Asoziale eingestuft, daher trugen sie schwarze bzw. braune Dreiecke. 1940 und 1941 waren es deutsche und höchstwahrscheinlich auch österreichische Zigeuner. Einige von ihnen übernahmen gerne Funktionen als Hilfskapos und Stubendienste, sie waren Werkzeuge der Funktionshäftlinge. 1944 und 1945 kamen auch polnische, sowjetische, tschechische und jugoslawische Zigeuner sowie Zigeuner anderer Nationalitäten dazu.

In der dreizehnten Kategorie wurden sowjetische Kriegsgefangene erfasst. Sie trugen rote Dreiecke mit den Buchstaben SU (Sowjetunion). 1941 und 1942 waren dies in den ersten Kriegsmonaten in Gefangenschaft geratene Frontsoldaten. Von den 4.239 Kriegsgefangenen, die damals in den Gusener Büchern registriert wurden, kamen laut Stanisław Nogaj 4.087 um. Unter den sowjetischen Kriegsgefangenen, die in den Jahren 1943 bis 1945, das heißt nach Auflösung des Kriegsgefangenenlagers, nach Gusen überstellt wurden, gab es einen gewissen Prozentsatz an Freiwilligen in deutschen Hilfstruppen, die entweder desertiert waren oder als Meuterer galten.[i] Sie wurden im Lager auf verschiedene Blocks verteilt und in verschiedenen Kommandos, vornehmlich jedoch in den Rüstungsbetrieben, eingesetzt. Die Zahl der sowjetischen Kriegsgefangenen, die zu Beginn 1944 gering (106) war, wuchs kontinuierlich; vor der Lagerbefreiung betrug sie 1.987 Personen.

Die Häftlinge der französischen Gruppe „Nacht und Nebel", die mit kleinen, 50 Personen zählenden Transporten aus dem Lager Compiègne eintrafen, wurden in der Lagerstatistik nicht gesondert ausgewiesen – sie waren als politische Häftlinge registriert.

In Gusen gab es keine „privilegierten" Häftlinge – weder Regierungsmitglieder von Satellitenstaaten des Dritten Reichs, die bei Deutschen in Ungnade gefallen waren, noch Mitglieder des deutschen, österreichischen und italienischen Hochadels. Solche Häftlinge wurden nach Mauthausen verbracht.

Die Gestapo nahm die Verdächtigen fest und wies sie den einzelnen Häftlingskategorien, nicht immer konsequent, zu. So wurde z. B. Dr. Johann Gruber, politischer Häftling und Geistlicher, der Kategorie der Homosexuellen zugeteilt, viele polnische Häftlinge, die wegen ihrer politischen Tätigkeit verurteilt waren, kamen als SV ins Lager. Manchmal wurde eine Änderung der Kategorie vorgenommen: Hans Kammerer war in Dachau ein Asozialer (AS) und wurde nach Gusen als politischer Häftling überstellt; aber auch umgekehrt: Jaziak war in Dachau politischer Häftling, in Gusen ein Asozialer.

---

i   Diese Gefangenen erhielten den Zusatz „L.E.V." für „landeseigene Verbände".

Die meisten Häftlinge in Gusen waren aus politischen bzw. rassistischen Gründen inhaftiert. Dazu gehörten mehrere Kategorien: Schutzhäftlinge, Bibelforscher, Geistliche, Spanier, Juden und sowjetische Kriegsgefangene.

1943 bildeten Häftlinge, die als asozial und kriminell (BV, AS, SV) eingestuft waren, die zahlenmäßig größte Gruppe. Am 31. März 1943 stellte diese Gruppe 46,2% des Häftlingsstandes dar, ihr Anteil verringerte sich jedoch in den folgenden Monaten.

Die dritte Gruppe hingegen – russische Zivilarbeiter (RZA), 1943 und Anfang 1944 ca. 12,7% aller Häftlinge – machte zu Kriegsende fast 25% aus (Tabelle 6).

Tabelle 6
Häftlinge in Gusen in den Jahren 1943-1945 nach ihrer Kategorie*

Häftlingskategorie	31.3.1943		31.1.1944		27.4.1945	
	Stand	%	Stand	%	Stand	%
Politische Häftlinge, davon	2.870	41,1	4.775	64,9	15.888	69,8
1. Schutzhäftlinge	2.200		4.192		10.642	
2. Bibelforscher	22		19		53	
3. Wehrmachtsangehörige	-		9		31	
4. Geistliche	-		5		1	
5. Spanier	505		444		587	
6. Juden	-		-		2.585	
7. Kriegsgefangene	143		106		1.987	
Zivilarbeiter, davon:	896	12,7	877	11,9	5.460	24,0
1. Polen					82	
2. sowj. Staatsbürger	896		877		5.378	
Gerichtlich verurteilte und asoziale Häftlinge, davon:	3.212	46,2	1.705	23,2	1.422	6,2
1. Berufsverbrecher	271		256		379	
2. Sicherungsverwahrte	2.729		1.257		807	
3. Asoziale	194		107		129	
4. Homosexuelle	18		16		19	
5. Zigeuner	-		69		88	
Gesamt	6.978		7.357		22.768	

* Ausgearbeitet aufgrund der Berichte des Lagerführers von Gusen [i]

Diese Berechnungen sind jedoch mit Vorsicht zu betrachten. Unter den zahlreichen SV im Lager gab es viele Häftlinge, die wegen ihrer politischen Betätigung verurteilt waren und unter den russischen Zivilarbeitern (RZA) viele Personen, die ins Lager kamen, weil man ihren politischen Einfluss auf andere Zivilarbeiter unterbinden wollte.

Die Nationalität der Häftlinge

Die Gusener Häftlinge waren auch nach ihrer Nationalität gekennzeichnet. Auf dem Dreieck mit der Häftlingskategorie war der erste Buchstabe ihrer Nationalität angebracht: „P" für Polen, „T" für Tschechen, „I" für Italiener, „F" für Franzosen usw. Diese Bezeichnungen wurden nicht immer konsequent angewendet – Juden und Zigeuner wurden in der Statistik als Juden und Zigeuner aus Polen, Ungarn und anderen Ländern geführt, sie trugen jedoch meistens keine Nationalitätsbezeichnungen auf ihren Dreiecken.

In den ersten Lagerstatistiken schien die Nationalität (Staatsbürgerschaft) der Häftlinge nicht immer auf. Fast bis Ende 1943 wurden lediglich polnische politische Häftlinge (P. Sch.) mit dem Zusatz ihrer Nationalität geführt. Die sowjetischen Staatsbürger wurden in zwei Kategorien erfasst: als Zivilarbeiter und als Kriegsgefangene. Die Soldaten der spanischen republikanischen Armee wurden als Spanier oder Rotspanier bezeichnet. Häftlinge aller anderen Nationalitäten wurden gemeinsam mit den Deutschen in den allgemeinen Kategorien geführt: politische Gefangene, Berufsverbrecher, Arbeitszwang, Sicherungsverwahrte, Bibelforscher und Homosexuelle. Erst die Statistiken aus dem Jahr 1944 gaben die genaue nationale Zusammensetzung jeder Häftlingskategorie an (siehe Tabelle 7).

Aus den Erinnerungen der Häftlinge und den Einträgen in den Totenbüchern kann man den Verlauf der „Internationalisierung" des Lagers rekonstruieren. 1940 war das Lager zu 97% polnisch, es zählte lediglich etwa ein Dutzend Tschechen und ca. 300 Deutsche und Österreicher. Bereits im Februar 1941 kam die erste große spanische Gruppe ins Lager, die im Jahresverlauf auf 3.846 Häftlinge anwuchs. Im Oktober, November und Dezember kamen Massentransporte sowjetischer Gefangener. Das Lager wurde immer internationaler, da auch kleine Gruppen von Ju-

---

i   Die Quelle, auf die sich der Autor bezieht, ist nicht bekannt. Die Zahlenangaben für 31.3.1943 weihen jedoch von jenen der monatlichen Meldungen des Häftlingsstands im K.L. Mauthausen unterteilt nach Altersstufen (AMM E/6/5) ab.

goslawen eingeliefert wurden. Franzosen und Belgier gelangten zwar bereits im Frühjahr 1942 ins Lager, aber erst im April 1943 kam der erste Großtransport mit 250 Franzosen.

1943 stellten Polen und Sowjetbürger das Gros der Häftlinge, nämlich 72,9% des Lagerstandes.

Transporte aus Lagern in Polen, der Sowjetunion, und den Balkanstaaten sowie zahlreiche Festnahmen in Italien, Ungarn und Frankreich gegen Kriegsende vergrößerten die Anzahl der inhaftierten Nationen. Die Hauptgruppe bildeten weiterhin Polen und Sowjetbürger – etwa 70,6% des Lagerstandes. Die verbleibenden 30% setzten sich aus mehreren tausend Häftlingen aus 21 Ländern zusammen. Die Tabelle 8 zeigt die nationale Zusammensetzung eine Woche vor der Lagerbefreiung.[i]

Tabelle 7
Häftlinge in Gusen nach ihrer Nationalität (Staatsbürgerschaft) und Kategorie (Stand zum 31.1.1944) [ii]

Nationalität / Kategorie	Gesamt	%	Politische	Bibelforscher	Homosexuelle	Wehrmachtsangehörige	Geistliche	Rotspanier	Zivilarbeiter	Juden	Asoziale	Verbrecher	Sicherungsverwahrte	Zigeuner	Kriegsgefangene
Polen	4.261	57,9	3.215	5	-	-	5	-	-	-	20	30	979	7	-
Sowjetbürger	1.104	15,0	91	-	-	-	-	-	877	-	-	-	30	-	106
Deutsche	756	10,0	114	14	16	5	-	-	-	-	87	225	238	57	-
Spanier	440	6,0	-	-	-	-	-	440	-	-	-	-	-	-	-
Jugoslawen,	384	5,3	380	-	-	-	-	-	-	-	-	-	-	4	-
davon: Kroaten	1	-	1	-	-	-	-	-	-	-	-	-	-	-	-
Franzosen	211	2,9	210	-	-	-	-	-	1	-	-	-	-	-	-
Tschechen	119	1,6	107	-	-	-	-	-	-	-	-	1	10	1	-
Belgier	56	0,8	55	-	-	1	-	-	-	-	-	-	-	-	-
Griechen	7	0,1	7	-	-	-	-	-	-	-	-	-	-	-	-
Italiener	6	-	4	-	-	-	-	2	-	-	-	-	-	-	-
Niederländer	1	-	-	-	-	1	-	-	-	-	-	-	-	-	-
Luxemburger	1	-	1	-	-	-	-	-	-	-	-	-	-	-	-
Sonstige	7	0,1	4	-	-	2	-	1	-	-	-	-	-	-	-
Gesamt	7.357		4.192	19	16	9	5	444	877	-	107	256	1.257	69	106

---

i   Es ist zu berücksichtigen, dass diese nationale Kategorisierung zum einen die Zuschreibungen der Nationalsozialisten und zum anderen die damals aktuelle geopolitische Lage widerspiegelt.

ii Die Zahlen basieren auf der „Unterteilung in Altersstufen der im Konzentrationslager Mauthausen / Unterk. Gusen einsitzenden Häftlinge nach dem Stande vom 31. Januar 1944 (AMM B/12/77).

K.L. MAUTHAUSEN/ G U S E N
Schutzhaftlager.

Gusen, den 31. Januar 1944

U n t e r t e i l u n g in Altersgruppen der im Konzentrationslager Mauthausen/Unterabt. Gusen einsitzenden Häftlinge nach dem Stande vom 31. Januar 1944:

Häftlingsart u. Nationalität		Insgesamt	-20	20-30	30-40	40-50	50-60	60-70	über 70
Schutzhäftlinge:									
DR		114	-	26	48	30	10	-	-
Belgier		55	1	22	23	8	1	-	-
Franzosen		210	6	87	71	41	5	-	-
Griechen		7	-	7	-	-	-	-	-
Jugoslaven		383	39	160	118	58	8	-	-
Italiener		4	1	1	1	1	-	-	-
Kroaten		1	-	1	-	-	-	-	-
Luxemburger		1	-	1	-	-	-	-	-
Polen		3215	238	1297	1042	530	99	9	-
Russen		91	46	30	12	3	-	-	-
Tschechen		107	3	53	32	16	3	-	-
Sonstige	4192	4	-	2	1	1	-	-	-
Bi-fo: DR		14	-	2	4	6	2	-	-
Polen	19	5	1	3	1	-	-	-	-
Homosexuelle-DR:	16	16	-	1	6	6	3	-	-
Aus der Wehrm.:									
DR		5	1	3	1	-	-	-	-
Belgier		1	-	1	-	-	-	-	-
Holländer		1	-	1	-	-	-	-	-
sonstige	9	2	-	2	-	-	-	-	-
Geistliche-Polen:	5	5	-	-	3	1	1	-	-
Rotspanier:									
Italiener		2	-	-	2	-	-	-	-
Franzosen		1	-	-	1	-	-	-	-
Spanier		440	-	272	141	24	3	-	-
Sonstige	444	1	-	-	-	1	-	-	-
Rus.Ziv.Arb.:	877	877	542	249	69	15	2	-	-
Asoziale-DR:		87	-	21	44	18	4	-	-
Polen	107	20	3	10	3	3	1	-	-
BV-DR:		225	-	19	99	89	17	1	-
Polen		30	3	9	14	4	-	-	-
Tschechen	256	1	-	-	-	1	-	-	-
Sich.Verw.-DR:		238	-	36	103	77	21	1	-
Polen		979	52	456	326	128	17	-	-
Russen		30	5	16	7	2	-	-	-
Tschechen	1257	10	-	2	4	4	-	-	-
Zigeuner-DR:		57	2	34	16	4	1	-	-
Jugoslaven		4	1	2	1	-	-	-	-
Polen		7	3	2	-	-	1	1	-
Tschechen	69	1	-	1	-	-	-	-	-
SU-Kgf.:	106	106	9	75	21	-	1	-	-
Gesamtzahl:	7557	-	956	2904	2214	1071	200	12	-

Für die Richtigkeit: Der Schutzhaftlagerführer KLM/G:

SS-Obersturmführer.

Abb. 15: Unterteilung der Häftlinge in Mauthausen/Gusen nach Kategorie, Nationalität und Alter, Sammlung Stanisław Gołębiowski.

Tabelle 8
Häftlinge in Gusen nach ihrer Nationalität (Staatsbürgerschaft) und Kategorie (Stand zum 27. April 1945) [i]

Nationalität (Staatsbürgerschaft) Kategorie	Gesamt	%	Politische 1	Bibelforscher 2	Homosexuelle 3	Wehrmachtsangehörige 4	Geistliche 5
Polen	8.352	36,6	6.347	18	1	-	-
Sowjetbürger	7.796	34,2	386	-	-	3	-
davon:							
Esten	5	-	5				
Letten	238		235			3	
Litauer	18		17				
Italiener	1.343	5,9	1.302	-	-	-	-
Deutsche	1.254	5,5	391	33	16	22	-
Franzosen	980	4,3	908	-	-	2	1
Ungarn	881	3,9	11	-	-	1	-
Jugoslawen, davon:	880	3,9	872	-	-	-	-
Kroaten	12		11	-	-	-	-
Spanier	610	2,7	30	-	-	-	-
Tschechoslowaken	272	1,3	167	2	2	-	-
davon:				-	-	-	-
Slowaken	51		11	-	-	-	-
Griechen	116	0,5	35	-	-	-	-
Belgier	90	0,4	58	-	-	1	-
Niederländer	49	0,2	22	-	-	2	-
Albaner	31	0,1	31	-	-	-	-
Luxemburger	27	0,1	27	-	-	-	-
Rumänen	23	0,1	14	-	-	-	-
Bulgaren	4	-	3	-	-	-	-
Engländer	3	-	3	-	-	-	-
Schweizer	3	-	3	-	-	-	-
Norweger	2	-	2	-	-	-	-
Türken	2	-	2	-	-	-	-
Finnen	1	-	1	-	-	-	-
Argentinier	1	-	1	-	-	-	-
Palästinenser	1	-	-	-	-	-	-
Staatenlose	46	0,2	27	-	-	-	-
Gesamt	22.767		10.642	53	19	31	1

i   Quelle unbekannt.

Rotspanier	Zivilarbeiter	Juden	Asoziale	Verbrecher	Sicherungsverwahrte	Zigeuner	Kriegsgefangene
6	7	8	9	10	11	12	13
-	82	1.354	30	25	491	4	-
-	5.378	8	-	-	28	6	1.987
						1	
1	-	29	1	10	-	-	-
3	-	44	95	302	277	71	-
3	-	64	-	2	-	-	-
-	-	843	-	26	-	-	-
-	-	4	-	4	-	-	-
-	-	-	-	1	-	-	-
579	-	-	-	-	-	1	-
-	-	82	2	5	9	3	-
-	-	-	-	-	-	-	-
-	-	40	-	-	-	-	-
-	-	81	-	-	-	-	-
-	-	30	-	1	-	-	-
-	-	24	1	-	1	1	-
-	-	-	-	-	-	-	-
-	-	-	-	-	-	-	-
-	-	9	-	-	-	-	-
1	-	-	-	-	-	-	-
-	-	-	-	-	-	-	-
-	-	-	-	-	-	-	-
-	-	-	-	-	-	-	-
-	-	-	-	-	-	-	-
-	1	-	-	-	-	-	-
-	-	11	-	4	2	2	-
587	5.460	2.585	129	379	807	88	1.987

VII. ARBEITSEINSATZ DER HÄFTLINGE

Die Umschulung der Häftlinge

Im Jahre 1940 teilte man allen Häftlingen, die von Dachau und Sachsenhausen nach Mauthausen und Gusen überstellt werden sollten, mit, dass sie zu einer Umschulung in ein anderes Lager fahren, um anschließend in ihre Heimat zurückzukehren und dort anständig für das Deutsche Reich zu arbeiten. Diese Umschulung sollte mindestens drei Monate dauern. Um dieser Zusicherung einen Anstrich von Wahrheit zu verleihen, wurden ca. 150 Häftlinge gegen Ende Sommer und im Herbst 1940 freigelassen.

Die Umschulung begann mit den üblichen Einschüchterungsmaßnahmen, die den Einlieferungsschock vertiefen sollten: Schläge, Beschimpfungen, Nacktstehen auf dem Appellplatz, Begießen mit eiskaltem Wasser und andere Schikanen. Bald danach wurden die Häftlinge zum Arbeitseinsatz in den Steinbrüchen und beim Lagerbau getrieben, was stets im Laufschritt geschah, ohne geringste Atempause, unter ständiger Gefahr, von Kapos und ihren Gehilfen verprügelt zu werden. Einige Tage solcher „Umschulung" machten aus den zu Tode erschreckten Häftlingen gehorsame Sklaven. Jeder Häftling – ungeachtet seines Berufs und seiner Qualifikation – machte jede ihm zugewiesene Arbeit.

Alle Schwerarbeiten, sogar das Verladen von großen Steinen auf Loren oder das Versetzen von ganzen Bauelementen, wurden händisch ausgeführt. Es gab auch keine Geräte, mit denen man den Arbeitsablauf besser gestalten konnte. Dies machte den Häftlingen klar, dass ihre „Umschulung" in schwerer körperlicher Strafarbeit bestand, deren Nutzen weniger wichtig war als die Einwirkung auf ihre Psyche: Durch Angst und das Gefühl der Hilflosigkeit wurde die totale Versklavung erreicht.

Viele Häftlinge begriffen auch schnell, dass das Lager ein Ort ihrer langsamen Vernichtung durch körperliche Arbeit war. Diese Tatsache wurde weder von der Lagerleitung noch von den Blockältesten und Kommandoführern verheimlicht. Und obwohl am Anfang niemand glaubte, dass es nur einen Weg aus dem Lager gibt – nämlich jenen durch den Schornstein des Krematoriums – ahnten bald alle, dass Arbeitseifer nicht in die Freiheit führt.

Deshalb versuchten die Häftlinge, möglichst große Umsicht an den Tag zu legen: „Nur nicht auffallen", das heißt, sich nicht beim Nichtstun erwischen lassen, mit den Augen „arbeiten", das heißt, auf jede Bewegung des Kapos oder des Kommandoführers achten und in ihrer Anwesenheit eher Arbeit vortäuschen als sich wirklich anstrengen. Ein Häftling, der an die „Umschulung" glaubte oder Angst vor der „Augenarbeit" hatte, ging zugrunde.

Die Einstellung der SS-Leitung zur Häftlingsarbeit änderte sich je nach Lage an den Kriegsfronten. In der Zeit der großen Erfolge der Wehrmacht (1940-1942) wurden Häftlinge systematisch zu Tode geschunden. Erst nach der Erkenntnis, dass die Rüstungsindustrie ohne Einsatz der Häftlinge nicht expandieren könne und die Konzentrationslager ein wichtiger Teil der Kriegsmaschinerie werden müssen, änderte sich die Haltung den Häftlingen gegenüber. Es ging von nun an um eine möglichst intensive Ausbeutung ihrer Arbeitskraft und Fachkenntnisse. Solange ein Häftling gut arbeitete, wurde er gebraucht. Der Vernichtungsapparat wurde jedoch sofort in Gang gesetzt, wenn ein Häftling entkräftet oder behindert war, bzw. zum Muselmann wurde. Dann gab es für ihn – ähnlich wie in den Jahren 1940-1942 – keine Rettung mehr. Fast zwei Jahre lang war die Produktion vorrangig. Der militärische Zusammenbruch des Dritten Reiches auf allen Fronten Anfang 1945 bewirkte eine Rückkehr zu der 1940-1942 praktizierten Vorgangsweise: Die Häftlinge wurden als Feinde des Dritten Reiches und als Zeugen seiner beispiellosen Brutalität mit allen möglichen Mitteln vernichtet.[i]

Der Lagerkommandant von Mauthausen und der Lagerführer von Gusen – beide eifrige Verfechter der Schule Eickes und Himmlers, nach der die Hauptaufgabe der Lager in der Vernichtung der Feinde des Dritten Reiches lag – führten nur zögernd die von oben verordneten Lockerungen des Lagerregimes ein. Manche Erlässe Himmlers oder Pohls, die die La-

---

[i] Neben den intentionalen Massenmorden im Frühjahr 1945 war für den enormen Anstieg der Sterblichkeit im Jahr 1945 eine Vielzahl von Faktoren ausschlaggebend. Bedingt durch den Kriegsverlauf brach die Versorgung der KZ-Häftlinge völlig zusammen, zugleich waren die noch bestehenden Mauthausener Lager in Folge des Eintreffens immer neuer Häftlingstransporte aus den evakuierten Konzentrationslagern völlig überbelegt. (Vgl.: Michel Fabréguet: Mauthausen. Camp de concentration national-socialiste en Autriche rattachée (1938-1945). Paris: 1999, S. 182-187)
Nicht zuletzt kam eine große Zahl von KZ-Häftlingen als Folge der rücksichtslosen Ausbeutung ihrer Arbeitskraft bei der Errichtung unterirdischer Produktionsstätten um ihr Leben.

gerordnung lockerten, traten in Mauthausen und Gusen mit mindestens halbjähriger Verspätung in Kraft, wie etwa ein Erlass über Geldprämien für die Häftlinge als Anreiz zu höherer Arbeitsleistung. Andere Erlässe wurden nicht beachtet oder nur beschränkt befolgt, wie z. B. der Erlass über eine bessere Verpflegung für Häftlinge in der Rüstungsindustrie.

Wenn man sich die eiserne Disziplin der SS vor Augen führt, kann man solch eine lässige Ausführung der zentralen Verordnungen folgendermaßen interpretieren: Entweder herrschte in der SS-Leitung eine deutliche Meinungsdiskrepanz und die Kommandantur von Mauthausen gehörte zu den Befürwortern von Härte den Häftlingen gegenüber, oder die Erlässe der SS-Zentrale sollten die Öffentlichkeit täuschen. Diese Erlässe sollten eine mildere Häftlingsbehandlung vortäuschen, waren jedoch nicht ausführbar, da z.b. die Verfügung über Verpflegungsverbesserung (zusätzliche Brotrationen, Zucker und Milch für die Schwerstarbeiter) nicht von zusätzlichen Lebensmittelzuteilungen begleitet war. Zahlreiche Argumente für die Untermauerung beider Thesen kann man in den Aussagen der KZ-Kommandanten Höß (Auschwitz) und Ziereis (Mauthausen) finden.[168]

In der Zeit der Lagererrichtung – 1940 und Anfang 1941 – waren die Haftbedingungen am schwersten. In dieser Zeit wurden die Häftlinge in allen Arbeitskommandos am brutalsten behandelt (Ausnahmen waren das Bahnbaukommando unter Andrzej Herzog und das Spielbergkommando unter Dr. Władysław Gębik). Fachliche Qualifikationen und die Arbeitskraft der Häftlinge wurden sinnlos vergeudet, da alle zu schwersten körperlichen Arbeiten herangezogen wurden, auch dort, wo man zumindest einfache Maschinen hätte einsetzen können.

Die Fertigstellung des Lagers setzte viele Häftlinge für die Arbeit in Steinbrüchen und beim Bahnbau frei. Die Zahl der Arbeitskommandos verringerte sich, dagegen wuchsen die Reihen von Steinmetzen, Bohrern und Steinverladern sowie von Werkstatt- und Magazinarbeitern. Auch der Bau der Bahnlinie erforderte wesentlich mehr Arbeiter, so dass dort ganze Kommandos, die zuvor mit der Lagererrichtung beschäftigt waren, eingesetzt wurden. Das Jahr 1941 war ein Wendejahr: Immer mehr Leistungen wurden für die DESt erbracht; 1942 arbeitete nahezu das ganze Lager für die DESt.

Ab 1943 wurde im Lager auch für die Kriegsindustrie gearbeitet, nach Gusen kamen nunmehr Unternehmen, die keine SS-eigenen Betriebe waren. Mitte 1944 arbeiteten für diese Unternehmen bereits dreimal, und am Ende des Lagerbestehens fünfmal so viele Häftlinge wie in den Betrieben der DESt.

Die Rüstungsindustrie beanspruchte die meisten Arbeitskräfte des Lagers. In den Steinbrüchen verblieben lediglich Häftlinge, die einen Steinmetzberuf gut beherrschten, sowie einige junge Lehrlinge, die zu diesem Zweck ins Lager gebracht wurden. In den Kommandos, in denen 1940-1941 ein Drittel aller Häftlinge bei der Lagereinrichtung eingesetzt war, arbeiteten nunmehr wenige. Die Auflösung bzw. Reduzierung dieser Kommandos, in denen Häftlinge besonders der Brutalität vieler Funktionsträger und SS-Führer ausgesetzt waren und somit die geringsten Überlebenschancen hatten, senkten in den folgenden 18 Monaten (selbst in absoluten Zahlen) die Sterblichkeit deutlich, obwohl der Lagerstand höher war als 1941 und 1942. Eine Analyse der Sterblichkeitsrate in Gusen zeigt, dass die Folterungen und Morde während der Arbeit zu einem konsequent realisierten Vernichtungsplan gehörten und nicht aus der Überzeugung resultierten, Polen, Franzosen oder Sowjetbürger seien schlechtere Arbeiter. In direkten Kontakten brachten die SS-Führer mehrmals ihre Anerkennung für die Professionalität und Begabungen der Häftlinge zum Ausdruck, was sie nicht davon abhielt, diese Fachleute zu peinigen oder ihre Vernichtung anzuordnen, wenn deren Kräfte in Folge der auszehrenden Arbeit oder von Erkrankung nachließen.

Statistik des Arbeitseinsatzes

Die Gesamtzahl der Zwangsarbeiter sowie die Anzahl der Häftlinge in den einzelnen Kommandos lassen sich heute selbst tageweise nicht mehr feststellen. Die in der Abteilung Arbeitseinsatz penibelst geführten Statistiken zur Häftlingsbeschäftigung wurden vernichtet.[169] Aufgrund des jeweiligen Häftlingsstandes, der Krankenrevierbelegung und der Invalidenstatistik kann man folgende Zahlen annehmen:

In den Sommer- und Herbstmonaten 1940 arbeiteten alle, d. h. 5.000 bis 6.000 Häftlinge.

1941 sank die Beschäftigtenzahl; um die Jahresmitte entfielen über 40% des Lagerstandes auf die Invalidenblocks. Einen Teil dieser Häftlinge schickte man trotzdem zur Arbeit in die Steinbrüche. Im Herbst dieses Jahres lag die Gesamtzahl der in den Steinbrüchen, bei der Errichtung der Eisenbahnlinie sowie in den Außenkommandos Beschäftigten unter 6.000.

1942 unterlagen diese Zahlen noch größeren Schwankungen als im Jahr davor. Durch die Massentransporte zur Vergasung nach Hartheim sank die Häftlingszahl unter 6.000, davon waren ca. 5.000 Personen in der Produktion eingesetzt.

1943 schwankte der Häftlingsstand zwischen 7.000 und 9.000 Häftlingen, wovon sich ca. 1.000 im Krankenrevier und ca. 500 in den Invalidenblocks befanden, so dass zwischen 5.500 und 7.500 Personen, je nach Lagerstand, gearbeitet haben. Ab April desselben Jahres arbeitete fast die Hälfte der Häftlinge in den Steyr-Rüstungsbetrieben.

1944 wuchs die Zahl der Beschäftigten allmählich von 6.500 im Januar auf 15.000 Ende Juni und ca. 22.000 im Dezember.[i] Immer weniger Häftlinge arbeiteten in den Steinbrüchen, somit konnten die Anzahl der in den Steyrwerken Beschäftigten auf 6.500 und der Beschäftigtenstand in den Montagehallen sowie beim Stollenbau für die Messerschmittwerke auf über 10.000 Personen anwachsen. Dieser Stand blieb grundsätzlich bis Ende 1944 unverändert.

Es ist anzunehmen, dass die Zahl der Beschäftigten mit ca. 23.000 Häftlingen im Februar 1945 am höchsten war. Der Rest von etwa 2.000 – 3.000 waren Kranke und Invalide, die sukzessive zur Liquidierung ins Krankenlager nach Mauthausen überstellt oder im Krankenrevier bzw. in den Invalidenblocks in Gusen umgebracht wurden.

Die Arbeitskommandos

Die Häftlinge arbeiteten in Arbeitskommandos. Sehr schnell hatten sie begriffen, dass es leichte und schwere Kommandos gab – solche, in denen es sich arbeiten und leben lässt, und solche, in denen man schwer arbeiten muss und leicht ums Leben kommt. Anfangs waren fast alle Arbeitskommandos schwer – dafür sorgten die Kommandoführer und Kapos. Menschlichere Verhältnisse herrschten nur in einem kleinen Kommando, das eine Schmalspurbahn in Kastenhof errichtete, aber auch dort musste der Kapo seine Leute anbrüllen, sobald sich der Kommandoführer oder Oberkapo näherte. Am schwersten war jedoch – vom Strafkommando abgesehen – das Leben in jenen Kommandos, die das Lager, seine Mauern, Baracken und Waschräume, Straßen und Kanalisation sowie den Stacheldrahtzaun errichteten, ebenso im Steinträgerkommando, das die für diese Bauten benötigten Steine anschleppte.

---

i   Der Häftlingsstand betrug im Dezember 1944 zwischen etwa 23.000 und 24.500, Rapportbuch AMM E/6/11.

Jedes Arbeitskommando hatte in der Regel einen Kapo, einen Oberkapo und einige Hilfskapos und wurde durch einen SS-Kommandoführer, meist im Rang eines Unteroffiziers, beaufsichtigt. Den Handwerkerkommandos, später auch den Kommandos in den Rüstungsbetrieben und beim Flugzeugbau, wurden zivile Werkmeister als Ausbilder und Fachaufseher zugeteilt.

Bis auf den Stand vom 4. Mai 1945 sind keine Angaben über die jeweiligen Kommandostärken erhalten.[i] Die Zahl der Häftlinge in den Kommandos variierte. Das Steinmetzkommando beispielsweise, das 1943 2.800 Häftlinge zählte, wurde 1944 auf 600 Facharbeiter und 300 Steinmetzlehrlinge reduziert.[170]

Die Arbeitskommandos kann man unter verschiedenen Aspekten betrachten. Der wichtigste Aspekt ist das Entgelt, das für die Häftlingsarbeit gezahlt wurde. Keine Vergütung gab es für die Arbeit der lagerinternen Kommandos, die Baracken, Lagerstraßen sowie auch eine SS-Siedlung in St. Georgen bauten bzw. in der Küche, den SS-Unterkünften, in Lagerwerkstätten, im Kaninchenstall und in den Gärten eingesetzt wurden. Für die Leistungen der von der DESt und später von den Steyr- und Messerschmittwerken beschäftigten Häftlinge hingegen erhielt die Lagerführung Tagessätze. Auch der Einsatz jener Kommandos, die aufgrund von Vereinbarungen zwischen der SS bzw. der DESt und den umliegenden Unternehmen arbeiteten, z.B. bei der Regulierung des Flusses Gusen im Auftrag der Gemeinde St. Georgen oder in der Ziegelei Lungitz, wurde vergütet.

Ein anderer Aspekt ist der Einsatzort. Die lagerinternen Kommandos arbeiteten innerhalb der großen Postenkette, die Außenkommandos samt Bewachung gingen über diese Linie hinaus, manchmal sogar ziemlich weit. Zu solchen Außenkommandos gehörten: das Kommando Spielberg (archäologische Ausgrabungen), Kommandos, die in St. Georgen beim Bau einer Siedlung für SS-Führer oder beim Bau des Donauhafens eingesetzt wurden, Kommandos, die bei der Regulierung der Gusen und in der Bäckerei bzw. der Ziegelei in Lungitz eingesetzt wurden oder die Bombensucherkommandos.

---

i   Im Archiv der KZ-Gedenkstätte Mauthausen liegen entsprechende Meldungen auch für den 2. und den 3. Mai 1945 vor (AMM B/12/57, Originale im ITS Arolsen)

KAPITEL 7

Die DESt-Kommandos

Die Anzahl der Arbeitskommandos wuchs mit der Entwicklung der Unternehmen im Lager. Am Anfang des Lagerbestehens waren die größten Kommandos jene, die für die DESt arbeiteten, d. h. Kommandos, die der Lagerleitung Geld brachten: Gusen (mit Westerplatte), Kastenhof (mit Pierbauer) sowie die etwas später aufgestellten: Kommando Bahnbau (Errichtung der Linie Gusen – St. Georgen), Straßenbau (Bau der Straßen zur Erschließung der Steinbrüche) und Gleisbau (Schmalspurbahn-Verlegung).

Bis auf das Gleisbaukommando zählten diese Gruppen Hunderte von Häftlingen. Bereits im März 1940 waren bei den Kommandos Steinbruch Gusen und Kastenhof über 400 Häftlinge eingesetzt, die aus Mauthausen kamen, ab Mai 1940 jeweils mindestens 1.000 Häftlinge. In den Jahren 1941-1942 wurden die Steinbrüche dermaßen ausgebaut, dass 1943 in drei Steinbrüchen 2.800 Häftlinge beschäftigt waren, wenn man dabei die Hilfsbetriebe (Schmiede, Transport, Werkstätten) berücksichtigt, sogar mehr als 4.400.

Die Häftlinge führten auch fast alle Arbeiten in den DESt-Büros aus. Dazu gehörten ein Konstruktionsbüro, in dem die Anlagen (Steinbrecher, Kompressor u. a.) entworfen wurden, ein Baubüro, das sich mit ihrer Abwicklung befasst und ein Betriebsbüro für die Verwaltung. Mit der Leitung dieser Büros waren DESt-Direktoren und -Ingenieure betraut. Die meisten Arbeiten, von Entwürfen bis zur Berechnung der Projektkosten, wurden jedoch von Häftlingen, meist Polen und Tschechen, durchgeführt.

Alle Großkommandos waren in Arbeitsgruppen, ebenfalls Kommandos genannt, unterteilt. Im Kommando Steinbruch Gusen gab es über zehn solche Gruppen, die in den Steinmetzhallen als Hammerspalter, Handspalter, Bohrer, in der Transportkolonne oder auch im „Scheißhaus"-Kommando eingesetzt wurden. Jede Arbeitsgruppe hatte ihren Kapo, der dem Oberkapo unterstellt war. Die Kommandos Kastenhof, Bahnbau, Straßenbau waren ähnlich organisiert.

Die Steinbrüche wurden bis 1943 ausgebaut. Bereits 1940 erschlossen die Häftlinge in Kastenhof einen großen Tagebau, genannt Unterbruch, der zunächst das Material für den von den Häftlingen gebauten Steinbrecher lieferte. Auch der Steinbruch Gusen wurde weiter erschlossen, man deckte einen Teil der oberen Lagerstätte, die sogenannte Westerplatte, auf. Ein Großkompressor lieferte Druckluft für alle Druckluft-

Abb. 16: Steinbruch in Gusen nach der Befreiung des Lagers.

hämmer. Auch Schmieden, Magazine sowie Schmalspurbahnen für den Steintransport und Abtransport der Abfälle, arbeiteten für den Steinabbau.

Mit dem Ausbau der Steinbrüche wurden auch die zwei Hauptkommandos größer, das der Bohrer und das der Steinmetze. Die Bohrer teilten große Granitblöcke in kleinere Brocken. Mit dem Sprengen des Felsens waren die Zivilmeister betraut. Die Steinmetze stellten aus den Steinbrocken Bau- und Umrandungssteine her.

Unter den polnischen Häftlingen gab es keine ausgebildeten Steinmetze. Sie mussten bei den Zivilmeistern und der „Stammbelegschaft", die im Lager Buchenwald angelernt worden waren, diesen Beruf erlernen.

Gusen war ein Ausbildungszentrum für Häftlinge im Steinmetzberuf, vor allem für die Bausteinerzeugung. Verglichen mit den in anderen Kommandos Eingesetzten war die Lage der Steinmetze insofern besser, als sie in überdachten und windgeschützten Hallen arbeiteten. Die Arbeitsnorm war für ungelernte, unterernährte Arbeiter ziemlich hoch, eine Steigerung des Arbeitstempos war aber praktisch nicht möglich. Aus diesem Grund war hier die Sterblichkeitsrate in Folge von Lungenentzündung oder Tuberkulose niedriger und der Auszehrungsprozess langsamer. Viele

Häftlinge bemühten sich daher um die Aufnahme in das Steinmetzkommando und schätzten diese Arbeit.

Ein großer Vorteil dieses Kommandos war, dass diese Beschäftigung dauerhaft war. In einem an die Lagerkommandanten gerichteten Rundschreiben vom 5. Dezember 1941 verfügte Heinrich Himmler, dass die Versetzung der in Steinmetzausbildung stehenden Häftlinge nach Möglichkeit vermieden werden solle. Man wollte nämlich möglichst viele Steinmetze ausbilden, um Baumaterial für die von Speer entworfenen Monumentalbauten zu gewinnen. Dies schützte die Steinmetze vor der Zuteilung zu „schweren" Kommandos, wo Häftlinge in Folge schlechter Arbeitsbedingungen schnell zugrunde gingen.

Die Zustände in diesem Kommando waren verhältnismäßig erträglich, besonders seit nach der Einberufung der meisten Zivilmeister einige fachlich versierte Polen zu Kapos oder Hilfskapos bzw. zu Ausbildnern ernannt wurden. Die zivilen Steinmetzmeister waren, auch wenn sie in die SS eintraten, um nicht an die Front zu müssen, den Häftlingen wohlgesonnen. Manche von ihnen, wie z.B. Prammer und Planck, brachten den Häftlingen viel Mitgefühl entgegen. Einige hundert Polen, Spanier und Sowjetbürger erlernten die Steinbearbeitung so gut, dass sie trotz Entkräftung die Produktionsnormen erfüllten.

Unter den Steinmetzen bildeten die jugendlichen Steinmetzlehrlinge eine besondere Gruppe. Am Anfang waren es junge deutsche Kriminelle, die zwecks Berufslehre aus verschiedenen Lagern nach Gusen überstellt wurden, so kamen 150 Personen am 12. März 1941. „Es waren lauter Deutsche mit Sonderprivilegien", schrieb S. Nogaj über sie.[171] Im April und Mai 1941 kamen weitere Transporte von Steinmetzlehrlingen, hauptsächlich Polen aus Dachau (2 Transporte), Neuengamme und Mauthausen. Die meisten Steinmetzlehrlinge waren sowjetische Jugendliche. Im Sommer 1942 wurden ca. 300 junge Russen und Ukrainer (12-17 Jahre alt) ins Lager gebracht. Ihre Ausbildung begann in den Hallen in Kastenhof, mit polnischen Anlernern, die Russisch sprachen oder zumindest verstanden. Sie bemühten sich, ihren Lehrlingen eine gewisse Fürsorge angedeihen zu lassen und sie vor der Aggression der Kapos bei der Arbeit und vor homosexuellen Übergriffen zu schützen.

Die unmenschliche Arbeit zehrte die jungen Körper der Lehrlinge aus – viele von ihnen litten an Magenkrankheiten, an deren Folgen sie starben. 1943 kamen die meisten jungen Steinmetze in die Messerschmittbetriebe zur Montage von Flugzeugrümpfen.[172]

VERNICHTUNGSLAGER GUSEN

Abb. 17: Gusen II: Rückkehr der Arbeitskommandos, Zeichnung des französischen Überlebenden Bernard Aldebert.

Zum Steinmetzkommando gehörten auch die Handspalter, die Granitpflastersteine für den Straßenbau produzierten. Sie waren nicht zahlreich und arbeiteten unter freiem Himmel.

Die Lage der Bohrer war am schwierigsten. Sie arbeiteten im Freien, bedienten schwere Presslufthämmer und wurden ständig von den eigenen Kapos aber auch von den Kapos der Transportkolonnen, die das Material in die Steinmetzhallen brachten, angetrieben. Mehr noch als die Steinmetze waren sie den besonders brutalen Oberkapos Wuggenigg, Lipinski und Lange im Steinbruch Gusen sowie Krutzki, Schibowski, Tomanek und Stroinski in Kastenhof ausgeliefert.

Transport und Schmiede unterstützten die Arbeit in den Steinbrüchen. Die Schmiede produzierte hauptsächlich Arbeitsgeräte für Steinmetze: Stemmeisen und Meißel.

Zwei weitere große Arbeitskommandos der DESt erfuhren bedeutende Änderungen. 1941 wurde mit dem Bau des Bahnabschnittes von Gusen nach St. Georgen begonnen. Das Kommando Bahnbau war eines der schwersten.

Zunächst unterstand es Emil Lipinski und Franz Schepke und war der Albtraum der spanischen Häftlinge, die meistens diesem Kommando zugeteilt wurden. Die Übernahme des Kommandos durch polnische Kapos – Kołeczko, Ott und Bartoszewski brachte auch keine Besserung der Lage. Sie erwiesen sich als brutale Antreiber und Mörder. Besonders grausam behandelten sie die polnischen Intellektuellen. Über deren Leichen, so pflegte Bruno Ott zu sagen, würden sie nach Hause zurückkehren.[173]

Der Bau der 4 km langen Eisenbahnlinie, der Bahnrampen in Gusen und St. Georgen und der Verladeeinrichtungen dauerte rund ein Jahr. Bei den Bauarbeiten wurden mehrere tausend Kubikmeter Erdreich bewegt und eine Brücke über die Gusen errichtet. Das Bauvorhaben, das für eine rationelle Nutzung der Steinbrüche notwendig war, forderte eine enorme Anzahl Opfer, die bei dieser Arbeit verstümmelt oder getötet wurden. Auf dieser Bahnlinie wurden die Häftlinge des Lagers Gusen II in den Jahren 1943-1945 zur Stollenanlage Bergkristall und zu den Steyr- und Messerschmittbetrieben befördert.

Das Straßenbaukommando errichtete Straßen in den Steinbrüchen. Die schwerste Arbeit in diesem Kommando hatten die Steinträger. Meistens wurden Neuzugänge zu dieser Arbeit eingeteilt, um den Einlieferungsschock zu verstärken, aber auch, weil sie nicht wussten, wie man in ein besseres Kommando gelangen konnte. Die Steinträger trugen Holz-

VERNICHTUNGSLAGER GUSEN

Abb. 18: Arbeit im Steinbruch, Zeichnung des französischen Überlebenden Bernard Aldebert.

schuhe und mussten im Laufschritt Steine mit einem Gewicht zwischen 40 und 50 kg schleppen. Die Kommandoführer und Kapos trieben die Häftlinge mit Schlagstöcken an, brachten sie aus dem Gleichgewicht, stießen sie von den steilen, zum Oberbruch führenden Pfaden hinunter. Fiel ein Steinträger hin, so wurde er von den Mithäftlingen zu Tode getrampelt. Dieses Kommando war neben dem Bahnbau das schwerste Arbeitskommando. Nur die Arbeit in der Strafkompanie war noch schrecklicher.

Ähnlich schwer arbeiteten Häftlinge, die zu Erdbewegungsarbeiten eingeteilt waren, etwa beim Abtransport des Erdreiches vom Tagebau in Kastenhof, beim Zuschütten des Morastes im Unterbruch (von den polnischen Häftlingen „kleine Hölle" genannt) oder beim Aufschütten einer riesigen Terrasse für die Steinmetzhallen. In einem mörderischen Tempo mussten sie Loren mit Sand und Steinsplittern beladen und sie dann zur Kippstelle schieben. Jeweils zwei bis drei Häftlinge hatten zwei bis drei

Loren zu schieben; dabei wurden Unfälle provoziert, indem Häftlinge absichtlich unter die Loren gestoßen wurden. Man ließ Häftlinge Gruben so ausheben, dass sie unter den Erdmassen begraben wurden. Bei den Erdbewegungsarbeiten kamen besonders viele Häftlinge um.[174]

Weniger gefährlich war die Arbeit im Kommando, das die Schmalspurbahn im Steinbruch errichtete. Dieser Gruppe stand ziemlich lange Andrzej Herman, ein Pole aus Schlesien, vor. Er teilte die Arbeit gut ein und verhielt sich seinen Untergebenen gegenüber korrekt. In dieser kleinen Gruppe konnten jedoch nur 20-30 Häftlinge Zuflucht finden.

Die Errichtung von Straßen und Bahnen innerhalb der Steinbrüche waren 1942 weitgehend abgeschlossen, diese Kommandos wurden reduziert und bei Aufräumungsarbeiten in den Steinbrüchen eingesetzt, wo die Bedingungen ebenfalls schlecht waren. Nach der Entlassung von Andrzej Herzog 1943 nahm sich sein Nachfolger den Kapo Józef Kołeczko zum Vorbild und machte aus dieser Arbeitsgruppe eines der schwersten Kommandos.

Das Kommando Bauleitung arbeitete bei der Errichtung von Steinmetzhallen, Magazinen und Hallen für die Hilfsbetriebe der DESt. Es bestand aus verschiedenen Arbeitsgruppen: Maurern, Tischlern, Häftlinge beim Schieben der Loren. Zeichnung eines Häftlings Glaserern, Dachdeckern, Elektro- und Wasserinstallateuren usw. Die Gruppen arbeiteten zumeist in geschlossenen Räumen, das Arbeitstempo konnte dort verlangsamt werden, weil die Aufmerksamkeit der Aufseher geteilt war.

1943 entstand das Kommando Bauleitung II für Bauarbeiten im Auftrag der Steyr- und Messerschmittwerke. Gearbeitet wurde in einem mörderischen Tempo, besonders als Gusen in das System der sogenannten Alpenfestung eingegliedert wurde.

Sehr schwer war die Arbeit in den Kommandos Werkzeugmagazin, Ablader, Bahnhof St. Georgen und Mayrhof. Hier war das Arbeitstempo von der Zahl der Lieferungen abhängig. In der Zeit der Lagererrichtung war sie sehr hoch, daher waren die Häftlinge der Kommandos Ablader und Bahnhof St. Georgen ohne Rücksicht auf Tageszeit und Witterung im Einsatz. Häufige Arbeitsunfälle, wie Arm- und Beinbrüche, Fingerquetschungen, Leistenbrüche sowie Misshandlungen durch die Kapos lichteten die Kommandoreihen. Selbst die zusätzlichen Suppenrationen, die an diese Kommandos ausgeteilt wurden, konnten dies nicht verhindern. Ähnlich schwer war der Einsatz in den Magazinen, mit dem einzigen Unterschied, dass die Arbeit dort unter Dach verrichtet wurde.

Die Kommandos Steyr und Messerschmitt

Anfang 1943, als die Errichtung der Steinmetzhallen eigentlich ihrem Ende zuging, ließen sich in Gusen die Steyr-Daimler-Puch AG und am Ende dieses Jahres auch die Messerschmittwerke nieder. Für diese Betriebe errichteten Häftlinge neue Hallen und Stollen nahe Kastenhof, in denen sie dann als Fräser, Schweißer und Monteure eingesetzt wurden.

Die neu gebildeten Kommandos waren noch größer als die Steinbruchkommandos. Die Kommandos Kellerbau I, II und III bauten die Stollen. Sie mussten riesige Hallen aus dem Steinfels heraushauen und die Hallenwände verputzen oder mit Steinplatten verkleiden, sowie die notwendige Infrastruktur errichten (elektrische Leitungen, Wasserver- und -entsorgung, Transportbahn, Aufstellen der Werkzeugmaschinen).

Die in drei und später nur in zwei Schichten geführten Arbeiten erforderten ein Zusammenwirken verschiedener Arbeitsgruppen: Bohrer, Maurer, Elektroinstallateure, Monteure u.a. Einige Arbeiten beim Vortrieb der Stollen wurden maschinell ausgeführt. Spezielle Bergbaumaschinen, die von polnischen Technikern im Konstruktionsbüro entwickelt wurden, erleichterten die Arbeit, die aber trotzdem gefährlich blieb. Oft wurden Arbeiter in den Stollen von Felsbrocken erdrückt oder beim Vortrieb im Sandstein verschüttet. Oft ließ man Häftlinge unter Felsüberhängen oder unterhalb der gefährlichen sandigen Abbauräume arbeiten. Die Zahl der beim Stollenbau registrierten Unfälle war enorm.[175]

Noch gefährlicher als der Stollenvortrieb in Kastenhof war der Einsatz bei der Errichtung des Stollens in St. Georgen, unter einem mit Schotter durchsetzten Sandfelshügel. Hier wurden noch mehr Häftlinge verschüttet als im Kommando Kellerbau.

Bei der Errichtung der Stollen in Kastenhof und St. Georgen arbeiteten insgesamt 5.000 bis 6.000 Häftlinge. Zunächst wurden sämtliche Insassen des Lagers Gusen II nach St. Georgen zu Bergbauarbeiten gebracht. Nach Fertigstellung der Hallen lief dort die Produktion an.

Das Kommando Steyr (ca. 6.200 Häftlinge) arbeitete in den Hallen und im Stollen Kellerbau I, wo die Maschinenausstattung oft veraltet und deshalb schwer zu bedienen war. Die meisten Häftlinge verfügten über keine einschlägige Berufsausbildung, doch waren die an sie gestellten Anforderungen hoch.

Das Steyrkommando stellte Bestandteile für das Repetiergewehr Mauser K98 sowie für Maschinenpistolen MP40, MP42 und MP43 her, die anschließend von Gusen nach Wels zum Härten gebracht wurden.[176] [i] Die von den Häftlingen gefertigten Waffenbestandteile mussten besonders genau ausgeführt werden. Der Stahlverbrauch wurde sorgfältig kontrolliert. Mangelhafte Produktion galt als Sabotageakt.

Die Häftlingsarbeit erfolgte im Akkord. Wenn ein Häftling eine hohe Fertigkeit in der Maschinenbedienung erreichte, wurde seine Norm erhöht. Die Normerfüllung wurde von den Kapos Karl Forttaner und Karl Donnecker (General genannt) – zwei Verbrechern und Polenschindern – sowie von den Hilfskapos, meist Deutschen, überwacht. Wie Józef Żmij vermerkte, „machten leider auch einige polnische Kapos, zum Glück nicht alle, dabei mit."[17]

In den Steyrwerken gab es zwar SS-Aufseher, aber auch eine größere Gruppe technisches Zivilpersonal, das von der Lagerleitung eine bessere Verpflegung und medizinische Versorgung der Häftlinge forderte. Grund dafür war keinesfalls Mitgefühl für die Häftlinge, es ging hier vielmehr um die Hebung der Arbeitsleistung. Infolge dieser Vorsprachen erhielten Häftlinge des Steyrkommandos zusätzliche Zuteilungen von Knorrsuppe[178] und ab und zu auch Magermilch. 1944 wurden diese Zusatzrationen eingestellt.

Für die Messerschmittwerke arbeiteten 10.000 bis 15.000 Häftlinge aus Gusen I, Gusen II und Gusen III. In Gusen I waren die Hallenarbeiter untergebracht, die Flugzeugtragflächen- und -rümpfe montierten. Die Häftlinge von Gusen II stellten Teile von Flugzeugmotoren her und montierten Flugzeugrümpfe sowie A-4 Raketen (V2); [ii] die Insassen von Gusen III wurden in den Magazinen eingesetzt.

Neben Arbeiten an neuen Stollen in den Felsen von St. Georgen (BA III oder Bergkristall) führte das Messerschmittkommando verschiedenste Aufgaben für die Produktion der V2-Raketen und der Me 262 Flugzeuge aus.

Die Arbeit der zahlenmäßig größten Arbeitsgruppe dieses Kommandos im Stollen Bergkristall beschreibt Tadeusz Hanuszek in der Aussage

---

i   Die Waffenteile wurden nur anfangs zum Härten nach Wels gebracht, zu einem späteren Zeitpunkt betrieb die SDP in Gusen eine eigenen Härterei, vgl. etwa den Bericht von Emil Samek, AMM B/12/82. Anderen Berichten zufolge wurden in Gusen neben dem Karabiner K98 Teile für die MP 40 und MP 44 produziert, außerdem Teile von Flugmotoren, vgl. etwa Bericht Emil Samek, ebd.; Eug. [Eugen] Thomé: 25 Monate Gusen I. In: Letzeburger zu Mauthausen, hg. v. Amicale de Mauthausen. Luxembourg: ²1970, S. 246-362, hier 274ff.
ii s.o., Kap. II, S. 53, Anm. i.

vor dem Staatsanwalt unmittelbar nach seiner Heimkehr. Hier einige Auszüge daraus.

„Die ganze Fabrik befand sich im Berginneren. Sie wirkte wie eine Kleinstadt. In den Gängen waren Maschinen sowie Schlosser- und Mechanikerwerkstätten untergebracht, wo ca. 2.500 Häftlinge in zwei Schichten arbeiteten. In den Gängen gab es keine Entlüftung, eine Hauptleitung zur Entlüftung wurde erst vorbereitet [...] Die Häftlinge starben an Luftmangel oder infolge von Vergiftung mit Schweißgasen und Schmiermitteln. Oft schliefen Häftlinge bei der Arbeit vor Erschöpfung ein. Die Standardstrafe für das Einschlafen am Arbeitsplatz war die Todesstrafe. Die deutschen Kapos hängten die Häftlinge sofort am Arbeitsplatz auf."[179]

Das Verhältnis zwischen den Häftlingen und dem Zivilpersonal der Messerschmittwerke war schlecht. Viele Werkmeister gehörten einer besonderen SS-Werkschutzorganisation an.

Andere gewinnbringende Kommandos

Andere Kommandos, deren Arbeit gegen Entgelt von der SS verliehen wurde, wurden bei der Regulierung der Gusen, bei der Errichtung eines Hafens, bei der Aufschüttung eines Deiches an einem Nebenfluss der Donau und bei der Waldrodung eingesetzt.

Nur die Gusenregulierung dauerte länger – zwei oder drei Jahre, die anderen genannten Kommandos waren meistens nur eine Sommersaison tätig. Die Gusenregulierung war eines der schwersten Kommandos – rund 150 Häftlinge befestigten einen Flussuferabschnitt von 3-4 km Länge mit Pflöcken und Faschinen. Die Häftlinge mussten unter größter Anstrengung Baumstämme heranschaffen, die zur Uferbefestigung benötigt wurden. Im Laufschritt schleppten sie Erde und Schlamm aus dem Flussbett mit Schubkarren oder in Tragkörben fort. Der tägliche 4 km lange Anmarsch vom Lager zur Einsatzstelle und zurück machte ihnen zusätzlich zu schaffen. Der Kommandoführer Walter Stiegele und der Kapo Franz Schepke („einer der grausamsten Mörder überhaupt") trieben die Häftlinge mit Schlägen zu übermenschlichen Anstrengungen an. „Eine Aufgabe, für die 20 Leute nötig gewesen wären, musste von 4 Häftlingen ausgeführt werden" erinnern sich die dort Beschäftigten.[180] Die Arbeit wurde selbst bei strömendem Regen nicht unterbrochen. In diesem Kommando gab es viele Ausfälle, laufend wurde es durch Neuzugänge ergänzt. Viele Polen und Spanier sind bei dieser Arbeit umgekommen.

Für die DESt arbeiteten ebenfalls eine Bäckerei[i] und eine Ziegelei in Lungitz. Anfangs wurden etwa hundert, später etwa zweihundert Häftlinge dorthin transportiert, manchmal, wenn Beförderungsmittel fehlten, mussten die Häftlinge zu Fuß gehen. Die Lehmaufbereitung und die Technologie der Ziegelproduktion waren äußerst primitiv. Um hohe Produktionsergebnisse zu erzielen, wurde ein wahnsinniges Arbeitstempo aufgezwungen. Die gezielt rekrutierten Kapos ließen nicht die geringste Pause zu, sie schlugen die „Faulenzer" mit Stöcken oder bewarfen sie mit Ziegeln.

Das Lungitzkommando war ebenso schwer wie die Strafkompanie. Man konnte hier nur kurz aushalten. Die durch die Arbeit entkräfteten Häftlinge wurden schnell zu Muselmännern und gelangten entweder in den Invaliden-Block oder zusammengeschlagen ins Krankenrevier.

Einkünfte aus der Häftlingsarbeit

Nie zuvor in der Geschichte war die Ausbeutung von Zwangsarbeitern so rücksichtslos gewesen. Nicht einmal die Sklavenbesitzer waren daran interessiert, die für sie arbeitenden Menschen schnell zu Tode zu schinden. Die SS hingegen erfüllte zwei Aufgaben zugleich: Ausbeutung und Vernichtung. Für die Häftlingsarbeit nahm sie ein Entgelt, von dem ein Teil für die Unterhaltskosten der Häftlinge abgezogen und der Rest einbehalten wurde. Bis Ende 1942 erhielt die SS von ihren eigenen Unternehmen (DESt, DAW u. a.) lediglich 0,30 RM/Tag pro arbeitenden Häftling. Ab 1. Januar 1943 bis Kriegsende wurde in den SS-eigenen Betrieben 1,50 RM/Tag für einen Facharbeiter und 0,50 RM/Tag für einen Helfer gezahlt. Privat- und Rüstungsunternehmen zahlten bereits 1943 2,50 RM für einen Fach- und 1,50 RM für einen Hilfsarbeiter und ab 1. Januar 1944 – 5 bzw. 3 RM. Die im Stollenbau tätigen Firmen, die dem Sonderstab Kammler angehörten, zahlten sogar 6 RM für einen Fach- und 4 RM für einen Hilfsarbeiter, unabhängig davon, ob die Arbeit am Tag oder in der Nacht geleistet wurde. Dank dieses Preisvorteils war die Wettbewerbsfähigkeit der SS-eigenen Betriebe sehr hoch.[181]

Die Gusener Häftlinge verfügten nur in Ausnahmefällen über Fachkenntnisse, die für die dortigen Produktionen benötigt wurden. Um den

---

i   Die Großbäckerei in Lungitz wurde ab Oktober 1943 von der SS-Lagerverwaltung errichtet und betrieben, Tätigkeitsbericht Nr. 2 des Verwaltungsführers Mauthausen, 1. 10. 1943, AMM Zwischenarchiv Bd. 3 (Kopie)

vollen Tagessatz für jeden dort arbeitenden Häftling zu erzielen, wurden Arbeitsnormen wie für einen zivilen Facharbeiter festgelegt. Die Normen wurden ständig erhöht, so dass die ursprüngliche Tagesnorm von 60 Stück im Handspalterkommando, in dem händisch Granitpflastersteine für den Fahrbahnbau erzeugt wurden, schrittweise auf 300 Stück und in den letzten zwei Kriegsjahren auf 500 Stück angehoben wurde, also auf die Norm von Zivilfacharbeitern. Die angelernten Häftlinge mussten somit die Leistung von Facharbeitern erzielen.

Als die Arbeit in den Kommandos von „Bewegung" auf „Leistung" umgestellt wurde, nahm die Qualität der Häftlingsarbeit an Bedeutung zu. Ein Muselmann, d. h. ein Häftling, der nicht imstande war, jene Tagesnorm zu erfüllen, für die das Unternehmen an die SS ein Entgelt zahlte, wurde zur Arbeit in einem Produktionskommando nicht mehr zugelassen. Die in die Lagergeschichte eingegangene Frage von Ing. Paul Wolfram „Was soll ich mit dem Mist?", die er angesichts einer 1942 zur Arbeit im Steinbruch getriebenen Häftlingskolonne stellte, war der Protest eines Sklavenpächters, der sich betrogen fühlte, weil man ihm arbeitsunfähige Häftlinge untergejubelt hatte. Dies war ein Grund mehr für die Lagerleitung, sich der ausgezehrten Häftlinge schnell zu entledigen. So kam das Prinzip der Vernichtung durch Arbeit voll zur Geltung.[182]

Deutsche Historiker, die sich mit der Geschichte der SS befassen, behaupten, dass die Arbeitsleistung der Häftlinge niedrig war. Sie stützen sich dabei auf Berichte der SS-Lageraufsicht sowie Aussagen der DESt-Leiter im Nürnberger Prozess. Nach ihren Schätzungen schwankte die Arbeitsleistung eines Häftlings zwischen 5 und 50 Prozent der Normalleistung ziviler Facharbeiter, je nach Betriebsart und Arbeitsverhältnissen, was etwa den üblichen Erfahrungen mit der Arbeitsleistung von Gefängnisinsassen entsprach. Besonders niedrig war die Häftlingsleistung in den Steinbrüchen der DESt, sie betrug hier angeblich nur 10 bis 20 Prozent, teilweise sogar nur 5 bis10 Prozent der Leistung der freien Arbeiter.[183] Das ist eine offensichtlich falsche Behauptung, die dazu dienen soll, den Vorwurf, Vernichtung durch Arbeit betrieben zu haben, zu entkräftigen. Wenn man die Arbeit von Häftlingen mit jener ziviler Arbeiter vergleicht, kann man annehmen, dass die Häftlingsleistung 50%-100% der in den Steinbrüchen beschäftigten Zivilarbeiter bzw. 70-80% und 100% der in der Rüstungsindustrie Beschäftigten betrug. Wenn man die körperliche Auszehrung der Häftlinge, ihre Mangelernährung und ihren psychischen Zustand berücksichtigt, war ihre Arbeitsleistung sehr hoch.

Die Arbeitsleistung der Häftlinge befriedigte das WVHA natürlich nicht. Das Amt verlangte von der SS-Aufsicht, eine noch höhere Leistung zu erzwingen. Die SS-Wachmänner wurden angehalten, die Häftlinge anzutreiben. Um das Interesse der Lagerkommandanten an der Produktion zu fördern, ernannte sie Pohl bereits Ende April 1942 zu Betriebsdirektoren der Lagerunternehmen mit einer zusätzlichen Aufwandsentschädigung für diese Funktion in Höhe von 100-300 RM pro Monat. Kommandant Ziereis erhielt den höchsten Satz, 300 RM.[184] Als Verantwortlicher für die Produktionsleistung wurde er zum Vorgesetzten der Werksleiter.

Man versuchte die niedrige Arbeitsleistung durch eine Verlängerung der Arbeitszeit auszugleichen. Nach der von Pohl am 22. November 1943 erlassenen Anordnung hatte sie täglich 11 Stunden „reiner" Arbeit zu betragen, es wurde auch empfohlen, an Sonntagvormittagen zu arbeiten, was die Arbeitswoche von 66 auf 70 Stunden verlängerte.[185] Der Mangel an Ruhephasen bewirkte jedoch ein weiteres Absinken der Arbeitsleistung und eine höhere Sterblichkeit.

Um die Häftlingsleistung zu erhöhen, kamen auch Anreize verschiedener Art zur Anwendung. In einer den Lagerkommandanten übermittelten Dienstvorschrift vom 15. Mai 1943 empfahl Pohl fünf verschiedene Vergünstigungen zur Erhöhung der Häftlingsleistung: 1. Hafterleichterung; 2. Verpflegungszulagen, 3. Geldprämien; 4. Tabakwarenbezug; 5. Bordellbesuch.[186] In den Lagern, die dem Kommandanten von Mauthausen unterstanden, wurde diese Dienstvorschrift erst am 18. November 1943 in Kraft gesetzt. Mit einem Sonderbefehl verfügte Kommandant Ziereis, die Häftlinge mit Prämienscheinen für Mehrleistung zu belohnen, und legte dabei fest, dass die Prämie von 0,50 bis 4,00 RM wöchentlich, in besonderen Ausnahmefällen sogar bis 10,- RM, zu betragen habe. „Mit den Prämienscheinen haben die Häftlinge die Möglichkeit, in den Kantinen Rauchwaren und sonstige Bedürfnisse zu erstehen."[187]

Diese Maßnahmen sollten die Häftlinge zu Mehrleistung anspornen. In der Praxis jedoch wurden sie in erster Linie zur Belohnung der Funktionshäftlinge, Kapos und Hilfskapos, die die Häftlinge zur Arbeit antrieben. So wurde diese Verfügung durch die Lagerkommandanten ausgelegt. In demselben Sonderbefehl, in dem die Anordnung Pohls in Kraft gesetzt wurde, verfügte Ziereis, Kapos größerer Kommandos durch Prämienscheine in Höhe von 3,00 RM, Kapos kleinerer Kommandos – 2,00 RM, Blockälteste – 3,00 RM und Stubenälteste – 2,00 RM zu belohnen.[188]

Die Abwicklung der Prämienscheinezuteilung wurde zu einer der größten SS-Lageraffären. Man begann an die in den Steyr-Werken und den Steinmetzhallen beschäftigten Häftlinge, die sich durch Mehrleistung ausgezeichnet hatten, Prämienscheine im Wert von 0,50 bis 3,00 RM wöchentlich auszugeben. Durchschnittlich wurden 0,30 RM täglich pro Häftling in der Rüstungsindustrie ausbezahlt. In den Steinbrüchen kam ein gesonderter Tarif für die einzelnen Steinmetzerzeugnisse zur Anwendung. Hier waren die Normen so hoch, dass eine Mehrleistung und damit eine Prämie schwer zu erzielen waren. Überdies wirkten die Missstände bei der Prämienzuteilung nicht wirklich als Anreiz. Die Berechnung der Mehrleistung oblag den Kapos und die Zuteilung der Prämienscheine sowie Bestellungen in der Kantine den Blockschreibern. Durch Machenschaften beider Funktionshäftlingsgruppen kam es zu betrügerischen Transaktionen, bei denen sich die SS-Führer in den Kantinen, Kapos und Blockschreiber auf Kosten von Häftlingen bereicherten. Außerdem gab es Abzüge für den Bedarf von Blocks oder Blockältesten.

Die Ausgabe der Prämienscheine wurde im Winter 1944/1945 eingestellt, weil die eingeschränkten Lieferungen von Lebensmitteln (ab Herbst 1944) und Rauchwaren (ab November 1944) die Einlösung der Scheine unmöglich machten. Daher verfehlten die Prämienscheine ihr Ziel – sie bewirkten keine Mehrleistung.

Häftlinge, die bei der Arbeit säumig waren, wurden hingegen immer bestraft. Einem Häftling in der Steinmetzhalle oder in den Steyrwerken, der die Tagesnorm nicht schaffte, wurde vorgeworfen, er sabotiere eine für die Verteidigung des Reiches oder für seinen Sieg wichtige Produktion oder handle gegen das Staatsinteresse. Für solche „Sabotageakte" gab es vor allem Prügelstrafen von Kommandoführern persönlich oder auf deren Geheiß von Kapos. Laut einer Anordnung Himmlers waren das für gewöhnlich 25 Hiebe mit einem Ochsenziemer auf das nackte Hinterteil. Ein Kapo, in dessen Arbeitseinheit die Produktion weit hinter der Norm zurückblieb, fürchtete seine Absetzung, daher prügelte er, sozusagen präventiv, diejenigen, die die Erfüllung der vorgeschriebenen Norm gefährdeten.

Die SS profitierte sowohl von der Beschäftigung der Häftlinge in eigenen Betrieben als auch von ihrem Verleih. In einer amtlichen, von der WVHA ausgearbeiteten „Rentabilitätsberechnung der SS über die Ausnutzung der Häftlinge in den Konzentrationslagern", wurde festgestellt, dass bei der Annahme einer durchschnittlichen Lebensdauer eines Häftlings von 9 Monaten und einem täglichen Verleihungsentgelt von 6 RM, sowie bei der Berücksichtigung der Verpflegungs-, Bekleidungs- und sogar Leichenverbrennungskosten (entsprechend 0,60 RM, 0,10 RM täglich bzw. 2 RM) der Reinertrag 1.431 RM betrug. Dazu kamen noch weitere 200 RM Einnahmen aus Zahngold, Bekleidung sowie Geld und Wertsachen des Verstorbenen. Somit machte der Reinertrag insgesamt 1.631 RM pro eingesetztem Häftling aus.[189]

In den Kommandos, die der SS Gewinne brachten, arbeiteten 85-95% aller Lagerinsassen; dieser Prozentsatz wurde 1944, mit dem Anstieg der Häftlingszahl, höher. Der tägliche Barertrag aus dem Einsatz der Häftlinge in den SS-eigenen Betrieben und aus der Überlassung der Arbeitskräfte an Rüstungsbetriebe kletterte von 27.000 RM im Jahr 1943 auf 115.900 RM in den Jahren 1944-1945.

Lagerinterne Kommandos

Die lagerinternen Kommandos, die für die SS in ihrer Eigenschaft als Lagereigentümerin arbeiteten, wurden für weniger wichtig gehalten. Diesen Kommandos wurden schwächere Häftlinge zugewiesen, bei denen weder eine höhere Arbeitsleistung noch eine längere Lebenszeit zu erwarten waren. Bei Bedarf wurden in diesen Kommandos auch Fachleute eingesetzt, um ein tadelloses Funktionieren der Infrastruktur zu gewährleisten.

Als das Lager errichtet wurde, war das Kommando „Barackenbau" das zahlenmäßig stärkste und schwerste. Die Baracken wurden aus vorgefertigten Teilen zusammengesetzt: Wandelementen aus Brettern, Dachkonstruktionen sowie Fenster- und Türelementen. Eine Baracke wurde nicht auf einem Fundament sondern auf Pfählen oder Pfeilern ohne Grundmauer montiert. Der Transport der Elemente für den Bau war mühselig – alles musste auf Schultern getragen werden; weder Handwagen noch Heber standen zur Verfügung.[190]

Obwohl die Arbeit schwer war, meldeten sich polnische Häftlinge gerne dazu, weil man hier weniger prügelte. „Da beim Barackenbau Fachkräfte wie Zimmerleute, Tischler und Maurer benötigt wurden, hat man sie einigermaßen in Ruhe gelassen," schreibt Osuchowski.[191] Von den Facharbeitern lernten auch Häftlinge, die keine Handwerker waren, wie man die Baracken montiert.

Das Kommando Barackenbau arbeitete mit Unterbrechungen bis 1944. Es baute das Lager Gusen aus und errichtete SS-Unterkünfte und

Kleidermagazine der SS, die später zum Lager Gusen II umfunktioniert wurden. Zeitweise beschäftigte dieses Kommando bis zu 100 Häftlinge.

In den Jahren 1940-1942 arbeiteten die Gusener Häftlinge in St. Georgen genauso schwer. Sie errichteten dort 8 einstöckige Zweifamilienhäuser für die Mitglieder der Gusener Lagerleitung sowie für den Vorstand und die Verwaltungsmitarbeiter der Mauthausener DESt-Niederlassung (SS-Siedlungskommando). Erschwerend kam hier die ständige Anwesenheit der SS-Führer hinzu, die an einer schnellen Fertigstellung ihrer Wohnungen interessiert waren. Kapo Franz Taschwer sowie seine Hilfskapos zwangen die Häftlinge zu einem unmenschlichen Arbeitstempo, das viele nicht aushielten. Völlig erschöpft mussten sie nach 10 oder 11-stündiger „reiner" Arbeitszeit zu Fuß ins Lager zurückmarschieren. Diese Arbeitsgruppe zählte zu Beginn 300, nach dem Abschluss der Maurerarbeiten nur mehr 150 Personen.

Die Maurerarbeiten im Lager wurden vom Maurerkommando ausgeführt. Es errichtete die Lagermauer und einen Großteil der Lagereinrichtungen: Wasch- und Duschräume, Aborte und das Krematorium. In den Jahren 1942-1943 baute es die einstöckigen Blocks 6 und 7. Die Verhältnisse in diesem Kommando waren sehr schlecht. Sein Kapo Walter Junge war ein Polenfeind und Sadist, er verschonte nur die Facharbeiter, die Hilfskräfte wurden von ihm misshandelt und geprügelt; er verlangte von ihnen eine mörderische Arbeitsleistung. Anfangs zahlenmäßig sehr stark, war es nach 1942 nur schwach besetzt. Nach und nach wurden die Häftlinge in andere Kommandos versetzt und entkamen so seiner Willkür. Maurer wurden in Gusen nicht ausgebildet.

Im Anfangstadium war das Lager wegen fehlender Sanitäranlagen von Epidemien bedroht. Daher musste ein Kanalisationssystem geschaffen werden. Dieses wurde von dem kurzzeitig tätigen „Entwässerungskommando" erbaut. Obwohl für die fachgemäße Errichtung von Gräben und das Verlegen von Rohrleitungen große Fertigkeit und Kraft erforderlich waren, arbeiteten in diesem Kommando meist Häftlinge ohne Fachkenntnisse. Sein Kapo Ludwig Schlammerl forderte für diese Arbeiten ein ungeheures Tempo, auf Kosten von Gesundheit und Leben Dutzender Häftlinge. „Sein Lieblingsspielchen war – schreibt Osuchowski – mit seinem eisenbeschlagenen Schuh gegen Schienbeine zu treten."[192] 1941 war das Kanalsystem fertig. Das Kommando wurde aufgelöst, erst 1944 wurde mit den Kanalbauarbeiten in Gusen II begonnen. Diese Arbeiten wurden zwar in kleinerem Umfang, aber unter genauso schrecklichen Bedingungen ausgeführt.

Kleinere lagerinterne Kommandos, die zu Beginn bei der Errichtung des Lagers und der Steinmetzhallen arbeiteten und Dachdecker, Elektriker, Installateure, Glaserer, Tischler sowie Zimmerleute beschäftigten, bestanden die ganze Zeit und wurden hauptsächlich bei Wartungsarbeiten im Lager und in den SS-Unterkünften eingesetzt. Die Arbeit in diesen Kommandos wurde von den Häftlingen hoch geschätzt, sie verlief ruhiger als in den großen Kommandos, und wurde in Gruppen ausgeführt, deren Mitglieder aufeinander eingespielt waren und sich gegenseitig halfen.

Das Kommando Holzplatz, das alle Betriebe mit Holz versorgte, arbeitete mit den Werkstätten zusammen, unter ähnlichen Bedingungen. Hier wurden auch die an der Ostfront erbeuteten Munitionsanhänger und Gestellwagen sowie Barackenteile aus evakuierten Lagern in Polen ausgeladen. Der Pole Czesław Darkowski war Kapo in diesem Kommando und eine der hilfsbereitesten Personen im Lager.

Die ganze Zeit über arbeitete auch das Lagerkommando, dessen Aufgaben sich ständig änderten. Zu Beginn waren es hauptsächlich Erdbewegungs- sowie Pflasterarbeiten, die Errichtung des Appellplatzes und der Lagerstraßen. Kapo war hier einer der gemeinsten Banditen, Karl Matucha. Die Arbeit unter seiner Aufsicht war schon allein deswegen gefährlich, weil „er alles, was gemacht wurde, grundsätzlich für falsch hielt. Er legte seinen Meterstab an, und wenn er feststellte, dass die geforderte Längen- oder Höhenabmessung um ein paar Millimeter über- oder unterschritten wurde, verprügelte er alle der Reihe nach, sogar seinen Stellvertreter. Matucha trug keinen Schlagstock. Er konnte sich ja überall ein Brett greifen und damit jemandem den Kopf spalten."[193] Die Arbeitsbedingungen in diesem Kommando wurden auch durch die ständige Anwesenheit der SS-Führer erschwert, die auf einen raschen Ausbau des Lagers drängten und der Blockältesten, die möglichst schnell eine Straße vor dem eigenen Block haben wollten, um dort Blockappelle zu veranstalten und die Häftlinge nach ihrem Gutdünken zu drillen.

Die schwerste Arbeit des Lagerkommandos war das Straßenwalzen. Auf einem Steinunterbett wurde eine Schotterschicht verlegt und mit einer Sandschicht bedeckt, danach eine Betonwalze darüber gerollt. Um sie zu bewegen, hätte man eine Zugmaschine mittlerer Leistung gebraucht. Im Lager wurden ihr 12-20 Häftlinge vorgespannt, die meistens nicht einmal zum Sand- oder Steinetragen fähig waren. Sie wurden mit einem Schlagstock zu der oft letzten Anstrengung gezwungen. In der Sommerhitze des Jahres 1940 starben dabei Dutzende. Das Kommando war eine

Art Strafkompanie und wurde von den Häftlingen genauso wie die eigentliche Strafkompanie gefürchtet.

Das Lagerkommando wurde von den Steineträgern mit Steinen für den Straßenbau beliefert. Fast zwei Jahre lang gehörte es zu den gefährlichsten lagerinternen Kommandos. Die meisten Häftlinge mussten hier zumindest vorübergehend arbeiten, die einen, weil sie dem Kommando zugeteilt waren, die anderen, weil sie in ihrer arbeitsfreien Zeit, am Sonntag oder am täglichen Rückweg vom Steinbruch zusätzlich zum Steinetragen gezwungen wurden. Die Lagererrichtung erforderte eine riesige Menge Steine für das Unterbett des Appellplatzes und der Straßen, für die Errichtung der Lagermauer, der Wachtürme und des Jourhauses. Monatelang sorgte eine lange Häftlingskolonne, die sich wie ein lebendiges Förderband vom Lager zum Steinbruch im Laufschritt hinauf und zurück bewegte, für die Anlieferung des benötigten Baumaterials. Damit dieses menschliche Förderband ein hohes Tempo erreichte, postierten sich entlang der Häftlingskolonne verschiedene deutsche Gehilfen und trieben die Steineträger mit Schlagstöcken an. Am schlimmsten war der Moment, als ein Stein aufgehoben werden musste. Der Kommandoführer und die Kapos sorgten dafür, dass der Stein groß genug war.

Das Steineträgerkommando unterschied sich von der Strafkompanie dadurch, dass man Steine und keine Fäkalien zu tragen hatte. Die Brutalität der Kapos, die Prügel der Aufseher, die ihre Aufsichtstätigkeit unter Beweis stellen mussten, Gebrüll und Beschimpfungen, das Stoßen und Beinstellen, denen die sich in Holzschuhen ungeschickt bewegenden Häftlinge ausgesetzt waren, waren in beiden Kommandos gleich. „Infolge von Verwundungen und Beinverletzungen schmolz die Zahl der Steineträger sehr rasch – stellt Jerzy Osuchowski fest – dagegen füllten sich schnell die Invalidenblocks und die Baracken des Krankenreviers."[194]

Nach Ende des Lagerausbaus gab es im Lagerkommando trotz steigender Häftlingszahlen immer weniger Personen. Rund 400 Häftlinge waren auf ungefähr ein Dutzend Arbeitsgruppen aufgeteilt. Sie sorgten für die Verpflegung und Bekleidung des ganzen Lagers, für die Ordnung und Sauberkeit auf dem Lagergelände, für die Kranken im Revier und die Leichenverbrennung im Krematorium. Andere Gruppen waren für die Lagerleitung und SS-Mannschaft tätig oder kümmerten sich um die Landwirtschaft.

Die Aufgaben dieses Kommandos änderten sich im Lauf der Zeit. Es war auch für das Planieren des Geländes rund um die Häftlingsblocks, die Blumenbeete vor den Blocks und in den Jahren 1941-1944 hauptsächlich für die Sauberkeit der Straßen, der Waschräume und der Aborte zuständig. Diesem Kommando wurden Invalide zugeteilt, die als Reiniger dem neuen Kapo dieses Kommandos, Van Loosen, der düstersten Gestalt in der Geschichte des Lagers Gusen, Mordkapo genannt, unterstellt waren. Das Lagerkommando, bei dem zu diesem Zeitpunkt keine gefährlichen Arbeiten anfielen, war deshalb gefährlich, weil Van Loosen – oft ohne scheinbaren Anlass – Invalide in den Waschraum führte, um sie eigenhändig zu töten.

Eine große Häftlingsgruppe arbeitete bei der Lebensmittelversorgung des Lagers. Dazu gehörten die Küche mit den Köchen und Kartoffelschälern sowie ein Kartoffel- und Kohlemagazin.

In den Jahren 1940-1942 war das Kartoffelschälerkommando am zahlreichsten, weil selbst bei den geringen Zuteilungen rund 2 Tonnen Kartoffeln täglich geschält werden mussten. Die Arbeit erfolgte größtenteils in der Nacht und war sehr anstrengend, da die Kartoffelschäler auch dann nicht schlafen durften, wenn sie nichts zu tun hatten. Nur sehr widerstandsfähige Häftlinge hielten länger durch. Die Schwächeren schliefen im Sitzen ein. Der Kommandoführer der Küche, Stiegele, goss eimerweise Wasser über sie und verbot ihnen, die Kleidung zu trocknen; danach mussten sie 3-4 Stunden in der Kälte stehen oder auch nach Arbeitsschluss arbeiten.[195] Ab 1943 wurden die Kartoffeln nicht mehr geschält. Viele Häftlinge bemühten sich um eine Arbeit in der Küche, weil sie die Möglichkeit bot, sich satt zu essen. In den letzten Jahren arbeiteten dort vorwiegend Spanier.

Für die Bekleidung der Häftlinge waren die Kommandos Bekleidungskammer und Wäschekammer sowie Wäscherei und Desinfektion zuständig. Eine besondere Rolle kam dem Kommando Effektenkammer zu, das persönliches Eigentum der Häftlinge sortierte: Bekleidung, Gegenstände des persönlichen Gebrauchs, manchmal auch Dokumente, die bei der Festnahme nicht konfisziert wurden. Zunächst wurde das Hab und Gut eines Häftlings nach seinem Tod der Familie geschickt. Man musste diese Gegenstände aussuchen, ordnen und sie zum Versand vorbereiten. Auch als der Versand aufhörte, wurde dieses kleine Kommando weiterhin eingesetzt, um die gelagerten Koffer und Säcke zu sichten. Diese Gruppe hatte am meisten zu tun, wenn neue Transporte ins Lager kamen und mit ihnen auch alle „Effekten" der Neuzugänge.

Die größte Gruppe des lagerinternen Kommandos waren die in Werkstätten beschäftigten Schuster, Schneider und Sockenstopfer. Sie sollten für die Schuhe, Kleider und Socken der Häftlinge sorgen, aber bald wurden sie auch zu Schustern, Schneidern und Sockenstopfern der SS-Mannschaft. Zu dieser Arbeit teilte man ältere Häftlinge ein. Ab dem Zeitpunkt, als in der Lagerschreibstube tätige Häftlinge die Zuteilung zu manchen Kommandos selbständig vornehmen durften, teilten sie neu ins Lager überstellte ältere Akademiker, Lehrer und Journalisten den Werkstätten zu. Die Kapos dort waren Polen (Gajewski, Mikołajczak), einige weniger aggressive Deutsche, die Schustergruppe wurde sogar von dem Bibelforscher Martin Meilinger geleitet. Sie alle wurden von den Häftlingen wegen ihres menschlichen Verhaltens geschätzt. Auch die Kommandoführer dieser Gruppen – es waren meist ältere SS-Unteroffiziere – verhielten sich nicht aggressiv.

Die SS-Führer begriffen ziemlich schnell, dass sie diese Kommandos für ihren Privatbedarf nutzen können. Sie gaben Anzüge, Mäntel und Wäsche für sich selbst und ihre Familien in Auftrag. Als Ausgangsmaterial diente die aus der Effektenkammer gestohlene Privatkleidung von Häftlingen. Mitunter wurden diese Kleidungsstücke heimlich geschneidert. Damit der Lager- oder Rapportführer nichts davon bemerkt, wurden Warnposten aufgestellt. Für diese Aufträge bekamen die Häftlinge manchmal Brot oder Zigaretten.

Eine gesonderte Arbeitsgruppe bildete das Sanitätspersonal des Krankenreviers. Zu Beginn bestand es lediglich aus einigen Personen, in den Jahren 1942-1944 gehörten dieser Gruppe bis zu 70-80 Häftlinge an.

Die Arbeit der Ärzte, Krankenpfleger und Reiniger im Revier war schwer. Der tägliche Umgang mit den massenhaft sterbenden Häftlingen erforderte eine besondere Widerstandskraft. Auch in ethischer Hinsicht war die Arbeit im Krankenrevier sehr belastend. Die Brutalität der SS-Lagerärzte und der Sanitätsdienstgrade, die Aussonderungen zum Totspritzen oder für Experimente, die Involvierung, wenn auch meistens nicht aktiv, in die verbrecherischen Praktiken des medizinischen SS-Personals – machten die Atmosphäre unerträglich.[196]

Ähnlich schwer war die Arbeit des Krematoriumkommandos und der Leichenträger. Bereits ab Mitte 1941 arbeitete das Krematorium rund um die Uhr, so dass Tag- und Nachtschichten notwendig waren. Lediglich 1944 gab es Zeiten mit geringerer Auslastung. Die Funktion des Kapos und seiner Helfer oblag stets den Deutschen. Zu ihren Pflichten gehörte es, das Zahngold der verstorbenen Häftlinge sicherzustellen. Wenn sie ausgefallene Tätowierungen an den Leichen fanden, mussten sie die entsprechenden Hautstücke an daran interessierte SS-Führer liefern. Im Krematorium arbeiteten zum Schluss vorwiegend sowjetische Kriegsgefangene.

Arbeiten für die Lagerleitung

Für die Lagerleitung waren verschiedene Kommandos tätig: Lagerschreibstube, Arbeitseinsatz, Politische Abteilung und Effektenkammer. Die Häftlinge hatten dort zwar eigentlich Hilfsfunktionen, auf Grund mangelnder Kompetenz des SS-Personals wurden ihnen jedoch die meisten Arbeiten übertragen. Die Häftlinge führten insbesondere die Lagerstatistik, die als Grundlage für die Rapporte an die SS-Führung, für die Planung der Häftlingsbeschäftigung sowie der Lebensmittelversorgung diente. Hier waren besonders viele Polen tätig.

Für die SS arbeiteten auch kleinere Häftlingsgruppen in den Kommandos SS-Führerheim, SS-Unterführerheim, SS-Revier, SS-Wäscherei und SS-Bad, außerdem Friseure, Heizer und Reiniger der Lagerleitungsbüros, der Offizierswohnungen und der SS-Unterkünfte. Diese Gruppen waren nicht groß und sorgfältig zusammengestellt aus Häftlingen, die Deutsch konnten – ihr Gehabe und ihre Lebensbedingungen machten sie zu Prominenten. Gesonderte Gruppen von SS-Schustern und -Schneidern waren für die Kleidung, Wäsche und Schuhe der SS-Führer und SS-Männer zuständig.

Für die SS-Männer und die Häftlinge gab es eine Poststelle und Kantinen. Die dort beschäftigten Häftlinge hatten nur Hilfsfunktionen neben den SS-Männern, die für den Betrieb verantwortlich waren.

Außer diesen offiziellen Arbeitsgruppen waren auch Sondergruppen für die SS tätig, die in keinen Statistiken aufschienen. Eine kleine Gruppe von jüdischen Uhrmachern und Juwelieren aus Polen und Ungarn arbeitete für den Bedarf der SS-Führer. Sie wurde vor dem übrigen Lager versteckt und erhielt ihre Aufträge vom Lagerführer. Ähnlich funktionierte das Schnitzerkommando, formell dem Tischlerkommando zugehörig. Es war zunächst „privat" für den Lagerführer Chmielewski und nach seiner Versetzung für Seidler und mehr oder weniger heimlich auch für andere SS-Führer aus der Lagerleitung tätig. Beide Gruppen arbeiteten in einem überdachten Raum, erhielten zusätzliche Essensrationen und für manche Aufträge auch Zigaretten. Für Chmielewski war auch eine Häftlingsgruppe tätig, die seine privaten Teiche anlegte und später Fische züchtete.

Sonderkommandos

Vier Arbeitsgruppen hatten Sonderaufgaben: Kaninchenzucht, SS-Hundezucht, Schaf- und Schweinezucht, Fischzucht und Gartenbau.

Die Angorakaninchenzucht wurde mit den Jahren erweitert. Die geltenden Vorschriften erforderten das Anlegen von gesonderten Karteien für jedes Kaninchen, die Führung von Wurfregistern, Protokollen über die Verluste, Erstellung von Berichten für das Amt IV des WVHA usw. Eine Gruppe von Züchtern, die sich sowohl aus Experten als auch aus angelernten Häftlingen zusammensetzte, hatte einen polnischen Kapo (Gołata) und erträgliche Arbeitsbedingungen. Genauso wie die Schneider arbeiteten auch sie für den privaten Bedarf der SS-Führer und ihrer Familien. Sie lieferten Kaninchenfelle für Pelzmäntel, zu diesem Zweck mussten sie Bestands- und Verluststatistiken fälschen. Ähnlich arbeitete ein 8-Personen-Fischteichkommando in St. Georgen und kleine Kommandos von Schafzüchtern, Schweinefütterern und Pferdepflegern. Die Hundezüchter fütterten und dressierten SS-Hunde.

Gänzlich außerhalb des Kommandosystems agierten vier weitere Sonderkommandos. Eines war das Kommando Rüstung-Wien (Kommando „Esche 1"), das entgeltlich für die DAW tätig war.[i] Es reparierte an der Ostfront erbeutete Munitionsanhänger und Gestellwagen und baute auch solche Fahrzeuge für den Bedarf der SS-Einheiten. Im Kommando „Esche 1" arbeitete eine kleine Häftlingsgruppe, die in der chaotischen Masse der Beutestücke auch viele Gegenstände fand, die einst sowjetischen Soldaten gehörten, darunter politische Schriften in russischer Sprache, die ins Lager geschmuggelt und von den inhaftierten Linken bei politischen Schulungen verwendet wurden.

Besonders gefährlich war jenes 1944 gebildete Kommando, das beim Aufspüren von Blindgängern und Spätzündern eingesetzt wurde. Das Auffinden dieser Sprengkörper, ihre Entschärfung und der Transport zum Lagerungsort erforderte großen Mut und einschlägiges Pionierwissen. Zu diesem Kommando wurden Häftlinge willkürlich, aber auch zur Strafe, wie zur Strafkompanie, eingeteilt. Sie erhielten zusätzliche Essensrationen

---

i „Rüstung Wien" fertigte für das Heereszeugamt Wien / Feldzeugkommando XVII Wien, vgl. die Vereinbarung zwischen dem Feldzeugkommando und der DESt, NARA T976/16/956; in Gusen führte die Gurtweberei Schwarz und Co., Kellinghausen im Auftrag der DAW Flechtarbeiten durch, Hermann Kaienburg: Die Wirtschaft der SS. Berlin: 2003, S. 622.

und saubere Lagerkleidung. Unter SS-Aufsicht wurden sie in die bombardierten Orte in Oberösterreich, hauptsächlich in Fabriken und zu Bahnhöfen gebracht. Manche Häftlinge hielten die nervliche Spannung nicht aus, daher gab es in diesem kleinen Kommando einige Selbstmorde. Möglicherweise wurden diese auch von der SS zur Abschreckung als „Erschießen auf der Flucht" inszeniert.

Über zwei Kommandos berichten Häftlinge nur Gutes: Spielberg und Museum. Dort waren die Verhältnisse ganz anders als in den Steinbruch- und lagerinternen Kommandos. Das Kommando Spielberg führte archäologische Ausgrabungen in der Burgruine Spielberg durch, das Museumskommando ordnete archäologische Sammlungen aus dem Gebiet von Spielberg und Kogelberg.

Das Kommando Spielberg wurde am 16. November 1940 aus 27 Priestern und dem Laien, Dr. Kazimierz Gelinek, gebildet. Die Arbeit dieses Kommandos wurde durch die Überstellung aller Priester nach Dachau unterbrochen. Im Dezember 1940 wurde eine neue Arbeitsgruppe zur Fortsetzung der Arbeiten in Spielberg gebildet, hauptsächlich aus Lehrern. Es war ein vom Kapo dieses Kommandos, Dr. Władysław Gębik, sorgfältig zusammengesetztes solidarisches Team gleicher Denkungsart. Die Ausgrabungen wurden zwar unter Aufsicht eines Kommandoführers und unter Bewachung durchgeführt, die Beschäftigten durften aber die Reihenfolge der Arbeiten und in der Regel auch ihr Arbeitstempo bestimmen.

Dieses Kommando machte einige kostbare archäologische Entdeckungen (römische Grabtafeln aus dem 2. Jh. n. Chr.), wurde mehrmals von Archäologieprofessoren der Universität Wien besucht und stand unter dem Schutz von Lagerführer Chmielewski. Es bestand nur im Jahre 1941, dem schwierigsten Jahr in der Lagergeschichte. Die Arbeit in diesem Kommando bewahrte ca. 30 polnische Häftlinge, hauptsächlich Lehrer und Pfadfinderführer, vor dem Tod.

Die in Spielberg begonnene archäologische Tätigkeit wurde 1942 auf dem Kogelberg fortgesetzt. Bei Erdarbeiten für die Eisenbahnlinie Gusen – St. Georgen war man dort auf interessante prähistorische Funde gestoßen.

Die Funde aus beiden Ausgrabungsorten wurden später von dem 8 Personen zählenden Kommando Museum unter Leitung von Dr. Johannes Gruber katalogisiert. Dieses Kommando, das dem 2. Lagerführer Jann Beck unterstand, arbeitete bis zur Befreiung unter für ein Konzen-

VERNICHTUNGSLAGER GUSEN

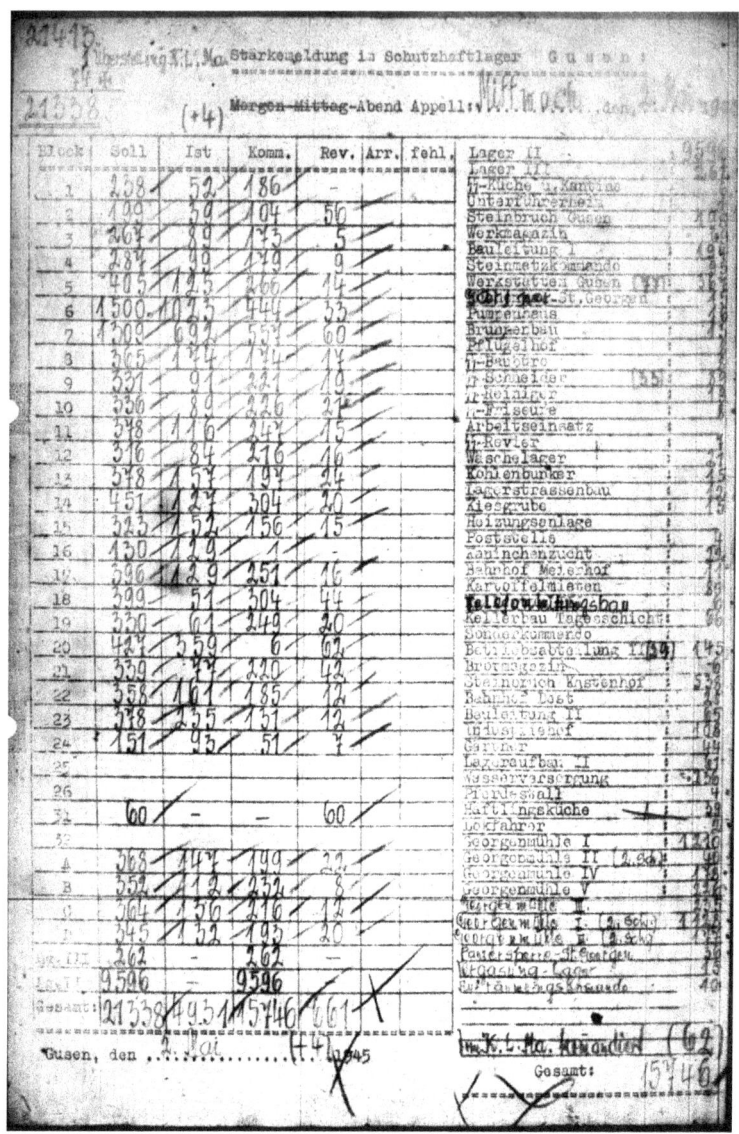

Abb. 19: Stärkemeldung vom 2. Mai 1945.

trationslager außergewöhnlichen Bedingungen – nach der Beurteilung eines Häftlings, der dort die ganze Zeit gearbeitet hatte, war das „eine unwirklich scheinende Oase inmitten der Wüste des Bösen."[197]

KAPITEL 8

VIII. LEBENSBEDINGUNGEN UND ALLTAG

Der Häftlingsstatus

Den Status der Häftlinge in Konzentrationslagern regelten zentral erlassene Vorschriften. Sie waren ein Teil der Lagerordnung, welche die Pflichten der Lagerleitung und die „Rechte" der Häftlinge genauestens festlegte. Die Lagerordnung, verfasst von Theodor Eicke, stammte aus dem Jahr 1934, also aus jener Zeit, in der die Gegner des Nationalsozialismus im KZ Dachau am härtesten verfolgt wurden. Gesonderte Vorschriften regelten die Strafordnung und den Briefwechsel der Häftlinge mit ihren Familien.

Die meisten Vorschriften über die Rechte der Häftlinge kamen in Gusen überhaupt nicht zur Anwendung. Das Lager war in die Lagerstufe III mit verschärftem Regime eingeordnet. Das Recht auf monatlich zweimalige Korrespondenz mit der Familie war hier auf einen Briefwechsel pro Monat beschränkt und selbst das wurde nicht immer eingehalten. Ebenso wenig Beachtung fanden Vorschriften, die die Befugnisse der Lagerleitung zur Verhängung von körperlichen Strafen einschränkten.

Ein Häftling des KZ Gusen war der Willkür des Lagerführers und seines Stabs sowie des Kommandoführers ausgeliefert, ebenso der auf ihr Geheiß oder auch aus Eigenem agierenden Block- und Stubenältesten, Kapos, Stubendiensten. Von der Durchsetzung eigener Rechte, Gerechtigkeit oder Wiedergutmachung für zugefügtes Unrecht konnte keine Rede sein. Jede Beschwerde über das Verhalten von Blockältesten und Kapos, obwohl laut Lagerordnung gestattet, endete mit dem Tod des Beschwerdeführers. Entweder ordnete der SS-Führer, welchem die Beschwerde zugetragen wurde, seinen Tod an, oder er fiel später Funktionshäftlingen zum Opfer. Erfolgreich waren hingegen manchmal Beschwerden von prominenten Funktionären oder Mitarbeitern der Lagerbüros, denen die Lagerleitung eine Sonderstellung einräumte.

Bereits beim ersten Kontakt mit den SS-Führern wurde dem Häftling eingebläut, dass er sich in einem rechtlosen Raum befindet.

Bei den makabren Märschen von den Bahnhöfen Mauthausen oder St. Georgen ins Lager, brachten die Aufseher absichtlich die Reihen marschierender Kolonnen durcheinander, damit sie Häftlinge mit Gewehrkolben schlagen und mit Hunden hetzen konnten. Dabei gab es in der Regel zahlreiche Schwerverletzte und Tote. Dies machte den Häftlingen deutlich, dass sie nicht auf eine menschliche Behandlung hoffen können.

Im Lager schließlich wurde dieses Bewusstsein durch mehrstündiges Stehen, häufig nackt, im Regen, in der Kälte oder Sommerhitze, noch verstärkt.

Der Einlieferungsschock war eine genau durchdachte, von den in der SS-Hierarchie aufsteigenden Lagerkommandanten weitergegebene Methode, die in zahlreichen Lagern jahrelang entwickelt und erprobt wurde. Den Abschluss der Lageraufnahme bildete meist eine an die Neuzugänge gerichtete Ansprache des Lager- oder Rapportführers. Sie führte den Häftlingen klar vor Augen, dass sie zu lebenslanger Lagerhaft und schwerer Arbeit verurteilt und zu bedingungslosem Gehorsam, nicht nur den SS-Führern sondern auch den Kapos und den Blockführern gegenüber, verpflichtet waren.

Ein derart im Lager „begrüßter" Häftling wurde zu einem weiteren Sklaven in der mehrere Tausend zählenden und aus vielen Nationalitäten bestehenden Sklavengemeinschaft. Das Leben dieser Gemeinschaft verlief nach ähnlichen Grundsätzen wie in Kasernen oder in Haftanstalten. Das Arbeitssystem der im Lager angesiedelten Unternehmen diktierte ihren Lebensrhythmus.

Das Lagerregime änderte sich je nach Frontlage, dem Bedarf der Rüstungsindustrie an Arbeitskräften sowie der jeweiligen Haltung der Reichsführung den unterjochten Völkern oder manchen Gesellschaftsgruppen gegenüber. Die Unmenschlichkeit dieses Regimes resultierte aus der Funktion, die ein Lager der Stufe III zu jenem Zeitpunkt zu erfüllen hatte – die systematische Vernichtung der Häftlinge, vornehmlich durch Arbeit. Ab Mitte 1943 wurde die Lagerordnung in mancher Hinsicht etwas weniger rigoros gehandhabt. Dies vermittelte den Anschein einer rudimentären Freiheit bei völliger Abgrenzung von der Außenwelt. Folgende Bestimmungen blieben jedoch die ganze Zeit über aufrecht:

Die Lagerinsassen sind von der Außenwelt völlig isoliert;
- Ein Häftling hat keinen Namen, er ist lediglich „Häftling Nummer […].";
- Ein Häftling ist einem bestimmten Block und Arbeitskommando zugeteilt und darf diese nicht eigenwillig verlassen;
- Ein Häftling darf keinen Besitz haben, außer der ihm amtlich zugeteilten Kleidung;
- Ein Häftling ist zu bedingungslosem Gehorsam gegenüber dem Block- sowie dem Stubenältesten verpflichtet, unter deren Aufsicht er steht und dem Kapo unter dem er arbeitet;
- Ein nichtdeutscher Häftling hat in jeder Situation, z. B. bei der Es-

sensausgabe, im Waschraum oder beim Betreten der Stube einem deutschen Häftling den Vortritt zu lassen.

Für die Einhaltung dieser Regeln sorgten die mit uneingeschränkter Macht ausgestattete Lagerleitung und alle Funktionäre, die ihre Mithäftlinge weidlich ausnutzten.

Es wäre zu einfach, von einem einheitlichen „Häftlingsstatus" zu sprechen. Das Lagerverwaltungssystem der SS sah die Ernennung von Häftlingsfunktionären vor. Diese „Machtelite" hatte Verwaltungsfunktionen zu erfüllen und genoss dadurch einen Sonderstatus. Durch das Lagersystem bedingt, bildete sich auch eine Gruppe von „Prominenten" heraus. Sie waren im Verwaltungsapparat, in den Büros, im SS-Führerheim und SS-Revier sowie in einigen renommierten bzw. besonders gewinnbringenden Unternehmungen (Museum, Pathologische Abteilung, Angorazucht u.ä.) beschäftigt. Beide Gruppen genossen eine privilegierte Behandlung. Sie hatten bessere Lebensbedingungen (eigene Betten mit Bettwäsche, saubere Kleidung), Recht auf häufigeren Empfang von Lebensmittelpaketen und Briefwechsel mit ihren Familien. Ohne die Blockführer und Kapos, von deren Anzahl in Kapitel IV die Rede war, bildeten die in Blocks 1 und 2 einquartierten „Prominenten" eine gesonderte Häftlingsgruppe von 440 bis 500 Personen.

Das andere Extrem war die Strafkompanie. Den Häftlingen der Strafkompanie standen überhaupt keine Rechte zu, nicht einmal das Recht auf eine arbeitsfreie Zeit. Während andere Häftlinge am Samstag Abend oder am Sonntag frei hatten, mussten sie die Aborte reinigen, Steine schleppen oder Lagerstraßen walzen. Am häufigsten jedoch ließ man sie zur Strafe kraftraubende Gymnastikübungen machen. Die Häftlinge der Strafkompanie wurden im Revier nicht aufgenommen, selbst Wundverbände hat man ihnen verweigert. Ins Revier durften sie nur bei ansteckenden Krankheiten, oder sie gelangten heimlich dorthin, wenn Häftlingsärzte sie retten wollten. Sie hatten weder ein Recht auf Briefwechsel mit ihren Familien und auf Empfang von Lebensmittelpaketen, noch durften sie in der Kantine einkaufen. Sie waren von den übrigen Häftlingen isoliert; es war verboten, die Strafkompanie zu besuchen.

In den Jahren 1940-1943 wurden alle Juden sowie Häftlinge, die mit dem Vermerk „Sonderbehandlung" von der Gestapo ins Lager eingeliefert wurden, von der Lagerleitung in die Strafkompanie eingewiesen. Weitere Gründe waren: Diebstahl von SS-Eigentum, Homosexualität, eigenwilliges Verlassen eines Arbeitskommandos und 1940 sogar Zigarettenrauchen.

Da die Häftlinge, abgesehen von Juden, der Strafkompanie für eine bestimmte Zeit zugeteilt wurden (für 6 Wochen, 3 Monate, ein halbes Jahr), überlebten manche diese Strafe, die meisten jedoch erkrankten und wurden wegen Arbeitsunfähigkeit in den Invalidenblocks ermordet. Die Strafkompanie zählte bis zu 200 Häftlingen, manchmal auch weniger als Hundert.

93 bis 95% der Lagerinsassen hatten „nur" unter dem „normalen" harten Regime zu leiden. Das wichtigste dabei war, die Häftlinge zu gefügigen Sklaven zu machen – ihnen alle Rechte zu entziehen, sie ihrer Menschenwürde zu berauben, sie zu Arbeitsmaschinen zu reduzieren.

Ein Merkmal dieser Versklavung war die Ersetzung der Vor- und Nachnamen der Häftlinge durch eine an Jacke und Hose aufgenähte Nummer und durch ein Dreieck, das die Häftlingskategorie anzeigte. Außerdem war auch der Anfangsbuchstabe der Nationalität an der Kleidung angebracht. Dadurch wurden die Häftlinge identifiziert. Um ein Vertauschen der gekennzeichneten Kleidungsstücke zu vermeiden, bekam jeder Häftling eine Blechmarke mit seiner eingestanzten Nummer. Sie wurde an einem Draht am linken Handgelenk getragen. In Gusen wurden keine Nummern auf Unterarmen der Häftlinge eintätowiert.

Ein weiteres Kennzeichen eines Lagerhäftlings war die sogenannte „Lausstraße" – ein 3-5 cm breiter von der Mitte der Stirn bis zum Nacken verlaufender kahlgeschorener Streifen. Dadurch unterschied sich der Häftling von der Zivilbevölkerung und war im Falle einer Flucht sofort in der Menge erkennbar.

Ein zum Rapport gerufener Häftling meldete sich mit seiner Kategorie: z. B. als Schutzhäftling (ab 1943 hatte er auch seine Nationalität hinzuzufügen), als Berufsverbrecher (falls er wegen eines Mordes verurteilt wurde – fügte er „Mörder" hinzu), Bibelforscher; er nannte auch seine Häftlingsnummer sowie seinen Vor- und Nachnamen.

Ein ganzes System äußerer Kennzeichen lieferte weitere Details über den Status eines Häftlings:

1. Strafabzeichen:
a) Häftling der Strafkompanie: schwarzer Kreis auf weißem Hintergrund, unter dem Dreieck;
b) Fluchtverdächtigter – roter Kreis unter dem Dreieck;
c) Häftling, der beim Fluchtversuch ertappt wurde – ein Streifen von derselben Farbe wie sein Dreieck, zwischen dem Dreieck und der Nummer.
2. Funktionsabzeichen:
Kapo: ein V-förmiger Winkel (Oberkapo: doppelter V-förmiger Win-

kel) am linken Jackenärmel; Blockältester und Blockschreiber: Aufnäher auf dem linken Jackenärmel mit der Funktionsbezeichnung.
3. Abzeichen der prominenten Häftlinge:
Aufnäher auf dem linken Jackenärmel mit der Bezeichnung des Arbeitskommandos.

Um die Häftlinge zu zermürben, wurden Maßnahmen angewendet, die in Kasernen, Gefängnissen und den ersten Konzentrationslagern (Dachau, Oranienburg, Buchenwald) mit Erfolg erprobt worden waren. Dazu gehörten: Kleidung, Unterbringung und Tagesablauf der Häftlinge, Organisation von Arbeit und Freizeit, Briefwechsel mit der Familie sowie das System der Bestrafung und Massenrepressalien.

Die Bekleidung der Häftlinge

Die vorgeschriebene Kleidung der Häftlinge war aus einem gestreiften Stoff angefertigt und bestand aus einer bis zum Hals geknöpften Jacke, einer Hose und einer schirmlosen Mütze sowie im Winter einem ebenfalls gestreiften Mantel. Diese Bekleidung reichte jedoch nicht für alle. Viele Häftlinge erhielten niemals Mäntel und Mützen. Bereits 1940 bekam ein Teil der Häftlinge alte, noch aus den Zeiten vor dem Ersten Weltkrieg stammende Armeeuniformen. In den Jahren 1941 und 1942 gab es auch in Jugoslawien und Griechenland eroberte Uniformen – dunkelblaue Jacken und rote Hosen aus dickem Tuch. Als diese Kleidung verschlissen war, wurden wieder verschiedene alte Militär- oder Polizeiuniformen sowie Kleidung von in Gusen, Auschwitz und anderen KZ gestorbenen Häftlingen ausgeteilt. Um die Häftlinge auf den ersten Blick von freien Menschen unterscheiden zu können, wurde Kleidung dieser Art mit einem roten oder grünen Streifen auf dem Rücken versehen. Nur die Häftlinge der Prominenten-Kommandos sowie jener Kommandos, die zur Arbeit außerhalb der Postenkette geführt wurden, trugen immer die offizielle Lagerkleidung.

Bei schwerer Arbeit im Steinbruch, bei den Erdbewegungsarbeiten, später auch beim Stollenbau, verschmutzte und zerriss die Kleidung schnell. Viele liefen in Lumpen umher, die weder warm genug waren noch eine Bewegungsfreiheit erlaubten. Trotz empfindlicher Strafen waren die Häftlinge nicht imstande, für die gebotene Sauberkeit der Kleidung zu sorgen.

Ob in einem gestreiften Anzug oder einer jugoslawischen Militäruniform, ein Häftling war als solcher immer erkennbar. Die Lagerkluft schützte nicht vor der oberösterreichischen Kälte, die den Häftlingen besonders stark bei Regen im Herbst und Frühjahr zusetzte. Lungenentzündung, Bronchitis und Grippe brachten vielen den Tod. Um sich vor Kälte zu schützen, trugen manche Häftlinge heimlich aus Zementsäcken oder Zeitungen angefertigte Westen unter ihren Jacken und Hemden. Dies wurde als Verstoß angesehen, die Häftlinge wurden deswegen verprügelt oder mussten ihre Kapos bestechen. Das Tragen von Papierwesten war jedoch bis zum Ende des Lagerbestehens üblich.

Ab 1943 erhielten manche Häftlinge in Paketen Pullover, Schals und Handschuhe. Die Lagerleitung ließ es eine Weile zu, bald wurden aber solche Kleidungsstücke für den Frontbedarf konfisziert.

Im Frühjahr und Sommer 1943 wurden allen Häftlingen die Mützen abgenommen, um sie zu schonen. Die im Freien eingesetzten Häftlinge fertigten sich Hüte aus Zeitungen oder Zementsäcken an.

Die Wäsche war für alle Häftlinge gleich, sie bestand aus einem Hemd und einer langen Unterhose. Das Schlafen in Unterhosen war strengstens verboten, weil dies angeblich ein Indiz für eine beabsichtigte Flucht war. Nur in den ersten Jahren des Lagerbestehens wurde die Wäsche alle zwei Wochen gewechselt. In Gusen II gab es 1944 monatelang keinen Wäschewechsel. Da die Seife von schlechter Qualität war und zeitweise fehlte, war die Wäsche schmutzig, durchgeschwitzt, oft stinkend. Da die Beachtung der Hygiene unmöglich war, verbreiteten sich Krätze und verschiedene andere Hautkrankheiten.

Die zu Beginn getragenen normalen Schuhe wurden bereits 1940 durch Holzpantoffeln ersetzt. Bei der Arbeit im Laufschritt, beim Antreten im Gleichschritt zu den Appellen oder beim Passieren des Jourhaustores war das Tragen der Holzpantoffeln eine entsetzliche Folter, die Schmerzen und Wunden verursachte. Fussphlegmonen infolge von Hautabschürfungen und Wundreiben trugen oft zum verfrühten Tod bei.

Als der Vorrat an Holzpantinen erschöpft war, wurden Zellstoffschuhe mit Holzsohlen ausgegeben. Die oft nicht passenden Schuhe erschwerten den Marsch zur Arbeit und zerrissen schnell, was zusätzliche Strafen nach sich zog.

Die zu Beginn an alle Häftlinge ausgegebenen Socken oder Fußlappen wurden in den letzten Jahren des Lagerbestehens nur mehr den prominenten Häftlingen zugeteilt. Bei Frost wickelten die Häftlinge ihre Füße in Zementsäcke, manchmal auch in Fußlappen aus zerrissenen Decken.

KAPITEL 8

Die Unterbringung

Die Häftlinge waren in Baracken untergebracht, die in zwei Stuben unterteilt waren. Nur die beiden einstöckigen gemauerten Gebäude waren in 5-6 Stuben eingeteilt. Jede Stube hatte einen eigenen Stubenältesten. Im Gegensatz zu anderen Konzentrationslagern bestanden die Stuben in Gusen nicht aus einem getrennten Schlaf- und Aufenthaltsraum, sondern waren ausschließlich als Schlafräume gedacht. In den Blocks gab es kein Fließwasser. Sanitäranlagen waren in gesonderten Gebäuden untergebracht.

1940 schliefen die Häftlinge noch nebeneinander auf dem Boden, auf einer dünnen Schicht von Stroh oder Holzspänen. Gegen Ende dieses Jahres wurden die Blocks der Reihe nach mit 3-geschossigen Holzpritschen, 50 für jede Stube, ausgestattet. Sie wurden paarweise aufgestellt, so dass jeweils 6 Häftlinge nebeneinander schliefen. Die Häftlinge erhielten auch mit brüchigen Holzspänen gefüllte Säcke und anfangs je zwei Decken sehr schlechter Qualität, oft mit starken Abnutzungsspuren. Bettkissen und -laken gab es keine, sie wurden lediglich an die in den Blocks 1 und 2 untergebrachten Prominenten ausgegeben.

Nach Ankunft der ersten Spaniertransporte 1941 mussten sich zwei Häftlinge ein Bett teilen. Die Überbelegung wurde unerträglich, es war nicht mehr möglich, sich ungehindert zwischen den Betten zu bewegen. Die auf einen Häftling entfallende Stubenfläche reduzierte sich von 1,4 m^2 auf 0,7 m^2 und der Raum von 2,4 m^3 auf 1,2 m^3. Obwohl die Blockfenster ständig offen standen, war die Luft stickig, worunter insbesondere die auf den oberen Pritschen schlafenden Häftlinge litten.

Anfangs gab es in den Stuben keine Möbel. Die Schüsseln, Löffel und Messer wurden auf im Fußteil der Betten ausgebreiteten Handtüchern abgelegt. Dies erleichterte den Blockältesten die Sauberkeitskontrolle. In den Jahren 1941-1942 wurden in den Stuben einige Schränke für zusätzliche, von den Familien der Häftlinge geschickte Kleidung (Pullover, Schals, Handschuhe) und einige Regale für das Geschirr aufgestellt. Jede Stube erhielt einen Tisch und 2 bis 3 Sitzbänke sowie einige zwischen den Betten aufgestellte Hocker und einen Eisenofen.

Während der ersten zwei Jahre war der Aufenthalt der Häftlinge im Block in der arbeitsfreien Zeit nicht gern gesehen. Nach Meinung der Blockführer und Blockältesten war die Stube ein Schlafraum, in den die Häftlinge erst nach einem bestimmten Signal eingelassen wurden. Mit der Zeit erlangten die Häftlinge das Recht, sich im Block aufzuhalten. Ab der Mitte des Jahres 1943, als das Steyr-Kommando in zwei Schichten zu arbeiten begann, durfte man die arbeitsfreie Zeit im Block verbringen.

Die Blocks waren nicht gleichmäßig belegt. In den Blocks 1 und 2, die den Prominenten vorbehalten waren, betrug die Höchstbelegung weniger als 300 Personen. Jeder Häftling dort schlief in einem eigenen Bett, erhielt ein Laken und ein kleines Kopfkissen mit Bezug. In den übrigen Blocks waren meist mehr Häftlinge untergebracht, als es Betten gab. Ab Anfang 1941 war jedes Bett mit zwei Häftlingen belegt. Gegen Ende waren nur die Steinmetzblocks (3 und 4) nicht so überfüllt.

Die Blocks 6 und 7 bewohnten ab 1943 ca. 1.500 in der Rüstungsindustrie beschäftigte Häftlinge, in anderen Blocks waren je 500-600 Personen untergebracht. Wenn die Kommandos reduziert wurden, sank auch die Belegung in einzelnen Blocks – jeder neue Transport jedoch führte wieder zu einer Überbelegung. Zur Höchstbelegung kam es Ende 1944 und zu Beginn des Jahres 1945, als Transporte aus in den baltischen Ländern, Polen und Jugoslawien evakuierten Lagern in Gusen eintrafen. Die Überbelegung in Gusen II war von vornherein vorgesehen: da die Häftlinge in zwei Schichten arbeiteten, wurde jedes Bett innerhalb von 24 Stunden von je 2 Häftlingen genutzt. In Gusen I arbeiteten die meisten Kommandos in einer Schicht, so dass die Häftlinge in einem Bett zu zweit und nur manchmal zu dritt schlafen mussten. Bedingt durch die hohe Sterblichkeit im März und April 1945 sank die Blockbelegung. Jedoch selbst nach Einverleibung der deutschen Häftlinge in ein SS-Sonderkommando und nach der Entlassung französischer, belgischer und niederländischer Häftlinge war die Belegung – obwohl um 5.000 Personen niedriger als der Lagerhöchststand – immer noch sehr hoch. Am 4. Mai 1945 wurden folgende Zahlen notiert:

- in Gusen I – 11.437 Häftlinge, darunter 736 im Krankenrevier, bei folgender Blockaufteilung:

Block 1	239	Block 8	362	Block 15	313	Block 22	358
Block 2	201	Block 9	331	Block 16	130	Block 23	375
Block 3	267	Block 10	334	Block 17	390	Block 24	216
Block 4	287	Block 11	376	Block 18	398	Block A	365
Block 5	402	Block 12	315	Block 19	330	Block B	352
Block 6	1.494	Block 13	376	Block 20	425	Block C	364
Block 7	1.303	Block 14	450	Block 21	339	Block D	342

- in Gusen II – 9.516 Häftlinge, durchschnittlich 400-500 Personen pro Block, darunter eine unbekannte Anzahl von Kranken im Revier Gusen I.
- in Gusen III – 254 Häftlinge in einem Block.

Die Folgen der Überbelegung waren deutlich spürbar. Ständige Spannungen, die bei der Arbeit, bei Appellen, und im Kontakt mit Funktionshäftlingen ertragen werden mussten sowie steter Kontakt mit Entkräfteten und Sterbenden führten leicht zu Konflikten, die oft nicht einmal verbal ausgetragen, jedoch tief durchlebt wurden, Depressionen auslösten oder vertieften. Schlafen zu zweit in einem unbequemen und verlausten Bett, oft unter einer Decke, insbesondere, wenn einer der Häftlinge krank war, Erschwernisse beim Waschen, Bettenmachen, Essenfassen, ständiges Gedränge und Warten, bis man selbst an die Reihe kam, der ständige Druck, alles vor einem der zahlreichen „Antreten!"-Befehle rechtzeitig zu schaffen, all das war für die psychisch weniger widerstandsfähigen Häftlinge kaum auszuhalten.

Der Lebensrhythmus im Lager wurde durch Wecken, Mahlzeiten, Appelle und Aufstellen der Arbeitskommandos bestimmt. Das Wecksignal, ein Glockenzeichen aus dem Jourhaus, brachte Häftlingsmassen auf die Straßen zwischen den Blocks, in die Waschräume und Aborte. Da es nur einen Waschraum für zwei Blocks gab, und in den hinteren Blockreihen sogar nur einen Waschraum für vier Blocks – drängten sich dort innerhalb weniger Minuten 500 bis 2.000 Häftlinge. Viele Lagerinsassen litten unter Krätze, einer lästigen Krankheit. Der ständige Juckreiz raubte die Kräfte der Häftlinge, ließ sie nicht schlafen und machte sie langsam aber unabwendbar zu Muselmännern.

Im Block herrschten neben dem Blockältesten die Stubenältesten und Stubendienste. Sie drillten die Häftlinge darin, ihre Betten so perfekt zu machen wie in preußischen Kasernen. Jedes Bett musste penibelst glattgestrichen sein. Jeden Verstoß gegen diese Vorschrift bestrafte der Blockälteste nach seinem Gutdünken. Das tägliche Bettenmachen in gespannter Atmosphäre, großer Eile und gegenseitigem Antreiben erschwerten zusätzlich den Alltag.

Für gewöhnlich war die erste Mahlzeit am Tag gleich: Getreidekaffee, meist heiß, aber nicht gesüßt, denn der Zucker wurde von der SS-Küche abgezwigt. Wer disziplinierter war, aß dazu den Rest seiner Brotration vom Vorabend. Nach dem Essen mussten die Essnäpfe pedantisch abgewaschen werden. Entdeckte der Stubenälteste, der Stubendienst, oder noch schlimmer, der Blockälteste oder Blockführer darin Kaffeespuren oder Essensreste auf Löffel oder Messer, nahm er dem Häftling das Geschirr weg und schloss ihn vom Mittagessen aus. Das Gedränge in den Waschräumen beim Abwaschen des Essgeschirrs ging in einer noch größeren Anspannung vonstatten als das morgendliche Waschen, da man fürchtete, zum Blockappell zu spät zu kommen.

Die Zählappelle

Der Blockappell fand auf der Straße vor den Blocks statt. Wie im preußischen Heer musste alles perfekt funktionieren: Decken, Abzählen, Habachtstehen in Erwartung des Blockführers, der Rapport und Abmarsch zum Appellplatz. Beim Appellzeremoniell waren drei Dinge am wichtigsten: die Häftlingszahl musste mit den für den Rapport vorbereiteten Aufzeichnungen des Blockschreibers übereinstimmen; beim Abzählen hatten die Häftlingsreihen vollkommen gedeckt zu stehen und bei Erstattung der Meldung über den Block- und Lagerstand musste absolute Stille herrschen.

Die Lagerordnung sah eine genaue Kontrolle des Häftlingsstandes beim Appell vor. In den ersten Jahren gab es drei Zählappelle – morgens, mittags und abends. Erst 1942 bemerkte man im WVHA, dass die Mittagsappelle Zeit kosten, die für die Produktion genutzt werden kann. Daher verfügte Oswald Pohl in seinem am 24. April 1942 an die Lagerkommandanten erlassenen Befehl: „Alle Umstände, welche die Arbeitszeit verkürzen können (Mahlzeiten, Appelle u. a.), sind daher auf ein nicht mehr zu verdichtendes Mindestmaß zu beschränken. Zeitraubenden Anmärsche und Mittagspausen nur zu Essenszwecken sind verboten."[198] Ab diesem Zeitpunkt wurden lediglich der Morgen- und Abendappell abgehalten.

Die Vorbereitung des Appells oblag dem Blockführer und dem Lagerältesten. Die Blockältesten befahlen den Häftlinge sich zunächst vor ihrem Block aufzustellen, stellten die Zahl der bereits zur Arbeit außerhalb des Lagers Ausgerückten, der ins Revier Überstellten und der Toten fest und meldeten den Stand den Blockführern. Blockweise marschierten die Häftlinge in Achterreihen zum Appellplatz. Die Blockführer meldeten die Blockstände dem Rapportführer, der dem Lagerführer Meldung über den gesamten Lagerstand machte. Die Blockstände und der Revierstand mussten die vollständige Zahl der Insassen ergeben – stimmten sie mit den Angaben der Schreibstube überein, ging der Appell mit dem Befehl „Arbeitskommando formieren" zu Ende.

Jedes Kommando musste sich in einem bestimmten Sektor des Appellplatzes aufstellen. Nach Überprüfung des Personenstandes führten die Kapos die Häftlinge in Fünferreihen zu ihren Einsatzorten. Die Zahl der arbeitsfähigen Häftlinge musste mit der im Morgenrapport angegebenen Zahl übereinstimmen.

Der Abendappell war nur scheinbar einfacher. Beim Betreten des Appellplatzes lösten sich die von der Arbeit zurückgekehrten Kommandos auf. Die Häftlinge eilten zu den für ihre Blocks bestimmten Sektoren, stellten sich in Kolonnen auf und warteten auf den Abendrapport. Die Blockführer überprüften wieder den Personenstand ihrer Blocks, erstatteten Rapport an den Rapportführer, dieser meldete den Stand dem Lagerführer. Nach dem Rapport gingen die Häftlinge in ihre Blocks. Verspätete sich jedoch ein Außenkommando zum Appell, mussten alle auf dem Appellplatz versammelten Häftlinge auf sein Eintreffen warten. Manche Gusener Kommandos marschierten oder fuhren zu ziemlich weit entfernten Einsatzorten: nach Spielberg, zur Regulierung der Gusen, zum Bau eines Donaudamms, zur Ziegelei nach Lungitz. Sie kamen oft zu spät. Ab und zu gab es auch Fehler beim Zählen, weil die Zahl der zur Arbeit außerhalb des Lagers Ausgerückten in manchen Blocks beträchtlich war. Die gereizten Blockführer reagierten sich durch Verprügeln der Häftlinge ab. Das Stehen und Warten auf die Zuspätkommenden oder auf die Überprüfung der Insassenzahl war zermürbend. Viele durch den 11-stündigen Arbeitstag erschöpften Häftlinge brachen bei den langen Appellen, oft bei Regen, Kälte oder Frost, zusammen.

Der militärische Drill machte die Appelle zu einer wahren Tortur. Ähnlich wie in den SS-Kasernen, musste alles perfekt funktionieren: das Ausgleichen der Reihen, ihre Deckung, eine absolute Übereinstimmung im Aufrichten aller Häftlinge beim Kommando „Achtung" und „Augen rechts", eine vollkommene Reglosigkeit der ganzen Kolonne bei „Achtung" und eine ideale Ausführung von „Mützen ab" und „Mützen auf" in Sekundenschnelle.

Für die KZ-erprobten, in diesem Drill erzogenen Block- und Stubenführer waren die Anforderungen der SS-Führer etwas Normales. Sie wendeten viel Zeit dafür auf, ihre Schutzbefohlenen in diesen scheinbar einfachen Dingen zu unterweisen. Für die 300 bis 1.500 Personen zählenden Kolonnen erschöpfter Menschen war dies jedoch schwierig. Ein Blockführer sah in einem Häftling, der beim Aufstellen des Blocks oder während des Appells einen Befehl zu spät ausführte, hustete oder sich bewegte, seinen persönlichen Feind und bestrafte ihn dementsprechend. Falls die Ausführung eines Befehls den Kommando- oder Blockführer nicht zufrieden stellte, wurde der ganze Block mit Gymnastikübungen, Strafestehen, manchmal auch mit dem Entzug einer Mahlzeit bestraft.

Noch härtere und schlimmere Strafen wurden über alle Lagerinsassen verhängt, wenn ein Häftling fehlte. Es war kaum möglich, aus dem Lager zu fliehen, insbesondere vor 1943, dennoch versuchten mutigere Häftlinge, zu entkommen. Bestraft wurden dafür alle. Włodzimierz Nowak unternahm am 29. Juli 1940 als erster in der Geschichte des Lagers einen Fluchtversuch und löste dadurch eine Welle harter Repressalien gegenüber allen Gusener Häftlingen aus. Alle mussten drei Nächte lang stehen, mehrere wurden vom Lagerführer und betrunkenen SS-Führern verprügelt. Nach der im Stehen verbrachten Nacht bekamen die Häftlinge kein Essen und mussten im Laufschritt arbeiten.

Wenn ein Häftling in den Jahren 1943-1945 einen Fluchtversuch unternahm, wurden dafür entweder seine Landsleute oder sein Arbeitskommando bestraft. Jedenfalls wurde immer eine ganze Gruppe für das „Vergehen" eines Einzelnen zur Verantwortung gezogen.

Die arbeitsfreie Zeit

Die Nachtruhe war ein wichtiges Element der Lagerordnung. Sie wurde durch besondere Glockenschläge vom Jourhaus im Winter bereits um 20:00, im Herbst und Frühjahr 21:00 und im Sommer um 22:00 Uhr signalisiert. Mit ihrem Beginn wurden die Lichter gelöscht, die Blockführer prüften in Begleitung der Funktionshäftlinge, ob alle auf ihren Pritschen lagen, ob sie nicht in Unterhosen schliefen, manchmal kontrollierten sie auch die Sauberkeit der Füße. Wenn der Blockführer die Tür zu seinem Kabuff schloss, verstummte auch jegliches Geflüster.

Viele Häftlinge litten unter Magenkatarrh, Krätze, Erkrankungen der Nieren und der Harnblase, viele wurden von Albträumen heimgesucht. Für die Kranken war die Nachtruhe eine Qual. Auszutreten war zwar möglich, man musste sich jedoch sowohl in der Baracke als auch auf der Lagerstraße ganz leise bewegen, um im Kabuff nicht gehört zu werden und die Funktionshäftlinge nicht aufzuwecken. Bereits in den ersten Wochen des Lagerbestehens kam es zu einer Tragödie: Ein Häftling von Block 15 ging um Mitternacht auf der noch nicht fertiggestellten Lagerstraße und klapperte mit seinen Holzschuhen. Der Stubenälteste dieses Blocks, Krakower, ein Berufsverbrecher (Mörder), trampelte auf seinem

Körper, trat gegen seinen Kopf, und schlug so lange mit einem Knüppel auf ihn ein, bis er starb. Von dem Geschrei wachten die Häftlinge auf, Krakower erklärte ihnen, dass dieses Schicksal jedem zuteil wird, der ihn in der Nacht aufweckt.[199]

Gefährlich waren auch, besonders in den Jahren 1940-1941, die Inspektionen der SS-Führer der Lagerleitung. Nach Trinkgelagen mit seinem Stab ordnete Chmielewski sie oft an. Anlass dafür gab es keinen. Die Lagerinsassen waren dermaßen eingeschüchtert, dass sie nach dem Glockenzeichen zur Nachtruhe kaum zu atmen wagten. Die SS-Führer tauchten in ausgewählten Blocks auf, überprüften im Dunkeln oder bei eingeschaltetem Licht, ob die Häftlinge nicht in Unterhosen schliefen, zerrten einige Häftlinge vor den Block und verprügelten sie mit Ochsenziemern. Nach solchen Überfällen fühlten sich die Häftlinge noch mehr der Gewalt ausgeliefert und ihre Lage schien ihnen noch hoffnungsloser.

Eine absolute Nachtruhe gab es nie. Van Loosen, Klockman und andere Funktionshäftlinge mordeten auf Geheiß von SS-Führern oder aus eigenem Antrieb oft in der Nacht. Sie ertränkten Häftlinge in Fässern, töteten sie mit Knüppelschlägen oder brachten sie mit dem Wasserstrahl aus einem Gummischlauch um. Während der Nachtruhe wurden auch Mehrfachmorde wie der Mord an Wiktor Ormicki und seinen Leidensgenossen begangen.

Die Nachtruhe endete im Sommer um 4:00, im Herbst und Frühjahr um 5:00 und im Winter um 6:00 Uhr. Im Sommer dauerte sie somit 6, im Herbst und Frühjahr 8 und im Winter 10 Stunden. In den Kommandos, die in zwei Schichten arbeiteten, vor allem in Gusen II, war sie noch kürzer. Im Winter 1944 und 1945 wurden die in den St. Georgener Stollen eingesetzten Häftlinge bereits um 4:00 Uhr geweckt und nach dem Frühstück und dem Appell zum Bergkristall gebracht.

Der in der Stanzerei eingesetzte Tadeusz Hanuszek erinnert sich:

„Um 6:00 Uhr früh rückten wir zur Arbeit unter Tag aus. Arbeitsschluss war um 18:00 Uhr und um 20:00 Uhr waren wir wieder im Lager. Nach 20:00 Uhr wurde das Abendessen ausgeteilt und um 22:00 Uhr gingen wir schlafen, jeder von uns litt unter Schlafmangel [...] Die Nachtschicht war wesentlich schlimmer, weil wir uns am Tag ausruhen mussten und da gab es häufig englische und amerikanische Luftangriffe [...]." (Die Häftlinge wurden dann geweckt und in Schutzräume getrieben).

Der Schlaf brachte kaum Erholung. Man war ständig angespannt, dachte daran, was der nächste Tag wohl bringen würde, sorgte sich um die Familie, verarbeitete eigene und fremde Erlebnisse vom vergangenen Tag. Es war auch ein unruhiger Schlaf. Von Anfang an litten die Häftlinge unter einer Flohplage, die trotz mehrmaligen Desinfektionen des ganzen Lagers mit Gas, trotz regelmäßigem Absuchen der Decken, die an Wintertagen auf dem Appellplatz ausgeklopft wurden, nicht zurückging. Auch bei den psychisch widerstandsfähigeren Häftlingen war der Schlaf auf ein Minimum reduziert, da die Fenster bei jeder Witterung und Lufttemperatur in der Nacht offen blieben – und das in dem rauen oberösterreichischen Klima.

Die unzureichende Erholung unter der Arbeitswoche konnte durch die Sonntagsruhe nicht wettgemacht werden. In den ersten Jahren wurden fast alle Häftlinge Sonntag morgens aus den Blocks zum Steineschleppen für den Bau der Mauer sowie der Straßen im Lager und in den Steinbrüchen geholt. In den späteren Jahren wurden sie auch geholt, um Ausrüstung für die Steyr-Werke oder Flugzeugteile für die Messerschmittwerke auszuladen, zu diversen Arbeiten auf Bahnhöfen u.ä. Zur Erholung blieb nur der kurze Sonntagnachmittag.

Bleischwere Müdigkeit und Erschöpfung beeinträchtigten die körperliche Verfassung und Arbeitsleistung selbst der jungen Häftlinge. Die Arbeitszeit wurde auf Kosten der Nachtruhe verlängert. Im Sommer waren nur 6 Stunden zum Schlafen vorgesehen, da die Arbeit im Steinbruch 10-11 Stunden dauerte, im Winter dagegen durfte man ca. 10 Stunden schlafen, die Arbeit dauerte dann 8-9 Stunden, weil man in den Steinbrüchen bei künstlichem Licht nicht arbeiten konnte. So war es bis 1943. Die Einführung des 2-Schichtbetriebs in den Steyr-Werken und später auch beim Stollenbau für Messerschmitt zwang dem Lager eine neue Tageseinteilung auf. In den Steinmetzhallen und ihren Werkstätten arbeitete man nun auch bei elektrischer Beleuchtung. Der Arbeitstag wurde auf 12 Stunden mit einer halbstündigen Mittagspause am Einsatzort verlängert. Als Oswald Pohl am 22. November 1943 in einem Runderlass an die Lagerkommandanten schrieb, dass die „kriegswichtigen und siegentscheidenden Arbeiten es keinesfalls zulassen, dass die tägliche *reine* Arbeitszeit unter 11 Stunden liegt", war dies in Gusen schon lange eine Tatsache.[200]

Der Hunger

Hunger und Angst waren die vorherrschenden Gefühle im Leben eines Häftlings. Der Hunger war allgegenwärtig, besonders während der ersten Jahre des Lagerbestehens. Es war dies jedoch nicht ein Hunger infolge von Lebensmittelknappheit, mit dem sich ein Volk in Kriegszeiten abfinden muss. Je länger der Krieg dauerte, desto mehr Versorgungsschwierigkeiten hatte Hitlerdeutschland. Ein System von Lebensmittelkarten wurde eingeführt, alle Grundnahrungsmittel rationiert. Ein Vergleich der Fleisch-, Fett- und sogar Brotmengen, die 1942 einem Reichsbewohner und einem Häftling im Konzentrationslager zustanden, zeigt, wie unmenschlich die KZ-Häftlinge behandelt wurden.

Die täglichen Verpflegungskosten pro Häftling wurden 1938 auf 0,60 RM festgesetzt. Nach Kriegsausbruch wurde eine Lebensmittelrationierung für Häftlinge eingeführt, ohne die Verpflegungskosten festzulegen. Erst mit der Verfügung vom 17. März 1944 setzte das WVHA die Unterhaltskosten mit 1,34 RM täglich für einen männlichen und 1,32 RM täglich für einen weiblichen Häftling fest. Davon entfielen auf die Verpflegung (bereits unter Berücksichtigung der zusätzlichen Rationen für Schwerarbeiter) 0,65 RM, auf die Unterbringungskosten 0,30 RM und auf die Bekleidung 0,39 RM täglich.[201] Da die Unterbringungs- und Bekleidungskosten rein fiktiv waren, erwuchsen der SS für den Unterhalt eines Häftlings Kosten von ca. 60-65 Pfennig täglich.

Tabelle 9
Wöchentliche Lebensmittelrationen im Dritten Reich im Jahre 1942 [in Gramm]*

Lebensmittel	Normalration		Sonderration für Berufstätige		
	bis 18 Jahre	über 18 Jahre	Nachtarbeiter	Schwerarbeiter	Schwerstarbeiter
Brot					
bis 6.4.	2600	2500	2850	2650	4650
ab 6.4.	2600	2000	2600	3400	4400
Fleisch					
bis 5.4.	400	400	600	800	1000
ab 6.4.	350	300	450	600	850
Fett					
bis 5.4.	301	269	289	394	736
ab 6.4.	269	206	226	306	575

* CA KC PZPR, Bericht der Delegatur der Londoner Exilregierung Polens vom 30. März 1942

Ab 1. August 1940 wurden einheitliche Verpflegungssätze für alle KZ-Häftlinge mit Berücksichtigung der Zulagen für Schwerarbeiter eingeführt. Sie wurden im Lauf des Krieges dreimal – am 15. Mai 1942, am 28. April 1944 und am 1. März 1945 – geändert und dreimal durch zusätzliche Erlässe ergänzt. Wöchentliche Zuteilungen von Lebensmitteln pro Häftling wurden in tabellarischer Form festgelegt (siehe Tabelle 10).

Die Normen sahen auch Zulagen für Schwerarbeiter vor: im Jahr 1940: 400 g Fleisch wöchentlich (1941: 320 g und 280 g in den Folgejahren) sowie je 100 g Fett und 1.400 g Brot. In Gusen wurden keine Zulagen für Schwerarbeiter ausgegeben.

Tabelle 10
Amtliche wöchentliche Zuteilungen von Fleisch, Fett und Brot pro KZ-Häftling in den Jahren 1940−1945 [in Gramm]*

Zeitabschnitte	Fleisch und Fleischwaren (Pferdefleisch, Wurst)	Fett	Brot
1.8.1940– 30.9.1941	400	200	2.740
1.10.1941– 31.12.1941	320	200	2.740
1.1.1942– 14.5.1942	280	200	2.740
15.5.1942– 31.5.1943	280	170	2.450
1.6.1943– 28.4.1944	200	182,50	2.525
29.4.1944– 28.2.1945	200	182,50	2.600
ab 1.3.1945	250	83,33	1.750

* E. Kogon, *Der SS-Staat*; H. Maršálek, *Geschichte des K. L. Mauthausen*

Andere Lebensmittel sollten in den Mengen wie in Tabelle 11 zugeteilt werden.

Tabelle 11
Amtliche wöchentliche Zuteilungen von Lebensmitteln pro KZ-Häftling in den einzelnen Zeitabschnitten [in Gramm]*

Lebensmittel	Zeitabschnitte			
	1.8.1940 bis 14.5.1942	15.5.1942 bis 27.4.1944	28.4.1944 bis 28.2.1945	ab 1.3.1945
Topfen (magerer Käse)	100 (50)	100 (50)	100	41,66
Zucker	80	80	80	-
Marmelade	100	100	100	260
Getreide-/Hülsenfruchtprodukte	150	150	275 (175)	
Mehl und Mehlprodukte	225	125	125	-
Kaffeeersatz	225	125	125	-
Kartoffeln	3.500	5.000	2.800	3.500
Gemüse − Steckrüben	2.800	2.600	4.000	375
Magermilch	-	-	1,75 l	1,75 l

* E. Kogon, *Der SS-Staat*; H. Maršálek, *Geschichte des K. L. Mauthausen*

Die Umrechnung der täglichen Lebensmittelrationen in Kalorienwerte ergibt für die Jahre 1940-1942 1.700-1.800 Kalorien, für die Jahre 1942-1944 rund 1.500 und im Jahr 1945 1.275 Kalorien. Der Kalorienwert der offiziell vorgesehenen Verpflegung sank somit ständig. Er betrug weniger als 40% der Norm für einen Schwerarbeiter (4.800 Kalorien) in den ersten 2 Jahren, 30,1% dieser Norm in den darauffolgenden 3 Jahren und lediglich 26,6% im letzten Kriegsjahr. Er war auch niedriger als die Kaloriennormen im Dritten Reich für Zivilarbeiter in der schwierigsten Kriegsphase. Der Kalorienwert der Häftlingsverpflegung erreichte auch nie die niedrigste Norm, die für einen erwachsenen nicht arbeitenden Menschen von Physiologen ermittelt wurde (2.000-2.300 Kalorien).[202]

Die SS-Leitung nahm von vornherein an, dass die Arbeitskraft und die Lebensdauer eines Häftlings von seinen ins Lager mitgebrachten Kraftreserven abhängen. Die theoretischen Überlegungen der SS sahen vor, dass diese Reserven für 3 bis 6 Monate anstrengender Arbeit auszureichen haben. Beim Einhalten aller Schutzmaßnahmen, wie „Augenarbeit", möglichst wenig Bewegung, strenge Befolgung der Hygiene, konnte man mit diesen Reserven bis zu 9 Monaten überleben.

Selbst die minimalen Normen wurden nie eingehalten. Weder die vom Magazin ausgegebenen noch die in der Küche verkochten Lebensmittel konnten die vorgeschriebene Kalorienmenge liefern. Wäre die Brotzulage für Schwerarbeiter ausgegeben worden, käme die Brotration der niedrigsten amtlichen Norm nahe. Alle anderen Lebensmittel wurden mehr oder weniger, je nach ihrem Wert, der Reihe nach von den SS-Führern in Lebensmittelmagazinen des Hauptlagers Mauthausen, dann von der Leitung des Lebensmittelmagazins in Gusen, dann von den deutschen Funktionshäftlingen auf dem Weg in die Küche sowie in der Küche selbst abgezweigt. Insbesondere vollwertige Lebensmittel wie Fleisch, Wurst, Zucker und Margarine wurden immer weniger, bevor sie zu den Häftlingen gelangten.

Die SS-Führer versuchten nicht einmal, ihre Diebstähle aus den Magazinen zu verheimlichen (Pakete für den Rapportführer Killermann). Regelmäßig wurde auch die ganze Zuckerzuteilung für das SS-Führerheim abgezweigt, der Kapo des Lebensmittelmagazins in Gusen wurde mehrmals angewiesen, mehrere Kartons Margarine zum Braten von Kartoffelpuffern für die SS-Belegschaft auszufolgen.[203] Dann erhielten die Häftlinge gekürzte Rationen.

In den Blocks wurden die Häftlinge von den Block- und Stubenältesten sowie den Stubendiensten beim Austeilen von Margarine, Marmelade und Topfen und sogar beim Zuteilen von Brot und Kartoffeln (die zur Mittagssuppe oder zum Abendessen ausgegeben wurden) bestohlen. Auch beim Ausgeben der Mittagssuppe fielen Fett, Fleisch- und Kartoffelstücke dem Blockältesten und seinen Schützlingen zu, die übrigen Häftlinge bekamen eine wertlose dünne Brühe.

In den Jahren 1940-1944 erhielten die Häftlinge Lebensmittelrationen mit folgenden Nährwerten:

Morgens – etwa ein halber Liter Ersatzkaffee, meist ungesüßt und ab und zu ein halber Liter Suppe aus Getreide oder Hülsenfrüchten, mit einem Nährwert von rund 50-100 Kalorien.

Mittags – ¾ bis 1 Liter Suppe aus Steckrüben oder Spinat (von April bis Juli), manchmal auch aus Trockengemüse. Eine Suppenration enthielt im Durchschnitt bis zu 200 g Steckrüben oder Spinat, ca. 50 g Kartoffeln (ab 1943 wurden sie nicht mehr geschält, sondern mit der Schale eingerieben) und etwas Mehl oder Getreide. Der Nährwert des Mittagessens betrug im Schnitt 300-360 Kalorien.

Abends – 0,5 l Ersatzkaffee, 300-400 g Brot und 25 g Wurst oder Margarine, Samstag und Sonntag anstatt Wurst oder Margarine je 1 Esslöffel Marmelade und Topfen. Der Kalorienwert dieser Lebensmittel betrug insgesamt rund 800 bis 1.000 Kalorien.

Der Nährwert der Häftlingsverpflegung schwankte in den Jahren 1940-1944 zwischen 1.150 und 1.460 Kalorien täglich, je nach den für das Mittagessen verwendeten Lebensmitteln und den Brotbeilagen. 1945 sank die tägliche Kalorienmenge auf 600-1.000 und in den letzten Wochen sogar unter 600 Kalorien. In den Blocks, wo die Stubendienste Wurst und Margarine ungerecht aufteilten, war dieser Wert um 150-250 Kalorien niedriger.

Wenn 10 bis 15 Prozent der polnischen Häftlinge, die 1940-1942 ins Lager kamen, überlebten, so war dies nur dadurch möglich, dass einige Polen in solchen Kommandos beschäftigt waren, in denen man zusätzliche Lebensmittel „organisieren" konnte (Kasinos, Küche, Kaninchenzucht u. ä.), die dann im Rahmen der Häftlingsselbsthilfe verteilt wurden. Ab 1943 auch dank der zugelassenen Lebensmittelpakete der Familien.

Die Invaliden und die in der Quarantäne untergebrachten nicht arbeitenden Neuzugänge erhielten niedrigere Rationen. Ihre Brotrationen und Beilagen waren auf die Hälfte reduziert, sie bekamen auch weniger

Suppe und Ersatzkaffee. Diese Verpflegung führte schnell zu extremer Abmagerung, zum Verlust einiger Sinnesreaktionen und im Endstadium zum Hungertod.

Die Häftlinge des Kriegsgefangenenlagers erhielten über ein Jahr lang die Ration für die Nichtarbeitenden. 2.500 junge Männer wurden zu Tode gehungert.

Das Aushungern der Häftlinge war von der Reichsführung beabsichtigt. In seinen Tagebüchern berichtet Graf Ciano über ein Gespräch mit Hermann Göring vom November 1941, bei dem er die Hungersnot im von Deutschland besetzten Griechenland erwähnte. Göring riet Ciano, sich diese Tatsache nicht allzu sehr zu Herzen zu nehmen, die Deutschen seien auch nicht darüber beunruhigt, dass die sowjetischen Kriegsgefangenen vor Hunger sterben: *„In diesem Jahr werden in Russland zwischen 20 und 30 Millionen Menschen verhungern. Und vielleicht ist das gut so, denn gewisse Völker müssen dezimiert werden."*[204]

Hunger war somit ein Instrument der Politik. Wie schrecklich im Lager gehungert wurde, zeigen die Erinnerungen eines polnischen Häftlings, der als Mitglied des Lagerchors im Winter 1941 die sowjetischen Kriegsgefangenen besuchte.

„Am ersten Weihnachtstag fand sich eine Gruppe polnischer Sänger des Szopiński-Chors in den sowjetischen Stuben ein. Wie sahen diese Unglücklichen aus! Wir sangen unsere Weihnachtslieder und andere Weisen, auch das Lagerlied „Der Traum eines Gefangenen." Je länger wir sangen, desto mehr strahlten die Pupillen der leichenblassen, ausgemergelten Geschöpfe, die jeweils zu mehreren eine Pritsche teilten. Glanz zeigte sich in ihren Augen, er wurde von Bewegungen ihrer spindeldürren Arme begleitet, die lebenden Skelette betteten sich bequemer auf den Pritschen, dann stiegen die kräftigsten von ihnen mutig herab, kamen auf uns zu und berührten uns mit ihren kalten Fingern."[205]

Trotz des entsetzlichen Hungers gab es in Gusen keine Fälle von Kannibalismus.[i] Gerüchte, dass die zum äußersten gebrachten Kriegsgefangenen die Leichen ihrer verstorbenen Leidensgenossen aufaßen, wurden von anderen Lagern, hauptsächlich aus Mauthausen, überbracht oder von SS-Führern (Michael Redwitz) und deutschen Funktionshäftlingen

---

i   Von einem Fall von Kannibalismus berichtet der slowenische Überlebende Franc Martinčič. Sein Erinnerungsbericht ist publiziert in: France Filipič: Slowenen in Mauthausen. Wien: 2004, S. 260.

verbreitet. Den beim Leichentransport und im Krematorium eingesetzten Polen war kein Fall von Verstümmelung der eingelieferten Leichen bekannt.[206]

Die Häftlinge versuchten verzweifelt dem Hungertod zu entkommen. „Der Kriegsgefangene Kiritschenko verzehrte vor Hunger Schuhpaste. Er erhielt den Spitznamen Pastagut", schreibt S. Nogaj. Beim Vorbeigehen an einem Kohlenmagazin klaubten manche Häftlinge Kohlestückchen auf. „Sie knabberten und saugten Kohle, da sie angeblich ein margarineähnliches Fett enthielt", erinnert sich F. Znamirowski. Weiter schreibt er: „In der Mittagspause sah man Franzosen mit ihren Händen in der Erde graben. Sie zogen blasse Wurzeln von abgefrorenen Pflänzchen heraus und verschlangen sie roh und ungewaschen. Auf diese Weise besserten sie ihre Mittagskost auf."

„Um die Lagerküche sah man herumstreunende Muselmänner, die im Müllhaufen nach Küchenabfällen, Gemüseschalen, verdorbenen Kartoffeln oder einem Stück verfaulter Steckrübe wühlten. [...] Vor den Baracken der mächtigen Prominenten lauerten Häftlinge, die auf Essensreste warteten. Als Gegenleistung für das Abwaschen des Geschirrs durfte ein Muselmann die Schüssel auslecken, um seinen hungrigen Magen zu beruhigen."[207]

Obsessive Gedanken an Essen verfolgten die Häftlinge den ganzen Tag; die Stärkeren erzählten über die zu Hause kredenzten Speisen, stellten im Geiste raffinierte Menüs zusammen, die sie in der Freiheit essen wollten. Die Schwächeren hatten Halluzinationen. In äußersten Fällen stahlen sie dann ihren Mithäftlingen Brot; Jüngere boten sich homosexuellen Funktionshäftlingen an. Der Hunger bewirkte eine Lockerung der Moral. Manchmal verschlangen Väter zusätzliche Lebensmittelrationen, die ihre Söhne in den Betten der Kapos oder Blockfunktionäre „verdienten".[208]

Der Hunger zwang zu ziemlich absonderlichen Formen von Lebensmittelbeschaffung. In den ersten Monaten gab es viele Großgrundbesitzer im Lager. Einige von ihnen schlossen mit deutschen und polnischen Funktionshäftlingen Verträge, auch schriftliche, ab. Darin übertrugen sie einen Teil ihres Vermögens, nicht selten bis zu etlichen Morgen Land, für zusätzliches Essen (eine Brotration oder eine Schüssel Suppe) an den Essensgeber oder sie verpflichteten sich, ihre Töchter unter Beigabe einer reichen Mitgift mit dem Vertragspartner zu verheiraten. Andere gaben goldene Zahnbrücken oder Zahnkronen für Essen hin.[209]

Die häufigste Form der Essensbeschaffung war jedoch Diebstahl, euphemistisch „Organisieren" genannt. Kartoffeln wurden beim Transport in die Küche; Brot, Margarine, Wurst, Marmelade oder Topfen noch vor der Aufteilung auf die einzelnen Blocks abgezweigt. Dasselbe betraf die für Kaninchen und SS-Hunde bestimmten Kartoffeln und Gemüse, manchmal wurden sogar ganze Kessel entwendet. Am einfachsten war es, Kartoffeln zu klauen. Um sie zu kochen oder zu braten griff man zu verschiedenen Methoden, z. B. Garen im ungelöschten, mit Wasser begossenen Kalk, in Ofenrohren in den Produktionshallen und sogar in der Glut der neben dem Krematorium gelagerten Asche.

Die fortschreitende Unterernährung veränderte das Aussehen der Häftlinge: eine allgemeine Auszehrung war besonders an den Armen und Schienbeinen sichtbar – die schmalen Knochen traten unter der Haut scharf hervor; der Schädel schien geschrumpft oder nach hinten verlängert zu sein. Hungerödeme veränderten die Gesichtszüge: unter den Augen und dem Kiefer bildeten sich Hautsäcke, die Haut im Gesicht, an den Händen und Armen nahm einen gräulich-bräunlichen Farbton an, die Augenhöhlen traten deutlich hervor, die Augen schienen in das Schädelinnere zu fallen, der Blick wurde trüb und ausdruckslos. In diesem Stadium des Hungerns wurde ein Häftling zum Muselmann. Ein Muselmann wurde von keinem normalen Arbeitskommando mehr aufgenommen: er wurde entweder dem Kommando der Steinträger bzw. dem Kommando von Van Loosen zur Liquidierung zugeteilt oder in den Invalidenblock eingewiesen. Dies war meistens die letzte Etappe in seinem Leben. Nur äußerst wenigen gelang es, dank Hilfe von Kameraden oder dank Lebensmittelpaketen von Angehörigen einen Teil ihrer Kräfte wiederzuerlangen und zu ihren Kommandos zurückzukehren.

Die Angst

Auch die Angst begleitete die Häftlinge täglich und beraubte sie ihrer Kräfte. In der Früh war es die Angst vor dem Ausgang der Betten-, Essgeschirr- und Bekleidungskontrollen, die Angst, das Waschen und das Aufstellen zum Appell nicht rechtzeitig zu schaffen oder beim Appell aufzufallen, die Angst vor der Zuweisung in ein schweres Kommando und vor dem Vorbeigehen am Jourhaus; während der Arbeit war es die Angst, dem Kommandoführer, dem Kapo, dem Hilfskapo oder dem Anlerner aufzufallen, am Abend die Angst vor langem Stehen beim Abendappell, vor der Sanitärkontrolle, vor der Sauberkeitskontrolle der Füße, und darüber hinaus die Angst vor einer Verletzung durch Prügel, vor einer Krankheit, vor dem Schicksal, ein Muselmann zu werden und in den Invalidenblock zu geraten, die Angst vor der Einweisung in die Strafkompanie und generell die Angst vor jeder Art Bestrafung.

Methoden, die dazu führten, die psychische Anspannung der Häftlinge zu erhöhen und ihre Angst zu steigern, waren sorgfältig entwickelt und wurden konsequent angewandt. Manche Kommandoführer und Kapos erreichten darin ungeheure Perfektion. Ein Häftling, der einen kleineren oder leichteren Stein trug, hatte Angst, dasselbe Schicksal zu erleiden wie seine Kameraden, die bei einem solchen Vergehen ertappt wurden und unter Knüppelschlägen starben oder mit gebrochenen Rippen und angeschlagenen Nieren ins Lager zurückkehrten. Beim Beladen der Loren mit Erde oder Steinen und dem Schieben der Lore auf den Damm fürchteten Häftlinge, die nicht Schritt halten konnten, vor die Lore auf die Schienen gestoßen zu werden, was Kapos oder ihre Gehilfen oft willkürlich taten.

Häftlinge mit Goldzähnen oder goldenen Brücken fürchteten sich, weil sie wussten, dass Mithäftlingen solche Zähne ausgebrochen oder sie im Revier wegen des bisschen Goldes totgespritzt wurden. Invaliden fürchteten die Abende, an denen man mit Totbadeaktionen rechnen musste. Da viele diese Spannung nicht aushielten, gab es zahlreiche Selbstmorde und häufige Selbstmordgedanken.

Auch der geringste Verstoß gegen die geltende Lagerordnung wurde bestraft: verschmutzte oder zerrissene Kleidung, fehlende Knöpfe, nach Meinung des Kontrollierenden nicht gut genug geputzte Schuhe, Aufstellen des Kragens bei Regen und Wind, in die Taschen gesteckte Hände bei Frost, schlampig gemachte Betten, Betreten eines Blocks mit dreckigem Schuhwerk, Tabakrauchen (zuerst überhaupt und ab 1941 im Block oder bei der Arbeit), zu lässige Begrüßung eines SS-Mannes oder Blockführers, Betreten des Blocks in der Arbeitszeit, Verlassen des Blocks während der Blocksperre, Benutzung eines Aborts in den ersten Arbeitsstunden, ungenaues Decken, Husten oder Bewegung beim Appell, alle Formen sich Kleidung oder Lebensmittel zu „organisieren".

Am härtesten wurden Faulheit, eine nicht zuvor genehmigte Meldung beim Arzt, alle Formen vermeintlicher Sabotage (etwa Aneignung von Zementsackpapier oder Nichterfüllung der Produktionsnorm) bestraft. Gemäß dem Prinzip „Eine Laus – dein Tod" wurde der Läusebefall und 1940 sogar das Zigarettenrauchen mit dem Tod bestraft.

Übliche Individualstrafen der Blockältesten oder Kapos waren: Schläge (mit der Hand, einem Stock, einem Knüppel oder einem Spatenstiel), Treten oder Trampeln, Begießen mit kaltem Wasser (aus einem Eimer oder einem Gummischlauch) und Essensentzug.

SS-Führer wendeten ebenfalls gerne Gewalt an. Nur wenige von ihnen (Beck, Füssl) weigerten sich, gewaltsam „Gerechtigkeit" zu üben oder Gehorsam durch Schläge zu erzwingen.

Es gab keine Regelungen für die von den Block- und Kommandoführern angeordneten Strafen, bis auf die von Himmler erlassenen detaillierten Vorschriften bezüglich der körperlichen Züchtigung. Die Anordnung des Chefs der Amtsgrupe D im WVHA vom 4. April 1942 lautete:

„*Der Reichsführer-SS und Chef der Deutschen Polizei hat angeordnet, dass bei seinen Verfügungen von Prügelstrafen (sowohl bei männlichen als auch weiblichen Schutz- oder Vorbeugungshäftlingen), wenn das Wort ‚verschärft' hinzugesetzt ist, der Strafvollzug auf das unbekleidete Gesäß zu erfolgen hat. In allen anderen Fällen bleibt es bei dem bisherigen vom Reichsführers-SS angeordneten Vollzug.*"

Die Anordnungen sollten die Willkür der Lagerführer einschränken. Eine Prügelstrafe sollte von Himmler genehmigt werden. In der Praxis wurde sie vom Lagerführer verfügt und bis 1943 von SS-Führern verabreicht, die sich meist freiwillig zu dieser Tätigkeit meldeten. Ab 1943 wurde die Prügelstrafe im Beisein eines Arztes von Häftlingen vollzogen. Geschlagen wurde auf den blanken Hintern, manche SS-Führer schlugen dabei absichtlich in die Nierengegend. Der Häftling musste die Schläge laut mitzählen.

Das System der Strafen, die auf Geheiß des Lagerkommandanten, Lagerführers, Rapportführers oder des Blockführers verhängt wurden, war mannigfaltig: Strafestehen vor dem Jourhaus, Schläge mit einer Peitsche oder einem Ochsenziemer, Aufhängen am Querbalken einer Baracke an den auf dem Rücken mit einem Strick zusammengebundenen Händen, Einweisung in den Bunker, Zuteilung zur Strafkompanie für eine bestimmte oder unbestimmte Zeit. Die Strafen wurden unabhängig von der Art des Vergehens, lediglich nach dem Gutdünken des Strafenden verhängt.

Weder der Lagerkommandant noch der Lagerführer (und noch weniger der Rapport- und Kommandoführer) hatten das Recht, Todesstrafen auszusprechen, nichtsdestotrotz wiesen sie alle die Funktionshäftlinge an, Häftlinge durch Jagen auf die Postenkette zu oder in den stromgeladenen Stacheldraht, Ersticken in einem Wasserfass, Erschlagen mit einem Knüppel oder Aufhängen zu ermorden.[210] Nicht selten erschossen sie Häftlinge eigenhändig oder hängten sie im Bunker auf. Ziereis gibt in seiner Aussage an, auf Häftlinge geschossen zu haben und fügt hinzu: „Die meisten Häftlinge, einige Tausend an der Zahl, ermordete Bachmayer in Mauthausen; dasselbe machte Seidler in Gusen mit einer noch größeren Zahl [...] Chmielewski ermordete in Gusen einige Tausend Menschen."[211]

Über alle Häftlinge wurden auch Strafen für kollektive Vergehen verhängt. Ein Kommando wurde für schlechte Arbeit bestraft, ein Block für die Verspätung zum Appell oder auch nach dem Prinzip der kollektiven Verantwortung für das Vergehen eines einzelnen (ungeachtet dessen, ob der Schuldige gefunden wurde). Es gab folgende kollektive Strafen: Strafestehen auf dem Appellplatz oder vor dem Block (die ganze Nacht, oft bei Frost oder Regen), Strafübungen (Mützenabnehmen, Kniebeugen, Fallen und Robben, Laufen), Essensentzug und Strafarbeit in der Freizeit. Am härtesten fielen die kollektiven Strafen wegen Flucht oder Fluchtvorbereitung aus.

Um einen Anlass für Strafaktionen zu haben, täuschten Funktionäre zuweilen Übertretungen vor. Häftlinge aus dem ersten Dachauer Polentransport vom Mai 1940 wurden beschuldigt, deutsche Funktionäre bestohlen zu haben. Die angeblich gestohlenen Sachen wurden den Polen während des Schlafs untergeschoben. Die „Schuldigen" wurden verprügelt, einige starben daran. Die fingierten Diebstähle lösten eine tagelange Terrorwelle aus.

Eine der härtesten Strafen war die Einweisung in die Strafkompanie. Gebildet wurde sie im Juni 1940 aus allen Juden und einigen Polen, die mit entsprechenden Vermerken von anderen Lagern überwiesen wurden. Die Strafkompanie war in einem gesonderten Block untergebracht, zu dem der Zutritt strengstens verboten war. Die Häftlinge der Strafkompanie hatten kein Recht auf Erholung am Sonntag Nachmittag, sie durften keine Briefe an ihre Angehörigen schreiben und weder Korrespondenz noch Pakete empfangen, sie erhielten im Winter weder Mäntel noch Ohrenschützer oder Handschuhe. Die Strafkompanie musste nicht nur die schwersten sondern auch die ekelhaftesten und erniedrigendsten Arbeiten ausführen: Aborte säubern, Fäkalien in Fässern hinaustragen, Lasten schleppen, aber auch so sinnlose Arbeiten wie Tragen von Steinen von einer Stelle zur anderen und zurück.

Die Strafkompanie schrumpfte unter diesen Umständen schnell. Sie wurde ständig mit neuen Häftlingen, manchmal sogar Funktionshäftlingen, die bei einem Vergehen ertappt wurden, aufgefüllt. Die deutschen

Funktionshäftlinge gelangten in die Strafkompanie meist dann, wenn sie zu offensichtlich schmuggelten oder Handel mit der Zivilbevölkerung trieben. Nach dem Verbüßen ihrer Strafe, kehrten sie wieder zu ihren Funktionen zurück. Ein Revierkapo, Franz Zach, der wegen Sauf- und Sexorgien in die Strafkompanie kam, wurde ähnlich wie Heinemann („Meta") und Krutzki („Tiger") nach einem kurzen Zwischenaufenthalt zum Revierkapo im Lager der sowjetischen Kriegsgefangenen ernannt.

Angst begleitete alle, auch die hoch in der Lagerhierarchie stehenden Häftlinge, und das in jeder Situation. Sie lehrte, dass man schlau und vorsichtig sein, seine Kräfte für schwierigere Momente aufsparen, in kritischen Situationen das kleinere Übel wählen, und eine Anpassungsstrategie gegenüber SS-Führern und Funktionshäftlingen entwickeln muss. Infolge der Angstpsychose verkümmerte das emotionale und intellektuelle Leben der meisten Häftlinge, andere wurden verschlossen; die Grenzen zwischen Gut und Böse verschwammen. Diese Moralkategorien verloren weitgehend ihre praktische Bedeutung in den Kontakten mit den Blockaufsehern und auch im Leben der Häftlingsgemeinschaft. Nur körperlich und psychisch besonders widerstandsfähige Häftlinge hielten sich an die moralischen Normen beim Zusammenleben mit ihren Kameraden.

Heimweh

Neben Hunger und Angst war Heimweh die dritte Empfindung, die das Bewusstsein der Häftlinge prägte. Empfunden wurde es jedoch im Lager viel komplexer als von Menschen, die nur unter der Trennung von ihrem Vaterland leiden. Dazu kam es, weil die Häftlinge von der Außenwelt absolut isoliert, vom gewohnten Gesellschaftsleben abgeschnitten waren, keinen Zugang zu Zeitungen und Rundfunk hatten, und zu Beginn der Lagerhaft auch keinen Briefkontakt mit ihren Angehörigen. Je mehr sich der Häftling dieser Isolation bewusst wurde, umso größer wurden seine Sorgen um die Familie und das soziale Umfeld aus dem er stammte. Diese Besorgnis wuchs mit den Erfolgen der deutschen Wehrmacht an den Kriegsfronten. Die Zukunft erschien mit jedem Tag düsterer – Mithäftlinge starben weg und die Neuzugänge brachten meist keine tröstenden Nachrichten. Wie eine schwere Bürde lasteten auf dem Häftling Heimweh, der Gedanke an das Zuhause, die Sorge um die Angehörigen und ihr Schicksal, sollte er nicht überleben. Die Schwächeren brachen unter dieser Last zusammen, die Stärkeren bedrückte sie und untergrub ihre psychische Widerstandsfähigkeit.

Über Heimweh sprachen die Häftlinge ständig; es wurde von den Lagerdichtern beschrieben und in Lagerliedern besungen. Die populärsten Lagerlieder, die in der Gefangenschaft entstanden sind, beschreiben die Schönheit der Heimat („Śniła mi się nasza wioska" von Karr-Jaworski) und Erinnerungen an das daheim erfahrene Glück („Janeczka" von Ćwierk). Ein Hauptmotiv in den Liedern, die polnische („ale każdy wróci z drogi") und sowjetische Häftlinge („kagda tawarischtsch moj damoj wjernjotsja") summten, war die Heimkehr.

Der Gedanke an Zuhause und die Familie war zunächst eine Kraftquelle, er machte den Häftling psychisch stärker, erinnerte ihn daran, dass er durchhalten muss, um nach Hause zurückzukehren, dass er überleben muss, weil er gebraucht wird. Doch derselbe Gedanke bedrückte schwächere Häftlinge, trieb sie in Depression, und machte ihre schwere Lage noch tragischer.

Vor dem Heimweh konnte man nicht flüchten. Es wurde weder durch die Arbeit noch durch Kontakte zu Mithäftlingen gemildert. Ähnlich wie der Hunger zehrte es an den Lebenskräften.

Die Lagervorschriften bestimmten eindeutig, dass „Sprecherlaubnis sowie die Besuchserlaubnis von Gefangenen nicht erteilt werden." Trotz dieses Verbots genehmigten die örtlichen Behörden in Polen ab und zu der Ehefrau eines Häftlings nach Gusen zu kommen. Vom Straßenrand aus versuchte sie dann, ihren Mann in den ins Lager zurückkehrenden Häftlingskolonnen zu erspähen. Verriet sie sich jedoch durch Zeichen, die sie ihrem Mann gab, verjagte sie die SS-Eskorte und der Häftling, der auf diese Zeichen antwortete, wurde furchtbar verprügelt.

Prügel standen selbst auf die harmlosesten Kontakte mit der örtlichen Bevölkerung bei Einsätzen außerhalb des Lagers. Nähere Kontakte der Anrainer mit den Häftlingen endeten oft tragisch auch für die Ersteren – meist wurden sie selbst in ein Konzentrationslager eingewiesen.[212]

Genaue Vorschriften regelten den Briefverkehr mit den Angehörigen. Sie waren auf den Briefformularen, die verwendet werden mussten, abgedruckt. Laut diesen Vorschriften hatte ein Häftling das Recht auf zwei Briefwechsel mit seiner Familie pro Monat. In Gusen wurde dieses Recht auf einmal pro Monat eingeschränkt. Weitere Weisungen, die über die Blockführer den Blockschreibern übermittelt wurden, schränkten auch den Inhalt der Briefe ein. Auf Anordnung des Leiters der Poststelle sorgte der Blockschreiber dafür, dass außer der Formel „ich bin gesund, mir geht es gut", Dankworten für empfangene Briefe und Geldbeträge sowie – in

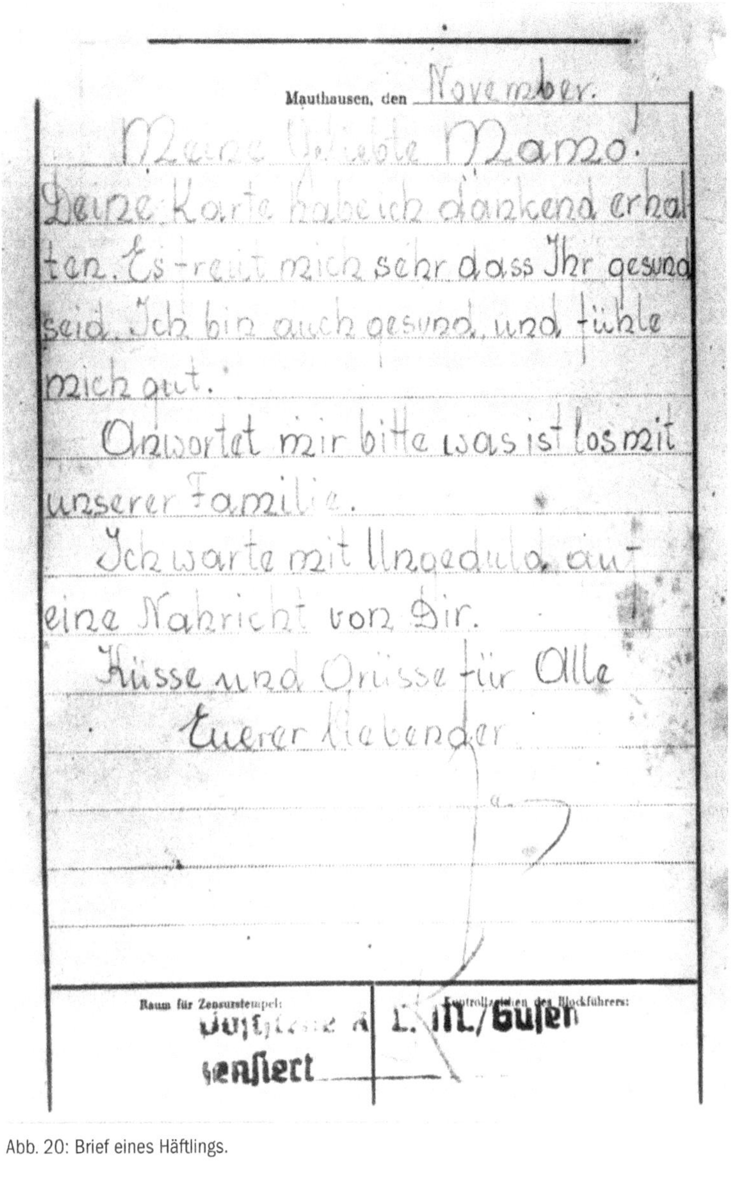

KAPITEL 8

Mauthausen, den November.

Meine Geliebte Mamo.

Deine Karte habe ich dankend erhalten. Es freut mich sehr dass Ihr gesund seid. Ich bin auch gesund und fühle mich gut.

Antwortet mir bitte was ist los mit unserer Familie.

Ich warte mit Ungeduld auf eine Nachricht von Dir.

Küsse und Grüsse für Alle

Euer Liebender

Abb. 20: Brief eines Häftlings.

den Jahren 1943-1944 – auch für erhaltene Lebensmittelpakete, keine weitere Informationen in den Briefen aufschienen. Nicht einmal ein genaues Datum des Briefes durfte angegeben werden, sondern nur Monat und Jahr.

Der Tag, an dem man Briefe schreiben durfte, war fast ein Feiertag, der die Verbitterung von Häftlingen ohne Schreiberlaubnis vertiefte. Diese Verbitterung steckte die anderen an: nach einem Briefschreibetag war das Gefühl, isoliert und der Gewalt hilflos ausgeliefert zu sein, stärker, die Sorge um die Angehörigen und um das eigene Schicksal unerträglicher als sonst. Dazu kamen Verzweiflung, Schlaflosigkeit oder quälende Albträume.

Die in der Poststelle tätigen SS-Männer hatten die Briefe zu zensieren. Sie waren streng und böswillig. Die Häftlinge erhielten oft Briefe mit herausgeschnittenen einzelnen Wörtern. Briefe, die den leisesten Verdacht erweckten, wurden vernichtet. Wenn ein Brief ausblieb, wuchs die Unruhe um das Schicksal der Familie. Scheinbar nichtssagende Briefe versuchte man zu interpretieren, um herauszufinden, was sie zwischen den Zeilen mitteilen sollten.

Briefe an die Prominenten aus den Blocks 1 und 2 sowie an die im Revier Beschäftigten wurden nachsichtiger kontrolliert. Aber auch die mit solchen Briefen – oft getarnt – übermittelten Nachrichten trugen nicht wirklich zur Entspannung der allgemeinen Unruhe bei. Die Häftlingsgemeinschaft war mit diesen privilegierten Häftlingsgruppen auf verschiedene Art und Weise verbunden, die Wirkung solcher Briefe war daher meist sehr stark und die positiven oder negativen Schlussfolgerungen aus den so übermittelten Nachrichten wurden entsprechend nachhaltig empfunden. Meist verleiteten sie zum Glauben an eine positive Schicksalswende. Umso größer war jedoch die darauf folgende Enttäuschung, da die Interpretation falsch war. Es folgte eine noch tiefere Depression, die manchmal ganze Gruppen von Häftlingen befiel.

Eine vielsagende Form des Kontaktes mit den Familienangehörigen waren Lebensmittelpakete. Zu Weihnachten 1940 und 1941 durften die Häftlinge ein 1 kg schweres Lebensmittelpaket erhalten; Pakete zu anderen Terminen waren verboten, „da die Gefangenen im Lager alles kaufen können" (vorgedruckte Anordnung über den Schriftverkehr mit den Gefangenen auf den lagereigenen Briefformularen). Diese Information war schlicht und einfach falsch. Erst Anfang 1943 wurde diese Textstelle abgeändert in: „Pakete an die Gefangenen sind in uneingeschränkter Menge gestattet", was wieder nicht der Wahrheit entsprach, man sorgte nämlich dafür, dass ein Häftling nicht mehr als 1 Paket monatlich empfing. Alle seine anderen Pakete bekamen jene deutschen Funktionshäftlinge, die keine Lebensmittelpakete erhielten.

Aus dem Inhalt der Pakete, die polnische, tschechische, französische, belgische, holländische Gefangene, sowie manche Häftlinge aus Jugoslawien und Deutschland erhielten, wurden Rückschlüsse auf die materielle Situation der Familien gezogen. Diese Rückschlüsse waren beruhigend – die meisten Pakete zeugten scheinbar davon, dass die Familien gut zurecht kommen, besonders im Generalgouvernement, Tschechien und Frankreich. Sie ahnten nicht, was ihre Familien auf sich nehmen mussten, um diese Pakete schicken zu können.

In den Paketen aus Polen wurden als Verpackung Zeitungen verwendet; das polnische Personal der Paketstelle verstand es, diese geschickt zu verbergen und den Häftlingen zukommen zu lassen. Sogar die Propagandablätter der Besatzungsmacht wurden mit großem Interesse gelesen, weil sie die Isolation von der Außenwelt durchbrachen; man übte sich darin, alle Informationen zu Ungunsten des Dritten Reiches auszulegen.

Laut Vorschriften über den Schriftverkehr mit den Gefangenen waren „Zeitungen gestattet, dürfen aber nur durch die Poststelle des K.L. Mauthausen bestellt werden." In der Praxis jedoch riskierte ein polnischer Häftling, der dies gewagt hätte, Verhöre in der Politischen Abteilung, Prügel oder Einweisung in die Strafkompanie. Nur Deutsche und Österreicher sowie einige in den Büros der Lagerleitung Beschäftigte erhielten die Erlaubnis, deutsche Blätter wie die „Berliner Illustrierte Zeitung" oder die „Frankfurter Illustrierte" zu beziehen. Diese Zeitschriften erreichten nur einen kleinen Personenkreis.

In dem Maß, in dem das Kriegsende absehbar zu sein schien, wuchs die Sehnsucht der Häftlinge nach ihren Familien. Begleitet wurde dieses Gefühl einerseits von der Hoffnung auf baldige Heimkehr, anderseits von der Furcht, bei Annäherung der Kriegsfront im Lager ermordet zu werden. Manche hielten diese Spannung nicht aus, erlitten Nervenzusammenbrüche und begingen Selbstmord.

Der Gesundheitszustand der Häftlinge

Hunger, Angst und Heimweh waren die vordergründigen Folgen des Lageralltags, die weitere Folgen nach sich zogen. Vor allem schwächten sie die körperliche und seelische Widerstandsfähigkeit. Das wiederum führte zu häufigeren Erkrankungen, psychischen Zusammenbrüchen und einer Verzerrung des ethischen Verhaltens.

Die meisten Polen, die in den Jahren 1940-1942 nach Gusen überstellt wurden, waren gesunde junge Männer und Männer mittleren Alters.

Während der ersten Monate der Gefangenschaft waren sie optimistisch, sie rechneten mit einem baldigen Kriegsende und ihrer Heimkehr. Das Lager empfanden sie als eine schwierige Übergangsphase in ihrem Leben; sie meinten, im Lager sei es wie in einem Krieg, aber „aus dem Krieg kommen ja die meisten Soldaten heim." Erst der konsequent ausgeübte Terror machte ihnen bewusst, dass sie der Gnade und Ungnade eines Deutschen ausgeliefert sind: einem Lagerführer, SS-Führer, Kapo oder Blockältesten. Das begriffen die Häftlinge schnell.

Aber noch mehr als den Terror fürchteten sie Krankheiten. Dass Kranke kaum eine Überlebenschance hatten, war von Anfang an klar. Die bereits auf dem Marsch von Mauthausen nach Gusen Verprügelten wurden ihrem Schicksal überlassen. Ohne Verband und ärztliche Hilfe wurden sie in die Baracke für die Arbeitsunfähigen abgeschoben. Dort starben sie bald.

Bald nach ihrer Ankunft im Lager wurden sie krank. Sie bekamen Durchfall als Folge der plötzlichen Ernährungsumstellung, Erkältungen und Lungenentzündungen – als Folge unzureichender Bekleidung im rauen oberösterreichischen Klima, Krätze als Folge mangelnder Hygiene. Dazu kamen Phlegmonen als Folge nicht behandelter und schlecht heilender Wunden, die am Körper von Schlägen, an den Füßen von Abschürfungen durch die Holzschuhe herrührten.

Weder bei der Planung des Lagers noch beim Aufbau seiner Organisationsstruktur dachte man an die Gesundheit der Häftlinge. Bei dem ursprünglich vorgesehenen Lagerstand von 7.000 Insassen wurde lediglich eine Revierbaracke eingeplant, wo die bei der Arbeit Verletzten verbunden werden sollten. Kapo dieses Reviers wurde ein Krimineller, ein perverser Verbrecher, der keine Ahnung von Medizin und Hygiene hatte. In Gusen gab es ursprünglich keinen Lagerarzt – die Aufsicht über das Revier oblag dem Lagerarzt von Mauthausen.

Aber selbst ein so konzipiertes „Krankenrevier" verfügte kaum über Arzneien und Verbandmittel. Es gab davon nur soviel, wie für die Funktionshäftlinge benötigt wurde. Da sie selten erkrankten, fiel etwas Verbandmaterial auch für andere Häftlinge ab.

Das Revier nahm anfangs nur die an der roten Ruhr Erkrankten und Patienten mit schweren Traumata auf, Arzneimittel dafür gab es nicht. Die Häftlinge behandelten sich selbst: die Ruhr mit verkohltem Brot oder

Holzkohle, manchmal auch mit Vollfasten; die Phlegmonen und Wunden wurden mit Wasser, Sonnenbestrahlung und Papierverbänden versorgt. Die Sterblichkeit war hoch. Ein Ruhrkranker wurde vom Kapo oder Blockältesten zu Tode geprügelt, weil er das Bett, die Kleidung oder den Arbeitsplatz verschmutzt hatte; ein Häftling mit Lungenentzündung starb bei der Arbeit oder in der Nacht nach einem Hustenanfall oder Blutsturz. Ein Krätzekranker verlor seine Kräfte infolge von Schlaflosigkeit, wurde zum Muselmann und starb im Invalidenblock. Die Phlegmonen führten zu Blutvergiftung, bei der es keine Rettung gab.

1941, als die Kraftreserven der „alten" Häftlinge zu Ende gingen, traten alle diese Krankheiten mit großer Intensität auf. Zu dieser Zeit kamen große Transporte von Spaniern ins Lager. Sie hatten kaum Widerstandskräfte, weil sie doch durch ihre Erlebnisse aus der Zeit des Bürgerkrieges, ihren Aufenthalt in Internierungslagern und die Arbeit beim Bau von französischen Befestigungsanlagen geschwächt waren. Eine Typhusepidemie kam hinzu.

Aus Furcht vor der Ausbreitung auf die SS-Unterkünfte und umliegenden Siedlungen verfügte der Lagerführer, ausnahmslos alle Typhuskranken zu liquidieren. Eine Entlausungsaktion durch Ausgasung von einzelnen Blocks wurde durchgeführt; das Revier bekam erst zu diesem Zeitpunkt Arzneien. Die Flecktyphusepidemie klang langsam ab, Mitte des Jahres 1942 folgte die nächste. Diesmal war es Paratyphus, der ebenfalls viele Menschenleben forderte.

Ab 1942 war die Tuberkulose die am meisten verbreitete Krankheit. Im Revier wurde eine eigene Abteilung für Tuberkulosekranke eingerichtet, wo SS-Ärzte Experimente mit verschiedenen Präparaten durchführten. Polnische Ärzte versuchten die Kranken durch Injektionen von Calciumchlorid sowie Glucose mit Afenil zu retten. Die Wirkstoffe wurden unter primitiven Bedingungen vom Pharmazeuten Doz. F. Adamanis hergestellt.[213] Auch künstlicher Pneumothorax und andere Eingriffe wurden durchgeführt. Es gab jedoch über Tausend Tuberkulosekranke. Die SS-Ärzte dezimierten diese Gruppe systematisch; täglich verurteilten sie mehr als zehn Patienten zum Tode. Die Tuberkulose-Abteilung war immer überfüllt. Bei der Massenvergasung im April 1945 kamen die meisten aus dieser Abteilung.

Es gab auch zahlreiche Erkrankungen des Magen-Darm-Traktes sowie Leber- und Nierenkrankheiten. In diesen Fällen nahm Dr. Gościński oft chirurgische Eingriffe vor. Gefährlich war es, wenn die SS-Ärzte, wie Dr.

Abb. 21: Muselmann, Zeichnung von Prof. Aldo Carpi aus dem Jahr 1945.

Kiesewetter oder andere operierten. Die meist schlecht ausgeführten oder nicht abgeschlossenen Eingriffe von Dr. Kiesewetter endeten meist mit dem Tod der Patienten; nur wenige von ihnen konnten dank Dr. Gościński gerettet werden.

Die Wahrheit über das Gusener Revier ist erschütternd – durch dieses Revier führte der kürzeste Weg ins Krematorium. Nur wenigen Gefangenen wurde dort geholfen, nur wenige Leben wurden dort gerettet.

In den Jahren 1940-1943 gab es in Gusen durchschnittlich 6.000-9.000 Insassen, insgesamt während des Lagerbestehens 77.000 Personen.[i] Sie lebten in tiefstem Elend und Verzweiflung, dennoch waren die Fälle von psychischen Erkrankungen so selten, dass sie kaum auffielen. Stanisław Nogaj erwähnt einen Häftling, einen Muselmann im letzten Stadium, der kurz vor seinem Tod auf die Fragen von Kameraden und SS-Führern nicht reagierte, sondern obsessiv „zwei und zwei sind vier" wiederholte. Das ist auch der einzige Fall, der in den Erinnerungen Gusener Häftlinge beschrieben wird.[214] Möglicherweise wurden andere Fälle noch vor dem Ausbruch der klinischen Form schnell liquidiert. Vielleicht waren nur Obsessionen von Muselmännern im Endstadium und die beabsichtigten und ausgeübten Selbstmorde Anzeichen einer solchen Erkrankung.

Alle psychischen Folgen der im Lager durchgemachten Hölle manifestierten sich bei den Überlebenden in ihrem späteren Leben: geringe Widerstandskraft gegen alle Formen von Stress, nachhaltige depressive Zustände, erhöhte Reizbarkeit und vor allem beschleunigtes Altern sowie eine kürzere Lebensdauer als die Durchschnittsbevölkerung. Das KZ-Syndrom war der höchste Preis, den sie für das Überleben zahlen mussten.

Als ein Mangel an Arbeitskräften in der Rüstungsindustrie spürbar wurde, bekam die Gesundheit der Häftlinge für die SS-Führung einen anderen Stellenwert. Dem WVHA wurde klar, dass es trotz Aufgriffen in allen besetzten Ländern zu wenig Arbeiter gab und dass sie zu schnell starben.

Wegen der zu hohen Sterblichkeitsrate in den Lagern (von den 136.000 – tatsächlich von den 109.861 – Neuzugängen starben zwischen Juni und November 1942 70.000 Häftlinge), richtete der Inspekteur der Konzentrationslager im WVHA, Richard Glücks, am 28. Dezember 1942 ein Rundschreiben an die Lagerkommandanten und SS-Standortärzte, kommentierte die Statistiken und verfügte:

---

i s.o., Kap. VI, S. 173, Anm. i.

„Mit einer derartig hohen Todesziffer kann niemals die Zahl der Häftlinge auf die Höhe gebracht werden, wie es der Reichsführer-SS befohlen hat. Die l. Lagerärzte haben sich mit allen ihnen zur Verfügung stehenden Mitteln dafür einzusetzen, dass die Sterblichkeitsziffer in den einzelnen Lagern wesentlich herabgehen. Nicht derjenige ist der beste Arzt in einem Konzentrationslager, der glaubt, dass er durch unangebrachte Härte auffallen muss, sondern derjenige, der die Arbeitsfähigkeit durch Überwachung und Austausch an den einzelnen Arbeitsstellen möglichst hochhält. Die Lagerärzte haben mehr als bisher die Ernährung der Häftlinge zu überwachen und in Übereinstimmung mit der Verwaltung dem Lagerkommandanten Verbesserungsvorschläge einzureichen. Diese dürfen jedoch nicht nur auf dem Papier stehen, sondern sind von den Lagerärzten regelmäßig nachzukontrollieren. Ferner haben sich die Lagerärzte darum zu kümmern, dass die Arbeitsbedingungen auf den einzelnen Arbeitsplätzen nach Möglichkeit verbessert werden. Zu diesem Zweck ist es nötig, dass sich die Lagerärzte auf den Arbeitsplätzen an Ort und Stelle von den Arbeitsbedingungen persönlich überzeugen. Der Reichsführer-SS hat befohlen, dass die Sterblichkeit unbedingt geringer werden muss […]."

Das Rundschreiben endete mit dem Befehl, monatlich an den Chef des Amtes D III zu berichten – erstmalig am 1. Februar 1943.[215]

Der Befehl Glücks wirkte sich nur vorübergehend auf die Lebensumstände der Häftlinge aus. Die Sterblichkeit sank Anfang 1943 und von Mai dieses Jahres bis September 1944 blieb sie konstant bei 100 bis 300 Toten im Monat. Das Verhalten der SS-Führer und -Ärzte, der Blockältesten und Kapos, die Unterernährung und auszehrende Arbeit bestimmten nach wie vor das Leben im Lager, der Gesundheitszustand der Häftlinge verbesserte sich kaum. Ihre Arbeitsfähigkeit blieb zwar länger erhalten, aber die nicht mehr Einsatzfähigen, die Invaliden und Muselmänner wurden genauso wie in den Jahren 1941 und 1942, totgespritzt oder in Hartheim vergast. Ab Oktober 1944, als die Niederlage des Dritten Reiches bereits absehbar war, stieg die Sterblichkeit wieder gewaltig an, es gab mehr Tote als in den Jahren zuvor.

KAPITEL 9

IX. MASSENREPRESSALIEN

Die Entwicklung des Massenterrors

Während seines ganzen Bestehens war Gusen immerzu Schauplatz des Massenterrors. Besonders stark war er in den Jahren 1940-1941 und abermals 1945. Seine krassen Erscheinungsformen in den Jahren 1942-1944 zeugen jedoch davon, dass Terror zum Lagersystem gehörte. Um diese These zu untermauern, genügt es anzuführen, dass 70% (43.728)[i] der Lagerhäftlinge durch Hunger, zermürbende Arbeit und Prügel getötet wurden. Wie schon im vorhergehenden Kapitel erwähnt, ordnete das WVHA in den Jahren 1943-1944 an, die Sterblichkeitsrate zu senken, um die Arbeitskraft der Häftlinge in der Rüstungsindustrie länger ausbeuten zu können. Diese Anweisung milderte zwar vorübergehend die angewendeten Methoden der Massenvernichtung, verboten wurden sie nicht.

Die Methoden des Massenterrors waren in den Zeiträumen 1940-1942 und 1943-1944 unterschiedlich. Solange die Wehrmacht an allen Fronten Siege davontrug und der Endsieg nahe schien, wurden alle Direktiven Himmlers, vom Generalplan Ost bis zur Endlösung, von der Lagerkommandantur ausgeführt: Alle Reichsfeinde wurden systematisch vernichtet, vor allem Polen als Deutschenhasser, Juden wegen ihrer Rasse, sowie Spanier und Russen als Kommunisten. Das Konzentrationslager Gusen unterschied sich von Treblinka und Sobibór dadurch, dass dort keine Gaskammern gebaut wurden. Man vergaste in Hartheim, im Lager selbst wurden alle anderen Formen der Massenvernichtung angewandt.

Die Lagerhäftlinge zählten rund 46 von den SS-Führern, Blockältesten und Kapos angewandte Formen des Tötens.[216] Es gab Zeiten, in denen der Lager- oder Rapportführer festlegte, wie viel Personen täglich getötet werden mussten. Wenn die Funktionshäftlinge diese Kontingente nicht einhielten, drohten ihnen selbst Repressalien.[217]

1943-1944 begann sich ein arbeitsfähiger Häftling in der Waffenindustrie zu rechnen, aber nur solange er arbeiten und die Norm erfüllen konnte. Heinrich Himmler legte seine Doktrin des Genozids 1943 in seiner Ansprache in Posen dar. Laut ihr musste ein deutscher Soldat voll aus-

---

i   Die hier angegebene Gesamtzahl der Opfer weicht von der im letzten Kapitel ermittelten ab. Zur Zahl der Opfer s.u., Kap. XII, insb. S. 337, Anm. i.

gerüstet sein, und ob dies bei der Produktion den Tod von 1.000 oder 10.000 Häftlingen forderte, war der Führung des Dritten Reiches einerlei. Ein arbeitsunfähiger Häftling wurde als Invalide ausgesondert und liquidiert.

Es galt die Vernichtung durch Arbeit. Dennoch verzichtete die Lagerleitung nicht auf die Methoden der Jahre 1940-1942: Die „Aufnahme" im Lager sollte weiterhin einen Einlieferungsschock auslösen, die Herzinjektionen wurden nach wie vor häufig eingesetzt und weiterhin wurden Häftlinge zum Vergasen nach Hartheim gebracht.

1945 gab es wieder gehäuft Massentötungsaktionen: Vergasen, zu Tode Prügeln oder Totspritzen. Gusen wurde nicht evakuiert, im Gegenteil, aus anderen KZ evakuierte Häftlinge wurden dorthin gebracht. Die meisten von ihnen büßten während der Evakuierungsmärsche ihre Arbeitstauglichkeit ein und fanden ihren Tod in Gusen oder wurden zum Beseitigen ins Krankenlager nach Mauthausen geschickt.

Berichte von Häftlingen anderer Konzentrationslager beinhalten ähnliche Beschreibungen des Massenterrors. Folglich war dies ein allgemein angewandtes Prinzip. Nicht in allen Lagern jedoch wurden parallel so viele verschiedene Formen des Massenterrors eingesetzt wie in Gusen und wahrscheinlich wurde er nirgends sonst mit solch ausgewählter Grausamkeit und Konsequenz durchgeführt.

„Begrüßung" im Lager

Die Häftlinge der Jahre 1940-1942 machten alle Formen des Massenterrors durch. Schon die Misshandlungen bei der Einlieferung sollten bei ihnen den Einlieferungsschock auslösen und eine Vorstellung davon vermitteln, wie es in einem Lager der Stufe III zugeht. Gusener Häftlinge erinnern sich:

„Am 25. Mai 1940 erwarteten SS-Posten am Bahnhof von Mauthausen bis spät in die Nacht die Ankunft eines angekündigten Transportes (Polen aus Dachau). [...] Die Neuankömmlinge wurden mit Gewehrkolben aus den Waggons hinausgeprügelt. Dies war die erste Begrüßung. Mit Gewehrkolben wurden sie auch in Fünferreihen aufgestellt. Die Gefangenenkolonne entfernte sich in die ungewisse, dunkle Ferne. [...] Mit Stöcken, Kolben, und Tritten bedacht, fielen die Leute zu Boden, andere stolperten über sie und brachen zusammen, um nie mehr aufzustehen. Die Erschöpften, die nicht mehr Schritt halten konnten, wurden durch gesteigerte Prügel zum Marschieren „ermuntert." Denen, die nicht mehr gehen konnten, wurde entweder

durch einen Schuss oder durch einen gezielten Kolbenhieb der Gnadenstoß versetzt. Die Kameraden mussten die Leichen auf einen [...] Lastwagen [...] werfen. Die ordinärsten Beschimpfungen und Gebrüll erschallten in der Stille der Nacht."[218]

Auf ähnliche Todesmärsche wurden 1940-1941 alle Transporte der Polen, Spanier und sowjetischen Kriegsgefangenen geschickt.[219]

In den nächsten Jahren wandte man raffiniertere Methoden zum Hervorrufen des Einlieferungsschocks an. Die Häftlinge erhielten schon am Weg einen Vorgeschmack darauf, was sie im Lager erwartete. Hier der Bericht eines Häftlings über den Transport von Auschwitz nach Gusen vom 1. März bis 14. April 1943:

„Viermal hielt der Zug unterwegs an. Gestapo-Leute mit Knüppeln in der Hand öffneten die Waggontüren. Sie prügelten uns aufs Feld, unter dem Vorwand, den Stand zu überprüfen. Nach jedem solchen Anhalten und Zählen wurden die, die kein Lebenszeichen mehr von sich gaben, von ihren Gefährten in die Waggons geworfen. Beim nächsten Halt mussten die Gestapo-Männer in viele Waggons kriechen, um die Toten zu zählen. [...] Nach dem, was man sich unter den in Mauthausen zur Kolonne formierten Häftlingen zuflüsterte, blieben in den Waggons über 300 Tote und Sterbende zurück. In Auschwitz hatten wir für den Weg Holzschuhe erhalten. Während der makabren Torturen auf dem Weg verloren viele von uns dieses Schuhwerk, [...] die Hälfte ging barfuss[.]"

„Der Weg ins Lager Gusen war ein Kreuzweg. Es war der 14. April 1943, ein kühler, windiger Nachmittag. Über den Himmel wälzten sich Hagelwolken. Unsere nackten Füße froren. Die brutalen SS-Männer hetzten die Kolonne mit Hunden voran. Die Älteren begannen zu stürzen. Ich hörte Schreie: raus, schnell; das Bellen der SS-Hunde vermischte sich mit dem Geschrei der ‚Übermenschen'[.]"[220]

Diese Schilderung ist nicht übertrieben, sie ist eher bescheiden im Aufzählen von Einzelheiten. Hier die Aussage des Kommandanten des KZ Mauthausen Franz Ziereis, welcher sicher nicht daran interessiert war, die ganze grausame Wahrheit über das Martyrium der Häftlinge zuzugeben, über einen anderen Transport im Jahr 1943:

„Ein Transport von 2500 Häftlingen kam vom Konzentrationslager Auschwitz [...] nach Mauthausen und wurden dem Befehl nach (von Berlin) im Winter auf dem Appellplatz mit kaltem Wasser bespritzt (gebadet). Ich mußte diesen Transport dann nach Gusen I senden, ein Weg von etwa 5 km und hat [sic] für diesen Transport keine Kleidung, außer Unterhosen. Ich ersuchte um

Kleidung für die Häftlinge, bekam jedoch von Berlin den Bescheid, daß man die betr. Häftlinge, wenn nichts anders, auch nackt hinschicken soll."[221]

Ziereis sagte die Wahrheit, als er meinte, die Häftlinge seien „auf dem Appellplatz mit kaltem Wasser bespritzt" worden, er berief sich dabei unnötigerweise auf einen Befehl aus Berlin; in vielen anderen Fällen handelte er aus Eigenem. Wahr ist auch, dass die Häftlinge in der Kälte nur Unterhosen hatten, aber er fügt nicht hinzu, dass sie normal angezogen ankamen und dass ihnen ihre Kleidung auf seine Anordnung hin abgenommen wurde.

Der Einlieferungsschock war eine der Hauptursachen des physischen Zusammenbruchs. Bald nach der Ankunft stieg die Zahl der Todesopfer: Phlegmonen, Lungenentzündung, eingeschlagene Nieren und Kopfverletzungen führten hunderte Menschen über das Revier ins Krematorium. Zahlreiche Angaben in den Totenbüchern und Meldungen belegen die hohe Sterblichkeit in den Monaten der Massentransporte.

Die Auswirkungen des Einlieferungsschocks auf die Moral der Häftlinge waren enorm, auch bei denen, die es schafften, den Schlägen am Weg ins Lager zu entkommen. Die Häftlinge der ersten Transporte waren überrascht über die unverständliche Brutalität der Wachleute. Dies stand im krassen Widerspruch zum Bild der Deutschen, die als Personifikation der Ordnungsliebe bei den Polen galten, und nun absichtlich ein Chaos heraufbeschworen, nur um dann die Opfer dieser Unordnung zu misshandeln. Diese anschauliche Lektion der Nazi-Bestialität zeigte den Häftlingen, besser als jede noch so beredte antideutsche Propaganda, das unmenschliche Antlitz des deutschen Faschismus.

„Rund geht's"-Aktionen

Bald mussten die Häftlinge Repressalien ertragen, die sich mit einer gewissen Regelmäßigkeit wiederholten. Bereits im August 1940 ordnete die Lagerleitung „Rund geht's"-Aktionen an, die auch in anderen Lagern praktiziert wurden, u.a. in Dachau und Buchenwald. Während dieser Aktionen mussten die Häftlinge Gesteinsbrocken im Laufschritt schleppen oder mehrstündige, mörderische Übungen, überwiegend Kniebeugen und Läufe, ausführen, welche von ordinären Beschimpfungen und Schlägen begleitet waren. Wer die Übungen nicht mehr schaffte, wurde ermordet. Anschließend mussten die Häftlinge die ganze Nacht hindurch ohne Mahlzeit vor den Baracken stehen und morgens wurden sie wie gewöhnlich zur Arbeit geführt.

Für die erste „Rund geht's"-Aktion vom 12.-13. August 1940 war der Rapportführer in Gusen, Oscha. Kurt Isenberg, verantwortlich. Er wies die deutschen Funktionshäftlinge an, 200 Polen zu ermorden. Zur Ausführung des Befehls wurden der Lagerälteste Hans Kammerer, sowie der Blockälteste, Blockschreiber und die Kapos bestellt, u. a. August Adam, Fridtum, Hugo Gasch, Hatschi Grill, Walter Junge, Aleksander Keleberc, Kletetzka, Rudolf Kokesch, Gustav Krutzki, Oskar Kühlemund, Emil Lipinski, Otto Ludwig, Alois Madlmayer, August Mang, Karl Matucha, Morent, Eugen Müller und Richard Wuggenigg, also die Gusener Verbrecherelite. Trotz ihrer Anstrengungen, dem Befehl Isenbergs nachzukommen, wurde er nur teilweise umgesetzt, da, wie Nogaj notierte, „sich viele Polen tot stellten und Isenberg fälschlich über die Ausführung seines Befehls informiert wurde."[222] Am 13. August 1940 verzeichnete man im Totenbuch 14 Todesfälle polnischer Häftlinge, am 14. August 4, am 15. August 6. Insgesamt starben im August dieses Jahres in Gusen 170 Polen und 14 Juden; die meisten waren Opfer der ersten „Rund geht's"-Aktion.

Solche Aktionen gab es auch 1940-1941. Die größte „Rund geht's"-Aktion fand auf Anordnung Fritz Seidlers im März 1943 als Vergeltungsschlag für die bei Stalingrad gefallenen Deutschen statt. Mit Ausnahme einiger Häftlinge in privilegierten Kommandos waren alle sowjetischen Kriegsgefangenen und Zivilarbeiter betroffen. Sie wurden nicht mehr zur Arbeit geführt, ihre Essensrationen wurden halbiert und sie mussten den ganzen Tag am Appellplatz ermüdende Gymnastikübungen machen, wie Kniebeugen, Rumpfbeugen, Läufe und ähnliches. Nach Anordnung Seidlers sollte die Anzahl der Opfer täglich mindestens 25 betragen. Dank der Häftlingshilfe wurden die Exerzierenden mit Essen versorgt, und so gelang es, viele sowjetische Häftlinge vor dem Erschöpfungstod zu bewahren. Nach einigen Tagen wurde das Exerzieren unterbrochen, was wohl mit dem Besuch von Albert Speer, dem damaligen Reichsminister für Bewaffnung und Munition, im Lager Mauthausen am 29. März 1943 zusammenhängt. In einem Brief an Himmler kritisierte er, dass die Arbeitskraft der Häftlinge vergeudet würde.[223]

Die Anzahl der Opfer der „Rund geht's" Aktionen im März 1943 war beträchtlich. Anfang März gab es 920 russische Zivilarbeiter und 155 Kriegsgefangene, laut den monatlichen Meldungen des Lagerführers von Gusen starben in März 102 bzw. 34 von ihnen.[224]

Rituelle Blutopfer

Rituelle Blutopfer wurden in allen deutschen Konzentrationslagern zweimal jährlich dargebracht: um den 20. April anlässlich des Geburtstags Hitlers und am 9. November zum Jahrestag des 1923 von Hitler angezettelten, fehlgeschlagenen Münchner Putsches. Die Idee, solche Jahrestage mit Opfern aus KZ-Häftlingen zu begehen, stammte höchstwahrscheinlich von Heinrich Himmler und wurde zum ersten Mal im November 1940 im KZ Buchenwald umgesetzt.[225]

Die entsetzten Gusener Häftlinge erfuhren von diesem Brauch, als Dr. Kiesewetter beim Betreten des Reviers dem Ärztepersonal ankündigte: „Heute werde ich ein Blutopfer anlässlich des Führergeburtstages darbringen."[226] Die früheren Massenerschießungen und Massentötungen mit Spritzen am Jahrestag des Münchner Putsches und des Hitlergeburtstags brachten die Häftlinge zunächst nicht mit der SS-Ideologie in Verbindung.

Bereits 1940 veranlasste die Lagerleitung Blutopfer. Laut Aufzeichnungen in Totenbüchern des SS-Standortarztes wurden 101 im Frühjahr 1940 in Warschau festgenommene Polen zwischen dem 8. und 26. November erschossen.[227] Darunter waren einige Persönlichkeiten des öffentlichen Lebens: Stefan Sikorski, Spitzenläufer, Tadeusz Szulc, Schriftsteller und Literaturhistoriker, Dr. Włodzimierz Sylwestrowicz, Chirurg, Dr. Staryszak, Kazimierz Zieliński, Redakteur der Zeitschrift „Akademisches Leben", Prof. Bryc, Philosoph, Stanisław Zgliczyński, Rechtsanwalt aus Płock.[22]

Bei diesen Massenerschießungen verloren 320 Polen ihr Leben. Franz Ziereis sagte aus: „Im November 1940 wurden auf Befehl des Gruppenführers Heydrich 320 Polen erschossen."[22]

1941, einen Tag vor dem Jahrestag des Münchner Putsches, wurde eine der grausamsten Totbadeaktionen durchgeführt. Nach den Aufzeichnungen im Totenbuch starben dabei 72 Menschen. Fehlende Angaben für die Jahre 1942-1943 machen die Ermittlung der Blutopferzahl in diesem Zeitabschnitt unmöglich. Am 9. November 1944 wurden 20 Polen, 16 Sowjetbürger, 1 österreichischer politischer Häftling und 1 Engländer in Mauthausen erschossen. Unter den erschossenen Polen gab es Mitglieder einer militärischen Untergrundorganisation.[230]

Jedes Jahr wurden in Gusen auch zum Geburtstag von Adolf Hitler Blutopfer dargebracht. 1942 kam SS-Lagerarzt Dr. Kiesewetter ins Revier und kündigte an, 100 Häftlinge zur Feier von Hitlers Geburtstag zu ermorden. Am 20. April 1943 sind 47 Todesfälle im Gusener Totenbuch verzeichnet. Am 20. April 1944 wurden 22 Sowjetbürger, 4 Polen und 2 deutsche Berufsverbrecher in Mauthausen erhängt.[231]

Im April 1945 nahmen angesichts der totalen Niederlage des Dritten Reiches die Blutopfer erschreckende Ausmaße an. Hitlerdeutschland war zu diesem Zeitpunkt fast am Ende. Die Front in Österreich verlief westlich von Wien; in Gusen hörte man bereits die Artillerieschüsse naher deutsch-sowjetischer Kämpfe. Berlin war ab 16. April eingekesselt.

Die Lage in Gusen war dramatisch. Es herrschte Hunger. Bei einem Gesamtstand von 23.465 Häftlingen am 20. April 1945 befanden sich 1.456 im Revier, 354 im Invalidenblock 24, sowie über 600 in Invalidenblocks in Gusen II (ehemaliges Revier, Blocks 13 und 16) – insgesamt waren über 10% krank oder körperlich erschöpft. Diese Häftlinge wurden vorsätzlich ermordet. Mit der Ausführung in Gusen I wurden vier ehemalige deutsche Kapos und Blockälteste, die Anfang April in die Dirlewanger-Einheit eingezogen waren und in der benachbarten SS-Kaserne stationiert wurden, betraut: Hermann Amelung, Rudolf Fiegl, Franz Liesberg und Emil Sommer. Amelung und Liesberg waren nach fast fünfjähriger Ausübung verschiedener Funktionen im Lager als Sadisten bekannt, Sommer dagegen half den polnischen Häftlingen als Revierkapo bei der Rettung der Kranken. Der aus Tirol stammende Fiegl, Kapo des Desinfektionskommandos, genoss im Lager ebenfalls einen guten Ruf.

Am 16. April befahl ihnen Rapportführer Killermann, die SS-Uniformen abzulegen und Häftlingskluft anzuziehen. Er teilte ihnen mit, sie seien für eine Sonderaufgabe ausgewählt worden und müssten die SS-Uniformen nur für eine kurze Zeit ablegen, um sie nicht zu beflecken. Nach Ausführung dieser Aufgabe würden sie zu ihrer SS-Einheit zurückkehren.

Am selben Tag erfuhren Sommer und Fiegl von Seidler, dass die Aufgabe in der Ermordung aller Muselmänner in Gusen I bestand. Nach dem entschiedenen Einspruch von Sommer und Fiegl wiederholte Seidler seine Verfügung mit der Begründung, dass sowieso kein Häftling das Lager lebend verlassen, die Lebensmittel für alle nicht ausreichen, und die Ermordung der Muselmänner den gesunden Häftlingen Hungerqualen ersparen werde. Bei Befehlsverweigerung drohte der Lagerführer den beiden mit dem Erschießen. Sommer mit seiner Revierkenntnis und der Vergasungsspezialist Fiegl sollten den Befehl ausführen; Amelung und Liesberg wurden mit der Aufsicht betraut.

Die Vorbereitungen dieser Aktion dauerten einige Tage. Sommer, der wieder die Funktion des Revierkapos übernahm, verfügte die Verlegung aller Sterbenden und unheilbar Kranken in Block 31. Die Selektion verlief nahezu öffentlich – die Schreiber vom Revier und Block 31 notierten die Personaldaten der in die Stube B des Blocks 31 zu verlegenden Kranken. Sie versuchten dabei mit Hilfe der Häftlingsärzte, die Zahl der Verlegten niedrig zu halten.

Um ein Entkommen der zum Tode Verurteilten unmöglich zu machen, wurden den vier Funktionären zusätzlich einige ehemalige deutsche Häftlinge, die zu diesem Zeitpunkt als Volkssturm-Freiwillige im Block 16 stationiert waren, als Helfer zugeteilt. Die Fenster des Blocks 31 wurden mit Brettern vernagelt.

In der Nacht vom 21. zum 22. April 1945

„ging Figl [i.e. Fiegl] in die Stube und ließ Gas ausströmen. Die Kranken sahen dem Vorgang meist unbeteiligt zu. Die wenigen, denen bewusst war, dass dies die letzten Augenblicke ihres Lebens waren, schrieen verzweifelt auf und versuchten, durch Fenster und Tür zu entkommen. Nur mit Mühe gelang es Fi[e]gl, hinauszulaufen. Die Muselmänner wollten ihm die Maske vom Gesicht reißen, damit er mit ihnen in den Tod ginge. Amelung, Liesberg, Sommer und einige Volkssturm-Angehörige bewachten die Tür. Nach fünfzehn Minuten lebte in der Stube niemand mehr."[232]

Mit der Vergasung der Kranken wurde der Befehl Seidlers nur zum Teil ausgeführt. Auch 280 Invalide in Block 24 sowie 130 Invaliden aus anderen Blocks sollten ermordet werden. In Block 24 waren aber auch 115 arbeitende Häftlinge untergebracht. Der Schreiber dieses Blocks, Jerzy Osuchowski, beschloss, bei der Verlegung der Arbeitsfähigen in andere Blocks, auch alle jene zu verlegen, die zwar arbeitsunfähig waren, jedoch mit den Arbeitskommandos ausrücken konnten. Die Schreiber jener Blocks, in denen arbeitsfähige Häftlinge untergebracht waren, „nahmen Invaliden auf und schickten sie zur Arbeit, oder erklärten die ganz Ausgezehrten für Nachtschichtarbeiter." Osuchowski tauschte Personalien einiger Invaliden gegen Daten von bei der Arbeit verstorbenen Häftlingen aus. Somit waren die Invaliden als tot verzeichnet und wurden nicht mehr gesucht.

Auf diese Weise gelang es 26 Menschen zu retten. Die übrigen, „die wirklich sehr schwach waren und nach Meinung unserer Ärzte in den kommenden Tagen sterben würden", wurden in Block 31 gebracht und in der Nacht vom 21. zum 22. April 1945 vergast. Auch diese Aktion wurde vom Kapo Fiegl durchgeführt.[233]

Die genaue Zahl der Opfer lässt sich heute nicht mehr feststellen. Hans Maršálek notiert in seiner Chronik der Massenvernichtungsaktionen unter dem 22. April „Gusen: 890 oder 892 Kranke und Körperschwache im Block 31 durch Zyklon B ermordet",[i] ohne die Quelle dieser Information anzugeben. Die Zahl scheint sehr wahrscheinlich zu sein, wenn man bedenkt, dass sich am 5. Mai 1945 im Revier Gusen nur mehr 736 Kranke befanden, die Sterblichkeit zwischen dem 22. April und 5. Mai 1945, nach den Selektionen am 19. und 20. April niedriger war und die Neuzugänge im Revier weniger wurden, da sich Kranke vor neuen Vernichtungsaktionen fürchteten.[234]

In Gusen II wurde zu dieser Zeit eine nicht minder entsetzliche Mordaktion durchgeführt. Der dortige Lagerälteste, Johann van Loosen, in Gusen I „Mordkapo" genannt, erhielt den Befehl, alle Kranken und Körperschwachen zu ermorden. Unterstützt von den Häftlingen Zygmunt Zapart und Feliks Jakubowski brachte er in der Nacht vom 21. zum 22. April 1945 600 kranke und arbeitsunfähige Häftlinge mit Axt und Stemmeisen um.[235]

Kollektive Strafen

Massenrepressalien gab es bei Lagerflucht, aber auch bei geringfügigen Vergehen, wie Zigarettenrauchen oder Diebstählen in Magazinen. In solchen Fällen galt die kollektive Verantwortung nach der Regel „alle für einen", von diesen „allen" waren die Kapos, Bockältesten und andere Funktionäre ausgenommen.

Bis Ende 1940 galt für polnische Häftlinge Rauchverbot. Die des Rauchens Überführten wurden von deutschen Funktionshäftlingen verprügelt oder sogar erschlagen (z. B. Klima aus Jasienica). Auch die SS-Führer bestraften die auf frischer Tat ertappten Raucher mit dem Tod.

Am 29. Juni 1940 bemerkte Lagerführer Karl Chmielewski bei einer kommissionellen Überprüfung der Effektenkammer Rauchspuren. Der Kapo dieses Kommandos, der Pole Henryk Bachtig aus Olkusz, gab weder das Rauchen zu, noch verriet er seine rauchenden Untergebenen. Folglich wurden allen Angehörigen des Bachtig-Kommandos 25 Schläge

---

i   Die in verschiedenen Berichten angegebene Opferzahl variiert erheblich. Im Totenbuch des Krankenreviers Gusen sind unter dem 22. und 23. April 1945 insgesamt 684 Tote mit dem Todesort „31" eingetragen. Diese Mindestzahl erscheint aus diesem Grund als die plausibelste, AMM B/12/03/05.

verabreicht. Unter den Geschlagenen gab es viele Nichtraucher. „Die Unschuldigen schworen, nie im Leben geraucht zu haben – berichtet Nogaj – aber je mehr sich jemand zu rechtfertigen suchte, je mehr er schrie oder jammerte, desto härter wurde er geschlagen." Bachtig wurde an den hinter dem Rücken zusammengebundenen Händen am Querbalken aufgehängt, was zu den grausamsten Lagerfoltern gehörte. Er gab nichts zu, verriet aber einen Raucher, der wiederum alle anderen preisgab. Obwohl die Schuldigen gefunden waren, musste das ganze Kommando bei großer Hitze 24 Stunden lang beim Lagertor stehen.

Am nächsten Tag wurde weiter ermittelt. Es ging um kleine Gegenstände (Bleistifte, Radiergummis, Füllfedern, Zigarettenetuis), die man in den Taschen der Verhörten gefunden hatte. Diese Häftlinge wurden verprügelt, Bachtig sowie 10 Mitschuldige wieder auf dem Balken aufgehängt. Nach zweistündiger Tortur wurde Bachtig wahnsinnig. Er starb am nächsten Tag. Die anderen hingen 30-40 Minuten lang, bis ihre Arme kraftlos herunterhingen. Dann wurden sie wieder verprügelt, bekamen Abendessenentzug für drei Tage und mussten am Haupttor an drei Abenden Strafestehen. Alle Häftlinge des Bachtig-Kommandos kamen in die Strafkompanie. Nur wenige überlebten.[236]

Das Martyrium von Bachtig und seiner Gruppe fand öffentlich statt. Das Prinzip der kollektiven Verantwortung wurde den Häftlingen vor Augen geführt, um sie vor Verstößen gegen die Lagerordnung abzuschrecken.

Nach diesem Prinzip handelten auch deutsche Funktionäre. Am 4. Juli 1940 wurde nach dem Häftling Czerniakowski, der für einen Brotdiebstahl mit 25 Ochsenziemerschlägen und Strafestehen bestraft worden war und sich aus Angst vor weiterer Bestrafung unter der Treppe eines Blocks versteckte, gesucht. Dabei fand der Stubenälteste von Block 7, der Deutsche Herman Hermanny, den Tod, als er an den Starkstromdrähten ankam. Am nächsten Tag rächten die deutschen Funktionshäftlinge seinen Tod: alle Tätigkeiten in den Steinbrüchen und beim Lagerausbau – das Steine-, Sand- und Zementschleppen, die Arbeit an den Loren und im Tagebau sowie die Steinmetzarbeiten – mussten im Laufschritt ausgeführt werden. Alle Häftlinge, ungeachtet dessen, wo und wie sie arbeiteten, wurden geschlagen: Arme und Rippen wurden gebrochen, Schädel zertrümmert. „Das Massaker wurde von den Kapos auf eigene Faust veranstaltet – berichtet Osuchowski. Einige Erschlagene und ca. zweihundert Verwundete – als Revanche für den Tod eines einzigen Deutschen!"[237]

Die grausamste Lektion kollektiver Verantwortung wurde allen polnischen Häftlingen nach der ersten Flucht des Włodzimierz Nowak am 29. Juli 1940 zuteil. Am Vortag hatte er die Nachricht vom Tod seiner Frau erhalten, was ihn in tiefste Trauer und Verzweiflung stürzte.[23] Nowak arbeitete als Maurer beim Bau der SS-Baracken in St. Georgen. Er versteckte sich 3 Tage lang unter dem Boden einer Baracke. Danach irrte er noch weitere 3 Tage in der Gegend herum. Irgendwo trieb er zivile Kleidung auf, aber kein Essen. Er wurde erst am 3. August gefasst.

Nachdem die Abwesenheit des Häftlings beim Abendappell entdeckt worden war, ließ Lagerführer Chmielewski zunächst alle Lagerinsassen in Habtachtstellung ausharren und verfügte nach einer Stunde, dass alle Häftlinge das Lager nach dem Geflüchteten abzusuchen hätten. Gleichzeitig sollten die Kapos und die Blockältesten „es den Polen zeigen."

„Mit Knüppeln bewaffnete Deutsche trieben die vor Schmerz und Müdigkeit ohnmächtigen Menschen vor sich und jagten sie von einer Stelle zur anderen. An Straßenecken überfielen Blockfunktionäre und Kapos eine nahende Gruppe, trieben sie zurück oder jagten in eine andere Richtung, wo aber wieder Folterknechte lauerten, die blind auf die Menge eindroschen, Menschen zu Boden warfen, auf ihnen trampelten und sie massakrierten. Mit Stangenhieben zwangen sie die Häftlinge, unter den Baracken zu suchen. An manchen Stellen musste man auf dem Bauch kriechen, um in eine enge Lücke zu gelangen, dann prasselten auf den in der Falle steckenden Häftling tödliche Schläge."

Das Massaker dauerte 2 Stunden. In dieser Zeit betranken sich Chmielewski und die SS-Führer aus der Lagerleitung im Führerheim.

„Noch vor Mitternacht kam der nächste Appell. Neben den Lebenden, die blockweise in den Kolonnen in Habtachtstellung standen, lagen die Erschlagenen, Sterbenden und schwer Verwundeten. Bei jeder Kolonne wachte ein SS-Mann, so dass keiner sich zu bewegen traute. Beim geringsten Zucken wurde nicht nur der auf den Kopf geschlagen und in den Bauch getreten, der sich bewegt hatte, sondern auch seine Nachbarn. Die angetrunkenen SS-Männer, rasend wegen des vermasselten Abends und der durchwachten Nacht, entluden ihren Zorn auf die wehrlosen Häftlinge."

Die grausamsten Vorfälle dieser schrecklichen Nacht, die sich im Gedächtnis der Häftlinge als „Nowak-Nacht" oder „St. Bartholomäus-Nacht" einprägte, begannen nach Mitternacht.

„Chmielewski schritt von Block zu Block und wählte Häftlinge aus […]. Als ein ‚Bock' hineingetragen und die Ochsenziemer gebracht wurden, be-

griffen die Häftlinge, dass die Deutschen für die Flucht eines Einzelnen harte Strafen verhängen würden, um von weiteren Fluchtversuchen abzuschrecken. Der Sadist Chmielewski verfügte eine öffentliche Bestrafung. Unter dem Gelächter der besoffenen SS-Männer prügelte Chmielewski, der so betrunken war, dass er sich kaum auf den Beinen halten konnte, eigenhändig. Er wankte und drosch mit dem Ochsenziemer ein: auf Köpfe, Rücken, Nieren […] Müde geworden, gab er den Ochsenziemer einem SS-Führer weiter und begnügte sich mit dem Zählen der Schläge. Er zählte sie so, wie es ein Stockbetrunkener zustande bringt, so dass er nach dem zwanzigsten Schlag darauf bestand, dass es erst der fünfzehnte ist und weiterzählte: sechzehn, siebzehn usw. oder zwanzig, zwanzigeinhalb, zwanzigunddreiviertel. Der SS-Mann hörte mit dem Schlagen erst auf, als er die Zahl fünfundzwanzig hörte."

Manche Häftlinge ließ er nach dem Erreichen der Zahl 24 zurück bis eins zählen. Wenn ein Häftling vor Schmerzen mit dem Zählen aufhörte, wurden die Schläge nicht dazugezählt.

„Der 45-jährige Kazimierz Zmyśliński hielt die höchste Anzahl Ochsenziemerschläge aus, nämlich 143. Pater Masny erhielt 140 Schläge. Die vor Schmerzen ohnmächtig gewordenen Häftlinge wurden vom Bock hinuntergestoßen und gegen Bauch, Rücken und Kopf getreten. Man ließ die Erschlagenen und Verwundeten bei dem Block, dem sie zugehörten, auf einen Haufen werfen. Die Zahl der Todesopfer dieser Nacht lässt sich nicht ermitteln. An die 150 Schwerverletzten meldeten sich in dem damals noch provisorischen Revier zum Verbinden."[239]

Der Schlussakt fand am 30. Juli statt. Den ganzen Tag wurden die Häftlinge bei der Arbeit mit Stöcken zu einem mörderischen Arbeitstempo angetrieben. Chmielewski war dies nicht genug. Die nächsten zwei Nächte durften die Häftlinge nicht schlafen. Das Strafestehen nachtsüber und eine Wiederholung der Massaker sollten ursprünglich bis zum Aufgreifen des Flüchtlings fortgesetzt werden. Die Drohung wurde nicht wahr gemacht, weil das Quälen der Häftlinge die SS-Führer und die Blockfunktionäre müde gemacht hatte. Chmielewski hörte jedoch mit den Repressalien nicht auf. Am Sonntag, dem 4.8., bereits nach der Ergreifung des Flüchtlings, erhielten polnische Häftlinge den ganzen Tag lang keine Verpflegung.

Am 13.8., kurz nach der „Nowak-Nacht", erschienen zwei polnische Häftlinge, die mit einem Transport erst nach dieser Nacht gekommen waren, nicht zum Mittagsappell. Sie entfernten sich von ihrem Kommando, pflückten Äpfel in einem Obstgarten in Langenstein und warteten auf das Ende der Mittagspause. Sie wurden gestellt und erschossen. Zur Strafe wurden die Häftlinge aus den Erdbewegungs- und Steinträgerkommandos den ganzen Nachmittag lang gehetzt und pausenlos geschlagen. Die Polen erhielten kein Abendessen und mussten die ganze Nacht stehen. An diesem Tag gab es 14 Tote und mehrere Dutzend Schwerverletzte, von denen an die zehn in den nächsten Tagen starben.[240]

Im August 1940 gab es besonders viele Repressalien, in diesem Monat war auch die Sterblichkeit besonders hoch, in den Totenbüchern finden sich Eintragungen über den Tod von 170 Polen und 14 Juden, überwiegend Opfer der Massaker vom 29. Juli bis 3. August, 12. (Aktion „Rund geht's") und 13. August.

Nach dem Prinzip der kollektiven Verantwortung wurde auch in den nächsten Jahren gehandelt, bestraft wurden Häftlinge verschiedener Nationalitäten, selbst wenn der Schuldige ein Deutscher war.

Im Mai 1942 versuchte der deutsche Emigrant Wunder zu flüchten. Als sein Fehlen beim Abendappell festgestellt wurde, musste zunächst das ganze Lager Strafübungen machen und Strafe stehen. Gleichzeitig wurden andere Häftlinge der Emigrantenkategorie sowie Häftlinge, die neben Wunder schliefen, an hinter dem Rücken gebundenen Händen aufgehängt und verprügelt. „Die Emigranten und die nächsten Blocknachbarn Wunders hingen einige Stunden. Der Emigrant Fuchs und ein spanischer Häftling wurden von Chmielewski und Jentzsch ermordet – sie schlugen auf die Unglücklichen so lange ein, bis sie starben […]." Anschließend wurden 150 Häftlinge, die kurze Zeit davor gemeinsam mit Wunder aus Dachau nach Gusen überstellt worden waren, mit Prügeln bestraft – jeder erhielt 50 Schläge mit dem Ochsenziemer. Sie wurden von allen Blockführern der Reihe nach geschlagen. Nogaj berichtet:

„Wenn eine Gruppe ermüdete, wurde sie ersetzt. Geschlagen wurde nicht nur aufs Hinterteil sondern auch auf den Rücken, besonders auf die Nierengegend […]. Die Misshandlungen dauerten bis spät in die Nacht. Wir alle standen die ganze Zeit auf dem Appellplatz und erwarteten ebenfalls eine Strafe."[241]

Auf dieselbe Weise wurde ein ganzer Transport von 1.200 am 10. Juni 1942 aus Auschwitz eingetroffenen Häftlingen vom Lagerführer für die Flucht von 2 Tschechen am 14. Juli dieses Jahres mit Strafübungen, Prügeln und Aufhängen bestraft. Laut Osuchowski „blieben von diesen 1.200 Häftlingen nach dieser Nacht nur 700 übrig."[242]

Aktion „14f13"

Im Winter 1940/41 und Frühjahr 1941 wurden die polnischen Häftlinge dezimiert. Viele Opfer gab es auch unter den kurz davor nach Gusen gebrachten Spaniern, die das oberösterreichische Klima schwer ertrugen und durch langjährige Kämpfe und Kriegswirren ausgelaugt waren. Die meisten Gusener Häftlinge waren als Arbeitskräfte nicht besonders wertvoll. Es handelte sich weniger um kranke als um geschwächte und ausgezehrte Menschen, die zu einer Anstrengung nicht fähig und psychisch gebrochen waren. Von den ca. 6.000 Lagerinsassen wurden 2.000 zu Invaliden (in der SS-Terminologie „Muselmänner" oder „Kretiner" genannt). Nach Meinung der SS-Führer stellten sie einen unnützen Ballast dar, dessen Entledigung ein ausschließlich technisches Problem war.

Die Nazi-Ideologie bediente sich der Euthanasie, um Menschen zu liquidieren, die vom Standpunkt der Eugenik sowie aus rassistischen und politischen Gründen unerwünscht waren. Das Recht der Ärzte, Euthanasie bei unheilbar Kranken anzuwenden (als Gnadentod bezeichnet), wurde von Hitler persönlich befürwortet.[243] Auf seine Anordnung hin hatte man im Hauptamt II der Kanzlei des Führers eine Organisation mit der Tarnbezeichnung „T4" gebildet, die massenweise Tötungsaktionen, zuerst an geisteskranken und behinderten Kindern, später an Erwachsenen und ab 1941 auch an Häftlingen der Konzentrationslager vornahm. Die Aktion „T4" löste Proteste führender deutscher Kirchenvertreter sowie einiger Leiter von Fürsorge- und Erziehungsanstalten aus. Trotz dieser Proteste wurde die Aktion fortgesetzt. Vier regionale Euthanasiezentren wurden errichtet: Brandenburg bei Berlin, Hadamar bei Frankfurt am Main, Sonnenstein bei Dresden und Hartheim bei Linz.[i]

Im Frühjahr 1941 beauftragte Himmler den Leiter von „T4", SS-Of. Viktor Brack, psychiatrische Kommissionen einzusetzen, um die unbrauchbaren Häftlinge aus den Lagern zu eliminieren. Mit einem geheimen Schreiben wurde den Kommandanten der Konzentrationslager Dachau, Buchenwald, Mauthausen und Auschwitz aufgetragen, in ihren Lagern eine Aktion, die diesmal mit „14f13" bezeichnet wurde, vorzubereiten.[244] Die jeweiligen nächstgelegenen Euthanasiezentren standen zu ihrer Verfügung.

---

i   Innerhalb der T4-Organisation existierten zwei weitere Euthanasie-Tötungsanstalten, Grafeneck und Bernburg.

K.L.Mauthausen/Unterkunft Gusen.   Gusen, den 10. Dezember 1941.
Liste der Häftlinge, welche am 10.12.41 nach KLDachau/Hftl.San.überst.wurden:

Lfd.Nr.	Name	Vorname	Geb.Dat.	Hftl-Nr.	Hftl-Art	Transp.Liste Nr
1	Bedzinski	Wenzel	18.9.11	4936	Pole	19
2	Blaszczak	Johann	14.1.09	3382	Pole	20
3	Bochenski	Stanislaus	20.3.04	5983	Pole	18
4	Boguslawski	Georg	9.10.11	5984	Pole	20
5	Bralczyk	Kasimir	4.3.17	70	Pole	19
6	Brenda	Ignaz	30.7.01	1191	Pole	18
7	Camons-Portillo	Eduardo	18.3.00	9082	Spanier	22
8	Criado	Jose	27.2.13	9154	Spanier	22
9	Czajkowski	Siegmund	21.1.02	142	Pole	18
10	Dobierzynski	Eduard	17.9.99	3515	Pole	20
11	Danielski	Ignaz	20.5.17	6097	Pole	18
12	Dojnikowski	Johann	10.7.10	1361	Pole	20
13	Dutkowski	Theofil	24.4.18	3449	Pole	20
14	Fiehn	Gustav	16.6.87	7496	AZR/Deutscher	18
15	Garcia	Francisco	4.10.17	9256	Spanier	22
16	Grabowski	Romuald	27.3.14	265	Pole	20
17	Heinrich	Hieronimus	25.3.02	3703	Pole	18
18	Herok	Johann	9.12.81	3705	Pole	21
19	Herweck	Heinrich	3.2.10	2136	Schutz/Deutscher	22
20	Jedrasiak	Stanislaus	7.4.21	3775	Pole	18
21	Jurkiewicz	Georg	10.9.12	7534	Pole	20
22	Kaczmarek	Josef	22.12.93	5203	Pole	20
23	Kaliszczuk	Johann	5.3.14	8052	Pole	20
24	Klimczewski	Johann	29.4.96	402	Pole	20
25	Kozlowski	Thaddäus	14.2.94	459	Pole	20
26	Krysinski	Josef	18.3.19	6543	Pole	20
27	Labedzki	Branislaus	21.3.01	7655	Pole	21
28	Lange	Siegmund	20.4.15	6598	Pole	18
29	Lossmann	Eduard	12.10.05	1951	Pole	18
30	Luczko	Georg	10.10.06	8586	Pole	22
31	Maczynski	Bronislaus	9.7.17	4112	Pole	21
32	Maniewski	Johann	9.7.17	8601	Pole	20
33	Marchewka	Josef	2.11.06	5429	Pole	17
34	Markowski	Stanislaus	11.10.14	8104	Pole	18
35	Max	Johann	13.12.03	2038	Pole	18
36	Mazanek	Alexander	15.3.21	4161	Pole	18
37	Migalski	Stanislaus	24.4.09	6728	Pole	21
38	Mirek	Johann	21.1.00	5469	Pole	17
39	Niemczyk	Franz	6.12.16	12690	Pole	17
40	Nowacki	Marian	2.2.09	8665	Pole	18
41	Nowacki	Stefan	31.8.22	5510	Pole	17
42	Odria-Ibarlucea	Jose	11.1.22	9511	Spanier	17
43	Papay	Josef	4.5.16	12631	AZR/Zigeuner	17
44	Parada	Thaddäus	22.12.08	6555	Pole	21
45	Pastewnyczny	Ivan	23.5.13	12292	Pole	22
46	Pastor-Delgado	Antonio	25.12.20	11579	Spanier	17
47	Ratajczak	Leo	2.6.16	6960	Pole	21
48	Rogacz	Konrad	9.10.16	5637	Pole	18
49	Serwach	Johann	23.11.23	8815	Pole	17
50	Snaglewski	Roman	3.1.96	5700	Pole	21
51	Stefaniak	Johann	9.5.81	7176	Pole	21
52	Tomaszek	Josef	7.2.87	4693	Pole	20
53	Tomczyk	Felix	1.1.14	8890	Pole	19
54	Tost-Planet	Mariano	5.12.20	9746	Spanier	17
55	Turkowski	Siegmund	25.8.11	8896	Pole	21
56	Widynaki	Marian	8.12.17	4763	Pole	20
57	Wieczorek	Wenzel	27.10.06	7287	Pole	21
58	Wierucki	Johann	9.2.05	7289	Pole	18
59	Wojciechowski	Kasimir	26.2.93	4788	Pole	21
60	Wojcikowski	Johann	8.6.01	8929	Pole	17
61	Wisniewski	Johann	13.10.03	8924	Pole	22

Abb. 22: Liste von Häftlingen, die nach Hartheim zur Vergasung überstellt wurden.

Das „Verkürzen" der Leiden von „unheilbar" Kranken wurde im Revier von Gusen bereits seit August 1940 vorgenommen. Die Gusener SS-Lagerärzte fanden unter Kapos und Blockältesten des Reviers recht leicht Gehilfen, die entweder Kranke aus Lust ermordeten oder glaubten, damit deren Leiden zu verkürzen. Die Lagerleitung hegte keine moralischen Skrupel. Es galt lediglich die technischen Probleme zu bewältigen. Die Tötung von 2.000 – 2.500 Menschen in dem relativ nahe gelegenen Euthanasiezentrum stellte eine geeignete Problemlösung dar.

Laut Ziereis erteilte SS-Gruppenführer Richard Glücks in seiner Eigenschaft als Inspekteur der Konzentrationslager im SS-Hauptamt[i] die Anordnung, körperlich schwache Häftlinge als Geisteskranke auszumustern und zu vergasen. Die Aktion wurde in Mauthausen und Gusen vom Standortarzt Sturmbannführer Dr. Eduard Krebsbach geleitet und von Hscha. Hüttenrauch beaufsichtigt.

Die Vorbereitungen für die Aktion „14f13" liefen bereits im März 1941 an. In Übereinstimmung mit dem bei der „Aktion T4" angewandten Prinzip wurde eine Kommission für Mauthausen und Gusen einberufen. Ihre Mitglieder waren: der Leiter der Anstalt Hartheim, Hstfr. Dr. Rudolf Lonauer, Dr. Georg Renno und der Kommandant des Lagers Mauthausen, Franz Ziereis.[245] In Gusen erteilte Rapportführer Rudolf Brust dem Lagerschreiber Rudolf Meixner am 1. Mai 1941 den Auftrag, zu verlautbaren, dass sich Kranke und Behinderte bei den Blockschreibern für eine Überstellung in ein Häftlingssanatorium nach Dachau melden könnten und dass für Gusen 2.000 Plätze in diesem Sanatorium reserviert seien.

„Bereits an diesem arbeitsfreien Tag meldeten sich über 2.200 Häftlinge, hauptsächlich Polen und Spanier. Sie vermuteten hinter diesem Angebot keine List, da viele von ihnen den Dezembertransport von 153 Priestern nach Dachau im Gedächtnis hatten. Dieses Trugbild wurde zusätzlich von Karl Chmielewski bestätigt. In Begleitung von Brust, Dr. Krebsbach und Dr. Ramsauer führte er eine Selektion der Überstellungswilligen durch. Er sonderte 200 ältere Häftlinge aus und versetzte sie als Simulanten in die Strafkompanie. Die restlichen Häftlinge wurden für den Sanatoriumsaufenthalt qualifiziert, registriert und auf 5 Blocks (20-24) aufgeteilt, die von nun an Invalidenblocks genannt wurden."[246]

---

i   Ab 1942 war die Inspektion der Konzentrationslager in das SS-Wirtschafts-Verwaltungshauptamt eingegliedert.

KL.MAUTHAUSEN/UNTERKUNFT G U S E N   Gusen, den 25.Juli 1944
         Schutzhaftlager.

                    V e r ä n d e r u n g s m e l d u n g.

An den
Schutzhaftlagerführer des KL.

M a u t h a u s e n.

Stand am Vortage 24.Juli 1944. 16685   Häftlinge
    Zugang am 24.Juli 1944. . . . . -----   "
    Abgang am 24.Juli 1944.   96   "

Gesamtstand am 25.Juli 1944. 16589   Häftlinge

A b g a n g: (verstorben)
1. Fr.-Sch.- D o u r i s -   Francois   geb.21.12.02 Nr.59856 6.00
2. Jude-Ungar J e c z e s z   Jenö   geb.22.7.04   Nr.69504 6.15
3. "   "   K r a m e r   Ernö   geb.20.10.97 Nr.74299 5.15
4. "   "   M o s k o v i t z   Zoltan   geb.23.3.13   Nr.69799 5.40
5. It.-Sch   P a r o d i   Mario   geb.14.10.22 Nr.63803 6.30

A b g a n g: (verstorben am 24.7.1944 – tödlich verunglückt)
1. Jude-Ungar B r ü l l   Andras   geb.24.8.01   Nr.74014
2. Ziv.Russe K o s l i u k   Filip   geb.16.11.24 Nr.61029

A b g a n g: (überstellt nach dem KL.Mauthausen nach beiliegender Liste)
           59 Häftlinge

A b g a n g: (verstorben am 24.Juli 1944 im Erholungslager)
 1. Jugo-Sch   M i l o i c   Dragutin   geb.22.11.06 Nr.44558
 2. "   "   M i l o s e v i c   Sima   geb.14.1.96   Nr.49404
 3. "   "   M i r k o v i c   Branko   geb.10.9.06   Nr.44538
 4. Pole-SSh   M l y n a r s k i   Wladislaus geb.6.3.12   Nr.44698
 5. Ziv.Russe M o r o z o w   Grigorij   geb.6.5.23   Nr.50003
 6. Pole-Sch   M y h o w i c z   Joachim   geb.15.4.83   Nr.49519
 7. Ziv.Russe N a b o k a   Boris   geb.29.8.26   Nr.51396
 8. Jugo-Sch   Nedeljkovic   Miodrag   geb.-.3.26   Nr.48530
 9. Ziv.Russe N i k i t i n   Michail   geb.-.11.91   Nr.55361
10. Russe-Sch N o w o d r a n o w   Peter   geb.15.2.24   Nr.49487
11. Pole-Sch   O k l a   Roman   geb.10.8.17   Nr.49610
12. Jgo-Sch   O r o l i c   Milan   geb.-.-.91   Nr.44563
13. Ziv.Russe O s m a n o w   Rustin   geb.22.12.23 Nr.44619
14. Pole-Sch   P a l a s i n s k i   Josef   geb.24.2.14   Nr.44701
15. Russe-Sch P e r t s c h a k   Oleksa   geb.-.-.24   Nr.46483
16. Pole-SV   P i e t r z a k   Wladislaus geb.23.3.02   Nr.44725
17. Pole-Sch   P l a z a   Rudolf   geb.3.7.11   Nr.44703
18. Ziv.Russe P o l j a k o w   Wasilij   geb.-.-.89   Nr.55485
19. Pole-SchR. P u r o l a   Franz   geb.29.1.12   Nr.49544
20. "   "   R o z a n s k i   Daniel   geb.3.1.21   Nr.45227
21. Ziv.Russe R u t z k i   Nikolaj   geb.-.-.21   Nr.46202
22. Pole-SV   R y c h l o w s k i   Johann   geb.24.6.21   Nr.47792
23. "   "   S a l a d r a   Johann   geb.18.2.06   Nr.50241
24. Russe-Sch B a t i k o w   Sajnij   geb.17.12.03 Nr.43557
25. Ziv.Russe S e m i o n o w   Pawel   geb.23.10.23 Nr.55609
26. "   "   S e m i o n o w   Wladimir   geb.31.10.04 Nr.55610
27. "   "   S e r g i e j e w   Nikandr   geb.26.9.14   Nr.55619
28. Pole-SV   S i a k o w s k i   Wladislaus geb.14.1.90   Nr.49870
29. Finne-Sch S o l o w j o w   Nikolaj   geb.15.12.13 Nr.55674
30. Pole-SSh   T r o f i m o w i c z   Edward   geb.1.1.95   Nr.55740

Rüstung ... 6135   Der Schutzhaftlagerführer-KIM/Gs
Unter Tag 5415   " – Hauptsturmführer.

Abb. 23: Meldung über Veränderungen des Lagerstandes, darunter die Namen von „im Erholungslager verstorbenen" Häftlingen.

Die Invaliden erhielten auf die Hälfte reduzierte Essensrationen, mussten jedoch nicht arbeiten. Mai und Juni 1941 wartete man auf eine Kommission, die endgültig entscheiden sollte, wer in ein „Sanatorium" durfte. In der Lagerkanzlei wurden unterdessen Aufstellungen von Invaliden angefertigt, eine Kartei zusammengestellt und Akten geordnet.

Im Juli nahm die Kommission ihre Tätigkeit auf. In Gusen gehörten ihr neben Dr. Rudolf Lonauer und Georg Renno meist auch der Lagerarzt und ein Vertreter der Lagerleitung an. An den Gesprächen mit den Häftlingen waren auch Dolmetscher – Stanisław Nogaj bei Untersuchungen polnischer und Kazimierz Odrobny bei Untersuchungen spanischer Häftlinge – anwesend. Die Kommission füllte für jeden Häftling ein umfangreiches vierseitiges Vordruckformular aus. Die beiden Dolmetscher bemerkten, dass die Kommissionsbeschlüsse meist identisch lauteten – die Häftlinge wurden für unheilbar krank, bzw. geistig behindert befunden, oder als soziale Belastung bezeichnet. Bei einzelnen Häftlingen verwendete man Prädikate wie „Nationalpole", „Deutschenhasser", „Rotspanierkämpfer" oder einfach „Kommunist." Es war offensichtlich, dass diese Einstufungen einem Todesurteil gleichkamen.[247]

Die Häftlingstransporte ins Erholungslager oder Erholungsheim (so lauteten die amtlichen Vermerke in den Karteien) begannen am 14. Juli 1941.[i] Der erste Transport zählte 45, die nächsten sechs Transporte je 75 oder 80 Häftlinge. Im Zeitabschnitt 14.-21. August 1941 wurden insgesamt 510 Häftlinge nach Hartheim gebracht.[248]

Schloss Hartheim liegt in der Gemeinde Alkoven, Bezirkshauptmannschaft Eferding, 10 km von Linz in Richtung Passau entfernt. Ab 1940 befand sich dort ein Euthanasiezentrum, getarnt als Gemeinnützige Stiftung für Anstaltspflege. Sein Leiter, Stf. Dr. Rudolf Lonauer unterstand direkt dem Reichsstatthalter, Gauleiter von Oberdonau, August Eigruber.

Täglich wurden 30 bis 35 Häftlinge nackt in einen großen Duschraum geführt. Franz Ziereis berichtete: „Der Raum war verfliest und wie ein Brausebad eingerichtet. Durch die als Duschen getarnten Öffnungen führte Dr. Lonauer Gas ein. Die Anstalt verwendete Kohlendioxid." „Anschließend trugen wir die Leichen hinaus, um sie im Krematorium zu verbrennen. Zuvor entfernten Zahnärzte Goldzähne," sagte ein SS-Mann aus dieser Todesfabrik aus.[249] Die Leichenasche wurde anfangs

---

i Gemeint sein muss der 14. August 1941, Überstellungsliste von Gusen nach Hartheim, AMM B/15/14.

in die Donau geschüttet, nach der Installierung einer Spezialmühle wurden die Verbrennungsrückstände für Nutzzwecke vermahlen.

Franz Zierreis:

„Im Lager wurden die vergasten Häftlinge als ‚normal verstorben' gemeldet. Die Todesmeldungen der noch lebenden Häftlinge, die sich bereits auf dem Transport befanden, wurden schon vorher in der politischen Abteilung des Konzentrationslagers Gusen ausgestellt."[250]

Die Häftlinge fanden schnell heraus, welches Schicksal den Überstellten zuteil wurde.

„Wir erfuhren von Kameraden, die in der Effektenkammer arbeiteten, dass alle überstellten Invaliden verstorben sind. Es erging nämlich eine Anordnung, die Kleidung dieser Verstorbenen an ihre Familien zurückzuschicken […]. Erst dann gingen den Enthusiasten des Sanatoriumsaufenthalts die Augen auf […]. Es gab jedoch kein zurück."[251]

Die Transporte nach Hartheim wurden Ende August unterbrochen. Die Gründe der vorübergehenden Einstellung der Aktion „14f13" sind unbekannt. Wahrscheinlich wurden Transporte aus anderen KZ nach Hartheim geleitet.

Anfang September wurden die auf die Überstellung wartenden Invaliden zur Arbeit im Steinbruch Kastenhof in das Kommando unter Gustav Krutzki eingeteilt. Ohne Erhöhung der Essensrationen wurden sie zur Verrichtung der gleichen Arbeit angehalten, wie die als gesund geltenden Häftlinge. Die meisten Invaliden starben. Bald wurden 2.000 neue Häftlinge als Invaliden geführt, diesmal waren es aber nicht Freiwillige, sondern vom Lagerführer bzw. Lagerarzt Ausgemusterte. Sie wurden aus den von der Arbeit zurückkehrenden Kommandos selektiert, wenn ihr Äußeres auf Arbeitsunfähigkeit schließen ließ. Einer der wenigen überlebenden Invaliden, Mieczysław Kowalewski, berichtet, dass

„Lagerführer Chmielewski meist an Sonntagen ein sogenanntes Todesrennen veranstaltete, um weitere Invaliden auszumustern. Er wählte etwa 300 schwächere Häftlinge und ließ sie über den Appellplatz laufen. Wer den Lauf nicht innerhalb der festgelegten Zeit schaffte, wurde in einen Invalidenblock verlegt."[252]

Die neuen Invaliden wurden nicht mehr von der Kommission untersucht, ihre Einstufung erfolgte aufgrund einer Entscheidung des Lagerführers.

Die Transporte nach Hartheim gingen im Dezember 1941, danach im Februar 1942 wieder los. Vom 3. bis 10. Dezember wurden 432 Häft-

Abb. 24: Schloss Hartheim.

linge in sieben Transporten überstellt. Ab 3. Februar 1942 wurden Gusener Häftlinge in Gruppen zu 75-80 Personen mit Spezialbussen nach Hartheim transportiert. Die Fahrzeuge führten einen Passierschein, der sie vor Polizei- und Militärkontrollen bewahrte. Laut Daten, die von den in der Lagerkanzlei und Politischen Abteilung beschäftigten Häftlingen zusammengetragen wurden, tötete man in der zweiten Vergasungsaktion 1.132 Häftlinge.

Transporte nach Hartheim gab es auch in den Jahren 1943-1944. Es wurde jedoch nicht mehr für eine solche Geheimhaltung gesorgt wie im Juli 1941. Die Selektion wurde vom Lagerführer, Rapportführer bzw. Lagerarzt vorgenommen. „Für jeden Transport wurde eine alphabetische Transportliste zusammengestellt, erinnert sich Józef Żmij. Das Ableben der Häftlinge wurde über Mauthausen nach Gusen in Gruppen zu je 10, 15 oder 25 und mehr Personen täglich telefonisch durchgegeben. Eine nicht natürliche Todesursache war offensichtlich, da laut diesen Meldungen die Opfer in alphabetischer Reihenfolge den Tod fanden. In Gusen wusste man daher im voraus, wer demnächst als „verstorben" gemeldet würde."[253]

1943 wurden mindestens 800, 1944 – 698, insgesamt in den Jahren 1941-1944 ca. 3.140 Häftlinge in Hartheim vergast.[i]

Totbadeaktionen

Die Unterbrechung der Transporte nach Hartheim im August 1941 bedeutete bei weitem nicht das Ende des Martyriums der Gusener Invaliden. Da auf die Dienste der Euthanasie-Anstalt vorübergehend verzichtet werden musste, verfügte das RSHA die Vernichtung der Invaliden mit herkömmlichen Methoden – durch Arbeit, Schläge und Aushungern.

Anfang September 1941 wurden alle Invaliden zur Arbeit in den schwersten Kommandos, meistens im Steinbruch Kastenhof, zugeteilt. Die Kapos erhielten die Weisung, das Arbeitstempo zu steigern. Häufiger als in der ersten Jahreshälfte wurde das Strafestehen aller Häftlinge oder nur der Insassen der Invalidenblocks angeordnet. Die Zahl der Todesfälle stieg jedoch nicht so schnell, wie von oben erwartet, obwohl nahezu täglich viele Invaliden im Revier totgespritzt wurden. Die schrecklichsten Lagerverbrecher erhielten die Erlaubnis, Menschen nach eigenem Gutdünken zu liquidieren – durch Ertränken in Fässern (Daniel, Peters, Käferböck, Amelung, Jorgl), Aufhängen an einem Balken im Waschraum (Becker, Christ, Hommen), Erschlagen mit einem Knüppel (Junge, Krutzki, Heidemann, Schneiderreit, Van Loosen), Zerreißen des Magens mit Wasser aus einem Gummischlauch (Klockman).

Höchstwahrscheinlich fiel zu diesem Zeitpunkt die Entscheidung, in Gusen ein Kriegsgefangenenlager einzurichten.[ii] Es sollte ebenfalls ein Vernichtungslager sein. Die Kriegsgefangenen sollten die Stelle der Muselmänner einnehmen.

Die Liquidierung wurde beschleunigt. Alle Invaliden wurden in die Blocks 31 und 32 eingewiesen, wo sie zu dritt oder viert eine Pritsche teilten. Sie wurden weiterhin zu Schwerstarbeit getrieben. Im September be-

---

i   Choumoff ermittelte die Mindestzahl von 1.881 Hartheim-Opfern aus dem KZ Gusen. Pierre Serge Choumoff: Nationalsozialistische Massentötungen durch Giftgas auf österreichischem Gebiet 1940-1945. Wien: 2000 (=Mauthausen-Studien 1a), S. 78.

ii   Das OKW befahl die Übergabe von insgesamt 25.000 Sowjetischen Kriegsgefangenen an die SS am 2. Oktober 1941. Im Herbst 1941 wurden diese in insgesamt neun Konzentrationslager überstellt, davon 2.000 in das Lager Gusen; Reinhard Otto: Wehrmacht, Gestapo und sowjetische Kriegsgefangene im deutschen Reichsgebiet 1941/42. München: 1998, S. 188.

gannen die Totbadeaktionen. Die Idee dieser Tötungsart und ihre Umsetzung stammten vom Hscha. Heinz Jentzsch, dem Adjutanten des Lagerführers. Die Vorbereitungen zur Verwirklichung des Plans, Invalide durch eiskalte Brausebäder zu ermorden, wurden unmittelbar nach der Unterbrechung der Hartheim-Transporte getroffen. Die bereits seit Herbst des Vorjahres funktionierende Duschanlage, die sich unter freiem Himmel zwischen den Blocks 19 und 20 auf einer Seite sowie zwischen den Blocks 27 und 28 auf der anderen Seite befand, wurde mit einer niedrigen Betonwand umgeben, in der es nur einen Eingang gab. Die Wasserabsperrventile wurden überprüft und repariert.

Es ist nicht gelungen festzustellen, ob Totbadeaktionen bereits zuvor in anderen Lagern praktiziert wurden oder ob diese Idee tatsächlich von Heinz Jentzsch stammte. Es ist lediglich bekannt, dass ihre Anwendung von Chmielewski akzeptiert und dass sie einige Male in seiner Anwesenheit und mit Wissen des Lagerkommandanten Ziereis durchgeführt wurden.

Die Termine der Badeaktionen wurden von Chmielewski, Brust oder Jentzsch festgelegt. Von einem dieser Offiziere erhielt dann der Lagerälteste Rohrbacher den Auftrag, eine Gruppe von Funktionshäftlingen zur Bewachung der Duschanlage zusammenzustellen und den Blockältesten über die geplante Badeaktion für die Insassen des betreffenden Blocks rechtzeitig in Kenntnis zu setzen. Rohrbacher, der zu dieser Zeit alle Anordnungen der Lagerleitung willig ausführte, bestimmte zu dieser Funktion meist die gefährlichsten Banditen – Kapos: Bronsart, Junge, Rösler, Heidemann, Van Loosen; Blockälteste: Pastewka, Daniel, Heil, Martick, Liesberg, Gasch, Grill und Schrögler; Stubenälteste: Klockmann, Vanderbusch, Apitz, Beuth, Weidemann, Damm, Käferböck sowie deutsche Häftlinge aus der Strafkompanie: Becker, Hommen und Christ.[254] Neben Heinz Jentzsch beaufsichtigten die Aktionen oft die SS-Führer Kluge, Gross, Stiegele und Wirth.

Die erste Massentötung im Brausebad fand am 29. September 1941 statt. Invalide aus Block 31 und mehrere Dutzend Tuberkulosekranke aus Block 28 wurden ins Bad geführt. Um die Notwendigkeit eines Bades plausibel zu machen, führte Dr. Ramsauer eine Besichtigung der Invaliden und Kranken durch und stellte fest, dass ihre zahlreichen infizierten Geschwüre einer sorgfältigen längeren Reinigung bedurften.

Die an einem bestimmten Tag zur Totbadeaktion vorgesehenen Häftlinge setzte man zweimal dieser Tortur aus: einmal nach dem Abendappell und das zweite Mal in der Nacht, nach dem Ausrufen von Bett- und Lagerruhe. Das erste Bad dauerte nur ca. 15 Minuten. Die meisten Häftlinge überlebten diesen Versuch und kehrten in ihren Block zurück. Das zweite, nächtliche Bad wurde sorgfältig vorbereitet. An dem hierfür vorgesehenen Tag, wurde eine Blocksperre für die fragliche Zeit verhängt, die Fenster der benachbarten Blocks wurden abgeschirmt und Wachen in der Nähe der Duschanlage aufgestellt.

Ein Häftling, der die „Badeaktionen" überlebt hat, erinnert sich:

„Zwischen 22 und 23 Uhr sprangen SS-Männer durch die geöffneten Barackenfenster herein und jagten uns mit den Schreien „Baden!" unter Ochsenziemerschlägen aus dem Block. Anschließend marschierten wir – meist an die 500 Mann – zu einer Betonplatte (späterer Duschraum), die von einer 60 cm hohen Mauer umgeben und nicht überdacht war. Hoch über der Platte befanden sich Rohre mit Brauseöffnungen. Wenn die Häftlinge hineingetrieben wurden, verstopfte man die Abflüsse und ließ scharfe eiskalte Wasserstrahlen unter hohem Druck niederprasseln. Die SS-Männer und die Funktionäre stiegen auf die niedrige Mauer und stießen die Menschen unter die Dusche zurück. Allein der starke Wasserstrahl tötete die Schwächeren. Nachdem wir so ca. eine halbe Stunde unter der Dusche gestanden waren und das Wasser sich bis zur Höhe der Mauer aufgestaut hatte, gab es den Befehl „Alles hinlegen!" Wir lagen zwar nicht lange, aber lange genug, um etliche zu erledigen. Wer nicht mehr unter dem Wasser aushalten konnte und versuchte, Luft zu schnappen, dessen Kopf drückten die SS-Männer absichtlich länger unters Wasser, um ihn zu ertränken."[255]

In der Begründung eines rechtskräftigen Urteils des Schwurgerichts Ansbach (BRD) im Prozess gegen Karl Chmielewski werden folgende Feststellungen über die Totbadeaktionen als bewiesene Tatsachen angeführt:

„Zu diesem Zweck suchte Chmielewski nach eigenem Gutdünken ab Sommer 1941 insbesondere in der Zeit vom Oktober 1941 bis einschließlich Januar 1942, vielfach bei den Appellen aus den angetretenen Häftlingen mehr oder minder umfangreiche Gruppen von Arbeitsunfähigen und Kranken [...] aus. Diese ausgewählten Leute wurden auf Befehl des Angeklagten von mehreren SS-Unterführern und Rapport-, Arbeitseinsatz- oder Blockführern, unterstützt von dazu befohlenen Prominenten (Lager-, Block- und Stubenältesten oder Kapos), anschließend an die Vormittags-, Mittags-, oder Abendappelle oder nach eingetretener Dunkelheit und der ab 9:00 Uhr befohlenen Bett- und Lagerruhe oder erst am nächsten Tag oder einige Tage später nach vorübergehender Einweisung ins Revier oder in die Invalidenblocks zur Tötung ins Häftlingsbad geführt [...]. Ebenfalls in der Zeit von Ende Oktober 1941 bis einschließlich Januar 1942 ordnete der Angeklagte, wenn ihm die Zahl der im Revier oder in den Invalidenblocks und manchmal auch im sog. Scheißerblock untergebrachten arbeitsunfähigen und kranken Häftlinge zu hoch erschien, wiederholt an, dass die Insassen dieser Blocks gebadet werden müssten [...]."

Nach einer Beschreibung dieser Badeaktionen heißt es in der Urteilsbegründung:

„Durch die bereits im Sommer 1941 wiederholt stattgefundenen ‚Totbadeaktionen' [...] wussten die in den Revier- und Invalidenblocks gelegenen Häftlinge um ihr Schicksal Bescheid. Viele von ihnen sprangen daher, wenn für sie der Badebefehl kam, aus den Barackenfenstern und liefen, um dem langsamen und qualvollen Tod durch das Baden zu entgehen, manchmal gemeinsam Hand in Hand, in den hinter ihren Blocks vorbeiführenden, mit elektrischem Strom geladenen Draht. Den meisten der allein in den Monaten November und Dezember 1941 und Januar 1942 – in denen vornehmlich und in größerem Umfange das Totbaden stattfand – im Totenbuch für Gusen verzeichneten 60 Selbstmorde lag nach der Überzeugung des Gerichts dieses Motiv zugrunde. Die Opfer waren durchwegs einfache Häftlinge und durch Unterernährung, schwere Arbeit und die meisten von ihnen zusätzlich durch Krankheit körperlich ausgemergelt und häufig so schwach, dass sie gestützt oder sogar zum Bad geschleppt werden mussten. Bei der durch die Jahreszeit bedingten Kälte und das mindestens etwa eine halbe Stunde, meistens jedoch noch viel länger währende Stehen unter eiskaltem Wasser verspürten die Häftlinge, wie Chmielewski wusste, erhebliche Unlustgefühle und, soweit das Wasser unter hohem Druck stand, auch zusätzliche Schmerzen. Deshalb und insbesondere wegen der sie erfüllenden Todesangst schrieen die Häftlinge bei den Badeaktionen häufig so markerschütternd, dass die Schmerzensschreie weithin im Lagerbereich gehört wurden. In ihrer Todesfurcht versuchten öfters einige Häftlinge dem Bad zu entkommen oder wenigstens dem scharfen Strahl der Brausen auszuweichen. Sie wurden dann von den um das Bad postierten SS-Leuten und Prominenten durch Fußtritte und Schläge mit Ochsenziemern und Knüppeln wieder zurückgetrieben."

„Die Betreffenden fielen bewusstlos um und erstickten, wenn sie mit dem Gesicht ins Wasser zu liegen kamen, oder – was öfters geschah – nach ihrem Zusammenbrechen von den SS-Leuten in das Wasser getreten wurden. [...] Eine weit größere Zahl der vielfach in einem hochgradig reduzierten Kräftezustand

KAPITEL 9

sich befindlichen Häftlinge starb jedoch jeweils während des Brausens an Unterkühlung. Auch die etwas widerstandsfähigeren Häftlinge, die das Baden an sich überlebten, verstarben wenige Tage später – weil ihr geschwächter Organismus die erlittene Unterkühlung nicht überwinden konnte – an Lungenentzündung oder sonstigen Erkältungskrankheiten, die durch die Badeaktionen verursacht worden waren. Dies gilt insbesondere für die Tbc-Kranken."[256]

Im Zeitraum Oktober 1941 bis Januar 1942 war der Terror im Lager am stärksten, damals gab es bei den Häftlingen die meisten psychischen Zusammenbrüche. Das Bewusstsein um die Vernichtung, die allen Häftlingen bevorstand, führte zu verzweifelten Reaktionen wie Selbstmorde und hinterließ dauerhafte Spuren in der Psyche jener Häftlinge, die diesen Zeitabschnitt überlebten.

Chmielewski befahl, auch Juden in die Totbadeaktionen einzubeziehen, obwohl sie weder krank noch arbeitsunfähig waren. In Gusen gab es damals nur mehr einige wenige Juden. Sie wurden den Totbadeaktionen stets ausgesetzt. Stanisław Nogaj gibt darüber einen knappen Bericht.

„Am 30. Oktober 1941 verlangte Kalinowker – ein Arbeiter aus Legionowo, Hilfskapo eines 17-köpfigen Judenkommandos (es gab nur so viele Juden im Lager) – ein Gespräch mit Chmielewski. Chmielewski ließ Brust kommen, dieser schickte nach Meixner und sie gingen zum Kalinowker-Kommando. Kalinowker ersuchte untertänig, dass Chmielewski einen Befehl erteilen möge, mit den Totbadeaktionen aufzuhören und fügte hinzu, falls noch einmal der Befehl ‚baden!' fallen sollte, würden alle Häftlinge seines Kommandos in die stromgeladenen Drähte laufen. Chmielewski hörte sich die Beschwerde ruhig an. Er tat, als ob er über diese Verbrechen nichts wüsste und machte Kalinowker Vorwürfe, dass er nicht schon früher Meldung erstattet habe. Er versprach, sofort die Totbadeaktionen zu verbieten. Am nächsten Tag erzählte Kapo Klockmann, dass er von Chmielewski gerufen wurde und den Befehl erhalten habe, alle Juden, voran Kalinowker, zu ermorden. Kalinowker starb am 3.11.1941 – er riss sich aus den Händen von Klockmann und lief gegen den Starkstromdraht. Insgesamt sind 12 Juden umgekommen."[257]

Die Aufzeichnungen Nogajs, die Erinnerungen der Häftlinge, die Zeugenaussagen im Chmielewski- und im sogenannten Gusener-Prozess (Gross, Jentzsch, Kluge, Stiegele) sind voll von erschütternden Schilderungen über die Qualen der Opfer von Totbadeaktionen und über die Verzweiflung der heimlich zusehenden Häftlinge. Die oben angeführte Schilderung ist die objektivste und kürzeste. Oft wird auch über das Grauen berichtet, das die Totbadeaktionen hervorriefen. Hier ein Bericht:

279

„Am 15.11.1941 nach dem Befehl zur Badeaktion flüchteten acht Häftlinge aus Block 32 durch das Fenster und begingen Selbstmord auf dem Starkstromdraht. Angeblich verfügte der Leiter der Politischen Abteilung des Lagers Mauthausen die Vertuschung dieses Falles – in den Totenbüchern wurde eine natürliche Todesursache angegeben. Es wurde auch ein Befehl erlassen, die Fenster mit Brettern zu vernageln, damit niemand mehr herausspringen könne."[258]

Die Totbadeaktionen wurden im Oktober, November und Dezember 1941 sowie im Januar 1942 systematisch angeordnet. Aus den Aufzeichnungen im Totenbuch geht hervor, dass 566 Häftlinge im Oktober 1941, 1.305 Häftlinge im November, 896 Häftlinge im Dezember und 732 Häftlinge im Januar 1942 in Gusen starben (ohne Berücksichtigung von Kriegsgefangenen). Insgesamt starben in diesen vier Monaten 3.499 Häftlinge.[i] Vergleicht man diese Zahlen mit der Anzahl der Todesfälle im Mai (241) und Juni 1941 (197), kann man annehmen, dass die Totbadeaktionen nach Abzug von 423 nach Mauthausen überstellten Häftlingen, mindestens 2.000 Menschenleben gefordert haben.

Die Totbadeaktionen wurden im Januar 1942 eingestellt, als die Anstalt Hartheim wieder bereit war, die zur Vergasung Verurteilten aufzunehmen. Der erste Transport nach der Pause ging am 3. Februar 1942 von Gusen ab.

Der Gaswagen von Erich Wasicky

Ende 1942, als die Häftlingstransporte nach Hartheim vorübergehend unterbrochen wurden, gab es mehrere Tötungsaktionen in einem Sonderwagen, der der Lagerkommandantur Mauthausen von Hstf. Mag. Pharm. Erich Wasicky, in den Jahren 1941-1945 [ii] Lagerapotheker in Mauthau-

---

i Nach Auswertung des Totenbuch des SS-Standortarztes Gusen durch Renauld Clin ergeben sich für die genannten Monate folgende Opferzahlen: Oktober 423, November 1.307, Dezember 896, Jänner 733; in Summe: 3.359 (Renauld Clin: Depouillement du registre des deces du camp de concentration de Gusen 1er Juin 1940 – 30. Avril 1943. o.O.: [Diplôme á Titre de Régularisation] 1998, Anhang: Decompte Mensuel des Deces). Das Totenbuch des Krankenreviers Gusen befindet sich im Original im Archiv der KZ-Gedenkstätte Mauthausen und ist im Zeitbereich von 9. März bis 8. Dezember 1941 lückenhaft. Die Zahl der Opfer ist lediglich für den Monat Januar vollständig zu ermitteln und stimmt mit der von Dobosiewicz angegebenen überein (AMM B/12/3/4).

ii Lt. Hans Maršálek war Wasicky bis 1944 Lagerapotheker; vgl. Maršálek: Die Geschichte des Konzentrationslagers Mauthausen, S. 178.

sen, zur Verfügung gestellt wurde. Dieser Bus war den Fahrzeugen der österreichischen Post ähnlich, aber seine Fenster waren mit dunkler Farbe dick angestrichen.[i] Selektiert wurden meist Kranke aus dem Revier, die in dem verschlossenen Fahrzeug aus dem Lager gefahren wurden. Franz Ziereis sagte darüber aus: „Außerdem kursierte vom Lager Mauthausen nach Gusen ein spezielles Auto, in dem während der Fahrt Häftlinge vergast wurden."[260] Dieser Wagen pendelte zwischen den beiden Lagern: Die Leichen der 30 in Mauthausen eingestiegenen Häftlinge wurden im Gusener Krematorium ausgeladen, anschließend 30 Gusener Häftlinge in den Wagen gebracht und ihre Leichen dem Mauthausener Krematorium übergeben. Das Fahrzeug wurde meist vom Usch. F. Hartl aus der Kommandantur des Lagers Mauthausen, oft aber auch von Franz Ziereis persönlich gelenkt.

Ziereis behauptete, dass das Vergasen der Häftlinge auf Anordnung und Bestehen des Standortarztes, Dr. Eduard Krebsbach, geschah. „Zu dieser Zeit bekleidete Ostf. Hermann Kiesewetter die Funktion des Lagerarztes, er führte auch meist die Selektionen zur Vergasung durch. Die Aktion wurde mit dem Tarnnamen ‚H13' bezeichnet."[261]

Laut Aussage eines in der Lagergarage in Mauthausen arbeitenden Häftlings gab es ca. 40 Fahrten dieses Busses von Mauthausen nach Gusen und zurück. Dies würde bedeuten, dass die Aktion „H13" ca. 1.200 Häftlinge aus Gusen und ebenso viele aus Mauthausen das Leben gekostet hatte.[262] [ii]

Zyklon-B

Der Plan, Kranke und Arbeitsunfähige mit Zyklon-B zu töten, wurde Mitte 1941 entwickelt. Hans Maršálek schreibt: „Firma Heerdt und

---

i   Den Recherchen Pierre Serge Choumoffs zufolge pendelten zwei Typen von Gaswagen, in denen zur Ermordung der KZ-Häftlinge Auspuffgase bzw. Zyklon B-Gas verwendet wurde, zwischen Mauthausen und Gusen. Bei dem von Dobosiewicz erwähnten Bus mit angestrichenen Fenstern liegt vermutlich eine Verwechslung jenem vor, der KZ-Häftlinge in die Euthanasieanstalt Schloss Hartheim transportierte. Pierre Serge Choumoff: Nationalsozialistische Massentötungen durch Giftgas auf österreichischem Gebiet 1940-1945, 133ff.

ii Den 2001 von Choumoff publizierten Zahlen zufolge gab es 47 Fahrten des Gaswagens, die Gesamtzahl der Opfer aus den Lagern Mauthausen und Gusen beliefe sich demnach auf eine Zahl von 900 bis 2.800; Pierre Serge Choumoff: Nationalsozialistische Massentötungen durch Giftgas auf österreichischem Gebiet 1940-1945, S. 149.

Lingler GmbH lieferte (in das KL Mauthausen) am 22. Sepember1941 eine unbekannte Menge von Zyklon-B-Gas." Dieselbe Firma lieferte am 7. Juli 1942 1.200 Büchsen Zyklon-B, je 200 g (CNH in Form von blauen Kristallen), also insgesamt 240 kg Cyangehalt. Dieselbe Menge an Zyklon-B lieferte diese Firma am 12. November 1942. Weitere Lieferungen gab es am 28. April 1943, am 9. Mai 1943, am 7. Juli 1943, am 12. November 1943 usw.[263]

Ein Teil dieses Gases wurde zur Entlausung der Lager verwendet. Die Laus- und Flohplage war, insbesondere nach dem Ausbruch der Typhusepidemie, besonders lästig und gefährlich. In Gusen wurden die ersten Fälle von Flecktyphus am 5. Juli 1941 registriert; die größte Ausbreitung der Epidemie gab es zwischen Januar und März 1942. Um die Ungezieferplage einzudämmen, hat man alle Häftlinge, darunter auch Insassen des Reviers, mit Ausnahme der Typhuskranken, nackt auf den Appellplatz befohlen. Die Baracken wurden mit Gas gefüllt. Bei diesen Maßnahmen starben viele schwächere Häftlinge (18 Personen bei der ersten und 43 Personen bei der zweiten Ungeziefervergasung) infolge der Sonnenhitze tagsüber, der Unterkühlung während der Nacht und durch den Schlafentzug. Andere trugen Lungenentzündung, Nierenkrankheiten und andere Erkrankungen davon, was zur Erhöhung der Sterblichkeit beitrug.

Die erste Gasentlausung in den Baracken fand im Juli 1941 statt. Um die Ausbreitung der Epidemie zu unterbinden, wurden Flecktyphus-Kranke in Block 32 verlegt, und bei der Desinfektion mit dem Gas getötet. Die Anzahl der Opfer ist unbekannt.

Die nächste Gasentlausung fand am 2. März 1942 statt, als die Typhus-Epidemie stärker wurde. Die Häftlinge mussten sich auf dem Appellplatz versammeln – lediglich die typhuskranken Polen und Spanier blieben in Block 32 und die sowjetischen Kriegsgefangenen in Block 16. In diese beiden Blocks wurden Büchsen mit Zyklon-B geworfen. Die Vergasung der Häftlinge besorgte eine Privatfirma, die Stbf. Slupetzky[i] aus Linz gehörte. Diese Firma trat offiziell als Auftragnehmerin auf. Eugeniusz Pięta erinnert sich: „Bei der Baracke sah man SS-Männer sowie Zivilpersonen in Tiroler Tracht. An die Türen wurden Zettel aufgeklebt: „Vergast Zyklon-B Slupetzky."[26] In Block 32 wurden damals ca. 300

---

i   Anton Slupetzky hatte zuletzt den Rang eines SA-Obersturmbannführers inne.

Kranke vergast. Im sowjetischen Kriegsgefangenenlager wurden 164 Häftlinge getötet.²⁶

Laut Pięta fanden die Vergasungen in Block 32 mehrmals statt. Wir verfügen jedoch über keine Datumsangaben. Es ist bekannt, dass zwei letzte Vergasungsaktionen in der Nacht vom 21. zum 22. April 1945 – zwei Wochen vor der Lagerbefreiung – durchgeführt wurden, wobei 892 Personen den Tod fanden.ⁱ

Mehr Massentötungen durch Giftgas gab es in Mauthausen. Im Herbst 1941 wurde eine als Duschraum getarnte Gaskammer in diesem Lager installiert. „In diesem getarnten Raum wurden Häftlinge [...] vergast," sagte Ziereis aus.²⁶⁶

Die Gusener Häftlinge wurden vornehmlich in Hartheim, durch Giftgas in Wasickys Wagen und in den Blocks 16 und 32 durch Zyklon-B erstickt. Erst 1945 wurden vier große Krankentransporte zur Tötung in der Gaskammer nach Mauthausen überstellt.

In den Meldungen des Lagerführers von Gusen werden diese vier Transporttermine angegeben: am 28. Februar 1945 500 Häftlinge, am 1. März 1945 1.048, am 7. März 800 ⁱⁱ, am 14. März 1.000 ⁱⁱⁱ sowie 89 Häftlinge in kleineren Gruppen – insgesamt 3.437 Menschen. „Davon sind bereits in den ersten Märztagen 1.700 Gusener verstorben," schreibt H. Maršálek.²⁶⁷ An diesen Tagen wurden besonders viele Kranke vergast. Wahrscheinlich wurden die restlichen Häftlinge aus diesen Transporten bei den Vergasungen Ende März und in der zweiten Hälfte von April 1945 ermordet.²⁶⁸

Zyankali

Auch Gift war in Gusen zur Tötung der Häftlinge in Verwendung. Anfang 1942 wurden 136 (laut anderen Aussagen: 70) kranke Häftlinge auf Anordnung von Dr. Kiesewetter mit in gesüßtem Kaffee aufgelöstem Zyankali getötet.

In der chirurgischen Abteilung wurden die Kranken aus Stube B, die für die Rekonvaleszenten nach Operationen bestimmt war, in Stube A versammelt, wo die Karteien überprüft wurden. „Die Stube B wurde ver-

---

i   Zur Zahl der Opfer s.o., Kap. XII, S. 337, Anm. i.
ii lt. Rapportbuch (AMM E/6/11): 813 Häftlinge.
iii lt. Rapportbuch (AMM E/6/11): 1.001 Häftlinge.

dunkelt. Als die Häftlinge zurückkehren sollten, bekamen sie vom SS-Sanitätsdienstgrad vergifteten Kaffee. Ein deutscher Häftling, Vater von zwei Kindern, sagte beim Trinken: Ihr Mörder! Von diesem Verbrechen wussten alle Polen, die zum Revierpersonal gehörten. Das Gift wurde vom Apotheker Leon Zynda durch den Revierkapo Józef Bobrowski („Kasandra") übernommen, der auch den vergifteten Kaffee zubereitete. „Der Leiter der Stube B, Dr. Eugeniusz Pięta-Połomski, der Krankenpfleger Feliks Mocny sowie andere Ärzte und Krankenpfleger waren Zeugen.[26]

Injektionen

Gleichzeitig mit anderen Tötungsaktionen wurde die systematische Vernichtung der Kranken im Revier betrieben. Die Euthanasiemaßnahmen wurden von SS-Lagerärzten, SS-Sanitätsdienstgraden, von Revierfunktionären – den ersten Revierkapos: Roth, Zach und Bobrowski – und später auch von den Blockältesten, insbesondere von Heinrich Käferböck, vorgenommen; im Revier der sowjetischen Kriegsgefangenen von SS-Ärzten sowie den Kapos Zach und Käferböck. Für die Massentötungen gab es auch andere Motive als Euthanasie: die einen wollten dabei ihre sadistischen Neigungen ausleben, die anderen ihren Hass gegen Polen, Russen und Kommunisten zum Ausdruck bringen, manche trachteten nach einer kunstvollen Tätowierung oder Zahngold.

Die Tötung der Häftlinge durch Injektionen wurde von den SS-Standortärzten in Mauthausen angeregt. Der SS-Standortarzt Hstf. Dr. Richard Krieger, der das Gusener Revier einrichtete, ordnete als erster ihre Anwendung in Gusen an. Auf seinen Befehl ermordeten die Funktionäre des Reviers, Zach und Roth, am 8. August 1940 12 Kranke mit Phenolspritzen.

Der zweite eifrige Befürworter der Euthanasie war Stbf. Dr. Eduard Krebsbach, der Standortarzt der SS und der Polizei in Mauthausen in der Zeit vom Oktober 1941 bis Juni 1943. Er wurde „Spritzbach" genannt. Dr. Zbigniew Wlazłowski beschreibt ihn als

„*perfide Persönlichkeit mit typischem deutschem Zynismus, Anstifter zu Massenmorden, Todesspritzen, Vergasungen und pseudomedizinischen Experimenten. Angeblich aus humanitären Gründen befahl er den Häftlingsärzten die Kranken zu töten, und meinte dabei, bereits Paracelsus habe in der Linderung des Leidens eine ärztliche Pflicht gesehen. Das Häftlingspersonal soll somit dem Leiden ihrer Kameraden nicht tatenlos zusehen, sondern diesem Leiden ein Ende setzen.*"[270]

Anfangs selektierten nur SS-Ärzte Häftlinge, die durch Injektionen umgebracht werden sollten. Diese Rolle wurde jedoch schnell von den SS-Sanitätsdienstgraden sowie von den Kapos und Blockältesten des Reviers auf Anordnung oder mit Zustimmung des amtierenden SS-Lagerarztes übernommen. Nach dem Ausbruch der Typhusepidemie konnten sie ganz nach ihrem Gutdünken handeln.

Fast alle Lagerärzte, mit Ausnahme von Dr. Joseph Friedl, Oberst Dr. Benno Adolph und Hstf. Dr. Karl G. Böhmichen, verabreichten tödliche Injektionen. Einer der ersten war Ostf. Dr. Erich von den Hoff, ein Zahnarzt, einige Monate an der Jahreswende 1940/1941 Lagerarzt in Gusen. Seine Tätigkeit setzte sein Nachfolger, Hstf. Dr. Siegbert Ramsauer fort, der Häftlinge mit besonders schönen Tätowierungen auswählte.

Besonders viele Spritzaktionen gab es unter SS-Ärzten, die fanatische Hitleranhänger waren, Massencharakter erreichten sie 1941, 1942 und Anfang 1943 unter Ostf. Dr. Hermann Kiesewetter und 1944-1945 unter Hstf. Dr. Helmut Vetter, dem letzten Gusener Lagerarzt.

Dr. Kiesewetter, sagte Franz Ziereis aus, habe „mehrere hundert Häftlinge durch intravenöse Spritzen mit Benzin, Wasserstoff (40 ccm), Kalzium-Sulfuricum, Eunargon und Evipan getötet."[271] Nogaj notierte:

„Am 11. Mai 1942 brachte Dr. Kiesewetter 11 Häftlinge, denen er in den Lagerstraßen zufällig begegnet war, ins Revier und spritzte sie der Reihe nach tot. Am nächsten Tag wählte er 10 Tbc-Kranke im Revier aus und brachte sie ebenfalls um. Von diesem Tag an mordete Dr. Kiesewetter 10 Tbc-Kranke täglich und begründete dies dem Häftlingspersonal gegenüber damit, dass alle Schwindsüchtigen sterben müssten, weil sie die Tbc-Erreger verbreiten."[272]

Auch nach Bauchhöhlenoperationen, die er oft nicht zu Ende führte, brachte er Kranke mit einer Injektion um.

Dr. Helmut Vetter, der

„ebenso wie Kiesewetter die Häftlinge hasste, schreibt Dr. Wlazłowski, ließ bereits in seinen ersten Amtstagen die Lungenabteilung auflösen, alle besser aussehenden Patienten gesund schreiben und arbeiten und die Kranken mit offener Tuberkulose töten. [...] Er schränkte die Medikamentenausgabe ein und verfügte die Vernichtung der Kranken, bei denen eine schnelle Genesung nicht zu erwarten war. Täglich nach der Ordination, am Nachmittag oder nach dem Abendappell, wurden Spritzaktionen durchgeführt. Den zum Tode bestimmten Häftling führte man oder trug auf einer Bahre in den Verbandraum, legte auf einen Operationstisch und injizierte 100-250 g Benzin oder

Wasserstoffsuperoxid ins Herz. Diese Tätigkeit wurde von den SS-Sanitätsunteroffizieren, den sogenannten Sanitätsdienstgraden, von den Kapos Zach und Roth, sowie vom Stubenältesten Käferböck ausgeführt. Auf diese Weise wurden täglich zwischen zehn und zwanzig Menschen getötet [...]."[273]

Massentötungen mit Injektionen fanden auch im Revier der sowjetischen Kriegsgefangenen statt. Kurz nach ihrer Einlieferung in Gusen, im Herbst 1941, brach eine Typhusepidemie im Kriegsgefangenenlager aus. Aus Angst vor der Ausbreitung der Epidemie wurden Kranke und Gefangene, bei denen ein Krankheitsverdacht bestand, getötet.

„*Jeden Abend kam ein Sanitätsdienstgrad, um die Kranken zu töten [...]. Jeden Morgen lag ein Haufen Leichen – die Ernte der abendlichen Arbeit Zachs und des SS-Sanitätsdienstgrades – vor Block 16. Auf der linken Seite der Brust sah man einen kleinen Punkt – die Einstichstelle.*"[274]

Von den im August 1942 eingetroffenen 1.650 sowjetischen Gefangenen lebten im Frühjahr 1943 nur mehr 120.

„*Zu ihrer Vernichtung trug größtenteils der neue Kapo des Kriegsgefangenen-Reviers, Heinrich Käferböck [...], bei. Er betäubte sein Opfer mit einem Faustschlag gegen das Kinn, seine Gehilfen zerrten es auf den provisorischen „Operationstisch." Käferböck stach mit ungeübter Hand die Nadel einer Benzinspritze in das Herz. Man kann ohne Übertreibung sagen, dass er den letzten Kriegsgefangenentransport fast zur Gänze eigenhändig umbrachte.*"[275]

Die Todesspritzen wurden bis in die letzten Tage des Lagerbestehens verabreicht. Ende Februar 1945 kam ein Transport von 420 jüdischen Kindern im Alter von 4 bis 7 Jahren in Gusen an. Sie waren durch Reise, Hunger und Kälte völlig entkräftet. Am Abend dieses Tages wurden alle diese Kinder von den SS-Ärzten mit Herzinjektionen ermordet.[276]

X. PSEUDOMEDIZINISCHE EXPERIMENTE

Auch an Gusener Häftlingen wurden pseudomedizinische Experimente durchgeführt. Sie waren nicht so zahlreich wie in Dachau und Buchenwald, hatten auch einen geringeren Umfang als die Experimente in Mauthausen, kosteten jedoch ca. 1.000 Menschen das Leben. Manche Experimente gingen auf die Eigeninitiative der Lagerärzte zurück, die meisten waren jedoch Teil einer geplanten, vom Berliner Hygiene-Institut der Waffen-SS beaufsichtigten Aktion. So handelte es sich zum Beispiel Studien zur Behandlung von Tbc, Flecktyphus und Phlegmonen, die es parallel in mehreren Konzentrationslagern gab.

Von Anfang an führten Lagerärzte ihre Experimente an Kranken durch, sie scheuten aber auch nicht davor zurück, gesunde Häftlinge heranzuziehen. Die ersten Experimente an Gusener Häftlingen gehen auf den Lagerarzt Dr. Siegbert Ramsauer zurück, der sich mit Immunität beschäftigte. Er untersuchte die Tbc- und Bauchtyphus-Kranken in Block 30. Zu diesem Zeitpunkt gab es noch keine Häftlingsärzte im Revier, daher ist über die Art dieser Experimente nichts bekannt. Im Jahre 1940 machten Dr. Jung und Dr. Sajczyk ähnliche Experimente.[277]

Dr. Erwin Herschel experimentierte im Bereich der Chirurgie. Österreichischen Häftlingen war er als in Wien niedergelassener Frauenarzt bekannt; im Lager unternahm er jedoch Versuche an Herzen von Häftlingen, wobei er für seine Experimente auch Häftlinge heranzog, die niemals ein Herzleiden hatten.[278]

In den Jahren 1940-1943 zeigten fast alle Lagerärzte ein Interesse für Chirurgie. Prof. Dr. Josef Podlaha, ehemaliger Häftling von Mauthausen und Gusen und Arzt in beiden Lagern meint, dies wäre krankhaftes Interesse gewesen, dem sie einen Anstrich von wissenschaftlicher Forschung zu geben versuchten. Ohne entsprechende wissenschaftliche Basis führten die Experimentierenden mit viel Selbstbewusstsein angeblich innovative Operationen durch, die der Chirurgie gänzlich neue, unter den Kriegsbedingungen nützliche Methoden eröffnen sollten.[279]

Die gefährlichsten chirurgischen Experimente in Gusen führte Lagerarzt Dr. Hermann Richter aus Linz an der Jahreswende 1940/1941 durch. Er versuchte den Dickdarm mit dem Dünndarm zu verbinden. „Er fotografierte die einzelnen Phasen dieser Operationen und trug den im Revier beschäftigten polnischen Ärzten auf, hierzu Fachbeschreibungen zu erstellen," erinnert sich ein ehemaliger Gusener Häftling. Er nahm Magen-, Nieren- und Leberoperationen vor und entfernte auch Gehirnteile. Dr. Antoni Gościński, der diese Experimente beobachten konnte, behauptete, dass mindestens 32 Häftlinge an den Eingriffen Dr. Richters gestorben sind. In einem noch größeren Ausmaß übte er solche Praktiken in Mauthausen aus, wo er innerhalb von wenigen Wochen den Tod von ca. 300 Häftlingen verursachte.[280]

Das Interesse für Chirurgie war ein seltsames Hobby der Gusener Lagerärzte. Die im breiten Umfang durchgeführten Experimente in der Behandlung von Tbc, Phlegmonen und Flecktyphus waren Teil der breit angelegten, planmäßig durchgeführten Versuchsreihen auf Anordnung des Hygiene-Instituts der Waffen-SS unter Leitung von Dr. Joachim Mrugowsky. Diese Versuche wurden gleichzeitig in Dachau, Buchenwald, Mauthausen, Neuengamme und höchstwahrscheinlich auch in anderen Lagern vorgenommen. Die Ärzte: Richter, Ramsauer, Kiesewetter und Vetter begannen ihre Experimente (bzw. setzten sie fort) in Dachau, Gusen und Mauthausen, Dr. Karl G. Böhmichen – in Neuengamme und Gusen, Dr. Hellmuth Vetter – in Auschwitz und Gusen. Ihre Versuche wurden beschrieben und anschließend im Mrugowsky's Institut genau studiert. Von diesem Institut oder aus den Labors von der IG Farben erhielten diese Ärzte Bakterienstämme und Präparate, deren Wirkung sie an Menschen ausprobieren sollten.[281]

In Gusen fanden die ersten Massenexperimente in der Tbc-Abteilung (Block 33) statt. Sie wurden Ende 1942 oder Anfang 1943 von Lagerarzt Dr. Karl Gustav Böhmichen eingeleitet. Gusener Häftlinge erkrankten und starben massenhaft an Tuberkulose. Zur Amtszeit von Dr. Kiesewetter wurden die Tbc-Kranken mit Herzinjektionen getötet. Dr. Böhmichen begann mit der „Behandlung" der an offener Tuberkulose Erkrankten und Fällen radiologisch nachgewiesener Veränderungen in der Lunge (Infiltratveränderungen mit Zerfall in einer oder in beiden Lungen bzw. nur fibröse Veränderungen). Ein im Revier arbeitender polnischer Häftling, der diese Experimente beobachtete, konnte nur feststellen, dass die Tbc-Kranken drei Mal täglich, immer nach dem Essen, einen Esslöffel des mit Nummer 101 bezeichneten Präparates erhielten. Dieses Präparat hatte die Form von feinen dunkelroten Kügelchen und einen bitterem Geschmack. Die SS-Ärzte dosierten und verteilten es höchstpersönlich. Das Mittel löste bei den Kranken Übelkeit, Kopfschmerzen, Erbrechen, Durchfall,

Appetitlosigkeit und Knochenschmerzen aus. Alle Versuchspersonen wurden sowohl vor der Behandlung als auch in ihrem Verlauf alle 2 oder 3 Wochen genauestens untersucht, wobei man außer Lungenröntgen und der Untersuchung des Auswurfs auf das Vorhandensein von Tbc-Erregern, auch Blut- und Harnuntersuchungen durchführte, sowie das Gewicht der Kranken und ihr Allgemeinbefinden prüfte. Die Behandlung schlug nicht an. Die Körpertemperatur der Patienten stieg, die Lungenveränderungen nahmen zu, die Kranken husteten immer mehr. Einige von ihnen starben bald, die Versuche wurden jedoch fortgesetzt. Die polnischen Ärzte Dr. Adam Konieczny und Dr. Józef Markiewicz zeichneten die Ergebnisse dieser Versuche genau auf und analysierten sie.[282]

Die Versuche mit Präparat Nr. 101 wurden ca. ein Jahr lang in Gusen fortgesetzt; 300 bis 400 Häftlinge wurden damit behandelt. Bis auf Einzelfälle wurde keine positive Wirkung des Präparats festgestellt. Vermutlich wurde Präparat Nr. 101 vom Hersteller ständig verbessert und deshalb gingen die Versuche weiter. Sie wurden in Mauthausen und Gusen von Dr. Hermann Kiesewetter in seiner zweiten Amtszeit fortgesetzt. Er verabreichte Häftlingen im Essen Tuberkuloseerreger oder injizierte ihnen infizierten Auswurf, damit sie an Tbc erkranken. Die Angesteckten verlegte er in die Tbc-Abteilung. Dort beobachtete er den Krankheitsverlauf und die Wirkungsweise der Präparate, die dem polnischen Ärztepersonal nicht bekannt waren.[283] Der Reichsarzt-SS, Prof. Dr. Ernst Grawitz zeigte für die Experimente Kiesewetters großes Interesse.

Auch Lagerarzt Dr. Hellmuth Vetter führte in den Jahren 1944-1945 Versuche an Tbc-Kranken durch. Auf seine Anordnung wurde die Tbc-Abteilung aufgelöst, die meisten Kranken mit Injektionen ermordet und lediglich eine kleine Patientengruppe für weitere Experimente am Leben gelassen. Diesen Kranken wurde auf Anordnung von Dr. Vetter mehrmals täglich Ruthenol Granulat gegeben.[284]

Eine Dokumentation über die medizinischen Experimente an Tbc-Kranken in Gusen wurde nicht gefunden. Höchstwahrscheinlich wurde sie von den IG Farben und dem Hygiene-Institut der Waffen-SS bei der Entwicklung von neuen Technologien zur Herstellung von Mitteln gegen die Tuberkulose verwendet. Die Experimente kosteten hunderte Menschenleben.

In Gusen hatten die Versuche an Flecktyphus-Kranken einen breiteren Umfang. Solche Experimente waren in deutschen Konzentrationslagern mit Unterstützung der Wehrmacht-Führung und der Waffen-SS an der

Tagesordnung, die Anregung dazu kam vom Hygiene-Institut der Waffen-SS. Am 29. Dezember 1941 fand in der Abteilung für Fleckfieber und Virusforschung dieses Institutes eine Sitzung statt, an der folgende Personen teilnahmen: der Heeressanitäts-Inspekteur Generaloberstabsarzt Prof. Dr. Siegfried Handloser, der Reichsgesundheitsführer Dr. Leonardo Conti, der Präsident des Reichsgesundheitsamts Hans Reiter, der Präsident des Robert-Koch-Instituts Prof. Eugen Gildemeister und der Chef des Hygiene-Institutes der Waffen-SS in Berlin Doz. Dr. Joachim Mrugowsky. Die Versammelten stellten übereinstimmend fest, dass die Durchführung der Versuche zur Wirkung und Wirksamkeit der Impfstoffe gegen Flecktyphus unbedingt notwendig ist und – da die Tierversuche sich als nutzlos erwiesen hatten – diese Versuche an Menschen durchgeführt werden müssen. Am 2. Januar 1942 wurde Stbf. Dr. Erwin Ding-Schuler mit der Ausführung der Experimente im Konzentrationslager Buchenwald beauftragt. Der Impfstoff wurde von der IG Farben geliefert.[285] Der Untersuchungsumfang wurde ständig ausgedehnt. Die Versuche wurden in Dachau, Ravensbrück, Natzweiler, Auschwitz und Mauthausen durchgeführt. In Gusen begann damit Dr. Hermann Kiesewetter.[i]

In den Jahren 1941-1943, während seiner Tätigkeit in Gusen und Dachau, beschäftigte er sich mit Chirurgie sowie mit der Behandlung von Lungenkrankheiten und Phlegmonen. Als Biochemiker verwendete er diverse antibakterielle chemische Präparate und auch solche auf Kräuterbasis. Während seiner zweiten Amtsperiode in Gusen führte er anfangs Versuche zur Phlegmonbehandlung durch. Er spritzte den Häftlingen entweder selbst Eiter von Phlegmonkranken oder ließ es die Sanitätsdienstgrade tun und behandelte die Patienten anschließend mit Tabletten und Injektionen, die polnische Ärzte im Revier nicht identifizieren konnten. Genauso behandelte er bereits an Phlegmone Erkrankte.[286] 1943 beteiligte er sich an Versuchen zur Wirksamkeit des Impfstoffes gegen Flecktyphus. Er begann das Typhusserum in der Infektionsabteilung anzuwenden. Seine Experimente hingen mit dem Aufenthalt in Mauthausen von Stbf. Dr. Karl Josef Gross vom Hygiene-Institut der Waffen-SS zusammen, unter dessen Leitung vom 5. Februar bis zum 18. April 1943 ei-

---

i Zu den von Dr. Hellmuth Vetter durchgeführten Fleckfieberversuchen s.a.: Ernst Klee: Auschwitz, die NS-Medizin und ihre Opfer. Frankfurt/M.: 2001, S. 284ff. u. 294ff.

nige Reihen von Versuchsimpfungen an 1.700 Häftlingen durchgeführt wurden. Die Anzahl der „menschlichen Versuchskaninchen" Dr. Kiesewetters in Gusen ist nicht bekannt.[287]

Dr. Hellmuth Vetter, der letzte Lagerarzt in Gusen, führte systematisch großangelegte Experimente zur Flecktyphusbehandlung durch. Er trat auf Anweisung der Geschäftsführung von IG Farben in die SS ein und wirkte als Verbindungsmann zwischen den Pharmalabors der IG Farben und den Kommandanturen jener Lager, wo er Arzt war. Er beschäftigte sich mit der Wirkung von Sulfonamiden – Cibazol, Prontosil, Eulendrom, Tibstin, Sulfapyridin u. a., hauptsächlich wegen ihres antibakteriellen Effekts. Er wandte diese Mittel in den Jahren 1941-1945 in Dachau, Auschwitz und Gusen bei Krankheiten mit hohem Fieber, hauptsächlich bei Flecktyphus, Wundrose, Lungenentzündung, Grippe und Tuberkulose sowie Phlegmone an. Seinen Versuchen setzte er sowohl Patienten aus, die bereits erkrankt waren als auch gesunde Menschen, die er absichtlich ansteckte.

Im Gegensatz zu anderen in Gusen experimentierenden Ärzten beobachtete Dr. Vetter bei seinen Versuchen für gewöhnlich zwei Patientengruppen: eine Versuchsgruppe bestehend aus Kranken und Infizierten, denen er eine Behandlung zukommen ließ und eine Kontrollgruppe von Kranken und Infizierten, die keine Therapie erhielten und von vornherein zum Tod verurteilt waren. Aus dem Vergleich des Krankheitsverlaufs in beiden Gruppen sollten Schlüsse über den Wirkungsgrad des Arzneimittels gezogen werden. Die Versuchspatienten bekamen das von der IG Farben hergestellte Präparat Nr. 3582. Das war ein Nitroacridin-Präparat in Tabletten zu 0,25 g. Seine Wirkung war gering und unsicher, daher bestellte Dr. Vetter bei IG Farben in Leverkusen ein neueres als Nr. 8582 bezeichnetes Präparat mit ähnlicher Wirkung. Höchstwahrscheinlich wurde auch dieses Präparat in Gusen angewendet.[288] Experimente mit Präparat Nr. 3582 wurden auch in den KZ Dachau, Auschwitz und Buchenwald durchgeführt. Ohne jegliche Skrupel wurde gemäß der Anordnung von Heinrich Himmler das Leben der Häftlinge, hauptsächlich Polen, Russen und Zigeuner geopfert. An Häftlingen deutscher Nationalität fanden keine Versuche statt.[289]

Dr. Vetter experimentierte auch mit einem von der Firma Bayer hergestellten Mittel, das die Bezeichnung B-1034 trug. Er erprobte seine Wirkung an Flecktyphuskranken und Häftlingen, die mit Typhus infiziert wurden. Wir verfügen über einige Unterlagen zu den Versuchen mit diesem Mittel, die er in Mauthausen und Gusen durchführte. Im Dezember 1943 besuchte Dr. Vetter die Bayer-Chemiewerke in Leverkusen und übergab der Betriebsleitung einen Bericht mit statistischen Angaben zu den Ergebnissen der dritten Versuchsreihe bei der Behandlung von Flecktyphuskranken mit dem Präparat B-1034. In dieser Reihe gab es 69 Häftlinge: 10 Kranke wurden mit intravenösen Injektionen dieses Präparats behandelt, 20 Kranke – mit intramuskulären Injektionen und 39 Kranke nahmen dieses Präparat in Tablettenform oral ein. Die mit Injektionen behandelten Patienten wurden in 4 Gruppen geteilt, von denen zwei Gruppen zusätzlich herzstärkende Mittel erhielten. Den mit Tabletten Behandelten wurden keine herzstärkenden Mittel verabreicht.

Dr. Vetter kündigte die Ausarbeitung eines detaillierteren Berichts über seine Experimente an. Vorgreifend stellte er fest, dass seine Versuche „eine günstige Wirkung auf die Flecktyphuskranken in drei unabhängigen Versuchsreihen mit über 200 Fällen" nachgewiesen hatten. Er kündigte daher seine Absicht an, die Versuche in einem möglichst breiten Umfang fortzuführen.[290]

Tabelle 12
Statistische Ergebnisse der Versuche von Dr. H. Vetter*

Gruppe	Dosis	Patientenzahl	Todesfälle	Komplikationen
I	2 x 5 cm^3 intravenös + herzstärkende Mittel	5	1	-
II	2 x 5 cm^3 intravenös ohne herzstärkende Mittel	5	-	-
III	2 x 5 cm^3 intramuskulär + herzstärkende Mittel	15	1	Gehirnkomplikationen, Abszesse
IV	2 x 5 cm^3 intramuskulär ohne herzstärkende Mittel	5	-	-
V	2 x 10 Tabletten, oral, ohne herzstärkende Mittel	39	5	1 x Lungenentzündung 1 x Nierenentzündung

* Ausgearbeitet auf Basis des Dokuments Nr. I-9323 Office of Chief of Council for War Crimes.

Am intensivsten experimentierte Dr. Vetter in Gusen. Dr. Zbigniew Wlazłowski, Röntgenarzt im Revier Gusen, berichtet darüber:

„In Block 29 und 30 lagen immer etliche von Dr. Vetter ausgewählte Patienten. Man hat ihnen intravenös oder intramuskulär den Inhalt einer Am-

pulle mit dem Etikett der Firma ‚Bayer' und der Bezeichnung ‚B-1034' injiziert bzw. in Tablettenform verabreicht. Dr. Konieczny und Dr. Krakowski mussten detaillierte Krankengeschichten dieser Patienten führen und die Ergebnisse der Beobachtungen darin vermerken. Dr. Kamiński führte eine genaue Obduktion der Verstorbenen durch: Nieren, Leber und Milz wurden sofort mikroskopisch untersucht."[291]

Die Zahl der Opfer dieser Experimente ist nicht bekannt.

Die SS-Ärzte, die sich wegen ihrer Verbrechen an KZ-Häftlingen zu verantworten hatten, rechtfertigten sich damit, dass ihre Experimente der Wissenschaft dienten und die Entwicklung von wirksamen Mitteln gegen äußerst gefährliche Krankheiten bezweckten. Die Stellungnahme des Internationalen Militärgerichtshofs in Nürnberg, der über die Kriegsverbrecher urteilte, zu diesen Rechtfertigungen lautete:

„Die Tatsachen und Umstände, auf die sich die Anklagebehörden in der Regel stützten, um einem Angeklagten zu beweisen, dass er den verbrecherischen Charakter seiner Taten klar erkennen konnte, kann man folgendermaßen formulieren: unstreitig sind verbrecherische Experimente von SS-Ärzten an Konzentrationslager-Häftlingen vorgenommen worden,

(1) diese Experimente sind zu dem ausdrücklichen Zweck erfolgt, die Erzeugnisse der IG zu erproben,

(2) manche dieser Experimente sind von Ärzten durchgeführt worden, die die IG mit der Aufgabe betraut hatte, die Wirksamkeit ihrer Medikamente zu erproben,

(3) aus den von diesen Ärzten erstatteten Berichten konnte entnommen werden, dass rechtswidrige Experimente vorgenommen worden waren,

(4) Medikamente sind von der IG unmittelbar an Konzentrationslager in solchen Mengen versandt worden, dass schon hieraus die Verwendung dieser Medikamente zu unzulässigen Zwecken hätte gefolgert werden müssen."[292]

Im Herbst 1946 wurde Dr. Hellmuth Vetter vom Ersten Amerikanischen Militärgerichtshof in Nürnberg zum Tod verurteilt.[i] Dr. Hermann Richter beging im Mai 1945 Selbstmord und Dr. Karl G. Böhmichen starb 1970 im Gefängnis. Die meisten Verbrecher entgingen jedoch einer Strafe.

---

i   Vetter wurde am 12. August 1947 vom U.S. Militärgericht in Dachau zu Tode verurteilt (U.S. vs. Karl Glas et al., case 000-50-5-31).

KAPITEL 11

XI. DIE FREIHEIT NAHT

Im Frühjahr 1945 fand sich Gusen zwischen zwei großen Offensiven. Vom Osten strebte die sowjetische Rote Armee auf Linz zu und vom Westen näherten sich die Alliierten. Hinter dem Stacheldraht, in den Werkshallen und Stollen lauerte weiterhin der Tod. Die Häftlinge befürchteten, das gleiche Schicksal wie die Insassen von Sobibór, Treblinka und Majdanek zu erleiden.

Die Häftlinge begannen Vorbereitungen zu treffen, um eine Liquidierung aller Insassen zu verhindern, wagten jedoch nicht, auf einen Erfolg zu hoffen. An konspirativen Aktivitäten beteiligte sich nur eine kleine Gruppe mutiger und entschlossener, jedoch nicht bewaffneter Häftlinge. Man dachte zwar daran, sich Waffen aus den SS-Magazinen zu beschaffen, das Risiko jedoch schien zu groß. Von der örtlichen Bevölkerung war keine Hilfe zu erwarten. Die Menschen waren entweder von der sich abzeichnenden Niederlage und der Perspektive einer Okkupation entsetzt, oder immer noch in der nationalsozialistischen Überlegenheit verhaftet. Auch von der nichtdeutschen SS-Wachmannschaft (Ukrainer bzw. Kroaten) konnte man keine Hilfe erwarten.

Die Rote Armee (4. Ukrainische Front) marschierte erst im April nach Österreich ein und bereitete einen Angriff auf Wien vor;[i] die Armeen der Alliierten überquerten zu diesem Zeitpunkt erst den Rhein.[ii]

Obwohl die Fronten noch 300 bis 500 km entfernt waren, machten sich bei der SS-Mannschaft erste Anzeichen von Erregung bemerkbar. Nur wenige Kommandoführer trieben die Häftlinge zur Arbeit an; viele zeigten Nervosität, im Gegensatz zu ihrem früheren Hochmut und ihrer Überheblichkeit.

Die im Januar erfolgten Evakuierungstransporte aus Auschwitz nach Mauthausen (7.927 Häftlinge[iii]) wurden im Hauptlager und seinen Außenlagern zusammengepfercht – am 31. Januar 1945 betrug der La-

---

i   Die 3. Ukrainische Front überquerte die Grenze am 29. März 1945, es waren außerdem weitere Truppenverbände an der sogenannten Wiener Operation beteiligt.
ii Die Alliierten Streitkräfte überquerten ab 7. März den Rhein über die Brücke von Remagen.
iii Nach Hans Maršáleks Statistik der Lagerzugänge waren es 7.787 Häftlinge aus Auschwitz, (Die Geschichte des Konzentrationslagers Mauthausen, S. 120f.)

gerstand bereits 78.681[i] Personen.[293] Die Lebensmittelvorräte für den Winter 1944/1945 wurden jedoch nach dem Lagerstand vom Ende September 1944[ii], d. h. für 60.000 Häftlinge, angelegt. Im Februar und Anfang März kamen noch Evakuierungstransporte von Groß-Rosen (4.742 Häftlinge), Sachsenhausen (3.941 Häftlinge), Ravensbrück (1.981 Häftlinge) und Auschwitz (1.000 Häftlinge) in Mauthausen an. Innerhalb von zweieinhalb Monaten wurden 17.853 Häftlinge von den Evakuierungstransporten und 5.511 sogenannte Sonderzugänge, d. h. Personen, die nach einem festgelegten Plan in den zu evakuierenden Gebieten festgenommen wurden, insgesamt 23.364 Personen, in Mauthausen aufgenommen.[294] Trotz hoher Sterblichkeit (ca. 6.000 im Januar, über 7.000 im Februar) gab es im Hauptlager und seinen Außenlagern 84.472, im letzten Drittel des März über 85.000[iii] Häftlinge.[295]

Die Überbelegung war enorm. Am 3. März 1945[iv] waren in Mauthausen 19.507 Häftlinge (ein Jahr zuvor – 8.958), am 28. Februar zählte Gusen 26.311 Häftlinge (ein Jahr zuvor – 7.558). Die Anzahl der Insassen in den neu errichteten Außenlagern war so hoch, wie einst im Hauptlager. Am 11. März 1945 waren in Ebensee (in Funktion ab 18. November 1943) 11.506 KZ-Häftlinge, in Gusen II (in Funktion ab 9. März 1944) ca. 17.000; am 31. Januar 1945 in Melk (in Funktion ab 20. Mai 1944) 10.314 und in Linz III (in Funktion ab 22. Mai 1944) 5.429.[296] In einem gesonderten Zeltlager in Mauthausen wurden überdies Tausende nicht registrierte Häftlinge konzentriert. In den Lagern, die auf Unterbringung und Verpflegung von nicht einmal der Hälfte dieser Häftlingszahl eingerichtet waren, konnten selbst die einfachsten

---

i   Einschließlich der Häftlinge des Frauen-Konzentrationslagers Mauthausen (1.030) waren an diesem Tag 79.711 Personen im KZ Mauthausen registriert, Rapportbuch, AMM E/6/11, „Unterteilung in Altersstufen" für das Frauen-Konzentrationslager Mauthausen, AMM K/5/2a.

ii Hier muss Anfang September gemeint sein, Ende September war im Lagersystem Mauthausen 72.947 männliche und 459 weibliche Häftlinge inhaftiert, AMM E/6/11, AMM K/5/2a.

iii Die Angaben des Autors beziehen sich nur auf die männlichen Häftlinge. Laut Maršálek wurde der Höchststand in Mauthausen und sämtlichen Außenlagern am 7. März 1945 mit 84.472 männlichen und 1.034 weiblichen Häftlingen erreicht (Maršálek: Die Geschichte des Konzentrationslagers Mauthausen, S. 127).

iv richtig: 7. März, Rapportbuch, AMM E/6/11.

Hygienemaßnahmen in Unterkünften und Sanitärräumen nicht eingehalten werden.

Um Platz für neue Häftlinge zu schaffen, wurden aus den für die Kriegsindustrie arbeitenden Lagern die Kranken und Invaliden entfernt. Die Kranken wurden in ein gesondertes Krankenlager überstellt, wo die Zahl der Insassen Anfang März bereits 7.315 erreichte und von Tag zu Tag stieg.[297] Die Kranken und Invaliden wurden in Mauthausen in der Gaskammer erstickt, in Revieren aller Lager mit Injektionen umgebracht, in Gusen II durch Erfrieren während der Lagerdesinfektion getötet sowie mit Brecheisen und Axt erschlagen. Trotzdem gab es am 21. März 1945 in allen Lagern des Mauthausen-Systems 16.201 Schwerkranke (bei 6.761 Betten in allen Revieren), d. h. 19% des gesamten Lagerstandes.

Im Hauptlager und in den Außenlagern herrschte Hunger. Ab Januar erhielten die Häftlinge keine Pakete und die Gelegenheiten, sich Lebensmittel zu „organisieren", wurden von Tag zu Tag weniger. Bei den meisten Häftlingen traten Hungerödeme auf. Besonders langjährige Lagerinsassen zeigten starke Symptome des Abgleitens ins Muselmannentum.

Unterdessen begannen die Evakuierungen der Lager rund um Wien sowie des Lagers Dachau samt seinen Außenlagern nach Oberösterreich, hauptsächlich nach Mauthausen, Gusen, Linz und Ebensee. Himmler ordnete an, dass 60.000 Juden, die im Stellungsbau „Südostwall" eingesetzt waren, ebenfalls nach Mauthausen gebracht werden. Mauthausen und einige seiner Außenlager waren die letzten Stätten, wo Tausende Feinde des Dritten Reiches gefangen gehalten wurden.

Viele frontnahe Lager wurden evakuiert: 2.726 Häftlinge von Floridsdorf, 2.519 von Wiener Neudorf, 1.470 von den Sauer-Werken Wien, 876 von Peggau, 536 von Wiener Neustadt, 301 von St. Aegyd am Neuwalde, dazu kamen die Häftlinge aus Schwechat (Santa I und II), Jedlesee und der Hinterbrühl.[298] [i] Sehr viele überlebten die schrecklichen Evakuierungs-

---

i Die Häftlinge des Außenlagers Melk wurden zwischen dem 11. und 15. April 1945 in das Außenlager Ebensee, die kranken unter ihnen nach Mauthausen evakuiert. (Vgl. Bertrand Perz: Projekt Quarz. Steyr-Daimler-Puch und das Konzentrationslager Melk. Wien: 1991. S.482-490).
Das Außenlager Amstetten wurde in zwei Schüben evakuiert: Am 5. April 1945 traf die erste Hälfte der Amstettener Häftlinge in Mauthausen ein. (vgl. AMM /B/60/11: Aufstellung des Häftlingsstands in den Nebenlagern vom 11.April 1945) Die zweite

märsche nicht, trotzdem kamen noch Tausende in Mauthausen an. Aleksander Długokęski, Häftling in Wiener Neudorf erinnert sich:

„Am 1. April 1945, als die Rote Armee sich bereits Wien näherte, mussten wir losmarschieren. Wir wussten nicht wohin. Der Marsch dauerte ca. 10 Tage.[i] Jeden Tag mussten wir 10 Stunden gehen. Wenn jemand langsamer ging oder

---

Hälfte wurde nach Ebensee evakuiert und dort am 18. April 1945 registriert. (Vgl. AMM B/5/19f: Lagerstandsbuch Ebensee; vermerkt dort wird ein Zugang von 1.444 Häftlingen aus „Arkstätten")

Die Häftlinge des Außenlagers Wiener Neustadt wurden vermutlich ab 30. März 1945 nach Steyr-Münichholz evakuiert. Einige der Häftlinge wurden später nach Gusen, einige nach Mauthausen weiterüberstellt (Vgl. Florian Freund/Bertrand Perz: Das KZ in der Serbenhalle. Zur Kriegsindustrie in Wiener Neustadt. Wien 1987. S.198-205).

Die zum Lagerkomplex Floridsdorf gehörenden Kommandos Hinterbrühl, Schwechat und Floridsdorf (Jedlesee und AFA-Werke) wurden am 1. April 1945 in Richtung Mauthausen evakuiert. (Vgl. den Beitrag von Bertrand Perz zu Wien Floridsdorf in: Wolfgang Benz, Barbara Distel [Hg.]: Der Ort des Terrors. S.451f.)

Das Außenlager Wien Saurer-Werke wurde am 2. April 1945 zuerst in das Außenlager Steyr, danach weiter nach Mauthausen überstellt. (Vgl. Herbert Exenberger: 2. April 1945 - Evakuierung des KZ Nebenlagers Saurer-Werke. In: Mitteilungen des Dokumentationsarchivs des Österreichischen Widerstands, Nr.171, April 2005. S.5-7.)

Das Außenlager Klagenfurt wurde Berichten Zufolge ebenso wie das Lager Loibl Nord in das Lager Loibl Süd auf heute slowenischem Gebiet evakuiert (Vgl. Peter Gstettner: Das KZ in der Lendorfer Kaserne vor den Toren der Stadt Klagenfurt. In Justiz und Erinnerung, Nr. 4, Mai 2001. S. 6; Beitrag von Florian Freund zum Lager Loiblpass in: Wolfgang Benz, Barbara Distel [Hg.]: Der Ort des Terrors. S.403).

Die Häftlinge des Lagers Eisenerz wurden ab 2. März 1945 zunächst nach Peggau am 2. April zu Fuß und per Bahn weiter nach Mauthausen evakuiert (Vgl. den Beitrag zu Eisenerz von Florian Freund zu Eisenerz in: Wolfgang Benz, Barbara Distel [Hg.]: Der Ort des Terrors. S.362; sowie: Anita Farkas: Über den „Erinnerungsbedarf" an die Konzentrations-Nebenlager von Mauthausen in der Steiermark. In: Die Mühen der Erinnerung. Zeitgeschichtliche Aufklärung gegen den Gedächtnisschwund, hrsg. von Peter Gstettner et. al. [=schulheft 105 u. 106] Wien: 2002, Bd. 1, S. 62-78).

Das Außenlager Leibnitz-Graz wurde am 2. April 1945 aufgelöst, die Häftlinge mussten zu Fuß nach Ebensee marschieren (Siehe Barbara Stelzl: Lager in Graz. Zur Unterbringung ausländischer Zivilarbeiter, Kriegsgefangener und KL-Häftlinge 1938-1945. In: Stefan Karner [Hg.]: Graz in der NS-Zeit 1938-1945. Graz:1998, 364f).

Das Lager Hirtenberg wurde in einem von 1. bis 18. April dauernden Fußmarsch (Vgl. Andreas Baumgartner: Die vergessenen Frauen von Mauthausen. Die weib-

hinkte, wurde er von SS-Männern aus der Reihe geholt und erschossen. Zum Verscharren der Leichen wurde ein 10-köpfiges Häftlingskommando bestimmt. Wir übernachteten auf Feldern oder feuchten Wiesen. Verpflegung gab es keine, wir waren so ausgehungert, dass wir Gras, Schnecken, Frösche und überhaupt alles Essbare verschlangen. Als wir nach 10-tägiger Qual Mauthausen erreichten, waren wir am Ende unserer Kräfte. Hundertfünfzig Häftlinge aus unserer Gruppe wurden im Block 6 in Gusen untergebracht."[299]

Nicht minder tragisch war das Schicksal der aus Dachau Evakuierten. Ziereis sagte aus:

„Allein bei einem Transport von 5.000 Juden vom Zeltlager Mauthausen in das Lager Gunzkirchen [sic], wurden auf der kurzen Strecke von vier Kilometern, Lager Mauthausen – Eisenbahnbrücke Mauthausen, nicht weniger als 800 tote Menschen, die erschossen worden waren, gezählt. Mehrere Lastkraftwagen mussten zum Abtransport der Leichen benutzt werden."[300]

Von den vielen nach Gusen getriebenen ungarischen Juden kamen Tausende bei den Evakuierungsmärschen um. Ziereis sagte aus:

„60.000 Juden sollten in Mauthausen ankommen. Es ist aber nur ein geringer Bruchteil davon angekommen. – Als Beispiel führe ich an: ein mit 4.500 Juden abgegangener kam nur mit 180 Personen in Mauthausen an. [...] Frauen und Kinder waren ohne Schuhe, in Lumpen gehüllt und verlaust. Bei dem Transport befanden sich ganze Familien. Unzählige waren auf dem Wege wegen allgemeiner Körperschwäche erschossen worden."[301]

Bei dieser großen Sklavenwanderung kamen tausende Menschen um. Nach dem Eintreffen in Mauthausen, Gusen, Linz oder Ebensee wurden die Schwächsten einer Sonderbehandlung unterzogen, die ihren Tod beschleunigte. Auf diese Weise machte man in Gusen Ordnung – im Zeitabschnitt von 28. Februar bis 14. März 1945 brachte man 3.348 [ii] in das

---

    lichen Häftlinge des Konzentrationslagers Mauthausen und ihre Geschichte. Wien: 1997. S.144-148).

    Wiener Neudorf wurde in einem von 2. bis 14. April dauernden Marsch nach Mauthausen evakuiert (Vgl. Bertrand Perz: Der Todesmarsch von Wiener Neudorf nach Mauthausen. Eine Dokumentation. In: Dokumentationsarchiv des Österreichischen Widerstands [Hrsg.]: Jahrbuch 1988. Wien: 1988. S.117-137).

i   Dr. Rolf Busch-Waldeck berichtet, dass der Marsch am 2. April begonnen und insgesamt 13 Tage gedauert hätte, AMM B/49/1.

ii   Nach dem Rapportbuch (AMM E/6/11) waren es 3.394 Häftlinge, die nach Mauthausen überstellt wurden.

Krankenlager, die meisten von ihnen wurden in den ersten Märztagen vergast. Im April wurden ca. 1.500 Häftlinge in Gusen I vergast und in Gusen II mit Äxten ermordet.

Die Juden wurden gemäß einem Befehl Zierreis' vom 18. April in ein Sonderlager nach Gunskirchen gebracht. Wie diese Überstellung verlief, schildert ein Kommentar zur Aussage von Ziereis:

„Allein bei einem Transport von 5.000 Juden vom Zeltlager Mauthausen ins Lager Gunskirchen wurden auf der kurzen Strecke von vier Kilometern, Lager Mauthausen – Eisenbahnbrücke Mauthausen, nicht weniger als 800 tote Menschen, die erschossen worden waren, gezählt. Mehrere Lastkraftwagen mussten zum Abtransport der Leichen benutzt werden."[302]

Die Lebensmittelvorräte schrumpften rasch. Laut Ziereis geschah das, weil Häftlinge aus allen Lagern planlos nach Mauthausen evakuiert wurden,

„für sie reichten die Lebensmittel nicht aus. Die Bauernführer weigerten sich, für diese Transporte Lebensmittel zu liefern. Nach meiner Intervention in Berlin wurde mir verboten, mich in dieser Sache dorthin zu wenden, ich wurde deswegen scharf kritisiert [...] SS Obergruppenführer Pohl gab den Befehl, Häftlinge, weil sie schwach waren und keine Verpflegung hatte, die in die Wälder zu treiben, um dort Beeren und Knospen zu fressen."[303]

„Der Gauleiter Eigruber hat mir die Verpflegung für alle neuen Zugänge und schwachen Häftlinge versagt und hat sogar angeordnet, dass ich 50 % der für den Winter vorbereiteten Kartoffeln an den Gau abgeben musste."

„In den letzten 12 Tagen hatten wir überhaupt kein Brot und Fleisch."[304] Die Berichte der Häftlinge über die Lebensumstände in den Lagern, über die Qualen der Evakuierung und die Exterminierungsmaßnahmen können subjektiv und übertrieben erscheinen. Die Aussage eines Menschen, der vor seinem Tod von sich selbst behauptete, er hätte „desöfteren [sic] aus persönlicher Wollust heraus Häftlinge auf den Arsch geschlagen" und der sich verzweifelt vor der Verantwortung für die Hölle, der er vorstand, wehrte, kann man jedoch kaum in Abrede stellen. Diese Aussage beschreibt in knappen Worten die schreckliche Wahrheit über eine schreckliche Zeit.

Die Lebensbedingungen im Lager verschlimmerten sich sogar im Vergleich zum Jahr 1940. Nachstehend der Bericht eines Häftlings des Außenlagers Gusen II, aufgenommen 1945, kurz nach seiner Rückkehr aus der Lagerhaft:

„Die Verpflegung war sehr schlecht: Zum Frühstück erhielten wir schwarzen ungezuckerten Kaffee, zu Mittag ¾ Liter aus Unkraut gekochte Suppe

und am Abend wieder Kaffee und ca. 25 dag Brot. Die hygienischen Zustände waren katastrophal. In den Stuben gab es zwar 3-stöckige Pritschen von normaler Größe, auf einer Pritsche mussten jedoch 2 bis 3 Personen schlafen. Da die Arbeit in zwei Schichten eingeteilt war, schliefen die von der Arbeit zurückgekehrten Häftlinge in denselben Betten, in den knapp zuvor Häftlinge der zweiten Schicht geschlafen hatten. Alles war sehr schmutzig, es gab Wanzen und Flöhe und die Wäsche wurde einmal in 6 Monaten gewechselt."

Ein französischer Häftling aus Gusen II berichtete nach seiner Rückkehr: *„In diesem Lager löste der Anblick des Todes keine Betroffenheit mehr aus. In Gusen I war man wenigstens bemüht, die Leichen nicht im Freien liegen zu lassen (sie wurden jeden Abend in die Waschräume bei den Blocks gebracht). In Gusen II wurde die Sache vereinfacht, die Toten warf man untertags irgendwohin vor den Block, meistens neben die Abfalltröge. Erst nach dem Abendappell ließ der Blockälteste zwanzig Leute die Leichen in einen hiezu bestimmten Schuppen tragen [...]. [E]s gab Abende, an denen sich das Schuppentor nicht zumachen ließ, so viele Leichen gab es dort."*[305]

Von den über 4.000 Warschauern, die nach dem Aufstand 1944 nach Gusen gebracht wurden, blieben nach einigen Monaten nur 500 übrig. Innerhalb der ersten drei Monate des Jahres 1945 wurden in den Totenbüchern 5.275 verstorbene Häftlinge aus Gusen I und II registriert.[i]

Noch düsterer war die Bilanz des letzten Monats der Gefangenschaft – über 5.000 in den Totenbüchern eingetragene Opfer.[ii] Insgesamt starben 1945 10.954 Menschen in Gusen;[iii] 3.348 wurden nach Mauthausen überstellt, um dort getötet zu werden.[306]

Vorbereitungen zur „Verteidigung" in Mauthausen

Bereits in März 1945 begann Ziereis die „Verteidigung" des Lagers Mauthausen vorzubereiten. Vom Ausbau Mauthausens zu einer Festung konnte keine Rede sein, es ging um die Errichtung von Hindernissen und

---

i   Den Auswertungen des Totenbuches des SS-Standortarztes durch Stéphanie Vitry zufolge beläuft sich die Zahl der Toten auf 5.169; Stéphanie Vitry: Les Morts de Gusen, Annexe 15.

ii Bei Vitry wiederum 3.272 Opfer im Monat April; Stéphanie Vitry: Les Morts de Gusen, Annexe 15.

iii Nach der Auswertung von Vitry wurden 8.790 Todesfälle registriert; Stéphanie Vitry: Les Morts de Gusen, Annexe 15.

Befestigungen, die den sowjetischen Angriff bis zum Eintreffen der alliierten Armeen aufhalten hätten können.

Quer zu der Straße, die Mauthausen mit Perg und Orten, die weiter östlich am Nordufer der Donau liegen, verbindet, errichteten Häftlinge Anfang April auf seinen Befehl einen mächtigen Steinblockwall als Abwehr gegen sowjetische Panzer. Der Wall reichte an einer Seite bis zu einem steilen Hügel, und an der anderen Seite bis in die Donauauen. Das Bauwerk wurde Ziereiswall genannt. Auf dem Wall wurden Maschinengewehr- und Flak-Stellungen, vermutlich auch leichte Panzerabwehrkanonen, angebracht.

Ziereis sollte den Wall verteidigen. Seine Verteidigungsmannschaft setzte sich aus SS-Einheiten, Luftwaffesoldaten, Matrosen, örtlichen Volkssturmeinheiten sowie deutschen und österreichischen Häftlingen der Lager Mauthausen und Gusen, die einer SS-Freiwilligen-Häftlingsdivision einverleibt wurden, zusammen. Diese von Dr. Oskar Dirlewanger geschaffene Sondereinheit bestand aus Berufsverbrechern, von denen es in Mauthausen 450 gab.[i]

Insgesamt verfügte Ziereis über 6.228 bewaffnete Soldaten und Offiziere.[307] In den letzten Kriegstagen konnte er noch mit Unterstützung versprengter SS-Einheiten rechnen – den Resten jener SS-Divisionen, die sich von der südöstlichen Front zurückzogen. Diese Einheiten waren zahlenmäßig sehr stark und bereit – wie sich später herausstellen sollte – bis zum letzten Soldaten zu kämpfen.

Sowohl die Errichtung des Ziereiswalls als auch die Rekrutierungen für die Häftlingsdivision interpretierten Gusener Häftlinge als Zeichen einer unmittelbaren Bedrohung. Da nur Deutsche und Österreicher rekrutiert wurden, lag die Überlegung nahe, dass die übrigen Häftlinge umgebracht werden sollten.

Beim näheren Hinsehen konnte man jedoch erkennen, dass die Kommandantur die „Freiwilligen" genau auswählte und dass nur ca. 10% der deutschen Häftlinge in die SS-Einheiten übernommen wurden. Bereits ab 1940 wurden in einzelnen Fällen Deutsche, Österreicher, manchmal auch Volksdeutsche aus Gusen in die Wehrmacht oder SS einberufen. 1945 wurde dieser Vorgang auf größere Gruppen ausgedehnt: im Februar teilte man weiteren 25 Häftlingen mit, dass sie aus dem Lager entlassen

---

i Zum SS-Sonderkommando Dirlewanger s.o., Kap. IV, S. 104, Anm. i.

und in die Wehrmacht aufgenommen werden. Im März versammelte Seidler alle Deutschen, wählte 125 von ihnen aus und führte sie Ziereis als Freiwillige vor. Ziereis lehnte einige ab, nahm ein paar andere dazu und erklärte, dass sie ab sofort eine Einheit des Volkssturms bilden, freie Menschen seien und nur für kurze Zeit im Lager bleiben, um sich auf den Wehrdienst vorzubereiten, sowie, dass das Deutsche Reich und der Führer auf sie zählen.

Sie wurden in Block 16 untergebracht, von ihren Funktionen und der Arbeit in den Kommandos freigestellt, in eine Volkssturmuniform gesteckt und mussten jeden Tag auf dem Appellplatz exerzieren. Waffen bekamen sie nicht.

Die Angehörigen des Volkssturms wurden im Lager gut verpflegt. Sie bekamen Brotzuteilungen gemäß den Rationen für Wehrmachtsoldaten, man kochte für sie auch gesondert nahrhafte Suppen. Die dafür benötigten Produkte schmälerten die ohnehin geringen Zuteilungen für das ganze Lager. Die Kranken und Invaliden erhielten nur mehr ein Laib Brot für 20 Personen, die Brot- und Suppenrationen anderer Häftlinge wurden willkürlich bzw. je nach Arbeitskommando gekürzt.

Der Abgang von ca. 150 deutschen Häftlingen zum Volkssturm zog bedeutende Veränderungen in der Besetzung der leitenden Häftlingsfunktionen nach sich. Martin Gerken wurde anstelle von Heinz Heil, einem der übelsten Schergen, zum Lagerältesten ernannt, die Funktion des Lagerschreibers II übernahm Heinrich Lutterbach, Bibelforscher und Kapellmeister des Lagerorchesters. Es gab auch einige neue Blockälteste und Kapos, die zwar nicht immer die besten, aber besser als ihre Vorgänger waren.

Die Zustände im Lager besserten sich dadurch nicht. Die Lagerleitung übertrug den Volkssturmeinheiten den Sicherheitsdienst im Lager, eine Aufgabe die vorher zu den Pflichten der Lagerfeuerwehr gehörte, bei der meist nur deutsche Häftlinge waren. Mit der Zeit bekam der Volkssturm auch andere Aufgaben. Seine Mitglieder erhielten Gummiknüppel. Während des Flugalarms trieben sie die Häftlinge in die Stollen und schlugen brutal auf diejenigen ein, die nicht Schritt halten konnten. Am Abend wurden sie zu Henkern, sie vollstreckten die vom Lagerführer gefällten Urteile. Sie hatten nun auch die Möglichkeit, mit Häftlingen abzurechnen, die ihnen vorher in die Quere gekommen waren, aber starken Schutz genossen hatten.

Dies betrifft nicht alle Volkssturmangehörige. Dem Volkssturm wurden auch Kommunisten (z. B. Heinrich Haug und Joseph Naas) sowie

Asoziale (z. B. Erich Timm, Lagerschreiber II) einverleibt, die keinesfalls das Dritte Reich verteidigen wollten, aber dazu gezwungen wurden.

Am 31. März händigte man ihnen in der Schreibstube ausgestellte SS-Wehrbücher aus, gab ihnen SS-Uniformen und führte sie aus dem Lager. Sie wurden in der Nähe von Mauthausen kaserniert. Laut Nogaj verließen 142 in SS-Uniformen gesteckte Häftlinge Gusen.[308]

Die Rekrutierung zum Volkssturm wurde fortgesetzt. Im April begann man auch Nichtdeutsche anzuwerben. Die Werbeaktion brachte keinen bemerkenswerten Erfolg, obwohl der Druck sehr groß war, besonders auf die aus Polen stammenden Volksdeutschen. Manche Häftlinge, die sich weigerten, wurden Repressalien ausgesetzt.[309] Im ganzen Lager fanden sich 130 „Freiwillige" die bis zum Ende des Lagerbestehens in Block 16 untergebracht waren.

Neben den SS-Männern machten jetzt auch noch die Volkssturmangehörigen das Leben im Lager schwer. Gemeinsam mit den SS-Führern suchten sie das Lager auf, schlenderten in ihrer Freizeit in den Steinmetzhallen und Stollen umher, trieben zur Arbeit an. Sie wurden auch bei Liquidierungsaktionen eingesetzt. Vier vormalige Funktionäre mussten ihre SS-Uniformen ausziehen (siehe Kapitel IX) und am 20. und 21. April 1945 eine Vergasungsaktion von 892[i] Häftlingen durchführen; dabei halfen ihnen Volkssturmangehörige aus Block 16.

Der Ziereiswall hatte für die Kämpfe gegen die alliierten Armeen genauso wenig Bedeutung, wie die alten und neugebildeten SS-Einheiten sowie die Ziereis unterstellten Wehrmachtsoldaten. Nach dem Fall von Wien (13. April 1945) eilten die dortigen Wehrmacht- und SS-Einheiten gegen Westen, um so schnell wie möglich das von der Armee General Pattons kontrollierte Gebiet zu erreichen. Die Reste einiger SS-Divisionen gelangten in die Gegend von Mauthausen, das der östliche Stützpunkt der Alpenfestung war. Bei Freistadt, unmittelbar nördlich von Mauthausen befanden sich die Panzerdivisionen „Das Reich", „Totenkopf" und die Kavallerie-Division „Lützow" und südlich von Mauthausen, in der Nähe von Enns – die Panzerdivisionen: „Leibstandarte Adolf Hitler", „Hitlerjugend" sowie – in der Nähe von Steyr – die Panzerdivision „Hohenstaufen."[310] Ihre Anwesenheit verzögerte den Vormarsch der sowjetischen Truppen. Ihr Widerstand verlängerte die Gefangenschaft der Lage-

---

i Zur Zahl der Opfer s.o., Kap. XI, S. 263, Anm. i.

rinsassen von Mauthausen, Gusen, Linz, Ebensee und anderen Außenlagern fast bis zum Ende des Krieges.

Hilfsaktionen des Internationalen Roten Kreuzes

Die tragische Lage der Insassen in Konzentrationslagern war den Alliierten bekannt. Die Rote Armee hat bereits 1944 einige große Lager auf dem Gebiet der Sowjetunion und Polens (Majdanek) befreit, in Frankreich waren die Tore des Lagers Natzweiler und seiner Außenlager bereits offen. Das Schicksal der Häftlinge in den übrigen Lagern wurde für die freien und befreiten Völker ein dringendes Anliegen. In ihrer Vertretung unternahm das Internationale Komitee des Roten Kreuzes (IKRK) Hilfsaktionen. Alle seine Interventionen blieben jedoch unwirksam, bis die unabwendbare Niederlage des Dritten Reiches einem Teil der NSDAP- und SS-Führer bewusst wurde.

Im Jahre 1944 beschränkte sich die Hilfe des IKRK auf Lebensmittel-, Wäsche- und Medikamentenpakete. Die SS-Führung willigte in diese Maßnahme ein, weil sie ihr bei der Versorgung der Lager behilflich war und ihr ermöglichte, die eigenen Reserven zu ergänzen. Der Umfang dieser Aktion war gering; das IKRK verschickte unter anderen namentlich adressierte Pakete an 1.320 polnische Häftlinge (dies war der ganze verfügbare Adressenbestand) und weitere 2.900 Pakete zur Verteilung an die Bedürftigen durch den Lagerältesten. Die Wirksamkeit der Hilfsaktion war gering, da der Paketinhalt teilweise gestohlen bzw. konfisziert wurde. Laut Berichten der IKRK-Delegierten traten diese Missstände besonders krass in Mauthausen auf.[311] 1944 gab es nur eine Paketaktion.

Das Herannahen des Kriegsendes erleichterte dem IKRK Verhandlungen mit zwei Amtsleitern, die über das Schicksal der Häftlinge bestimmten, mit dem Reichsführer-SS Heinrich Himmler und dem Leiter des Reichssicherheitshauptamtes Dr. Ernst Kaltenbrunner, dem die Gestapo unterstand.

Anfang 1945 nahm Folke Graf Bernadotte, der stellvertretende Vorsitzende des Schwedischen Roten Kreuzes, ein Neffe des schwedischen Königs, Verhandlungen mit Himmler auf. Anfangs betrafen sie nur das Schicksal der politischen Häftlinge aus Norwegen und Dänemark – Widerstandskämpfer und Polizisten, die die Deutschen wegen unzureichender Loyalität der Besatzungsmacht gegenüber festgenommen hatten. Graf Bernadotte erreichte die Zustimmung zur Überstellung aller norwegischen und dänischen Häftlinge ins Lager Neuengamme, von wo sie weiter nach Schweden gebracht werden sollten.

Auch skandinavische Häftlinge von Mauthausen und Gusen wurden in die Aktion von Graf Bernadotte einbezogen. Am 21. März 1945 fuhren 52 Norweger und Dänen nach Neuengamme ab.[312] Zwei norwegische Gusen-Häftlinge, die im Messerschmittkommando in den Stollen arbeiteten, wurden – vermutlich als Geheimnisträger – zurückgehalten.

Dieses erste Zugeständnis der NS-Behörden erschien den meisten Häftlingen als Vorzeichen der Rettung aller. Die Alliierten erzwangen dieses Zugeständnis mit der Androhung, deutsche Städte zu bombardieren und deutsche Kriegsgefangene zu erschießen.

Im März 1945 setzte Graf Bernadotte seine Verhandlungen mit Himmler fort, diesmal über weibliche KZ-Häftlinge. Er erhielt die Erlaubnis, Frauen verschiedener Nationalitäten, überwiegend Westeuropäerinnen, aus den Lagern zu evakuieren. Am 22. April 1945 verließen 488 Französinnen, 231 Belgierinnen und 34 Niederländerinnen in Fahrzeugen des IKRK das Lager Mauthausen.[313]

An eben diesem Tag kam es zu blutigen Massakern in Gusen II, einen Tag zuvor hatten Massenvergasungen im Revier von Gusen I stattgefunden. Diese widersprüchlichen Geschehnisse brachten die Häftlinge durcheinander und ließen sie um das eigene Schicksal bangen.

Im März 1945 fanden Gespräche zwischen dem Präsidenten des IKRK, Carl Jacob Burckhardt und Ernst Kaltenbrunner statt. Die Initiative kam von Burckhardt. Am 2. Oktober 1944 wandte er sich an das Reichsaußenamt. Er wollte für die IKRK-Delegierten die Erlaubnis erwirken, die nichtdeutschen politischen Häftlinge in Konzentrationslagern und Gefängnissen im Reichsgebiet und den besetzten Ländern zu besuchen und ihnen Lebensmittel, Kleidung und Medikamente zu überbringen. Gleichzeitig ersuchte er um eine Liste mit Namen und Adressen der Häftlinge.[314]

Das Treffen von Kaltenbrunner mit Burckhardt fand am 12. März 1945 statt. Vereinbart wurde, dass die IKRK-Delegierten in die Lager kommen, dort bis zum Ende der Kriegshandlungen bleiben dürfen und dass zivile Häftlinge aus Frankreich und anderen Ländern gegen internierte Reichsbürger ausgetauscht werden. Darüber hinaus gestattete die deutsche Seite dem IKRK, Lebensmittel, Kleidung und Medikamente für die Konzentrationslager über das Reichsaußenamt und Stellen des Reichssicherheitshauptamtes zu liefern. Die IKRK-Delegierten durften Fahrzeuge mit Paketen und Autobusse zur Evakuierung der Häftlinge mitbringen. Die Busse wurden von kanadischen Kriegsgefangenen gelenkt.[315]

Diese Vereinbarung wurde nur zögerlich umgesetzt, zum Teil wegen der starken Frontkämpfe (Kämpfe am Rhein, der deutsche Versuch einer Gegenoffensive in Ungarn), zum Teil weil die Reichsbehörden immer noch an eine Wende zugunsten des Dritten Reiches glaubten. Erst am 29. März bestätigte Kaltenbrunner schriftlich die mit dem IKRK-Vorsitzenden getroffene Vereinbarung und kündigte die Freilassung von 62.000 in Konzentrationslagern inhaftierten Franzosen im Austausch gegen 15.000 in Frankreich internierte Reichsbürger an. Hinsichtlich der nach Nationalität und Lagerort geordneten Namenslisten teilte er dem IKRK mit, dass sie nach Maßgabe von technischen Möglichkeiten erstellt würden. Bei der Umsetzung der Vereinbarung trat jedoch eine neuerliche Verzögerung ein. Erst nach weiteren Verhandlungen zwischen Kaltenbrunner und Burckhardt (am 10. April in Konstanz und 24. April in Innsbruck) erhielt das IKRK volle Handlungsfreiheit.[316]

Eine Übereinstimmung wurde zwar endlich erreicht, es war jedoch zu spät, die ursprünglichen Pläne des IKRK zu realisieren. Die NS-Behörden hatten die Lage nicht mehr unter Kontrolle, die Reichshauptstadt war vom übrigen Reichsgebiet abgeschnitten. Die Verkehrsverbindungen waren zerstört oder lahmgelegt, die Frontverschiebungen machten es den Delegierten des IKRK unmöglich, sich im Reichsgebiet ungehindert zu bewegen.

Aufgrund des Schreibens Kaltenbrunners vom 29. März 1945 und der Vereinbarungen vom 10. April entsandte das IKRK seine Delegierten zu den Konzentrationslagern im Reichsgebiet. Sie waren mit Schreiben ausgestattet, die sie zum Betreten der Lager und zur Hilfeleistung berechtigten. Begleitet wurden sie von Fahrzeugkolonnen mit Lebensmittelpaketen.

Am 23. April 1945 um 19:30 Uhr erreichte die IKRK-Delegation das Lager Mauthausen. Ein Bild des Grauens beschreibt ein Delegierter des IKRK:

„Fünf Arbeitskolonnen jede ca. 100 Mann stark, schleppten sich müde nach einem schweren Arbeitstag mit Mühe ins Lager. In jeder Kolonne waren einige, die infolge Erschöpfung einfach nicht mehr konnten, dem Tod nahe waren und deshalb von den Kameraden getragen wurden. [...] Man sagte mir zwar, dass die körperliche Verfassung dieser Arbeitskolonne sehr gut sei. Wie mussten dann wohl die anderen Unglücklichen aussehen?

Wir waren von dem Anblick so stark beeindruckt, dass stundenlang kein Wort gewechselt wurde."

Die Verhandlungen mit der Lagerkommandantur zogen sich in die Länge. Man ließ den Delegierten das Lager nicht betreten, er durfte den Häftlingen die Lebensmittelpakete nicht persönlich übergeben. Den Empfang und die Verteilung übernahm der diensthabende SS-Führer. In seinem Bericht bezweifelte der Delegierte die Rechtmäßigkeit der Paketverteilung. Man hatte ihm lediglich eine Namensliste von 183 französischen politischen Häftlingen ausgehändigt, deren Entlassung vorbereitet wurde. Am 24. April in der Früh kamen sie frei und wurden in die Schweiz gebracht.[317]

Diese erste Mission des IKRK war nur teilweise erfolgreich, da die Lager des Mauthausen-Systems nicht unter den Schutz des IKRK gelangten. Nur ein kleiner Anteil (4,5%) der inhaftierten Franzosen wurde entlassen. Laut offiziellem Bericht des Kommandanten von Mauthausen befanden sich am 15. März 1945 im Hauptlager und seinen Außenlagern noch 4.665 Franzosen, 355 Belgier sowie kleinere Gruppen von Niederländern und Luxemburgern, die gemäß der Vereinbarung mit Kaltenbrunner dem IKRK übergeben werden sollten. Daher entsandte Burckhardt noch einmal einen Delegierten, den Zürcher Bankbeamten Louis Haefliger.

Begleitet von 19 Lastwagen begab er sich nach Mauthausen. Er kam am 27. April in der Früh beim Lager an und wurde trotz Vereinbarung nicht hineingelassen. Franz Ziereis schützte das Fehlen einer entsprechenden Weisung Kaltenbrunners vor, willigte jedoch ein, eine fernsprüchliche Anfrage zu stellen, wie er mit dem Delegierten des IKRK zu verfahren habe. Er führte jedoch den zuvor erhaltenen Befehl teilweise aus und entließ 350 Franzosen, 40 Belgier, 23 Niederländer und 2 Schweizer aus Mauthausen und Gusen. Am 28. April Nachmittag wurden sie mit den Autobussen des IKRK in die Schweiz gebracht.[i]

Die meisten französischen und belgischen Häftlinge hielt Ziereis entgegen der Vereinbarung zurück, weil sie in Rüstungsbetrieben beschäftigt waren und Militärgeheimnisse kannten. Allein in Gusen gab es am Tag

---

i Lt. Hans Maršálek traf Haefliger am 28. April in Mauthausen ein. Außerdem wären 531 Franzosen, 40 Belgier, 21 Niederländer, 2 Schweizer und 2 Araber entlassen worden. (Die Geschichte des Konzentrationslagers Mauthausen, S. 330f. u. 324f.)

der Befreiung noch 163 Franzosen, 42 Belgier, 28 Luxemburger, 21 Niederländer und 2 Schweizer. Größere Gruppen von Franzosen wurden auch in den Lagern Ebensee, Linz, Loibl-Paß u. a. gefangengehalten.

Louis Haefliger blieb in Mauthausen in Erwartung der Entscheidung Kaltenbrunners. Diese traf bis zum Kriegsende nicht ein. Er durfte jedoch ein telefonisches Gespräch mit Burckhardt führen. Am 29. April schrieb Burckhardt einen Brief an den Kommandanten von Mauthausen mit dem Ersuchen, der Vereinbarung Folge zu leisten. Auch dies brachte keinen Erfolg. Das Dritte Reich ging seinem Ende zu. Die Lagerkommandanten wurden sich selbst überlassen. Ihnen allein verblieb die Entscheidung über das Schicksal der Häftlinge.[318]

Vernichtungspläne für Gusen I und Gusen II

Gegen Ende April 1945 kamen die Kriegsfronten von Osten und Westen Mauthausen und Gusen näher. Es gab keinen Ort mehr, an den die Lagerinsassen evakuiert werden konnten. Dies ersparte den Häftlingen, die vor Januar 1945 ins Lager gekommen waren, das Grauen einer Evakuierung und rettete die Neuzugänge vor neuerlichen Evakuierungsmärschen.

Einige Wochen lang schwebten die Häftlinge jedoch in unmittelbarer Lebensgefahr. Es mehrten sich Hinweise auf ein drastisches Ende. Informationen, die zu den Häftlingen durchsickerten, waren unklar, so dass man sie durchaus für Erfindungen der Anti-Nazi-Propaganda halten konnte. Die Hinweise wurden kommentiert und mit Mutmaßungen angereichert, die sich auf Berichte der in Evakuierungstransporten von Niederösterreich nach Gusen gebrachten Häftlinge stützten. Ihre Erzählungen von den Evakuierungsmärschen erweckten Angst, die an Panik grenzte.

Zur allgemeinen Verunsicherung trug ein weiterer Vorfall bei. Ein Teil der ukrainischen SS-Wachmannschaft plante eine Revolte. Die Verschwörer wollten ihre Kollaboration mit den Nazis durch die Liquidierung der deutschen Wachmannschaft und der Lagerleitung wiedergutmachen. Zuvor standen sie in Kontakt mit einigen polnischen Häftlingen aus dem Vermesser-Kommando und sowjetischen Kriegsgefangenen aus dem Kommando Kartoffelmiete. Ihre Pläne wurden verraten. Am 4. April 1945, als die Revolte ausbrechen sollte, verstärkte Ziereis die deutschen Wachen, stellte zwischen den ukrainischen Wächtern deutsche Wächter auf und ließ die Verschwörer nach ihrer Rückkehr in die Kaserne entwaffnen und in den Räumen des ehemaligen Bordells einsperren. Am 22. April wurden ihre Anführer erschossen, die Angehörigen dieser Einheit blieben im Arrest bis die SS das Lager verließ.[319]

Erst nach der Befreiung erfuhren die Häftlinge, dass

„SS-Gruppenführer Oswald Pohl im Februar dieses Jahres (1945) den Befehl erlassen hatte, dass im Falle der Kriegsniederlage alle Häftlinge aus dem Lager in die Wälder zu führen und dort auf mannigfaltige Weise zu ermorden seien."[320]

Der Befehl Pohls war eine der Varianten, das Problem der Konzentrationslager zu lösen. Wie später bei den Nürnberger Prozessen herauskam, hatte eine Sondergruppe des Reichssicherheitshauptamtes einige Varianten der vollständigen Liquidierung aller Häftlinge in Konzentrationslagern ausgearbeitet, die als *Wolke A I* und *Wolkenbrand* [i] bezeichnet wurden.

Der Befehl Pohls wurde am 14. April 1945, einen Tag nach der Befreiung Wiens, durch eine Anordnung Himmlers ersetzt, die telegrafisch an alle KZ-Kommandanten erging: „Die Übergabe kommt nicht in Frage. [...] Kein Häftling darf lebendig in die Hände des Feindes fallen."[ii]

In seiner am 24. Mai 1945 in Beisein von Gusener Häftlingen gemachten Aussage kommentierte Ziereis die erhaltene Anordnung Himmlers ausführlicher:

„Nach Befehl des Reichsministers und Reichsführers SS Heinrich Himmler sollte ich alle Häftlinge im besonderen Auftrag des SS-Obergruppenführers Dr. Kaltenbrunner umbringen. Die Häftlinge sollten in Stollen geführt werden, die Türen der Stollen (4) sollten schon vorher vermauert werden und nur ein Eingang offen bleiben. Dann sollte ich die Stollen in die Luft sprengen. Ich habe mich geweigert, diesem Befehl Folge zu leisten. Es handelt sich hier um die Häftlinge der Lager Gusen I und Gusen II. Die näheren Umstände dieses Plans sind den Herren Ostf. Wolfram und Ackermann bekannt, die zuletzt in Bergkristall gearbeitet hatten."

---

i   im Original: „Feuerwolke".
ii Siehe dazu: Stanisław Zámečnik: „Kein Häftling darf lebend in die Hände des Feindes fallen": Zur Existenz des Himmler-Befehls vom 14./18. April 1945, in: Dachauer Hefte I (1985), S.219-213; Daniel Blatman: Die Todesmärsche – Entscheidungsträger, Mörder, Opfer. In: Karin Orth, Ulrich Herbert, Christoph Dieckmann [Hg.]: Die nationalsozialistischen Konzentrationslager. Entwicklung und Struktur, Band II, S.1063-1092.

An einer anderen Stelle präzisiert er seine Aussage:

„*Ich erhielt den Befehl alle Häftlinge von Gusen I und II in den Stollen ‚Kellerbau' und teilweise auch ‚Bergkristall' beim Herannahen der Roten Armee zu sprengen. Sollten Amerikaner als erste vorrücken, wären alle Häftlinge freizulassen.*"[321]

Diese Aussage bestätigte den Wahrheitsgehalt der sehr vorsichtig formulierten Warnungen, die die SS-Führer Füssl und Beck einigen Häftlingen in der Schreibstube und im Angorazucht-Kommando zukommen ließen.

Die Ausführung der Anordnung Himmlers wurde sorgfältig vorbereitet. Etwa drei Wochen später sagte Joseph Latzel, SS-Schütze und Leiter der Steinmetzbetriebe Gusen vor den Häftlingen aus:

„*SS-Unterscharführer Grasser, der den Stollenbau beaufsichtigte und dort Kommandoführer war, erklärte mir, dass alle Häftlinge von Gusen I und II sowie die Kranken vom Revier in diese Stollen getrieben und dort vergast werden sollen. Damit die ahnungslosen Häftlinge sich freiwillig in diese Falle begeben, sollte ein falscher Flugalarm gegeben werden.*"[322]

Franz Ziereis behauptete, dass er den Befehl Himmlers verweigert habe. Er führte ihn tatsächlich nicht aus, obwohl er sorgfältige Vorbereitungen getroffen hatte. Einige Tage vor der beabsichtigten Beseitigung des Lagers erhielten einige Häftlinge den Befehl, drei Eingänge zum Kellerbau zuzumauern. Nur der Eingang zum Stollen Nr. 3 blieb offen. Kurz darauf brachten zwei Lastwagen große Mengen Sprengstoff. Ziereis, Seidler, Wolfram und Walther luden ihn persönlich aus – sie ließen sich dabei von keinen anderen SS-Führern helfen. Der Sprengstoff wurde in Fässern bei den Eingängen und im Stollen verteilt. In der Nacht vom 27. zum 28. April wurden elektrische Leitungen zu den Sprengstoffladungen gelegt.

Samstag, den 28. April gab es einen fiktiven Flugalarm. Alle Häftlinge, bis auf ca. 700 Schwerkranke, die im Revier blieben, wurden in den Stollen Nr. 3 getrieben. Der Alarm begann um 10:45 Uhr und dauerte länger als sonst, nämlich bis 16:00 Uhr. Zum Glück blieb die Katastrophe aus.

Warum Ziereis die Befehle Himmlers und Kaltenbrunners verweigerte, ist nicht bekannt. Er selbst behauptete: „Meine Frau hat sich wegen dieser Befehle sehr aufgeregt und mir dies nachdrücklich abgeraten, so dass ich Berlin ignoriert habe und nicht darauf erpicht war, die Befehle auszuführen."[323]

Die Einflussnahme von Frau Ziereis auf die Entscheidungen ihres Mannes ist zwar unwahrscheinlich, da sie Häftlinge hasste und gerne bei Folterungen zusah, kann aber nicht ausgeschlossen werden. Entscheidend dafür konnte die Sorge um das Schicksal der Familie nach dem verlorenen Krieg sein. Die Front war nahe, Franz Ziereis hatte bereits ein Versteck in den Alpen, weit westlich von Mauthausen, vorbereitet, in der Hoffnung, dort in amerikanische Gefangenschaft zu geraten. Die Liquidierung der Lagerhäftlinge bedeutete die Vergeudung einer letzten Chance, der Strafe zu entkommen, mit der der Lagerkommandant – sollte er den Krieg überleben – zu rechnen hatte.

Möglicherweise hat der Delegierte des IKRK Louis Haefliger, der an eben diesem Tag mit Ziereis über die Übernahme der Lager durch seine Organisation verhandelte, die Entscheidung des Kommandanten beeinflusst.

Kurz bevor die SS-Führer das Lager verließen, brachten sie ein Gerücht in Umlauf, dass die Vernichtung auf Befehl des Gauleiters von Oberösterreich, August Eigruber, unterlassen worden war.

Die Häftlinge schreiben ihre Rettung einer Sabotageaktion zu: Władysław Palonek von der Elektrikergruppe hatte die Elektroleitungen gekappt. Welche Version auch immer wahr sein mag, es steht außer Zweifel, dass die Vernichtung der Häftlinge vorbereitet gewesen war und dass dieser Plan im letzten Moment entweder fallen gelassen oder vereitelt wurde. 22.000 Häftlinge verdanken diesem Umstand ihr Leben.

Die Vernichtungspläne waren nur wenigen Häftlingen bekannt, vor allem den Anführern diverser Widerstandsgruppen. Sie wiesen die Mitglieder dieser Gruppen an, Aktionen zu setzen, die das Vorhaben zunichte machen oder das Ausmaß der Katastrophe verringen sollten. So wurden die elektrischen Leitungen durchgeschnitten und Werkzeuge zum Ausheben unterirdischer Fluchtwege bereitgestellt. Diese Maßnahmen waren streng geheim, weil man sowohl Verrat als auch Panik und ihre Folgen fürchtete.[324]

Obwohl die Gefahr, lebendig in den Stollen Kellerbaus begraben zu werden, gebannt war, misstraute man der Lagerleitung weiterhin. Man fürchtete, dass die SS-Führer eine andere Variante der Lagerauflösung wählen, bei der die entkräfteten Häftlinge von SS-Männern sowie den Volkssturmangehörigen aus Block 16 und die Kranken von den Sanitätsdiensten und Revierkapos ermordet werden. Erst einige Tage zuvor hatten Van Loosen und seine Gehilfen diese Variante in Gusen II ausgeführt.

Selbstschutzmaßnahmen wurden gesetzt. In den Blocks wurden Nachtwachen aufgestellt, die bei einem Überfall der SS-Führer Alarm geschlagen hätten. Die Alarmbereitschaft blieb bis zur Befreiung des Lagers aufrecht. Es gab auch einen Angriffsplan auf die SS-Unterkünfte. Man wollte sich Waffen beschaffen und die Lagertore öffnen, um eine Massenflucht zu ermöglichen. Das sollten gemeinsame Aktionen polnischer, sowjetischer und französischer Häftlinge sein.

Die Beseitigung der Verbrechensbeweise

Unmittelbar nach der Entlassung der Franzosen und dem Ausbleiben der Massenvernichtung in Gusen I und II ordnete der Lagerführer von Gusen an, dass die gesamte Lagerdokumentation sowie die Unterlagen der DESt und der Steyrwerke, die sich in den Lagerleitungsbüros befanden, zu vernichten sind. Ziereis sagte aus: „Ich erhielt von Gruppenführer Dienststelle D Berlin Befehl, alle Dokumente und Papiere zu vernichten. Ende April ließ ich bereits mit der Vernichtung beginnen, denn es würde eine ziemlich lange Zeit dauern."

Unterlagen jeder Art wurden planmäßig vernichtet: Häftlingskarteien und Kassabelege, Akten des Arbeitseinsatzes und der Politischen Abteilung, Dokumente der Poststelle und Briefverkehr mit der SS-Zentrale. Aber nicht alles konnte vernichtet werden. Den in der Schreibstube und Poststelle beschäftigten Häftlingen gelang es, zahlreiche Dokumente beiseite zu schaffen und zu verstecken. Die wichtigsten davon waren die Totenbücher, ein Teil der statistischen Berichte (sogenannte „Veränderungen") und Häftlingslisten von Gusen II aus dem Jahr 1945. Einen Teil der Unterlagen zu Gusen retteten die Mauthauser Häftlinge in der Schreibstube des Hauptlagers.

Das ist gelungen, weil die Aufmerksamkeit der SS-Führer und der Kommandantur darauf gerichtet war, für sich selbst Verstecke vorzubereiten und Lebensmittelvorräte anzulegen. Die Kommandantur und die DESt-Leitung trafen diese Maßnahmen gemeinsam. Der örtliche Steinmetzmeister, SS-Schütze Karl Prinz wurde zum Quartiermeister gewählt und nach Spittal am Pyhrn entsendet. Einige Tage vor Kriegsende wurden Lastwagen mit Lebensmitteln (Brot, Margarine, Fleisch) und Zigaretten dorthin geschickt. Das Versteck sollte Ziereis, Walther, Wolfram und Ketterer von der DESt-Leitung dienen.

Eine andere Gruppe von SS-Führern aus der Kommandantur Mauthausen fand ein Versteck in Goisern bei Hstf. Walter Zachner, andere wiederum in Halfenborg[i] bei Freistadt, im Haus von Stbf. Slupetzky.[325]

Die SS-Macht im Lager ging ihrem Ende zu. Zu ihren letzten Opfern gehörten acht im Gusener Krematorium beschäftigte Häftlinge: sieben sowjetische Kriegsgefangene und ihr Kapo. Sie wurden am 2. Mai 1945 in Mauthausen erschossen. Ziereis behauptete, er hätte dies auf Befehl von Grf. Glücks verfügt, weil sie „Informationen weitergeben könnten."

„Auch war ein geheimer Befehl vorhanden, alle gefangenen Ärzte und Sanitäter, die im Revier arbeiteten, umzulegen. [...] Diesen Befehl hat der SS.-Standartenführer Dr. Lolling an die SS.-Ärzte herausgegeben. [...] Auch andere Häftlinge, die im Revier beschäftigt waren, sollten in andere Lager versetzt und dort umgebracht werden."

Ziereis behauptete, dass sowohl er als auch der Standortarzt Stbf. Waldemar Wolter die Ausführung dieser Befehle verweigert hätten.[326]

Häftlinge, die bis Januar 1945 in der Politischen Abteilung arbeiteten, wurden davor gewarnt, dass ihre Liquidierung bevorsteht. Sie versteckten sich in den Blocks, unter anderen Häftlingen. Den Plan ihrer Ermordung hat man offensichtlich verworfen, da nach ihnen nicht weiter gesucht wurde.[327]

Die letzten Tage

Trotz der Vernichtung von Akten und Vorbereitungen zur Flucht der Kommandantur ließen die DESt, die Steyr- und Messerschmittwerke ihre Kommandos weiter arbeiten. Alle Betriebe funktionierten so wie früher, als die Front Tausende Kilometer entfernt war. Kommandoführer, zivile Werkmeister und Kapos beaufsichtigten die Produktion – sie trieben die Häftlinge vielleicht weniger an, sorgten jedoch weiterhin für die Qualität der bei Steyr und Messerschmitt hergestellten Einzelteile und für die genaue Einhaltung der Parameter der in Steinmetzhallen gefertigten Erzeugnisse. Die Arbeit wurde mehrmals am Tag unterbrochen, hauptsächlich durch das Auftauchen niedrig über das Lager fliegender sowjetischer Flugzeuge.

In manchen Hallen und Stollen von Steyr und Messerschmitt kam es zu längeren Arbeitsunterbrechungen, weil die Belieferung mit Rohstoffen, vorgefertigten Rumpfteilen und Flugzeugmotoren durch die Bombardierungen der Eisenbahnverbindungen erschwert und weil die Stromversorgung gestört war. Dies war schon früher vorgekommen, einige Male sogar 1944.

---

i Vermutlich ist die Ortschaft Helfenberg gemeint.

Die Lebensmittelversorgung verschlimmerte sich von Tag zu Tag. Die Häftlinge erhielten entweder überhaupt kein Brot oder einen verschimmelten Laib für 20 Personen; die Suppe wurde immer dünner, weil die Kartoffelzuteilungen gekürzt waren. Hungerödeme und Durchfall traten massenweise auf.

Die angespannte Erwartung, Hoffnung auf die Befreiung und Furcht vor einer drohenden Katastrophe ließen die Häftlinge nicht mehr schlafen.

Im Morgengrauen des 3. Mai 1945 kam es zu einem Wechsel der Wachmannschaft. Die Angehörigen einer Sonderpolizeieinheit der Wiener Feuerwehr ersetzten die SS-Männer. Sie übernahmen auch die Küche und das Revier. Die Blockeingänge wurden von den immer noch im Lager stationierten Volkssturmsoldaten bewacht, da es ein Verbot gab, die Blocks zu verlassen. Es blieb bis zum Morgenappell aufrecht, der später als sonst, nämlich erst um 9:00 Uhr abgehalten wurde. Nach dem Appell rückten einige Kommandos zur Arbeit aus, die meisten Häftlinge blieben jedoch im Lager.

Die SS-Führer begleiteten weiterhin die ausrückenden Kommandos. Am Tor des Jourhauses wurde die Kontrolle der Ausgehenden durch Lagerführer Seidler und Beck zusammen mit Rapportführer Killermann vorgenommen. Scheinbar war alles beim Alten. Dabei waren die Steyr-Kommandos bereits mit der Demontage der Werkzeugmaschinen und das Abladerkommando mit dem Räumen der SS-Magazine, der Kantine, des Depots mit den nicht ausgefolgten Lebensmittelpaketen des Roten Kreuzes, beschäftigt. Alles wurde in Eisenbahnwaggons oder auf LKW's geladen, die Richtung St. Georgen abfuhren.

So verlief der 3. Mai und der Vormittag des darauffolgenden Tages. Zur Mittagszeit brachen die Lagerleitung, die SS-Wachmannschaften, Luftwaffesoldaten, Angehörigen der Flugabwehr und die in SS-Uniformen gesteckten „Freiwilligen" Richtung Linz auf. Der unbewaffnete Volkssturm blieb in Block 16 zurück.

Jede Arbeit im Lager, bis auf die Küche sowie Überwachung der Wasser- und Kanalversorgung, hörte auf. Es rückten nur jene Arbeitskommandos aus, die die Angora- und Schafzucht beaufsichtigten und Kartoffeln aus den Mieten in die Küche brachten.

Der als neuer Lagerführer eingesetzte Kommandant der Feuerschutzpolizeieinheit anerkannte die sogenannte Häftlingsselbstverwaltung als das leitende Organ im Lager. Der amtierende Lagerälteste Martin Gerken blieb in seiner Funktion. Auch andere Lager- und Blockfunktionäre blieben auf ihren Posten.

Im Lager herrschte weitgehend Ruhe und Erwartung. Sehr nervös waren die Kranken im Revier: nach den Massakern der letzten Tage blieben unter der Obhut der Häftlingsärzte noch 736 Kranke. Es fehlte an Medikamenten und Verbandmaterial. Die Ärzte konnten nachts nicht arbeiten, da die Stromversorgung des Lagers ausgefallen war.

Der Lagerführer wies Gerken an, ein Internationales Häftlingskomitee auf die Beine zu stellen, das die Leitung des Lagers übernehmen würde. Gerken gelang es nicht, im Lager angesehene Häftlinge für dieses Komitee zu gewinnen. So blieb ihm nur die bestehende Gruppe von teilweise kompromittierten Funktionshäftlingen.

Auch der am Abend des 3. Mai aus Vertretern verschiedener polnischer Gruppierungen gewählte Polnische Lagerrat versuchte, der Lage Herr zu werden. Der Rat war jedoch zu schwach, um die Macht im Lager zu übernehmen. Gerken und seine Leute bestimmten nach wie vor das Geschehen.

Da das Gebiet zwischen Perg und Linz auf dem nördlichen Donauufer der letzte Streifen Österreichs war, wohin die Alliierten noch nicht gelangt waren, konzentrierten sich dort versprengte Soldaten verschiedener SS-Divisionen (siehe oben). Unter diesen Umständen war die Befürchtung, dass sie das Lager überfallen und Häftlinge niedermetzeln würden, durchaus verständlich, zumal die lagereigenen Industriebetriebe mit ihrer Ausstattung und nicht fertiggestellten Kriegsproduktion einen riesigen Wert darstellten. Das Prinzip der verbrannten Erde, das von den SS-Einheiten überall auf den Rückzugsgebieten befolgt wurde, war den Häftlingen bekannt. Die Wiener Feuerschutzpolizei bot keinen Schutz vor einem SS-Überfall. Man befürchtete auch die Rückkehr der bewaffneten „SS-Freiwilligen", der ehemaligen Funktionäre. Daher wurden die Wachen im Lager hauptsächlich mit polnischen und sowjetischen Häftlingen verstärkt. Man rechnete jedoch mit der baldigen Befreiung und bereitete sich auf die Begrüßung der sowjetischen oder amerikanischen Befreier vor. Nationalflaggen wurden genäht, Armbinden für die Lagerwache, ebenfalls in Nationalfarben, gebastelt.

Die Befürchtungen waren begründet. Die Angriffe der SS-Einheiten konzentrierten sich jedoch auf Mauthausen, das bald umkämpft war. Die dortigen Häftlinge kamen ohne größeren Schaden davon.[328] Angesichts der vorrückenden Fronten zogen sich die SS-Einheiten auf das südliche Donauufer, in die noch nicht von den Alliierten besetzten Gebiete zurück, wo sie sich ihrer Uniformen entledigten und untertauchten oder sich der amerikanischen Armee ergaben.

In Gusen II und Gusen III verliefen die letzten Tage ganz anders. Gusen II existierte zu kurz, um eine konsolidierte Widerstandsgruppe aufzubauen. Die Häftlinge harrten ihrer Befreiung entgegen. Der Scherge dieses Lagers, Van Loosen, wurde am 4. Mai entlassen und floh gemeinsam mit den Wachmännern. Seine Gehilfen versteckten sich in den Blocks. Die Blockältesten und Blockschreiber konnten jedoch die Ruhe im Lager aufrechterhalten.

Die letzten Tage in Gusen III waren dramatisch. Am 1. Mai wurde das Lager evakuiert. Die SS-Eskorte trieb die Häftlinge Richtung St. Georgen.

„Die losgelassenen SS-Schäferhunde bewachten die Reihen und jagten die vom Weg Abweichenden zurück. Die Schwachen blieben zurück, einzeln fallende Schüsse zeugten von ihrem Schicksal. Auf halbem Wege ließ man den Marsch abbrechen und trieb die Häftlinge in die Baracke nach Lungitz zurück", berichtet ein Häftling von Gusen III.

Ein weiterer Evakuierungsversuch wurde am 2. Mai unternommen, wieder ließ man die Häftlingskolonne ins Lager zurückkehren. Polen und Deutsche von der Widerstandsbewegung beschlossen, einen deutschen Kommunisten namens Willy heimlich auf Erkundung zu schicken. Am 3. Mai verließen die SS-Einheiten das Lager, die Häftlinge harrten in Erwartung aus. Willy kam erst am 5. Mai mit den amerikanischen Soldaten zurück, die das Tor dieses Lagers öffneten.[329]

Die Befreiung

Am Nachmittag des 5. Mai um ca. 16:30 Uhr rief die Glocke zum Appell. Es war der letzte Appell in der Lagergeschichte.

Die Häftlingskolonnen standen still. Es wurde 17:00 Uhr. Ein amerikanischer Panzer mit fünf Soldaten und einem Häftling rollte herein.[i]

---

i   Am Morgen des 5. Mai 1945 war Louis Haefliger begleitet von SS-Obersturmführer Guido Reimer in einem von Mauthausener Häftlingen provisorisch weiß gestrichenen und mit einer Rot-Kreuz-Fahne versehenen Fahrzeug in Richtung Frontlinie aufgebrochen, um Kontakt zu den US-Truppen herzustellen. In der Nähe von St. Georgen traf er auf eine US-Patrouille unter dem Kommando von Albert J. Kosiek und geleitete ihn zunächst zu den Lagern in Gusen. Dort wurde die zur Bewachung abgestellte Feuerschutzpolizei entwaffnet, danach setzte sich der Konvoi nach Mauthausen in Bewegung, wo er zu Mittag eintraf. Am späten Nachmittag verließ Kosieks Truppe mit etwa 800 gefangenen Feuerschutzpolizisten Mauthausen wieder in Richtung Gusen.

Der Panzerführer sprang heraus und sagte den Häftlingen auf Englisch, sie seien frei. Ein tschechischer Häftling, Vertreter des Internationalen Lagerkomitees aus Mauthausen, übersetzte in mehrere Sprachen „Brüder aus Polen, Brüder aus Russland, Brüder aus der Tschechei – ihr seid frei!"

Der Anführer der Patrouille, Albert J. Kosiek aus Chicago, wollte weiter sprechen, aber laute Freudenschreie und Rufe „Er lebe hoch!" aus über zehntausend Kehlen hinderten ihn daran. Jemand stimmte die polnische Nationalhymne an. Alle Polen sangen. Die anderen Häftlinge, auch die Polizisten auf den Wachtürmen, nahmen ihre Mützen ab. Anschließend ertönte „Rota", ein polnisches patriotisches Lied. An einer Betonlaterne, die auch als Galgen diente, brachte jemand die polnische Flagge an.

Andere Nationalgruppen verhielten sich ähnlich. Die einzelnen nationalen Lieder waren nicht so laut, sie verschmolzen zu einem mehrsprachigen Chor.

Während des Häftlingsgesangs salutierte der Panzerführer. Danach forderte er den Kommandanten der Feuerschutzpolizei auf, ihm seine Waffe zu übergeben. Als der Kommandant seinen Revolver übergab, verließen die Wachen ihre Stellungen und legten ebenfalls ihre Waffen nieder. Die Amerikaner übergossen sie mit Benzin und warfen eine Granate darauf. Als der Panzer Richtung Linz zurückrollte, brannten die Waffen bereits, einzelne Geschosse explodierten. Auch die Polizisten zogen nach Linz ab.

Das Lager raste vor Freude und dürstete nach Rache. Über 30 deutsche Banditen, verhasste Mörder, wurden getötet. Das war das Ende von Amelung, Apitz, Janke, Peters, Steyer, Schibowsky, Schneiderreit, Sebel, Donneker und über zwanzig anderen. Die meisten Lagerbanditen waren jedoch noch am Vortag als SS-Freiwilige mit anderen SS-Einheiten abmarschiert.

Die dort verbliebenen Feuerschutzpolizisten wurden dem Gefangenenkonvoi angeschlossen, der sich daraufhin in Richtung Gallneukirchen weiterbewegte. (Vgl.: Comité International de la Croix-Rouge [Hg.]: L'activité du CICR en faveur des civils sétenus dans les camps de concentration en Allemagne [1939-1945]. Genève: 1947, S. 136-142; Liberation of Mauthausen by former Staff Sgt. Albert J Kosiek, in: Thunderbolt 7 (1955), S. 1-6; Marsálek: Die Geschichte des Konzentrationslagers Mauthausen, S. 333-336; David W. Pike: Spaniards in the Holocaust. Mauthausen, the Horror on the Danube. London, New York: 2000, S. 233-239.)

In Gusen II verlief die Befreiung weniger feierlich. Die Häftlinge wurden bereits um 15:00 Uhr zum Appell versammelt. Der Appell dauerte länger als sonst und wurde von den Funktionshäftlingen und dem Polizeikommandanten sichtlich in die Länge gezogen. Unterdessen näherten sich dem Lager von der Eisenbahnbrücke her zwei amerikanische Panzerwagen, angeführt von einem weißgestrichenen Fahrzeug des Internationalen Komitees des Roten Kreuzes mit einem Lautsprecher auf dem Dach. Die amerikanischen Soldaten gaben Warnschüsse ab und forderten die Wachen durch den Lautsprecher auf, von ihren Wachtürmen abzusteigen und sich in Dreierreihen vor dem Lagertor aufzustellen.

Mehrere Kapos und Blockälteste nutzten das Durcheinander, das nach den Warnschüssen und Abstieg der Wachen entstanden war, und flohen durch das geöffnete Lagertor. Sofort nahmen Hunderte von Häftlingen die Verfolgung der fliehenden Schergen auf. Die Ergriffenen (u. a. Bronisław Ott) wurden getötet. An die 30 Funktionshäftlinge wurden auf dem Lagergelände und in seiner Umgebung gelyncht. Den übrigen gelang die Flucht. Ein französischer Häftling beschreibt die Befreiung von Gusen II und meint: „in den Lagerstraßen gab es bald viele, meist nackte, Leichen; leider sind die wichtigsten Anführer dieser Bande enflohen."[330]

Infolge des Chaos im Lager kam es zu einem Brand. Das Feuer griff von einer Baracke auf die andere über. Es gab keine Löschversuche, man rettete lediglich die wenigen Kranken aus den Revierbaracken.[i] Die Häftlinge zogen nach Gusen I oder verstreuten sich in der Gegend um St. Georgen.

Die Häftlinge von Gusen I verließen ebenfalls das Lager auf der Suche nach flüchtigen Kapos und nach Essbarem. Spanier kämmten die Gegend mit gutem Erfolg durch – sie ergriffen Killermann und einige Kapos. Polen kümmerten sich um die Kranken im Revier; Jugoslawen beratschlagten bereits am ersten Tag über die beste Marschroute nach Belgrad.

---

i   Tatsächlich standen die Baracken von Gusen II bis 17. Mai 1945. Ab diesem Tag wurden die Baracken des Lagers Gusen II, in welchem katastrophale hygienische Bedingungen herrschten, wegen Seuchengefahr niedergebrannt.

Die gewonnene Freiheit brachte auch neue Aufgaben: Rückkehr in die Heimat, Versorgung der Reiseuntauglichen, Sicherheit der im Lager verbliebenen Häftlinge.

21.386 Gusener Häftlinge erlebten die Befreiung, davon:

Polen	8.471	Luxemburger	28
Sowjetbürger	8.258	Albaner	22
Deutsche und Österreicher	1.183	Niederländer	21
Italiener	875	Rumänen	15
Jugoslawen	864	Bulgaren	4
Spanier	831	Engländer	3
Tschechen und Slowaken	286	Norweger, Schweizer, Türken je	2
Ungarn	173	Finnen	1
Franzosen	163	Staatenlose	27
Griechen	119		
Belgier	42		

736 Überlebende waren krank und befanden sich im Revier.[331]

Im befreiten Lager begannen polnische Häftlinge eine Organisationsstruktur aufzubauen.

XII. DÜSTERE BILANZ

Kriterien der Beurteilung

Es ist sehr schwer, die Folgen des fünfjährigen Bestehens des KZ Gusen zu erfassen, wenn man sie an den Verlusten der Häftlingsgemeinschaft misst: die körperliche Auszehrung und zehntausende Verstorbene, die Leiden und die Qualen, welche als unumkehrbare Veränderungen in der Psyche und in der moralischen Einstellung derjenigen zurückgeblieben sind, die im Lager gelebt und das Lager überlebt haben. All das übersteigt bei weitem die bis jetzt in der Geschichte angewendeten Beurteilungskriterien. Die Bewertung ist ebenso schwierig, wenn man diese Folgen an den Verlusten messen will, welche die Nationen erlitten haben, die ihrer wertvollsten, schöpferischen Bevölkerungsgruppen beraubt wurden. Diese wurden im Lager zu Tod geschunden oder wenn sie überlebt haben, so sind sie mit Behinderungen oder Traumata belastet, für die es keinerlei Therapie gibt.

Oft sagt man, das seien Folgen des Kriegs. Diese Aussage wäre zutreffend, wenn man sie präzisierte – des Kriegs Hitlerdeutschlands gegen die gesamte zivilisierte Welt, oder des Kampfes des deutschen Faschismus um die Herrschaft über die Welt. Eine derartige Verrohung hatten die brutalsten Kriege des 19. und 20. Jahrhunderts nicht gekannt. Kurzfristige Sieger behandelten die von ihnen versklavten Menschen schier bestialisch. Nur dieser Krieg verfügte über einen so perfekten, großangelegten Apparat zur Ausbeutung und Liquidierung all jener, die in den Augen der Sieger nur „Mist" waren, auf welchem die Macht des Tausendjährigen Reiches wachsen sollte.

Die Gusener Häftlinge lebten in einer Niederlassung des Kriegsnachschubapparats. Sie gelangten dorthin in Folge der Niederlage ihrer Heimatländer. In den Konzentrationslagern sollten die Endziele verwirklicht werden, wegen welcher Hitlerdeutschland den Krieg überhaupt begonnen hatte. Welche Methoden dabei angewendet wurden, habe ich bereits beschrieben. Welche Ergebnisse aber wurden erzielt?

Es fehlt uns an genauen Kriterien, nach welchen man diese Ergebnisse messen könnte. Das einzige messbare Kriterium – die Anzahl der im Lager umgebrachten Personen – ist hier nicht adäquat. Zudem müsste man zu dieser Zahl noch all jene hinzurechnen, die unmittelbar nach der Befreiung und in den darauf folgenden Jahren infolge der schrecklichen Erlebnisse vorzeitig gestorben sind.

Andere Ergebnisse sind nicht messbar. Die körperliche Auszehrung, die Verletzungen und Invalidität, die verringerte Widerstandskraft, psychische Traumata und die moralischen Verzerrungen aller Art können nicht gemessen werden. Zum einen deshalb, weil diese Erscheinungen so zahlreich und verschiedenartig sind, dass schon ihre Aufzeichnung alle Möglichkeiten übersteigt; ihre Analyse, Erforschung und Beurteilung ist noch weitaus schwieriger. Ebenso schwierig ist die Beurteilung der Verluste der einzelnen Völker. Es geht hier doch nicht nur um die Anzahl von Lehrern, Ärzten, Ingenieuren, Facharbeitern, die für das Funktionieren einer Volkswirtschaft notwendig sind. Es geht auch um die Verluste, die alle von den Deutschen versklavten Völker zu tragen haben – Kinder ohne Väter, Eltern ohne Söhne, Familien, die im schwierigsten Zeitabschnitt des 20. Jahrhunderts schutzlos zurückgeblieben sind. Hunderte Männer waren ausgeschaltet und konnten sich somit nicht am Kampf um die Freiheit ihrer Völker beteiligen.

Vielleicht wird man eines Tages durch die Zusammenarbeit vieler Historiker die Verluste erfassen können. In Bezug auf Gusen kann man heute nur die Veränderungen aufzeigen, die das Lagersystem in der Psyche und in der moralischen Haltung der Häftlinge verursacht hat und die Anzahl der im Lager Umgekommenen nennen.

Die Bewahrung der Menschenwürde

Die Behauptung Eugen Kogons anhand seiner Beobachtung des Lebens im KZ Buchenwald, dass niemand aus dem Lager unverändert herauskam, entspricht der Wahrheit.[332]

Welche Veränderungen im Verhalten der Häftlinge wurden im KZ Gusen beobachtet? Welche Veränderungsprozesse in diesem Verhalten waren die Folge des Lagerregimes und des ständigen Kontakts der Häftlinge mit Verbrechen und Tod?

Ein typisches Merkmal dieser Prozesse war die Zwiespältigkeit in der moralischen Haltung der Häftlinge. Auf der einen Seite gab es Beispiele von Idealismus, Ethik, Patriotismus, auf der anderen den Kampf ums Überleben, ohne Rücksicht auf den Preis, der dafür zu zahlen war. Zwischen diesen beiden Extremen gab es innerhalb der Häftlingsgemeinschaft eine Vielfalt von Verhaltensmustern, entscheidend dabei war der Selbsterhaltungstrieb.

Die moralische Einstellung der Häftlinge änderte sich ständig, da sich auch die Zusammensetzung der Häftlingsgemeinschaft ständig änderte.

KAPITEL 12

Die „alten" Transporte starben aus, immer wieder kamen „neue" Transporte hinzu. Der Veränderungsprozess verlief eigentlich während des gesamten Lagerbestehens ziemlich ähnlich, besonders bei den polnischen, spanischen, sowjetischen und französischen Häftlingen. Die meisten von ihnen hatten nämlich zumindest Mittelschulbildung, sie waren Lehrer, Studenten, Priester, später auch Ingenieure und Widerstandskämpfer. Aufgrund ihrer ideologischen Haltung schienen sie den deutschen Besatzern am gefährlichsten.

Um den Auswirkungen des Lagerregimes entgegen zu wirken, war der Selbstschutz wichtig. Wichtig war der Schutz der eigenen Würde und der eigenen Werte, denn das Verhalten der Häftlinge richtete sich mehr oder weniger stark nach den ihnen anerzogenen Werten. Zum Ausdruck kamen manchmal patriotische Gefühle, der Glaube an ein Überleben des Volkes trotz der momentanen Situation, Stolz auf die Geschichte der Nation, das Hochhalten der nationalen Ehre, zuweilen auch der Stolz auf seinen Berufstand, zum Beispiel bei Lehrern und Priestern, die es verstanden, die humane und christliche Ethik auch in gefährlichen Situationen beizubehalten. Diese Einstellung war vor allem für politische Häftlinge aller Nationalitäten charakteristisch. Das ist umso verständlicher, wenn man sich ihr Schicksal vor der Einweisung ins KZ vor Augen führt. Das trifft vor allem auf die polnische Intelligenz zu, auf die Soldaten der spanischen republikanischen Armee, auf die sowjetischen Kriegsgefangenen, auf die französischen Widerstandskämpfer und manche andere.

Zu Beginn des Aufenthalts im Lager war für die Häftlinge der Schutz jener moralischen Werte besonders wichtig, die das Lagersystem in erster Linie zu zerstören trachtete. Vor allem galt es, die eigene Würde beizubehalten, das heißt, ein würdiges Verhalten in Situationen, wenn man von SS-Führern, Kapos oder Blockältesten erniedrigt wurde. Die Funktionäre, auch wenn sie gewöhnliche Berufsverbrecher waren, empfanden große Hochachtung für jene Häftlinge, die bei den brutalsten Prügeln nicht um Mitleid bettelten. Viele Lagerinsassen versuchten mit Blockältesten und Kapos, manchmal auch mit den Kommandoführern, wie mit ihresgleichen zu sprechen, sie wollten den Gedanken nicht zulassen, dass der Häftling im Lager nur ein Sklave war.

Der heiße Wunsch nach Bewahrung der eigenen Anschauungen und des Patriotismus trug ebenfalls dazu bei, die eigene Würde zu schützen. Oft manifestierten Häftlinge Nationalstolz und überboten einander darin, sich als stärker, als widerstandsfähiger gegenüber dem Hunger, der Kälte und der Erschöpfung zu erweisen als die Kameraden anderer Nationen.

Diese Einstellung diente anderen als Beispiel, besonders in sehr schwierigen Momenten. Sie trug auch zur Solidarität aller Mithäftlinge einer Nation bei. Dadurch wurden die eigenen Landsleute bevorzugt behandelt. Es kam dadurch aber auch zu Streitigkeiten, manchmal sogar zu Konflikten. So meinten die Franzosen, die Polen würden sich abkapseln, die Spanier versuchten, manche besseren Kommandos (z.B. die Küche) zu dominieren. Im Allgemeinen fühlten sich die Häftlinge innerhalb der eigenen Volksgruppe sicherer, trotz unterschiedlicher politischer und religiöser Anschauungen und sozialer Abstammung. Dies war zwar verständlich, führte aber auch zu Problemen zwischen den einzelnen Nationen. Andererseits wurden nationale Barrieren oft überwunden: die allen Häftlingen gemeinsamen Lebens- und Arbeitsbedingungen im Lager sowie die ständige Bedrohung integrierten die Gemeinschaft.

Es gibt viele Berichte über patriotische Bekenntnisse von zum Tod verurteilten oder kranken, zum Vergasen, Totschlagen oder -spritzen ausgesonderten Häftlingen. Ihre letzten Worte waren oft: „Weg mit Hitler!", „Es lebe Polen!", „Tod den Deutschen!" Das waren einmalige Protestkundgebungen von Menschen, die keine Möglichkeit mehr für andere Formen der Auflehnung hatten.

Der stärkste Beweis eines tief empfundenen Patriotismus war die Ablehnung, die deutsche Volksliste zu unterzeichnen. Obwohl eine Eintragung als Volksdeutscher zur Entlassung aus dem Lager führen konnte, haben zahlreiche Häftlinge auf diese Chance verzichtet. Viele polnische Häftlinge haben diesen Vorschlag abgelehnt: Wiesław Drozd (Schlesien), Zbigniew Filarski (Danzig), Leszek Kobyliński (Łódź), Sonnenberg (Danziger Werder). Jedem von ihnen drohte dafür der Tod, aber ihr heldenhafter Mut diente als Beispiel für andere.

Das Gefühl der Solidarität innerhalb der Volksgruppen milderte Meinungsverschiedenheiten darüber, was zu der unglücklichen Lage in Europa geführt hat. Bei den Polen überwog die Überzeugung, dass ihre Sklaverei auf die Politik der polnischen Vorkriegsregierung (Sanacja) und deren Blauäugigkeit gegenüber Hitler zurückzuführen ist. Es gab aber keine Reminiszenzen gegenüber Mithäftlingen, die dieser Regierung nahe standen, zum Beispiel den Senatoren und Abgeordneten des letzten Vorkriegsparlaments, Journalisten der regierungsnahen Presse oder Beamten der regionalen Selbstverwaltung. Auch sie mussten die Vorkriegsgeschichte überdenken. Sowjetische und jugoslawische Häftlinge suchten keine Schuldigen, sie waren stolz auf die Verbissenheit, mit der sich die Sowjetunion verteidigte bzw. mit der Titos Partisanen kämpften. Schuld an ihren Leiden gaben die Häftlinge den Deutschen und der NSDAP. Diese Einstellung einte die Lagergemeinschaft und bildete die Basis für die Verständigung zwischen Vertretern verschiedener politischer Optionen.

Viele Häftlinge sahen die Bewahrung der eigenen Würde im bewussten Selbstschutz vor Zweifeln an den sozialen, religiösen und moralischen Idealen, denen sie in Freiheit treu gewesen waren. Im Lager durfte man seine politischen Ansichten, besonders sozialistische und linksradikale, nicht kundtun. Die Verbrecherelite, die im Lager das Sagen hatte, hasste politische Häftlinge, besonders Kommunisten als Feinde des Nationalsozialismus und „Deutschenhasser". Angesichts des Triumphs des Nationalsozialismus war das Festhalten an der eigenen Weltanschauung eine wirksame Verteidigung des Glaubens an die eigene Stärke und an die Richtigkeit seines Verhaltens.

Lange Zeit hindurch wurden alle religiösen Praktiken im Lager konsequent verfolgt. Sie mussten sich im Geheimen abspielen. Sie waren ein Zeichen der Auflehnung gegen die Versklavung und gleichzeitig Beweis der Treue zu den Idealen, an denen der Häftling trotz der ihn umgebenden Realität festhielt. In dieser Hölle auf Erden war die Gefahr, den Gottesglauben zu verlieren, besonders groß. In ihren täglichen Gesprächen versuchten die Häftlinge, sich vor wiederkehrenden Zweifeln an den Glaubenswahrheiten und moralischen Grundsätzen zu schützen. Dennoch hielten diese Wahrheiten und Grundsätze bei vielen Häftlingen im täglichen Terror nicht stand; zahlreiche Häftlinge gaben den Kampf ums Überleben auf oder begingen Selbstmord. Nur Neuankömmlinge hatten meist einen beinahe heroischen Glauben, obwohl es für Hoffnung keinen Anlass gab.

Die Widerstandsbewegung in Gusen war Ausdruck einer starken moralischen Kraft aller daran Beteiligten. Ihre Aktivitäten waren gefährlich, eine Aufdeckung war von Tod bedroht. Wer immer mitmachte, durfte nicht auf eine Absicherung zählen oder die Möglichkeit, sich zu rechtfertigen. Kulturelle Betätigungen waren ebenso wie die Vorbereitung eines bewaffneten Selbstschutzes für den einzelnen Häftling wie für die gesamte Gruppe mit zusätzlichem Todesrisiko verbunden. Das traf noch in größerem Maße auf Sabotageakte zu.

In Gusen gab es viele Selbsthilfegruppen, die geschickt für andere Häftlinge zusätzliche Essensrationen oder Medikamente „organisierten", besonders Bedrohte schützten oder „freikauften." Auch die Vernichtung von gefährlichen Dokumenten mancher Häftlinge war mit großem Risiko verbunden. „Manche belastenden Dokumente", schreibt M. Wyrwiński von der Politischen Abteilung, „wurden sofort verbrannt, andere bewusst falsch eingeordnet [...]."[33] Auf diese Weise verschwanden belastende Dokumente über polnische Journalisten, die an Kampagnen gegen die NSDAP beteiligt waren, wie Stanisław Nogaj aus Katowice und Kazimierz Małycha aus Bydgoszcz.[33]

Władysław Grzelak übernahm die Alleinverantwortung für das Kopieren einer Straßenkarte von Österreich (sie sollte der Evakuierung von Gusenhäftlingen dienen), wodurch er allen im Konstruktionsbüro Beschäftigten und vielen Mitgliedern der Gusener Widerstandsbewegung das Leben gerettet hat. Wenige Tage vor der Befreiung wurde er vergast.

Diese Beispiele für Selbstlosigkeit und Aufopferung zeigen, wie solidarisch die verschiedene nationalen Selbsthilfegruppen agierten. Man kann jedoch nicht behaupten, dass die meisten Häftlinge diese Einstellung hatten. Das Lagerregime untergrub nämlich ihre Ethik und Moral. Es versteht sich von selbst, dass unter den schrecklichen Lagerbedingungen alle edlen und guten Regungen im Menschen ins Hintertreffen gerieten. Das Leben in Todesangst, der Anblick des langsamen Verfalls wertvoller und verdienter Kameraden, Hunger und Furcht, und andererseits die willkürliche Brutalität der Henker brachten selbst die psychisch Stärksten zuweilen in moralische Bedrängnis.

Eine positive ethische Einstellung innerhalb einer Häftlingsgruppe war nur unter günstigen Umständen möglich: in einer kleinen Gruppe oder bei besseren Arbeitsbedingungen, wie zum Beispiel im Kommando Spielberg. Kollektive moralische Stärke fand man auch bei Häftlingen, die eine gemeinsame religiöse (Bibelforscher, Lebender Rosenkranz), politische oder regionale Basis hatten.

Alle Versuche, Werte nicht zu verlieren und das Menschsein nicht zu vergessen, sei es individuell oder kollektiv, blieben jedoch nicht unbeeinflusst von der schrecklichen Realität des Lageralltags, mit der jeder einzelne Häftling konfrontiert war.

KAPITEL 12

Die Veränderung der moralischen Einstellung

Eine große Bedeutung für die Veränderung der moralischen Einstellung hatte der Prozess, der einen Häftling zum Muselmann machte, was im Kapitel über die Lebensbedingungen und den Alltag der Häftlinge beschrieben wurde. Je mehr die körperlichen Kräfte schwanden, desto geringer wurde auch die Widerstandskraft gegenüber Leiden und Gewalt im Lageralltag. Der Wille zur Bewahrung moralischer, ethischer und intellektueller Werte wurde vom Selbsterhaltungstrieb verdrängt.

Diesen Prozess machten die meisten Häftlinge durch, bei den meisten führte er zum Tod. Er konnte nur bei jenen Häftlingen aufgehalten und allenfalls wieder rückgängig gemacht werden, denen es gelang, in einem besseren Arbeitskommando unterzukommen; gleichbleibend war er bei denjenigen, die es aufgaben, die moralischen Werte zu bewahren und sich mit der Elite der Funktionäre zusammentaten.

Gewalt, Hunger und Auszehrung führten zum Niedergang aller Werte. Besonders Häftlinge, die vor dem Krieg eine höhere soziale Stellung bekleideten, wie Lehrer, Künstler oder Politiker, konnten die soziale Degradierung nur schwer verkraften. Der Unterschied zwischen einem Konzentrationslager und einem Kriegsgefangenenlager, besonders einem Offizierslager, lag vor allem darin, dass hier der Häftling nur eine Nummer ohne Namen war. Er musste entgegen seinem Willen vergessen, wer er noch vor kurzem war, und einsehen, dass die Lagerexistenz keine Weiterführung seines früheren Lebens war. Es gab hier keinen Platz für die Fortsetzung seiner beruflichen Laufbahn, keinen Bedarf für seine Ausbildung, keine Wertschätzung seiner sozialen Stellung. Überdies war es sicherer, seinen Beruf geheim zu halten und zu vergessen. Ein solches „Loslösen" von der alten Persönlichkeit half bei der Anpassung an das grausame Lagerregime, schwächte jedoch die psychischen und moralischen Stützen, die vorher wirksam funktioniert hatten.

Der Prozess begann mit dem Aufgeben der gewohnten Körperhygiene und der üblichen Verhaltensweisen. Mahlzeiten mussten in großer Hast eingenommen werden, die zu Hause üblichen Rituale: Hände waschen, sich zu Tisch setzen, langsam den Hunger stillen, blieben auf der Strecke. Verlockend war die Perspektive eines Nachschlags: wer schneller fertig war, konnte sich schneller beim Futterkessel wieder anstellen oder in einen „besseren" Block laufen, um von seinem „Beschützer" eine Zusatzration zu ergattern. Man musste seinen Widerwillen gegen den ekelerregenden Fraß überwinden – wässrige Brühe aus dreckigem, mit Unkraut verkochtem Spinat oder aus oft halbverfaulten Futterrüben, bar aller Nährstoffe.

Auch in anderen Situationen mussten die Häftlinge ihren Ekel überwinden: beim Suchen von Küchenabfällen, beim Rauchen von Zigarettenstummeln, die von Zivilarbeitern und SS-Männern weggeworfen wurden. Genauso war es beim Entfernen von Flöhen und Läusen aus Wäsche und Decken. Das war überaus notwendig, hatten doch die Häftlinge dreckige, zerrissene Lumpen an und durchschwitzte Wäsche, die sich an die Haut anlegte.

Die natürliche Kultur des Alltags, die von den SS-Führern, Blockältesten und Kapos auf ideal gemachte Betten und ideales Stillstehen in der Reihe sowie das allabendliche Waschen der Füße reduziert war, ging in dem widernatürlichen Lagerleben unter.

Da man ständig nur daran dachte, wie man sich vor Hunger und Schlägen schützen kann, verdrängte man alle anderen Gedanken, auch ideologische und moralische Überlegungen. Die Häftlinge, die langsam zu Muselmännern wurden, sprachen deshalb ungern über abstrakte Themen, über die Nachkriegszeit, sie waren selbst über deutsche Frontniederlagen irritiert, schließlich verfielen sie in Apathie, aus der sie nichts mehr zurückholen konnte. In dieser Phase konnte in gewissen Fällen nur Gesang, manchmal Musik in das Bewusstsein des Häftlings dringen, für gewöhnlich nur für kurze Zeit.

Ein Leben in Illusion, als Selbstschutz vor Gewalt und als Ersatz eines Lebens in Freiheit, äußerte sich auf verschiedene Weise. Sehr beliebt waren Prophezeiungen aus Zahlen, etwa des Geburtsdatums Hitlers oder des Kriegsanfangs, die Hitlers Niederlage und das Kriegsende voraussagen sollten. Die Weissagungen des Nostradamus waren bei den Häftlingen nicht nur am Anfang ihrer Lagerhaft populär. Manche trugen „Glückssteine" oder selbst entworfene Amulette, die vor Schlägen schützen sollten. Aus demselben Grund waren „Geschichten" und optimistische Voraussagen selbsternannter „Propheten" bei den Lagerinsassen hoch im Kurs. Aussagen politisch versierter Häftlinge, die den Kriegsverlauf richtig einschätzten, lehnten sie hingegen ab.

Daneben gaben viele nach und nach jeden Versuch auf, den politischen Sinn des Weltgeschehens zu begreifen und sich eine eigene Meinung darüber zu bilden. Je schwächer ein Häftling wurde, umso mehr wurde er für demagogische Propaganda empfänglich und wehrte sich nicht mehr gegen demoralisierende politische Aufforderungen (Volksliste) und unmoralische Angebote. Diesem Prozess ging der Verlust des Vertrauens in die eigenen Kräfte und in die Fähigkeit, das Lager zu überstehen, voraus. Gleichzeitig erfolgte auch der Zusammenbruch des Glaubens an eine moralische Ordnung in der Welt, an die historische Gerechtigkeit und an die göttliche Vorsehung.

Der totale Zusammenbruch trat nie plötzlich auf. Körperliche und psychische Selbstschutzmechanismen, die aus dem Selbsterhaltungstrieb resultierten, bremsten diesen Prozess. Oft schwankte der Gemütszustand des Häftlings so lange zwischen extremem Optimismus und Pessimismus, bis der ausgezehrte Organismus keiner optimistischen Regung mehr fähig war.

Die Annahme von Historikern, die sich mit dem Thema KZ beschäftigen, dass nur Menschen starken Willens, die für Depressionen nicht anfällig waren und an ihre Befreiung glaubten, überleben konnten, ist nur dann richtig, wenn diese Grundhaltung von einer entsprechenden körperlichen Widerstandskraft begleitet war. Am meisten setzte das schreckliche Lagerregime jenen Menschen zu, die am stärksten an die historische Gerechtigkeit und die moralische Ordnung glaubten und deren Überzeugung von dem Guten im Menschen erschüttert wurde. Sie fanden häufig den Tod, da sie sich mit der Lagerrealität bar jeder Moral nicht abfinden konnten. Überleben konnten – mit wenigen Ausnahmen – vor allem Personen, die sich im Leben zu helfen wussten, die eine angeborene oder angelernte Widerstandskraft gegenüber der Gewalt und Demütigung im Lager hatten, sowie eine entsprechende Disziplin im Alltag. Dies alles stärkte den Glauben an die eigenen Kräfte, schützte vor körperlichem und psychischem Niedergang.

Die Teilung der Häftlingsgemeinschaft in verschiedene Gruppen trug zum moralischen Verfall bei. Auf der einen Seite gab es die privilegierten Prominenten, die relativ sicher lebten, auf der anderen Seite die todgeweihten Muselmänner und Krüppel. Daher empfanden schlechter gestellte Häftlinge starke Neidgefühle, stärkere als im normalen Leben, und die besser gestellten viel Verachtung und Geringschätzung für die Schwächeren. Neben dem Neid herrschte auch die ständige Befürchtung, dass man in niedrigere Positionen in der Lagerstruktur abgeschoben werden könnte.

Die Angst führte dazu, dass jeder versuchte, in der Lagerhierarchie nicht abzurutschen oder sich um einen „sozialen Aufstieg" bemühte, und deshalb Kapos, Block- und Stubenälteste mit seinen Wurst- und Margarinerationen, Zigaretten oder Produkten aus seinen Lebensmittelpaketen bestach. Diese erniedrigende Speichelleckerei störte höchstens Neuankömmlinge oder besser gestellte Häftlinge. Die meisten Lagerinsassen empfanden dies als Ausdruck des Selbsterhaltungstriebs. Durch diese primitiven Aktionen wollten sie sich vor Diskriminierung schützen und ihre Situation verbessern.

Die Angst vor dem Abgleiten auf die niedrigste Stufe ließ viele Häftlinge die Haltung solcher Kameraden akzeptierten, die bessere Arbeitskommandos, besseres Essen, bessere Kleidung und eine relative Sicherheit im Block unmoralischen Handlungen, selbst homosexuellen Beziehungen, verdankten. Viele dachten: „Pfeif auf die anderen! Jeder ist sich selbst der nächste!"

Wem es gelungen war, eine Funktion zu bekommen und sich über die hungernde Masse zu erheben, empfand Verachtung und Geringschätzung für Häftlinge, die sich nicht zu helfen wussten und an Erschöpfung starben oder verhungerten. Diese Empfindungen wurden von den SS-Führern bewusst geschürt. Im übrigen hatten sie ähnliche Gefühle. Auch ihnen war es gelungen, den Schrecken des Krieges im Osten, dem Frost, den Läusen in den Schützengräben, den Bunkern und Erdhöhlen, den Feldlazaretten oder dem Leben in bombardierten Städten zu entkommen. Dieses Überlegenheitsgefühl war bei der kriminellen Elite im Lager besonders ausgeprägt. Ihre Vertreter hatten vor der Einlieferung ins Lager bereits 5 bis 10 Jahre in Gefängnissen verbracht, vor Kriegsausbruch auch eine Zeit in anderen Lagern; sie wussten, dass sie nicht wegen ihrer hohen Moral überlebt hatten, sondern ganz im Gegenteil – wegen ihrer Gleichgültigkeit gegenüber allen moralischen Skrupeln. Ihre Abneigung galt besonders allen Gebildeten. Sie beschimpften Lehrer, Priester und Brillenträger (was für sie ein Anzeichen für höhere Bildung war) mit vulgären Worten. Ähnlich verhielten sich auch viele Lagerinsassen, die aus solchen sozialen Schichten stammten, wo ein Aufstieg nicht zwingend mit intellektuellen Fähigkeiten Hand in Hand ging: Polizisten, Gefängniswärter, Hehler und Schieber. Auch manche jüngeren Häftlinge ließen sich davon anstecken. Durch ein solches Verhalten sonderten sie sich vom Gros der Lagerinsassen ab. Sie wurden zu Stubendiensten, gehorsamen Gehilfen von Kapos und Blockältesten, zu Liebesdienern von Prominenten, zu Hilfskapos.

Die Angst vor dem Verlust einer privilegierten Stellung ließ moralische Skrupel vergessen. Das war den SS-Führern ganz klar. Einmal fand ein in seiner Perversität teuflischer Versuch statt, um festzustellen, wie weit die

Demoralisierung der Funktionäre gediehen ist. Der Lagerführer befahl den Blockschreibern befohlen, persönlich je einen Muselmann in einem Fass zu ertränken. Aufsicht über die Ausführung dieses Befehls hatten die schlimmsten Kapos, alle Berufsverbrecher. Keiner von den Blockschreibern, die im Allgemeinen sehr umgänglich und den Häftlingen wohl gesonnen waren, wagte es, trotz anfänglicher Widerstände, diesen Befehl zu verweigern.[335] Ebenso erging es den im Revier und im Invalidenblock Beschäftigten. Sie wurden gezwungen, Häftlinge, die vergast oder totgespritzt werden sollten, zu selektieren. Sie taten zwar alles, um möglichst viele Menschen zu retten, dennoch mussten sie ein gewisses Kontingent aussondern.[336]

Die nationalsozialistische Ideologie billigte nur Starken das Recht auf Leben zu. Während in der abendländischen Kultur das Gefühl der Solidarität mit den Schwachen, Mitleid und der Wille zu helfen stark verwurzelt sind, hat in den Konzentrationslagern der Anblick eines schwachen Häftlings bei den SS-Führern Abscheu und Empörung hervorgerufen. Die Frage an das potentielle Opfer „Warum lebst du noch?" war oft zu hören. Die Verkürzung des Lebens durch Schläge, Hunger, Injektionen oder Gas war in den Augen der SS oft eine Verkürzung der Qualen von todgeweihten Menschen. Zu dieser Philosophie bekannten sich die Lagerärzte wie Dr. Krieger oder Dr. Vetter, aber auch der Revierkapo Roth und der „Mordkapo" Van Loosen. Auch Funktionshäftlingen war diese Einstellung nicht fremd, sie war vielleicht nur nicht so stark ausgeprägt. Das Konzentrationslager war eine Schule der Unmenschlichkeit, sie hatte wunderbare Lehrmeister, die die Lehre in der Praxis demonstrierten und die es verstanden, gelehrige Schüler zu gewinnen.

Wie reagierte die Häftlingsgemeinschaft auf den moralischen Verfall mancher Kameraden? Im unmittelbaren Umfeld gab es für gewöhnlich stillen Boykott einem einflussreichen Kapo, Stubendienst oder Blockschreiber gegenüber, ein „gewöhnlicher" Mithäftling hingegen wurde ganz offen geächtet. Es gab aber keinen Fall des offenen Boykotts, an dem sich alle Insassen beteiligten.

Der Hass auf die Mörderkapos wurde nicht zur Schau gestellt. Sein Ausmaß wurde nach der Befreiung offenbar, als die Überlebenden an den im Lager verbliebenen Kapos, auch wenn sie nicht die größten Banditen waren, blutige Vergeltung übten.

Es ist schwer festzustellen, wie groß der Umfang der Demoralisierung war. Nach der Befreiung kehrten die Überlebenden in ihre Heimatländer zurück und setzten alles daran, um die schweren Belastungen der Lagerhaft zu überwinden. Zurückgeblieben sind jedoch psychische Traumata, deren Ursache im jahrelangen Leben mit Hunger, Angst, Tod und Rechtlosigkeit lag. Sie lasten auf ihrem Leben, kommen in schwierigen Lebenslagen zum Vorschein und können die körperliche und geistige Leistungsfähigkeit reduzieren.

Der Verlust der Gesundheit

Es war offensichtlich, dass der Lageraufenthalt schwerwiegende Folgen für die Gesundheit der Häftlinge haben wird. Das zeigte sich an der enorm hohen Sterblichkeit in den ersten Monaten nach der Befreiung, aber auch an einer durchschnittlich kürzeren Lebensdauer der Überlebenden.

Der Untersuchung der Gesundheit ehemaliger KZ-Häftlinge wird in vielen Ländern große Aufmerksamkeit gewidmet.[337] Es gibt auch Untersuchungen unter dem Schutz der Internationalen Föderation der Widerstandskämpfer (FIR) in Wien.[338]

Untersuchungen polnischer Soziologen und Demographen haben ergeben, dass in den ersten 15 Nachkriegsjahren die Sterblichkeit unter ehemaligen KZ-Häftlingen 10 mal höher war als bei Vergleichsgruppen, die nicht in einem KZ waren und dass ein im Lager durchlebtes Jahr 4 Jahren eines normalen Lebens gleichkommt.[339]

Die Forschungen von Dr. F. Blaha haben gezeigt, dass die Mortalität unter ehemaligen KZ-Häftlingen direkt proportional war zum Zeitraum ihrer Inhaftierung (von 1 bis 5 Jahren), sowie zur Anzahl der Lager und Gefängnisse, die sie durchliefen (meist 3 bis 5).[340]

Ärzte, die sich auf Behandlung von Kriegsgeschädigten spezialisierten, haben festgestellt, dass im Krankheitsverlauf ehemaliger KZ-Häftlinge ein besonderes Syndrom auftritt, das sogenannte Lagersyndrom. Seine Genese liegt in den Lagererlebnissen: Hunger, Angst, Krankheiten oder Verletzungen. Es manifestiert sich in der sogenannten Lagerkrankheit mit verschiedenen Symptomen, wie Kreislauf-, Herz- und Verdauungstraktbeschwerden sowie Neurosen, die zu einer chronischen fortschreitenden Asthenie führen. Weitere Folgen sind: verfrühte Atherosklerose, Depressionen und asthenische neuropsychische Spannungen und psychophysische Insuffizienz, die den Organismus verfrüht altern lassen.[341]

Erfahrungen von Ärzten, die ehemalige Häftlinge der Konzentrationslager Auschwitz, Dachau und Mauthausen betreuen, bestätigen diese allgemeinen Beobachtungen. Viele Gusener Häftlinge waren auch in Auschwitz und Dachau, deshalb sind Untersuchungen dieser drei Häftlingsgruppen hier ausschlaggebend. Laut Dr. Stanisław Bieńka treten bei 450 ehemaligen Häftlingen dieser Lager, in der Gruppe, die bis zu drei Jahren inhaftiert war (194 Häftlinge) und in der Gruppe, die zwischen drei und fünf Jahren inhaftiert war (265 Häftlinge) folgende Krankheiten am häufigsten auf:

Art der Erkrankung	Lagerhaft < 3 Jahre	Lagerhaft 3 bis 5 Jahre
rheumatische Erkrankungen	61	136
Lungenkrankheiten	61	118
Kreislauf- und Herzerkrankungen	54	110
Erkrankungen des Verdauungstraktes (Zwölffingerdarm- u. andere Geschwüre, Krankheiten des Darmtraktes und der Bauspeicheldrüse)	48	128
Neurosen	42	75

In beiden Gruppen sind auch viele Folgen erlittener Verletzungen erkennbar: von Knochenbrüchen, ausgeschlagenen Zähnen oder Narben nach Phlegmonen – in der ersten Gruppe bei 73 Personen, in der zweiten bei 163.

Untersucht wurden ehemalige Häftlinge aus Großpolen, 20 Jahre nach Kriegsende. Dr. Bieńka schreibt: „Überlebt haben die stärksten und gesündesten […]. Der Gesundheitszustand der Gesündesten ist tragisch […]."[34]

In den Aussagen der Häftlinge über ihren Gesundheitszustand werden vordergründig folgende Probleme angegeben: gesteigerte Nervosität und Angstzustände bei fast allen, genauso Erschöpfungszustände und verminderte Leistungsfähigkeit, besonders bemerkbar bei intellektueller Beanspruchung; Leistenbrüche – besonders bei denjenigen, die bei Ablade-, Erdbewegungs-, Bau- und Kanalisationsarbeiten beschäftigt gewesen waren.

Lungenkrankheiten, vor allem eine Staublunge, haben die Lebensqualität vieler ehemaliger Lagerinsassen eingeschränkt, ihre Lebensdauer verkürzt und ihren Tod herbeigeführt. Betroffen waren vor allem Steinbrucharbeiter (Steinmetze und Bohrer) oder Arbeiter, die bei den Stollen Kellerbau und Bergkristall eingesetzt waren. Bei den noch Lebenden tritt Lungenkrebs besonders häufig auf.

Die übermenschliche Anstrengung bei unzureichender Ernährung im Lager führt heute bei ehemaligen Häftlingen oft zu Herzinfarkt und Herz-Kreislauf-Störungen. Ein verführter körperlicher Verfall zwingt viele von ihnen, ihr Berufsleben aufzugeben und eine Invaliditätsrente zu beantragen.

Die körperlichen Leiden sind die Fortsetzung des im Lager durchlebten Albtraums, der sich unauslöschlich in ihr Leben eingeprägt hat.

Die Anzahl der Opfer

Es ist unmöglich, die genaue Anzahl aller Gusener Opfer zu ermitteln. Nicht alle Sterbefälle wurden in den Totenbüchern verzeichnet, die Angaben in den monatlichen Berichten, aber auch in den täglichen Meldungen des Lagerführers wurden absichtlich unklar dargestellt; Gusener Häftlinge wurden auch in Mauthausen erschossen, 3.423 Personen wurden nach Hartheim zur Vergasung geschickt, an die 1.200 im Gaswagen erstickt. Deshalb unterscheiden sich die Angaben über die Todesfälle in verschiedenen Lagerstatistiken oft wesentlich voneinander.

Bei meinen Angaben stütze ich mich auf folgende Quellen:

I. Eine Statistik der Todesfälle Józef Żmijs, eines Häftlings, der in der Schreibstube für die Häftlingskarteien und die Totenbücher zuständig war. Seine Statistik beruht auf den Jahresberichten aus den Jahren 1940-1944 und den Stärkemeldungen im Zeitraum 1. Januar bis 5. April 1945.[34] Fälschlicherweise hat Żmij in dieser Statistik 1.132 im Jahr 1942 in Hartheim vergaste Häftlinge als 1944 ermordet angegeben. Seine Angaben geben den Stand nach den Eintragungen in den Totenbüchern wieder, in welchen Todesfälle im Schutzhaftlager und im Kriegsgefangenenlager, aber nicht Todesfälle außerhalb des Lagers Gusen verzeichnet wurden.

II. Drei Originale von Gusener Totenbüchern aus dem Zeitraum 1. Juni 1940 bis 27. April 1945, die von der Australischen Roten-Kreuz-Gesellschaft an den Internationalen Suchdienst in Arolsen übermittelt wurden.[344] Diese Totenbücher beinhalten Familiennamen von in Gusen verstorbenen Häftlingen, darunter auch Namen einiger Häftlinge, die in Hartheim vergast wurden. Sie beinhalten nicht die Namen der Toten im Lager der sowjetischen Kriegsgefangenen. Ein gesondertes Totenbuch der sowjetischen Kriegsgefangenen, welches sich ebenfalls in der Schreibstube befand, wurde nach der Befreiung den russischen Militärbehörden übergeben.[i]

III. Aufzeichnungen, die Stanisław Nogaj im Lager machte. Darin sind statistische Angaben erfasst, die er aus der Schreibstube oder aus dem Revier erhielt.³⁴⁵ Die genauen Berechnungen von Nogaj decken sich fast zur Gänze mit den Angaben in den Gusener Totenbüchern.

Diese Quellen sind die glaubwürdigsten. Die Zahlenunterschiede ergeben sich vermutlich aus verschiedenen Berechnungsmethoden der Gesamtanzahl der Todesfälle, insbesondere bei zweifelhaften Fällen (Überstellung nach Mauthausen, Transporte nach Hartheim).

Eine zusätzliche Quelle zur Feststellung der Opferzahl in Gusen sind die Totenbücher aus Mauthausen, die der SS-Standortarzt führte. Sie beinhalten Angaben über verstorbene Häftlinge in allen Lagern, die dem Kommandanten von Mauthausen unterstellt waren und in denen der Standortarzt die Oberaufsicht über die medizinische Versorgung hatte. Es gibt 13 solche Totenbücher, darin sind 68.874 Namen von Häftlingen verzeichnet, ihre Geburtsdaten und Häftlingsnummern. Jetzt befinden sie sich in den National Archives der Vereinigten Staaten.[ii]

Die Totenbücher von Mauthausen hat Hans Maršálek analysiert. Er hat die in diesen Totenbüchern verzeichneten Namen der getöteten Gusener Häftlinge gezählt und die Ergebnisse in drei Zusammenstellungen veröffentlicht: 1968 in einer Broschüre über Gusen, in der er alle Todesfälle im Schutzhaft- und im Kriegsgefangenenlager angibt, und 1974 in seinem Buch „Die Geschichte des Konzentrationslagers Mauthausen", wo er a) alle in diesen Büchern erfassten Gusener Häftlinge und b) alle Häftlinge des Schutzhaftlagers ohne die Kriegsgefangenen berücksichtigt.

Darüber hinaus hat Maršálek die Anzahl der Häftlinge festgestellt, die in Totenbüchern des Standortarztes nicht erfasst oder als außerhalb von Gusen verstorben verzeichnet wurden:

a) der in Hartheim Vergasten
b) der im Gaswagen Erstickten

---

i Das Totenbuch des Kriegsgefangenenlagers Mauthausen/Gusen wurde beim International Military Tribunal in Nürnberg als Beweisstück verwendet (PS–495) und wird in den National Archives der U.S.A aufbewahrt (NARA RG 238, IMT Prosecution Exhibits: USA 250, Entry 2A, box 13).

ii Von Mai bis Juli 1940 wurden 53 in Gusen Verstorbene im Totenbuch des SS-Standortarztes Mauthausen registriert, danach finden darin sich keine die Opfer von Gusen betreffenden Einträge mehr, AMM Y/46

c) der im Mauthausen Erschossenen
d) der nichtregistrierten ermordeten jüdischen Kinder
e) der nach der Befreiung im Gusener Revier oder in amerikanischen Feldlazaretten Verstorbenen.[346]

Die oben genannten Quellen unterscheiden sich voneinander nicht nur in der Anzahl der Todesfälle, sondern auch in ihrer zeitlichen Zuordnung. Żmij gibt 315 „in Gusen Exekutierte und in der Todesfabrik Hartheim Getötete" im Jahr 1940 an. Maršálek verzeichnet 240 Gusener Häftlinge, die als Geiseln in Mauthausen erschossen wurden. Żmij schreibt von 1.900 Gusener Häftlingen, die 1945 „in der Gaskammer in Mauthausen getötet wurden", während Maršálek 2.937 kranke Gusener Häftlinge angibt, die im Zeitraum vom 28. Februar 1945 bis zum 30. März 1945 ins Krankenlager Mauthausen gebracht wurden und von denen bereits in den ersten Märztagen 1.700 verstorben sind.

Tabelle 13
Anzahl der Todesfälle in Gusen in den Jahren 1940–1945 nach verschiedenen Quellen

Quelle	1940	1941	1942	1943	1944	1945	ohne Datum	Gesamt
Statistik nach Żmij								
a) Gusener Häftlinge	1.469	5.793	6.088	5.225	4.789	10.700	-	-
b) Sowj. Kriegsgefangene	-	-	-	-	-	-	2.843	-
c) in Mauthausen vergast	-	-	-	-	-	1.900	-	-
d) in Hartheim vergast	-	-	-	-	1.132	-	-	-
e) Warschauer Transporte (erschossen)	315	-	-	-	-	-	-	37.411
Aufzeichnungen von Nogaj								
a) Gusener Häftlinge		6.994	5.006	5.173	4.691	.	.	.
b) Sowjetische Kriegsgefangene	-	220	2.197	130	99	197	.	2.843
Totenbücher Gusen	1.430	5.564	5.005	5.173	4.691	4.673	.	30.536
Totenbücher des Standortarztes in Mauthausen (nach Maršálek)								
a) Zusammenstellung 1968	1.522	5.790	6.073	5.225	4.091	8.834	.	31.535
b) Zusammenstellung 1974	1.389	5.272	7.410	5.248	4.091	10.041	.	33.451
c) Zusammenstellung 1974, ohne Sowj. Kriegsgefangene	1.522	5.570	3.890	5.116	4.004	8.214	.	28.316
Statistiken nach Maršálek								
a) in Hartheim ermordet	-	510	1.132	ca. 800	698	.	.	ca. 3.140
b) in Mauthausen erschossen	240	-	-	-	-	-	-	240
c) in Mauthausen vergast	-	-	-	-	-	1.700	-	1.700
d) im Gaswagen umgebracht	-	-	ca. 780	-	-	-	-	ca. 780
e) jüdische Kinder	-	-	-	-	-	420	-	420
f) nach der Befreiung verstorben	-	-	-	-	-	1.844	-	1.844

Zweifellos sind die wichtigsten Quellen die Totenbücher mit Namensangaben. Als Basis für die Berechnungen der Todesfälle in Gusen können nur die vollständigen Namensverzeichnisse dienen, wahrscheinlich war nämlich die Aufzeichnung der Todesfälle in Gusen oder Mauthausen nicht besonders genau und ein Teil der Namen wurde ausgelassen. Man muss diese Verzeichnisse um die Angaben aus den Tages- und Monatsmeldungen des Lagerführers ergänzen, in denen laufend die Abgänge im Häftlingsstand festgehalten wurden.

Unter Berücksichtigung dieser Annahmen kann man mit großer Wahrscheinlichkeit folgende Anzahl der Todesfälle in Gusen annehmen:

Tabelle 14
Anzahl der Todesfälle in Gusen in den Jahren 1940–1945 [i]

	1940	1941	1942	1943	1944	1945	Gesamt
Gusener Häftlinge (ohne Kriegsgefangene)	1.522	5.570	5.005	5.173	4.691	10.954	32.915
in Hartheim vergast	-	510	1.132	800*	698	-	3.140
sowjetische Kriegsgefangene	-	220	2.197	130	99	197	2.843
im Gaswagen erstickt	-	-	1.200*	-	-	-	1.200
im Krankenlager Mauthausen verstorben	-	-	-	-	-	1.900	1.900
in Mauthausen erschossen	240	-	-	-	-	-	240
jüdische Kinder	-	-	-	-	-	420	420
Nach der Befreiung verstorben: am 5. Mai 1945	-	-	-	-	-	102	
von 6. Mai bis 4.6.1945 im Lager	-	-	-	-	-	1.042	
nach 6. Mai 1945 in Feldlazaretten	-	-	-	-	-	800*	1.944*
Gesamt	1.762	6.300	9.534	6.103	5.488	15.415	44.602

* ungefähre Schätzung

---

i Recherchen in anderen Quellen ergeben eine Mindestanzahl von 35.680 im Lager Gusen umgekommenen Häftlingen. Davon sind nach Angaben von Hans Maršálek 1.144 nach der Befreiung des Lagers verstorben. Die folgende Tabelle gibt einen Gesamtüberblick über die jeweiligen Mindestzahlen auf Basis des aktuellen Forschungsstands. Nicht berücksichtigt sind darin Häftlinge, die in Mauthausen oder nach der Befreiung in Spitälern verstorben sind. Die Zahlen basieren auf: Clin: Depouillement du registre des deces du camp de concentration de Gusen 1er Juin 1940 – 30. Avril 1943; Vitry: Les morts de Gusen, Annexe 13; Choumoff: Nationalsozialistische Massentötungen durch Giftgas auf österreichischem Gebiet 1940-1945, S. 55-79 und S. 131-149; Maršálek, Konzentrationslager Gusen, S. 40.;

VERNICHTUNGSLAGER GUSEN

Die Anzahl der Opfer in Gusen war also enorm. Von ca. 77.540[i] Häftlingen kamen 44.602 um, das sind 57,6%, davon 42.658 während des Lagerbestehens (55,1%). 1.944 Personen starben kurz nach der Befreiung an alten Verletzungen und Erschöpfung (2,5%).

Im Vergleich zur Anzahl der Neuzugänge ins Lager in den Jahren 1940-1945 sehen die Prozentsätze der Ermordeten und Verstorbenen folgendermaßen aus:

Tabelle 15

Jahr	Zugänge	Anzahl der Ermordeten und Verstorbenen	Anteil der Todesfälle im Verhältnis zu den Zugängen
1940 und 1941	17.850	8.062	45,3%
1942	9.910	9.534	96,2%
1943	10.129	6.103	60,4%
1944	24.000	5.488	22,9%
1945	15.651	15.415	99,8%
Gesamt	77.540	44.602	57,6%

Fabréguet: Mauthausen, S.153; Totenbuch des Kriegsgefangenenlagers Mauthausen/Gusen, AMM Y/31.

	1940	1941	1942	1943	1944	1945	**Gesamt**
Einträge im Totenbuch Mauthausen	53						**53**
Gusener Häftlinge (ohne Kriegsgefangene)	1.526	5.570	3.892	5.137	4.005	8.790	**28.920**
in Hartheim vergast	-	934	198	-	749	-	**1.881**
sowjetische Kriegsgefangene	-	221	2.197	132	90	172	**2.812**
im Gaswagen erstickt	-	-	450	-	-	-	**450**
jüdische Kinder	-	-	-	-	-	420	**420**
Nach der Befreiung verstorben:							
am 5. Mai 1945	-	-	-	-	-	102	**102**
zwischen 6. Mai und 4. Juni 1945 im Lager	-	-	-	-	-	1.042	**1.042**
Gesamt	1.526	6.725	6.737	5.269	4.844	10.526	**35.680**

i s.o., Kap. VI, S. 173, Anm. i.

Der tatsächliche Prozentsatz der Todesfälle war jedoch noch höher, da in der Tabelle die Anzahl der aus dem Lager Entlassenen und in andere Lager Überstellten (ca. 8.500 Personen) nicht berücksichtigt ist. Nach dieser Korrektur beträgt die Anzahl der Todesfälle 64,8% der Gesamtanzahl der Häftlinge.

Die Sterblichkeit ist in den ersten drei Jahren ständig gestiegen. 1940 starben täglich durchschnittlich 8 Häftlinge, 1941: 17, 1942: 25. 1943 waren es wieder 17, 1944 (bis Oktober) weniger als 15, erst ab Oktober 1944 kam es wieder zu einem Anstieg und 1945 betrug diese Zahl 105. Der Anstieg war in den einzelnen Monaten jedoch nicht gleich. Prof. Michel de Bouard von der Universität Caën hat die monatlichen Statistiken der Todesfälle in Gusen anhand der Totenbücher, die in Arolsen aufbewahrt werden, d. h. ohne die sowjetischen Kriegsgefangenen und die in Gusen nicht verzeichneten Sterbefälle, graphisch dargestellt.

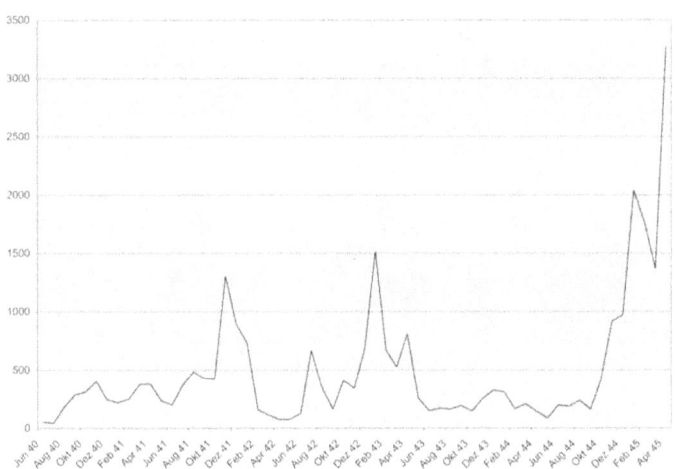

Abb. 25: Entwicklung der Todeszahlen in den Totenbüchern Gusen 1940-1945.

Die Graphik zeigt den Anstieg der Todesfälle bei Massentötungsaktionen 1941 (Totbadeaktionen im November und Dezember 1941), an der Wende 1942/1943 sowie in den letzten Monaten des Lagerbestehens, ab November 1944 bis März 1945. Die Graphik endet in März 1945, sie zeigt also den enormen Anstieg der Sterbefälle im April 1945 nicht mehr (Vergasungen in Gusen I, Massenmorde in Gusen II).[347]

Die zahlenmäßig größte Gruppe der Todesopfer waren die Polen. In der Statistik Żmijs gab es unter den 37.411 Opfern: 22.092 Polen (60%),[i] 5.024 Spanier (12%), 2.843 sowjetische Kriegsgefangene (7%) sowie 7.452 Häftlinge aller anderen Nationalitäten (ca. 20%), darunter auch politische Häftlinge und Zivilarbeiter aus der Sowjetunion.

Wenn man von einer höheren Anzahl aller Todesfälle ausgeht und denselben Prozentsatz anwendet, dann würde die Anzahl der polnischen Opfer fast 27.000 betragen. Ausgehend von dieser Zahl würde im Verhältnis zu rund 34.300[ii] aller polnischen Häftlinge in Gusen, der Prozentsatz der Todesfälle 85% betragen, wenn man die Entlassenen und die in andere Lager Verlegten abzieht. Diese Zahlen zeugen von der gründlichen Durchführung der Anordnung Himmlers, nach der Gusen ein Vernichtungslager für die polnische Intelligenz sein sollte.

Die Botschaft der Überlebenden aller Nationalitäten an die Nachwelt lautet: Nie wieder Krieg, nie wieder Konzentrationslager.

---

i   Von 28.893 namentlich bekannten Opfern des KZ Gusen (ohne sowjetische Kriegsgefangene, Hartheim-Opfer und Gaswagen-Opfer) waren 12.393 (42,89%) als Polen registriert. Renauld Clin: Depouillement du registre des deces du camp de concentration de Gusen 1er Juin 1940 – 30. Avril 1943, S. 1.

ii Für die Ausstellung „Konzentrationslager Gusen 1939–1945. Spuren – Fragmente – Rekonstruktionen" wurde eine Gesamtzahl von etwa 25.000 nach Gusen deportierten Polen ermittelt.

ANMERKUNGEN

1 Grzegorz Timofiejew: *Wysoki płomień*. Warszawa: 1946; Gustaw Przeczek: *Serce na kolczastych drutach*. Czeski Cieszyn: 1946; Zdzisław Wróblewski: *Dokąd płyną rzeki*. Warszawa: 1964; ders.: *Taka daleka podróż*. Warszawa: 1968.
2 [Zofia Kossak-Szczucka]: *W piekle*. Warszawa: 1942 und 1943; [Włodzimierz Wnuk], in: *Z pierwszej linii frontu*, Kapitel IV. Warszawa: 1943 und Glasgow: 1943.
3 Siehe Quellen und Literatur am Ende des Buches.
4 Am genausten schrieb über die Widerstandsbewegung in Gusen W Gębik: *Z diabłami na ty*.
5 Jerzy Osuchowski: *Gusen - przedsionek piekła*; Christian Bernadac: *Le neuvième cercle*.
6 Das KZ Mauthausen war die Zentrale des gesamten Lagersystems in Österreich. Anfang 1945 betrug die Anzahl der Häftlinge in diesen Lagern an die 85.000. Die größten Lager hatten bei ihrer maximalen Belegung 1944 oder 1945: Gusen 26.311 Häftlinge; Ebensee 18.437; Gunskirchen ca. 15.000; Melk 10.314; Linz 6.690; Amstetten 2.966; Wiener Neudorf 2.954; Schwechat-Wien 2.568; Steyr-Münichholz 1.971; Schlier-Redl-Zipf 1.488; St. Valentin und Sauerwerke – Wien-West je 1.480. Insgesamt durchliefen mindestens 197.464 Häftlinge dieses Lagersystem (192.737 Männer und 4.727 Frauen) aus fast allen Ländern Europas. Es wurden mindestens 108.500 Häftlinge im Lagersystem Mauthausen ermordet. Hans Maršálek: *Die Geschichte des Konzentrationslagers Mauthausen*. Wien: 1974. *[Den Analysen Fabreguets, Maršáleks (³1995) und Gisela Rabitsch' (Konzentrationslager in Österreich (1938-1945). Überblick und Geschehen. Wien: Diss. 1967) zufolge kamen zwischen 95.000 und 107.822 Menschen im Lagersystem Mauthausen um ihr Leben. Ein Überblick ist zu finden in: Florian Freund u. Bertrand Perz: Die Zahlenentwicklung der ausländischen Zwangsarbeiter und Zwangsarbeiterinnen auf dem Gebiet der Republik Österreich 1939 – 1945. Gutachten im Auftrag der Historikerkommission der Republik Österreich, Wien 2000. S. 157f.; Anm. d. Hg.]*
7 Enno Georg: *Die wirtschaftlichen Unternehmungen der SS*, S. 44; auch Hans Maršálek: *Die Geschichte des Konzentrationslagers Mauthausen*, S. 3f.
8 Hans Maršálek: *Die Geschichte des Konzentrationslagers Mauthausen*, S. 4.
9 So bezeichnete der Chef der Sicherheitspolizei und des SD, SS-Obergruppenführer Reinhard Heydrich die Funktion von Mauthausen und Gusen in dem Erlass vom 1.1.1941 *[Vgl. AMM A/7/1: Rundschreiben des Chefs der Sipo und des SD vom 1. Jänner 1941; Anm d. Hg.]*.
10 Die Einteilung der Lager in Stufen wurde 1940 vorgenommen. Die Lager im Dritten Reich waren demnach:

Lagerstufe I: für alle wenig belasteten und bedingt besserungsfähigen Schutzhäftlinge: Dachau, Sachsenhausen, Auschwitz I, Niederhagen, sowie für Sonderfälle (Stufe IA) – Dachau für besonders schonungsbedürftige, ältere und kaum arbeitsfähige Häftlinge, z.B. im Heilkräutergarten.
Lagerstufe II: für schwer belastete, jedoch noch erziehungs- und besserungsfähige Schutzhäftlinge: Buchenwald, Flossenbürg, Neuengamme, Auschwitz II, Groß-Rosen, Natzweiler, Stutthof bei Danzig.
Lagerstufe III: für schwer belastete, unverbesserliche und gleichzeitig kriminell vorbestrafte und asoziale, d. h. kaum noch erziehbare Schutzhäftlinge: Mauthausen und das Außenlager Gusen.
Außerhalb der Klassifizierung bleib nur das Frauenlager Ravensbrück. In der polnischen Literatur gibt es eine Beschreibung der Lagerklassifizierung bei Franciszek Ryszka: *Państwo stanu wyjątkowego*, S. 338.
[Mit dem Rundschreiben des Inspekteurs der Konzentrationslager an alle Lagerkommandanten vom 19.9.1942 wurde nachträglich auch das Konzentrationslager Groß-Rosen in die Lagerstufe III eingeteilt (Thüringisches Hauptstaatsarchiv Weimar, Ns 4 Bu 31, Bl. 1r.); Anm. d. Hg.]

11 Hans Maršálek: *Die Geschichte des Konzentrationslagers Mauthausen*, S. 93; AGKBZHwP, Aussagen von Stefan Józewicz vor dem Richter, am 9.12.1945.
12 ebd.
13 Mit den Transporten im Mai und Juni 1940 kamen meistens polnische Häftlinge, die im Rahmen der im April und Mai durchgeführten sog. Polenaktion verhaftet wurden.
14 Erst im Winter 1940/41 begann man, an den Baracken Heraklitplatten als Wärmeschutz anzubringen.
15 Michel de Bouard: *Gusen*, S. 48.
16 Zentralarchiv der Vereinigten Polnischen Arbeiterpartei (CA PZPR), Józef Żmij: *Dolina śmierci*, S. 21.
17 Enno Georg: *Die wirtschaftlichen Unternehmungen der SS*, S. 15.
18 Gegen Ende des Krieges erhielten die in Österreich gelegenen Lager in der SS-Korrespondenz Tarnbezeichnungen: Melk: Quarz, Ebensee: Zement, Peggau: Marmor, Schwechat: Santa I und II.
19 In den monatlichen Meldungen für die Monate September 1944 und April 1945 als Höchstbelegungsstärke bezeichnet.
20 Den Verlauf der Verhandlungen der Vertreter des WVHA mit der Wiener Stadtverwaltung beschreibt Maršálek genau (*Die Geschichte des Konzentrationslagers Mauthausen*, S. 4f.). Die Höhe des Pachtzinses sollte 500 RM jährlich betragen.
21 Enno Georg: *Die wirtschaftlichen Unternehmungen der SS*. Die Ergebnisse dieser Gespräche sind nicht bekannt.
22 Albert Speer: *Erinnerungen*. Frankfurt/M., Berlin: 1969, S. 71.
23 Albert Speer: *Erinnerungen*, S. 156.

24 § 3 des Gesellschaftsvertrags der DESt, vgl. Georg, *Die wirtschaftlichen Unternehmungen der SS*, S. 43.
25 Über das Aufbaudarlehen Speers und den Kredit des Deutschen Roten Kreuzes Maršálek: *Die Geschichte des Konzentrationslagers Mauthausen,* S. 5 und Enno Georg: *Die wirtschaftlichen Unternehmungen der SS*, S. 135.
26 Enno Georg: *Die wirtschaftlichen Unternehmungen der SS*, S. 56 und *Le Patriote Resistant* 427-bis (1975), S. 204. In den Dokumenten des Internationalen Militärgerichtshofs in Nürnberg gibt es eine handschriftliche Notiz, die etwas andere Angaben für die Jahre 1941-1944 enthält, die jedoch nicht konsistent zusammengestellt sind. Die Zahlen in der Rubrik „Zusammen" ergeben nicht die Summen der einzelnen Rubriken.

Jahr	Zusammen	Steinbrüche	Steinbearbeitung	Ziegelwerke
1941	4.304.300	4.547.200	13.200	621.600
1942	8.208.400	6.209.000	474.000	1.806.000
1943	14.495.100	8.669.000	2.097.000	3.691.300
1944	29.848.800	> 21.000.000	2.507.809	4.857.800

27 Albert Speer: *Erinnerungen*, S. 195f.
28 Dem Aufbau der wirtschaftlichen Unternehmungen der SS hat Georg ein eigenes, schon mehrmals zitiertes Buch gewidmet. Die Angaben Georgs über die verschiedenen SS Unternehmen stützen sich auf Archivmaterial, v.a. von den Nürnberger Prozessen. Über das Management in SS Unternehmen schreibt auch Martin Broszat: *Nationalsozialistische Konzentrationslager 1933-1945*, in: Hans Buchheim et al.: *Anatomie des SS-Staates*, Bd. I, S. 7-160.
29 Enno Georg: *Die wirtschaftlichen Unternehmungen der SS*, S. 133-135.
30 ebd., S. 137f.
31 ebd., S. 10.
32 ebd., S. 110f.
33 vgl. Albert Speer: *Erinnerungen*, S. 230.
34 Enno Georg: *Die wirtschaftlichen Unternehmungen der SS*, S. 39.
35 Eine Notiz über den Verlauf der Besprechung wurde in *Buchenwald. Mahnung und Verpflichtung*, S. 243f., veröffentlicht.
36 Andrzej Józef Kamiński: *Hitlerowskie obozy koncentracyjne i ośrodki masowej zagłady w polityce imperializmu niemieckiego*, S. 165.
37 Andrzej Józef Kamiński: *Hitlerowskie obozy koncentracyjne*, S. 159f.
38 Text des Befehls von Oswald Pohl in *Buchenwald. Mahnung und Verpflichtung*, S. 244f. *[für die deutsche Ausgabe zitiert nach AMM P/16/5, Abschrift des Originaldokuments; Anm. d.Hg.].*
39 Andrzej Józef Kamiński: *Hitlerowskie obozy koncentracyjne*, S. 165.
40 Hans Maršálek: *Die Geschichte des Konzentrationslagers Mauthausen*, S. 9.
41 Andrzej Józef Kamiński: *Hitlerowskie obozy koncentracyjne*, S. 172.
42 Hans Maršálek: *Die Geschichte des Konzentrationslagers Mauthausen*, S. 7.

43 Enno Georg: *Die wirtschaftlichen Unternehmungen der SS*, S. 57.
44 Hans Maršálek: *Die Geschichte des Konzentrationslagers Mauthausen*, S. 72; Enno Georg: *Die wirtschaftlichen Unternehmungen der SS*, S. 57.
45 CA KC PZPR, Józef Żmij: *Dolina śmierci*, S. 23.
46 AKGM, Bearbeitung von M. Kwaśniewicz, Häftling in Gusen, Handschrift M49 und *Księga Mauthausen/Gusen,* Band XIV, S. 84.
47 CA KC PZPR, Józef Żmij: *Dolina śmierci*, S. 23, Aussage von T. Hanuszek, Häftling in Gusen, vor dem Staatsanwalt in Krakau am 25.4.1945 (AGKBZHwP).
48 Hans Maršálek: *Die Geschichte des Konzentrationslagers Mauthausen*, S. 135; CA KC PZPR; Józef Żmij: *Dolina śmierci*, S. 16.
49 Zur Rentabilität des Verleihs von KZ-Häftlingen siehe Martin Broszat: *Nationalsozialistische Konzentrationslager 1933-1945,* Bd. II, S. 144; Enno Georg: *Die wirtschaftlichen Unternehmungen der SS*, S. 137; Hans Maršálek: *Die Geschichte des Konzentrationslagers Mauthausen*, S. 69; Andrzej Józef Kamiński: *Hitlerowskie obozy koncentracyjne*, S. 212-215.
50 Die engsten Mitarbeiter Pohls, Dr. H. Hohberg, Dr. L. Volk und K. Mummenthey, machten während des Verfahrens gegen die Wirtschaftsbosse der SS (Fall IV) detaillierte Aussagen über seine Tätigkeit. Ausschnitte dieser Aussagen zitiert Enno Georg: *Die wirtschaftlichen Unternehmungen der SS*, S. 126-129.
51 Jerzy Osuchowski: *Gusen - przedsionek piekła*, S. 204-207; Aussagen von A. Kaufman am 10.5.1945.
52 Aussagen von J. Latzel, handschriftlich.
53 *Oskarżamy* 3 (1968), S. 50 u. 67.
54 Ing. P.K. Wolfram wurde zu 10 Jahren Haft verurteilt.
55 AGKBZHwP. Aussage von S. Józewicz vom 9.12.1945.
56 In den Jahren 1939-1945 war die politische Polizei des Deutschen Reiches formal dem Reichsinnenministerium unterstellt, das Wilhelm Frick leitete. In diesem Ministerium wurde die Reichsführung-SS (RFSS) geschaffen, an deren Spitze Heinrich Himmler im Rang eines Ministers und Mitglieds des Ministerrats als Reichsführer-SS und Chef der Deutschen Polizei stand. *[Tatsächlich wurde Frick, seit 1933 Innenminister, im August 1943 von Himmler in diesem Amt abgelöst; Anm. d. Hg.]* Die RFSS hatte mehrere Hauptämter, von denen zwei über das Schicksal der Häftlinge in den Konzentrationslagern bestimmten:
1. Dem Reichssicherheitshauptamt (RSHA) – geschaffen am 27.9.1939 unter Reinhard Heydrich (nach der Ermordung Heydrichs übernahm Ernst Kaltenbrunner das Amt) – unterstand das Amt IV: „Gegnererkennung und -bekämpfung", das die Arbeit der Gestapo leitete. Die Gebietsstellen dieses Amtes waren für Verhaftungen zuständig und bestimmten über den Transport der Häftlinge in Konzentrationslager. Über eine Entlassung konnte nur das Amt IV des RSHA entscheiden.
2. Das Wirtschaftsverwaltungshauptamt (WVHA) – geschaffen im April 1939 *[Tatsächlich entstand das WVHA erst am 1. Februar 1942 durch die Zusammenle-*

ANMERKUNGEN

gung der SS-Hauptämter „Verwaltung und Wirtschaft" und „Haushalt und Bauten"; Anm. d. Hg.] – übernahm unter der Leitung von Ogrf. Oswald Pohl im März 1942 die Verwaltung der Konzentrationslager. Im WVHA beschäftigten sich mit den Lagern 3 Amtsgruppen: C – „Bauwesen" unter Ogrf. Dr. Hans Kammler, D – „Konzentrationslager" unter Brif. Richard Glücks und W – „Wirtschaftliche Unternehmungen" unter Leitung von Ogrf. Oswald Pohl. In der Amtsgruppe D leitete das Amt D II – „Arbeitseinsatz der Häftlinge" Staf. Gerhard Maurer, das Amt D III – „Sanitätswesen und Lagerhygiene" Staf. Dr. Enno Lolling. In der Amtsgruppe W unterstanden dem Amt W I (Leitung Stbf. Karl Mummenthey) der Vorstand der DESt, dem Amt W IV – „Holzbearbeitungsbetriebe" – die Deutschen Ausrüstungswerke (DAW) und dem Amt W V – die Verwaltung der Land-, Forst- und Fischwirtschaft.

57 Die SS – Schutzstaffel der NSDAP – war zunächst eine paramilitärische Gruppe und die Stabswache Hitlers, allmählich wurde sie in eine mächtige terroristische und militärische Organisation umgewandelt. Die SS hatte eine ähnliche Struktur wie die Wehrmacht, hatte jedoch eigene Dienstgrade und militärische Abzeichen.

58 Zu Eicke siehe: Hans Buchheim et al.: *Anatomie des SS-Staates,* Bd. I; Buchheim: *Die SS – das Herrschaftsinstrument und Befehl und Gehorsam,* in: *Anatomie des SS-Staates,* Bd. I; Martin Broszat: *Nationalsozialistische Konzentrationslager 1933-1945;* T. Musiał; *Dachau 1933-1945,* II. Auflage, Warszawa 1971.

59 Hans Buchheim et al.: *Anatomie des SS-Staates,* Bd. I, S. 296.

60 Gerard Labuda: *Polska granica zachodnia,* S. 278; Andrzej Józef Kamiński: *Hitlerowskie obozy koncentracyjne,* S. 305.

61 Hans Buchheim et al.: *Anatomie des SS-Staates,* Bd. I, S. 300.

62 Andrzej Józef Kamiński: *Hitlerowskie obozy koncentracyjne,* S. 148.

63 Jerzy Osuchowski: *Gusen - przedsionek piekła,* S. 187.

64 Über Franz Ziereis siehe Jerzy Osuchowski: *Gusen - przedsionek piekła;* Aussagen von Ziereis; Musiał, S. 61 und 274.

65 Stanisław Nogaj: *Gusen,* S. 97.

66 Emile Valley: *Mauthausen.*

67 Jerzy Osuchowski: *Gusen - przedsionek piekła,* S. 188 u. 191.

68 ebd., S. 187f.

69 Stanisław Nogaj: *Gusen,* S. 104f., 121.

70 ebd., S. 133.

71 Jerzy Osuchowski: *Gusen - przedsionek piekła,* S. 198; „Die Welt" 1962, Nr. 82.

72 Jerzy Osuchowski: *Gusen - przedsionek piekła,* S. 110f.; Stanisław Nogaj: *Gusen,* S. 87; CA KC PZPR, Józef Żmij: *Dolina śmierci,* S. 27.

73 *Oskarżamy* 3 (1968), S. 64.

74 Michael Redwitz wurde 1942 als Schutzhaftlagerführer nach Dachau versetzt. 1945 wurde er vom amerikanischen Militärgericht zum Tod durch Erhängen verurteilt.

75 Tadeusz Murasiewicz sagt über ihn, dass „er seine menschlichen Eigenschaften nicht verloren hat, obwohl er eine SS-Uniform trug." Er bringt Informationen, die wahrscheinlich von J. Beck stammen, dass „Beck aus der ältesten Garde Hitlers stammte und mit Himmler per Du war ... Er stand einmal im Rang eines SA-Generals (so wurden weiterhin Briefe an ihn adressiert), aber infolge eines Streites im betrunkenen Zustand, bei dem er einen Freund erschossen hatte, wurde er zum Oberstleutnant degradiert und ins Lager geschickt. Jeder rechnete damit, dass Beck zu Amt und Würden zurückkehren würde, daher wurde er hoch geachtet. Man muss jedoch hinzufügen, dass Beck, obwohl ein Chauvinist und polenfeindlicher Deutscher, immer noch Mensch blieb. Er hatte eine Vorliebe für Kunst (er war ja Bildhauer), hat niemanden gefoltert und verabscheute die Verbrecher und Diebe unter den SS-Männern, was er im übrigen weder vor ihnen noch vor uns verbarg." Tadeusz Murasiewicz: *Trudno zapomnieć*, S. 206f. und 267.
76 Bericht von Nogaj, unveröffentlicht.
77 Brief von S. Niewiada an den Autor.
78 Jerzy Osuchowski: *Gusen - przedsionek piekła*, S. 26; AKMG, Fragebogen von L. Królak.
79 Zu Streitwieser siehe „Kurzer Lebenslauf eines SS-Führers" bei Maršálek: *Die Geschichte des Konzentrationslagers Mauthausen*, S. 156. Die Liste seiner Verbrechen ist sehr lang. 1945 hat er die frontnahen Lager in Österreich liquidiert. Man wirft ihm vor, dass er 2.400 Häftlinge vom KZ Melk auf Barken zu verladen und in der Donau zu versenken befahl; in Mödling befahl er, eine Baracke mit 250 kranken Häftlingen niederzubrennen; von den 2.880 Häftlingen, die er aus Mödling nach Mauthausen marschieren ließ, sind nur 223 angekommen (März 1945); bei der Evakuierung des Lagers Schwechat (bei Wien) befahl er, 1.600 Häftlinge umzubringen; bei der Evakuierung des Lagers Wiener Sauerwerke kamen 2.600 Häftlinge um.
80 *Oskarżamy* 1, S. 3.
81 *Oskarżamy* 3 (1968), S. 32.
82 Stanisław Nogaj: *Gusen,* S. 73f.
83 Roman Grzyb: *Koszmarne lata*, S. 137.
84 *Oskarżamy* 3 (1968), S. 59.
85 Aus den Briefen von M. Wyrwiński und M. Sławiński an den Autor.
86 AGKBZHwP, Aussage von S. Józewicz, 9.12.1945.
87 Jerzy Osuchowski: *Gusen - przedsionek piekła*, S. 189, 191, 198.
88 Zbigniew Wlazłowski: *Szpital w obozie koncentracyjnym Gusen*.
89 Über Dr. Richter siehe Zbigniew Wlazłowski: *Przez kamieniołomy i kolczasty drut*, S. 51; Jerzy Osuchowski: *Gusen - przedsionek piekła*, S. 192; *Oskarżamy* 3 (1968), S. 40.

90 Über Dr. Kiesewetter siehe Zbigniew Wlazłowski: *Szpital w obozie koncentracyjnym Gusen*; Bericht über den Prozess gegen Chmielewski, „Arbeiter Zeitung", 14.3.1961.
91 ebd.
92 Hans Maršálek: *Die Geschichte des Konzentrationslagers Mauthausen*, S. 146.
93 Enno Georg: *Die wirtschaftlichen Unternehmungen der SS*, S. 113f.
94 *Oskarżamy* 3 (1968), S. 61.
95 Stanisław Nogaj: *Gusen*, S. 27f.; Józef Żmij: *Ku uczczeniu pomordowanych*, in: Gusen, Gedenkschrift, Bielsko-Biała 1961, S. 11.
96 *Oskarżamy* 3 (1968), S. 52.
97 Stanisław Nogaj: *Gusen*, S. 61.
98 *Gusen. Jednodniówka wydana w 16-letnią rocznicę*, S. 21.
99 *Oskarżamy* 3 (1968), S. 61.
100 Viele „politische Häftlinge" aus Deutschland oder Österreich der Jahre 1940-1944 waren sog. Meckerer – unzufriedene Nörgler, die politische Gerüchte, welche nichts mit politischer Tätigkeit zu tun hatten, in Umlauf setzten. Vgl. Stanisław Nogaj: *Gusen*, S. 37.
101 AKMG, unveröffentlichte Aufzeichnungen von Nogaj, AN 277, S. 34.
102 AGKBZHwP, Raport Polskiej Misji Wojskowej w Wiedniu, S. 13.
103 Die Ansichten über polnische Kapos basieren auf Aussagen von Häftlingen in gedruckten Berichten über Gusen und in Fragebögen, die im Archiv des Klubs Mauthausen-Gusen in Katowice gesammelt wurden. Zu Władysław Gębik vgl.: Włodzimierz Wnuk: *Byłem z Wami* und Franciszek Julian Znamirowski: *Pamiętamy. Nigdy więcej obozów koncentracyjnych*, S. 100f.; zu Franciszek Gołata: Grzegorz Timofiejew: *Człowiek jest nagi*, S. 137 ff.; zu Czesław Darkowski: Władysław Gębik: *Z diabłami na ty*, S. 291-293.
104 *Oskarżamy* 3 (1968), S. 26.
105 ebd., S. 35.
106 *Oskarżamy* 1, S. 40 ff.
107 Tadeusz Murasiewicz: *Trudno zapomnieć*, S. 186; CA KC PZPR, Józef Żmij: *Dolina śmierci* (Wuggeniggs Tod).
108 Zbigniew Wlazłowski: *Przez kamieniołomy i kolczasty drut*, S. 120.
109 Michel de Bouard: *Gusen*, S. 59.
110 Im Lager ging das Gerücht um, der Lagerälteste Kammerer sei ein Geliebter Chmielewskis.
111 Das sind Namen von folgenden Block- und Stubenältesten oder Kapos: Johann Appitz, Helmut Becker, Franz Beuth, Bronsart, Oskar Christ, Alois Damm, Daniel, Hugo Gasch, Hatschi Grill, Otto Heidemann, Heinz Heil, Walter Hommen, Walter Junge, Heinrich Käferböck, Klockmann, Franz Liesberg, Johann van Loosen, Richard Martick, Karl Pastewka, Joseph Rösler, Franz Schrögler, Bruno Weidemann, Vanderbusch.

112 Stanisław Grzesiuk: *Pięć lat kacetu*, er führt viele Fakten an, die diese Beurteilung rechtfertigen.
113 Stanisław Nogaj: *Gusen*, S. 152.
114 AKMG, Nogaj, Aufzeichnungen vom Prozess Chmielewskis, AN 277, S. 120f.
115 Nogaj gibt als Grund dafür die ziemlich weit gehende Intimität zwischen Kammerer und Chmielewski an, was Ziereis nicht gefiel. Er ließ eine Kontrolle in dessen Schrank durchführen. Gefunden wurden Fußballschuhe, ein Schuhwerk, das es im Lager nicht gab. Kammerer wurde vom bundesdeutschen Gericht wegen 96 Morden an Häftlingen, die er zugab, zu lebenslangem Zuchthaus verurteilt. AKMG, Nogaj, Aufzeichnungen vom Prozess Chmielewskis, w.o.
116 Stanisław Nogaj: *Gusen*, S. 167f.
117 Unter den vielen Berichten über Rohrbacher wurden zwei zitiert: Stanisław Nogaj: *Gusen*, S. 43; Władysław Gębik: *Prawo i pięść*, S. 90f. Über Rohrbacher wird in allen Publikationen zum Thema Gusen berichtet.
118 Für das Aushungern der sowjetischen Kriegsgefangenen wäre er fast umgebracht worden. Gerettet hat ihn der zufällig vorbeigehende Lagerführer dieses Lagers, SS-Oberscharführer Tandler. *Oskarżamy* 3 (1968), S. 54.
119 Van Loosen wird in allen Berichten ehemaliger Gusenhäftlinge als Mörder in Person bezeichnet. Nogaj widmet ihm in seinem Buch *Gusen* das Kapitel *Der Schrecken von Gusen*. Żmij beschreibt ihn in seinen *Portrety z hitlerowskiego obozu* und in *Dolina śmierci*; Gębik, Osuchowski und Grzesiuk zeichnen die Gestalt dieses Verbrechers anhand von zahlreichen Beispielen von Mordaktionen.
120 *Oskarżamy* 2, S. 166.
121 *Oskarżamy* 3 (1968), S. 53 über Sadowski: „In kurzer Zeit ermordete er 53 seiner Gefährten", über Pietka siehe *Oskarżamy* 3 (1968), S. 54; Jerzy Osuchowski: *Gusen - przedsionek piekła*, S. 134.
122 Stanisław Nogaj: *Gusen*, S. 43, 54. *Oskarżamy* 2, S. 15; Władysław Gębik: *Prawo i pięść*, S. 91.
123 Polen, die in verschiedenen Zeiträumen diese Funktion in Gusen I innehatten: Zygmunt Baranowski (Block 16), Oswald Burdak (1), Teodor Bursche (1), Karol Cofała (20), Ludwik Cofała (16), Władysław Cybulski, Edward Cynajek, Zdzisław Donimirski, Tadeusz Faliszewski (22), Adolf Fierla, Franciszek Golec, Ludwik Jeleński (15), Rudolf Jeleśniański (9), Stefan Jagła (12), Alojzy Hyla (24), Kadłubek (3 und 16), Stanisław Leszczyński (21), Ludwikowski, Martynowski (1), Małecki (16), Antoni Mataszek (9), Stanisław Nogaj (16, 12 u. 2), Jerzy Osuchowski (24), Karol Polak, Józef Piechocki, Zdzisław Rakowski (23 u. 30), Stanisław Sielski (18), Tomaszewski.
124 *Oskarżamy* 1, S. 42.
125 *Gusen. Jednodniówka wydana w 16-letnią rocznicę oswobodzenia hitlerowskich obozów koncentracyjnych w Mauthausen/Gusen*, S. 32; AKMG, Jerzy Osuchowski: *Martwi ratują żywych*, maschinschriftlich.
126 Jerzy Osuchowski: *Gusen - przedsionek piekła*, S. 29ff.

ANMERKUNGEN

127 Stanisław Nogaj: *Gusen,* S. 73-75. G. Krutzki erzwang mehrere solche Vermögensabtretungen. Die bekannteren Fälle sind: die Häftlinge Krzysztofowicz, William, Eisenberg haben ihm „notariell" einen Teil ihres Vermögens übertragen. Baron Hirschfeld hat sich verpflichtet, ihm ein großes Forstvermögen abzutreten. Die Notariatsakte machte der Häftling Durczak, ein Notar. AKMG, Stanisław Nogaj: *Dowody zbrodni,* S. 11.
128 Franciszek Julian Znamirowski: *Pamiętamy,* S. 38.
129 Jerzy Osuchowski: *Gusen - przedsionek piekła,* S. 34.
130 AKMG, Stanisław Nogaj. Aufzeichnungen AN 277, S. 38
131 AKMG, Stanisław Nogaj, *Dowody zbrodni II,* S. 20 und Aufzeichnungen im Akt AN 277.
132 ebd., S. 105.
133 Nogaj hat anhand der Aussagen in den Prozessakten Chmielewskis (Zeugenaussagen von Kammerer und Hallen) eine nicht vollständige Liste der Mitglieder dieses Trupps erstellt: Emil Lipinski, Peter Richard Wuggenigg, Ludwig Schlammerl, Walter Junge, August Adam, Karl Matucha, Johann van Loosen, Krakower, Keilhauer, Alois Damm, Otto Adolf Pürzmann, Fridtum, Morent, Bruno Weidemann, Franz Beuth, Otto Haidemann, Max Hirsch, Baerwolf. Für die Vernichtung der Juden waren vor Chmielewski verantwortlich: Helmut Becker, Oskar Christ und Franz (Walter) Hommen, AN 277, S. 120-124.
134 Jerzy Osuchowski: *Gusen - przedsionek piekła,* S. 47.
135 Jerzy Osuchowski: *Gusen - przedsionek piekła,* S. 112.
136 CA KC PZPR, Józef Żmij: *Dolina śmierci,* S. 43, maschinschriftlich.
137 Żmij: *Ku uczczeniu pomordowanych ...,* S. 18f.
138 AKMG, Józef Żmij: *Zapomniani.*
139 AKMG – Aussage von L. Królak, einem ehemaligen Gusen-Häftling, der in der Poststelle arbeitete.
140 Jerzy Osuchowski: *Gusen - przedsionek piekła,* S. 193.
141 CA KC PZPR, Józef Żmij: *Dolina śmierci,* S. 33.
142 ebd., S. 42.
143 Hans Maršálek: *Die Geschichte des Konzentrationslagers Mauthausen,* S. 172.
144 Nogaj, Zeuge dieses Vorfalls beschreibt ihn in: *Gusen,* S. 114-118.
145 Zbigniew Wlazłowski: *Gruźlica płuc i postępowanie z chorymi na gruźlicę w obozie koncentracyjnym Gusen.*
146 *Oskarżamy* 3 (1968), S. 66.
147 CA KC PZPR Józef Żmij: *Dolina śmierci,* S. 16.
148 Aufzeichnungen Dr. Pięta-Połomski.
149 Hans Maršálek: *Die Geschichte des Konzentrationslagers Mauthausen,* S. 157. In der Broschüre *Konzentrationslager Gusen* wird das Datum als 16.9.1941 angegeben.
150 ebd., S. 160.

151 Ein Häftling, der im Lager länger als vier Monate überlebte, war laut Lagerführer Chmielewski „ein Gauner" CA KC PZPR Józef Żmij: *Dolina śmierci II*, S. 37.
152 Hans Maršálek: *Konzentrationslager Gusen*, S. 32.
153 ebd., S. 4.
154 Hans Maršálek: *Priester im Konzentrationslager Mauthausen*, S. 15.
155 Die Zahl 8.800 Häftlinge übernehme ich von Nogaj, der in seiner Arbeit *Dowody zbrodni II / Aufzeichnungen aus Gusen*"notierte: „Bis zum 1.1.1941 Zugang 8.800 Gusener Nummern." „Gusener" weil man bis Oktober 1941 in den Todesregistern beide Häftlingsnummern – die Mauthausener- und die Gusener Nummer – anführte. Die Gusener Nummern überstiegen Ende September 8.000 (am 25.9.1940 verstarb Kazimierz Żebrowski aus Piotrków, Nr. 8092). Die höchste Nummer, die 1940 im Totenbuch angeführt wurde, war 8.411 (Piotr Janas, verstorben am 2.11.1940), was die Richtigkeit der Aufzeichnungen Nogajs bestätigen würde.
156 Hans Maršálek: *Konzentrationslager Gusen*, S. 5, AKMG; Nogaj, Aufzeichnungen, ANP 277.
157 Nogaj gibt eine andere Häftlingszahl im Oktober-Transport der sowjetischen Kriegsgefangenen an, nämlich 1.993 und 7 Verstorbene, *Oskarżamy* 3 (1968), S. 51. Dies wird auch von Hans Maršálek in: *Die Geschichte des Konzentrationslagers Mauthausen*, S. 95, bestätigt.
158 ebd., S. 95.
159 Jerzy Osuchowski: *Gusen - przedsionek piekła*, S. 129-133.
160 Ermittelt anhand einer auf der Anzahl der Verstorbenen und der Neuzugänge basierenden Hochrechnung. Die Zahl der sowjetischen Kriegsgefangenen nach Nogaj *Oskarżamy* 3 (1968), S. 53f.
161 Hans Maršálek: *Die Geschichte des Konzentrationslagers Mauthausen*, S. 99.
162 Internationaler Suchdienst: *Häftlingsnummernzuteilung in Konzentrationslagern*, S. 21f.
163 Die Häftlingszahl wurde aufgrund der monatlichen und täglichen Meldungen (Veränderungen) des Lagerführers von Gusen ermittelt. Maršálek gibt in *Konzentrationslager Gusen* fälschlicherweise die Zahl 22.396 an.
164 ebd., S. 40.
165 CA KC PZPR Józef Żmij: *Dolina śmierci*, 20; Hans Maršálek: *Konzentrationslager Gusen*, S. 31 u. 40.
166 Hans Maršálek: *Konzentrationslager Gusen*, S. 41.
167 Hans Maršálek: *Die Geschichte des Konzentrationslagers Mauthausen*, S. 97.
168 Jerzy Osuchowski: *Gusen - przedsionek piekła*, S. 202 u. 204 (Aussage von Uscha. Anton Kaufmann).
169 Tägliche Meldungen der Lagerführung, die sog. Veränderungen, enthalten 1944 Aufzeichnungen über die Zahl der in Rüstungsbetrieben Beschäftigten, z. B. eine Meldung vom 25.6.1944 informiert, dass beim Häftlingsstand von 16.589 in der Rüstung 6.136 Häftlinge arbeiten, davon 3.415 in Tagesschicht.

170 Aussage von J. Latzel vom 9.5.1945 – lt. beim Autor vorliegender Abschrift.
171 *Oskarżamy* 3 (1968), S. 6
172 Bericht von Pater J. Maksymiuk, einem Ausbilder im Kommando der Steinmetzlehrlinge, im Brief an den Autor; CA KC PZPR, Józef Żmij: *Dolina śmierci*, S. 20.
173 *Oskarżamy* 3 (1968), S. 61
174 ebd., S. 37, 64.
175 ebd., S. 45, 49.
176 Kazik, Steyrkommandoschreiber. Brief an den Autor.
177 Józef Żmij: *Dolina śmierci*, S. 22.
178 Kazik, Brief an den Autor.
179 AGKBZHwP, Hanuszek Aussage vor dem Staatsanwalt in Krakau, 25.6.1945.
180 *Oskarżamy* 3 (1968), S. 62.
181 Enno Georg: *Die wirtschaftlichen Unternehmungen der SS*, S. 117f.
182 *Oskarżamy* 3 (1968), S. 50 u. 67.
183 Enno Georg: *Die wirtschaftlichen Unternehmungen der SS*, S. 115.
184 Jerzy Osuchowski: *Gusen - przedsionek piekła*, S. 189.
185 Enno Georg: *Die wirtschaftlichen Unternehmungen der SS*, S. 114.
186 ebd., S. 116.
187 Hans Maršálek: *Die Geschichte des Konzentrationslagers Mauthausen*, S. 70.
188 ebd., S. 70.
189 „Rentabilitätsberechnung der SS über Ausnutzung der Häftlinge in den Konzentrationslagern" – der Text wird nach Teodor Musioł: *Dachau 1933-1945*, S. 294, zitiert.
190 Nogaj notierte: „36 Häftlinge wurden gezwungen, die Jourhaus-Baracke um 50 Meter zu verschieben. Alle diese Häftlinge erlitten Rupturen." (*Oskarżamy* 3 [1968], S. 55)
191 Jerzy Osuchowski: *Gusen - przedsionek piekła*, S. 38.
192 ebd., S. 35.
193 ebd., S. 36.
194 ebd., S. 38.
195 *Oskarżamy* 3 (1968), S. 59.
196 Dr. Adam Konieczny, einer der verdientesten Ärzte beging im April 1945, nach der letzten Vergasungsaktion von Häftlingen im Krankenrevier, Selbstmord.
197 Tadeusz Murasiewicz: *Trudno zapomnieć*, S. 210.
198 Der Befehlstext veröffentlicht in: *Buchenwald. Mahnung und Verpflichtung*, S. 244f.; Andrzej Józef Kamiński: *Hitlerowskie obozy koncentracyjne*, S. 160f.
199 Stanisław Nogaj: *Gusen*, S. 25.
200 Enno Georg: *Die wirtschaftlichen Unternehmungen der SS*, S. 114.
201 Hans Maršálek: *Die Geschichte des Konzentrationslagers Mauthausen*, S. 41.
202 Die Normenangabe erfolgt lt. Ermittlungen des Physiologen-Ausschusses der Sektion für Hygiene des Völkerbundes in Genf.

203 Mehr über die Lebensmitteldiebstähle bei Jerzy Osuchowski: *Gusen - przedsionek piekła*, S. 88f.
204 Czesław Madajczyk: *Polityka III Rzeszy w okupowanej Polsce*, S. 147. Zitat nach *Les Archives Secrètes du Comte Ciano, 1936-1942*, S. 478.
205 S. Niewiada im Brief an A. Kulisiewicz.
206 Zu Kannibalismus im Lager Mauthausen vgl. T. Fedorowicz *Oskarżamy* 3 (1968), S. 14; Hans Maršálek: *Die Geschichte des Konzentrationslagers Mauthausen*, S. 45f. Zu Kannibalismus im Lager Gusen, vgl. *Oskarżamy* 3 (1968), S. 67; Franciszek Julian Znamirowski: *Pamiętamy*, S. 80.
207 ebd., S. 31; Franciszek Julian Znamirowski: *Pamiętamy*, S. 79.
208 Michel de Bouard: *Gusen*, S. 59.
209 CA KC PZPR, Józef Żmij: *Dolina śmierci*, S. 32; Nogaj, *Dowody zbrodni II*, S. 11, erwähnt Häftlinge Krzysztofowicz, William, Eisenberg. In anderen Quellen (Zeugenaussagen) wird Baron Hirschfeld genannt.
210 In Erinnerungen der Gusener Häftlinge werden einige Dutzend solcher Fälle geschildert, meist im Zusammenhang mit dem Rapportführer M. Killermann.
211 Jerzy Osuchowski: *Gusen - przedsionek piekła*, S. 188.
212 ebd., S. 102 erwähnt wird das Schicksal einer jungen Österreicherin, die sich in den Kapo Keilhauer verliebte.
213 Gębik, *Z diabłami na ty*, S. 209-211.
214 Stanisław Nogaj: *Gusen*, S. 155.
215 *Buchenwald. Mahnung und Verpflichtung*, S. 165f. Bei seiner Angabe über die in den Lagern Verstorbenen setzt Glücks diese Zahl um 9.258 erschossene und gehängte Häftlinge herab. In Wirklichkeit wurden im Zeitraum vom 1.6. bis zum 30.11.1942 79.868 Häftlinge in den Lagern ermordet. In dieser Zahl sind in die Lager überstellte sowjetische Kriegsgefangene, derer Statistik gesondert geführt wurde, nicht berücksichtigt. Das Schreiben Glücks sollte der Propaganda dienen. Diesen Umstand hebt Olga Wormser-Migot in *Le système concentrationaire* hervor. Sie weist zurecht darauf hin, dass sowohl Glücks als auch sein Vorgesetzter, Pohl, genau wussten, dass die Befehle betreffend die Kontrolle der Häftlingsverpflegung durch die SS-Ärzte wirkungslos bleiben würden, da der SS-Verwaltungsapparat mit der Verpflegungsproblematik betraut war, der davon profitierte. Das Schreiben Glücks konnte die ihm unterstellte Lagerverwaltung nicht zwingen, die Häftlingsverpflegung zu verbessern. Deshalb meint Wurmser-Migot, sein Wunsch war, dass die SS-Ärzte die Arbeitsbedingungen in den Außenkommandos in staatlichen und privaten Firmen (aber nicht in den SS-Unternehmen) zu kontrollieren beginnen. So hätte man Speer, Sauckel, Göring und Himmler (!) zeigen können, dass diese Firmen Arbeitskräfte vergeuden und dass Himmler mehr Nutzen erzielen könnte, wenn man Betriebe innerhalb der Lager ansiedeln würde. (*Le système concentrationnaire Nazi [1933-1945]*, S. 348)
216 Nogaj im Konzept zu „Księga Gusen", Typoskript.

217 Stanisław Nogaj: *Gusen,* S. 109f. Ein Festlegen von Kontingenten der Todeskandidaten war in Konzentrationslagern die Regel. Ziereis gab an, dass die Sterblichkeit unter den tschechischen Juden (1.000 Häftlinge) 1943 innerhalb von 3 Monaten kaum 3% betrug. Seine Vorgesetzten in Berlin hielten dies für viel zu wenig und drängten auf eine Steigerung der Todeszahlen; Jerzy Osuchowski: *Gusen - przedsionek piekła,* S. 202.
218 ebd., S. 25.
219 Stanisław Nogaj: *Gusen,* S. 17f.
220 Józef Wysocki: *Wspomnienia z lat wojny.*
221 Jerzy Osuchowski: *Gusen - przedsionek piekła,* S. 193.
222 *Oskarżamy* 3 (1968), S. 28.
223 Hans Maršálek: *Die Geschichte des Konzentrationslagers Mauthausen,* S. 9.
224 Monatliche Veränderungen und Rapporte.
225 Andrzej Józef Kamiński: *Hitlerowskie obozy koncentracyjne,* S. 148.
226 Arbeiter Zeitung, 14.3.1961. Materialien aus dem Prozess von Karl Chmielewski im Archiv der Internationalen Föderation der Widerstandskämpfer (FIR) Wien.
227 Hans Maršálek: *Priester im Konzentrationslager Mauthausen,* S. 16.
228 Die Namen der Erschossenen nach Włodzimierz Wnuk: *Byłem z Wami,* S. 160, sowie nach den Totenbüchern für die Jahre 1939-1941.
229 Jerzy Osuchowski: *Gusen - przedsionek piekła,* S. 188; Aussage Ziereis'.
230 Hans Maršálek: *Die Geschichte des Konzentrationslagers Mauthausen,* S. 181.
231 ebd., S. 177 u. 179.
232 Der Bericht über diesen Massenmord nach Nogaj: *Masowy mord więźniów z bl. 31 w Gusen I,* in: *Gusen. Gedenkschrift,* S. 31; Pierre Serge Choumoff: *Les chambres à gaz de Mauthausen;* Jerzy Osuchowski: *Gusen - przedsionek piekła,* S. 172 und *Zmarli ratują żywych;* CA KC PZPR, Józef Żmij: *Dolina śmierci I,* S. 17 und II. S. 21; Maršálek: *Die Geschichte des Konzentrationslagers Mauthausen,* S. 183. In diesen Quellen wird das Datum dieser Massenmorde unterschiedlich angegeben, wobei die Autoren in ihren Angaben nicht sicher sind. Osuchowski und Nogaj geben den 21.4. an und Żmij meint „vom Samstag auf den Sonntag", d. h. vom 21. auf den 22.4.; Choumoff dagegen schreibt von der Nacht vom 19. auf den 20.4.; Maršálek gibt wieder den 22.4. an, aber vermerkt unter diesem Datum sowohl die Kranken als auch die Invaliden als Vergasungsopfer, d. h. er verbindet beide Aktionen.
233 Von der Rettung der Invaliden aus Block 24 berichtet Osuchowski in: *Martwi ratują żywych,* Typoskript. Das Datum ist strittig: Żmij (*Dolina śmierci,* S. 17) gibt den Zeitpunkt mit „in der Nacht vom 22. zum 23.4." an, Choumoff gibt zwar dasselbe an, vermerkt aber, dass man „auch oft den 21. zum 22.4. angibt." Nogaj (*Masowy mord ...*) gibt kein Datum der Massenvergasung der Invaliden an.
234 Hans Maršálek: *Die Geschichte des Konzentrationslagers Mauthausen,* S. 183. Andere Quellen geben unterschiedliche Zahlen an. Osuchowski (*Gusen - przedsionek piekła,* S. 31), schreibt: „In Block 31 vergaste man in den zwei Nächten 640

Häftlinge verschiedener Nationalität"; Nogaj gibt in *Masowy mord ...* an: „In diesen Tagen starben insgesamt 620 Menschen durch Vergasung". In der Aussage von Ziereis ist von „640 Häftlingen, die zuletzt in Gusen I auf Block 31 vergast wurden" die Rede. Choumoff jedoch berichtet über 800 in Gusen I Vergaste. Żmij gibt 492 Opfer an, aber korrigiert diese Angabe in *Dolina śmierci II*, S. 21 folgendermaßen: „Die Gesamtzahl der in dieser Nacht Ermordeten ist nicht bekannt, am nächsten Tag wurden 492 Tote gemeldet – an diesem Tag schaffte man es nicht, mehr abzumelden und verschob die restlichen Abmeldungen auf die nächsten Tage."

235 Die Zahl von ca. 600 Erschlagenen gibt Maršálek (*Konzentrationslager Gusen*, S. 31 und *Die Geschichte des Konzentrationslagers Mauthausen*, S. 183) an, Choumoff erinnert jedoch daran, dass man im Lager von 800 Opfern des Massenmordes in Gusen II sprach. Als Beweis zitiert er die Angaben des Totenbuchs über die Toten im Zeitraum von 5 Tagen, d. h. vom 19. bis zum 23.4.1945: 1.711 Häftlinge. Die Ausführungen Choumoffs sind, obwohl nicht durch Dokumente bestätigt, einleuchtend.

236 Stanisław Nogaj: *Gusen*, S. 135-139.

237 Jerzy Osuchowski: *Gusen - przedsionek piekła*, S. 53f.

238 Eine andere Version der Fluchtmotive gibt M. Nowacki in Wspomnienia 1939-1945 (maschinschriftlich) an: „Józef *[sic!]* Nowak erhielt einen Brief von Zuhause, dass seine Frau sehr krank sei und ihn bitte, er möge um Urlaub ansuchen, um nach Hause zu kommen und die Landwirtschaft zu übernehmen. Man riet ihm, sich als ehemaliger deutscher Soldat direkt an den Lagerkommandanten Chmielewski zu wenden und um Urlaub anzusuchen. Nach dem Abendappell wandte sich Nowak an Chmielewski. Um seine Bitte zu untermauern, zeigte er dem Kommandanten den erhaltenen Brief. Chmielewski las den Brief, lachte teuflisch und erzählte alles den ihn umgebenden SS-Männern. Nowak steckte natürlich einige Fußtritte ein: ‚Verschwinde, du blinder Hund!' Nowak nahm dies wörtlich und beschloss das Lager auf eigene Faust zu verlassen ..., er kroch in die sich im Bau befindliche Kanalleitung. Er glaubte, dass er auf der anderen Seite der Donau hinauskriechen werde ..."

239 Jerzy Osuchowski: *Gusen - przedsionek piekła*, S. 54-56. In allen Erinnerungen der Gusener Häftlinge kommt die „Nowak-Nacht" vor. Es gibt viele übereinstimmende Schilderungen dieser Vorfälle – der einzige Unterschied bezieht sich auf die Datierung (Manche behaupten, sie hätten im August stattgefunden).

240 Hans Maršálek: *Priester im Konzentrationslager Mauthausen*, S. 6; Jerzy Osuchowski: *Gusen - przedsionek piekła*, S. 57f. Unter den Opfern dieser Strafaktion erwähnt Osuchowski die Priester Antoni Banaszek und Skorzewski sowie Dr. Wacław Szyguła (einen Lehrer aus Posen), Dr. Franciszek Hanak (einen Rechtsanwalt aus Kattowitz) und Witold Burzyński (einen Pharmazeuten aus Posen).

241 Stanisław Nogaj: *Gusen*, S. 131f.

242 Jerzy Osuchowski: *Gusen - przedsionek piekła*, S. 59.

ANMERKUNGEN

243 Das Schreiben Hitlers an den Chef der Kanzlei des Führers, Reichsleiter Philipp Bouhler vom 1. September 1939, und an den Leibarzt Hitlers Dr. Karl Brandt ermächtigte die beiden Empfänger, „die Befugnisse namentlich zu bestimmender Ärzte so zu erweitern, dass nach menschlichem Ermessen unheilbar Kranken bei kritischster Beurteilung ihres Krankheitszustandes der Gnadentod gewährt werden kann"; vgl. *Buchenwald. Mahnung und Verpflichtung,* S. 199.

244 Laut Pierre Serge Choumoff: *Les chambres à gaz de Mauthausen,* S. 36 stellte die Tarnbezeichnung „14f13" einen Code dar, in dem 14f den Tod eines Häftlings lt. Lagerordnung bedeutete und 13 in der Aktion „T4" für Vergasung als Euthanasieform stand.

245 Die Zusammensetzung der Kommission wird von Hans Maršálek (*Die Geschichte des Konzentrationslagers Mauthausen,* S. 163) angegeben. In Gusen wirkte diese Kommission in der ersten Julihälfte 1941. „Es gab drei sogenannte Ärzte, die angeblich aus Linz kommen sollten," schreibt darüber Nogaj in *Oskarżamy* 1, S. 5.

246 ebd., S. 5.

247 ebd., S. 5f.; CA KC PZPR, Józef Żmij: *Dolina śmierci.*

248 Pierre Serge Choumoff: *Les chambres à gaz de Mauthausen,* S. 48 führt Transporttermine und -zahlen nach den Originalaufstellungen an, zu denen er Zugang hatte: am 14. August 45 Personen, am 15., 16. und 19. August je 75, am 18., 20. und 21. je 80.

249 ebd., S. 37-39; Jerzy Osuchowski: *Gusen - przedsionek piekła,* S. 201, Aussage Ziereis'.

250 Jerzy Osuchowski: *Gusen - przedsionek piekła,* S. 192.

251 *Oskarżamy* 1.

252 Brief von M. Kowalewski, Häftling in Gusen, an den Autor.

253 CA KC PZPR, Józef Żmij: *Dolina śmierci.*

254 Nogaj, *Oskarżamy* 1, S. 6 ff.

255 Brief von M. Kowalewski an den Autor.

256 Hans Maršálek: *Konzentrationslager Gusen,* Annex.

257 *Oskarżamy* 1.

258 *Oskarżamy* 3 (1968), S. 34.

259 Ein Fragment der Aussage von Franz Ziereis zeigt, wie die SS-Führer in ihren Aussagen wahre und falsche Angaben über die von ihnen befohlenen oder akzeptierten Verbrechen vermischten: „Jentzsch mordete die Leute folgendermaßen – er ließ Häftlinge bei 12 Grad Frost, nachts unter eiskaltem Wasser bis zu drei Stunden lang baden und anschließend einige Stunden unter freiem Himmel stehen, bis sie tot waren. Jentzsch ermordete in Gusen ca. 700 Häftlinge". Jerzy Osuchowski: *Gusen - przedsionek piekła,* S, 192.

260 Pierre Serge Choumoff: *Les chambres à gaz de Mauthausen,* S. 32 zitiert die Aussage von Franciszek Poprawka, der als Revierschreiber in Mauthausen die selektierten Häftlinge zu diesem Wagen führte: „Nach dem 3. und 4. Kurs, als ich wie-

355

der die Kranken zum Wagen brachte, ging ich selbst hinein und untersuchte das Wageninnere. Es gab dort eine Öffnung, durch die man aus der Schaffnerkabine eine Dose mit Zyklon-Gas hineinwerfen konnte, auf diese Weise wurden die Kranken vergast. Die Auspuffgase wurden jedoch nicht hineingeleitet." Laut dieser Beschreibung gab es also keine Einrichtung, um Abgase in den Passagierraum des Wagens einzuleiten. Dieser Wagen war die Erfindung von SS-Ustf. Ing. August Becker und ist von Karol Małcużyński in *Oskarżeni nie przyznają się do winy* Warszawa 1966, S. 247f. beschrieben – solche Wagen wurden von den SS-Sondereinsatztruppen in Polen (Bełżec, Treblinka, Sobibór) und in der Sowjetunion verwendet.

261 Jerzy Osuchowski: *Gusen - przedsionek piekła*, S. 191.
262 Pierre Serge Choumoff: *Les chambres à gaz de Mauthausen*, S. 32, und Hans Maršálek: *Konzentrationslager Gusen*, S. 41, nehmen an, dass Wasickys Wagen nur 26 Fahrten absolvierte und beziffern die Mindestanzahl der Todesopfer in jedem Lager mit 780. Gusener Häftlinge, die im Revier beschäftigt waren, geben an, dass die Kranken „ zu je 36-40 selektiert und in den Autobus geworfen wurden", was mit einer höheren Zahl an Opfern gleichzusetzen wäre.
263 Hans Maršálek: *Die Geschichte des Konzentrationslagers Mauthausen*, S. 171-178.
264 Eugeniusz Pięta-Połomski in einer Zusammenfassung der Aussage über das Revier Gusen, handschriftlich.
265 Die Zahl der Vergasten in Block 32 wird von Wlazłowski im Artikel *Gruźlica płuc i postępowanie z chorymi na gruźlicę w obozie koncentracyjnym Gusen*, S. 98 ff. angegeben. Die Zahl der vergasten Kriegsgefangenen in Block 16 wird von verschiedenen Autoren unterschiedlich angegeben: Nogaj verzeichnet in *Oskarżamy* 3 (1968), S. 53 am 2.3.1942 den Tod von 134 Kriegsgefangenen, Wlazłowski gibt in *Przez kamieniołomy i kolczasty drut*, S. 84 die Zahl von 162 vergasten Kriegsgefangenen an, Osuchowski, Schreiber im Kriegsgefangenenrevier, notierte 164 Personen; Ziereis erwähnt in seiner Aussage die Zahl von 170 auf Anordnung von Dr. Krebsbach vergasten Kriegsgefangenen; Maršálek schreibt von einer nicht ermittelten Zahl von Vergasten am 2.3.1942. Am wahrscheinlichsten scheint die Angabe Osuchowskis, da er die Vorgänge aus nächster Nähe beobachten konnte. *[In der 3., erweiterten Auflage von Maršálek aus dem Jahr 1995 heißt es: „Zugleich wurden 64 oder 164 kranke sowjetische Kriegsgefange erstickt.", Anm. d. Übers.]*.
266 Jerzy Osuchowski: *Gusen - przedsionek piekła*, S. 191, Aussage Ziereis'.
267 Hans Maršálek: *Konzentrationslager Gusen*, S. 41.
268 Pierre Serge Choumoff: *Les chambres à gaz de Mauthausen*, S. 20-22 zitiert die Aussage von Vratislav Busek, dem Schreiber des Reviers in Mauthausen, aus der hervorgeht, dass Dr. Waldemar Wolter, Standortarzt in Mauthausen in der zweiten Aprilhälfte 1945 3.000 Häftlinge zur Vergasung selektieren ließ. 1.819 wurden selektiert, 1.441 von ihnen vergast.

ANMERKUNGEN

269 *Oskarżamy* 3 (1968), S. 67 u. 41; Zbigniew Wlazłowski: *Szpital w obozie koncentracyjnym Gusen*, S. 17, gibt ebenfalls die Zahl von 70 Vergifteten an.
270 Wlazłowski: *Szpital „Revier" w niemieckim obozie koncentracyjnym w Gusen 1940-1945*, „Świat", Wochenbeilage zu „Głos Wielkopolski", S. 4.
271 Jerzy Osuchowski: *Gusen - przedsionek piekła*, S. 192, Aussage Ziereis'.
272 *Oskarżamy* 3 (1968), S. 35.
273 Zbigniew Wlazłowski: *Przez kamieniołomy i kolczasty drut*, S. 132; Zbigniew Wlazłowski: *Gruźlica płuc i postępowanie*, S. 98.
274 Jerzy Osuchowski: *Gusen - przedsionek piekła*, S. 129.
275 ebd., S. 133.
276 Hans Maršálek: *Konzentrationslager Gusen*, S. 31 u. 41; Pierre Serge Choumoff: *Les chambres à gaz de Mauthausen*, S. 70 gibt den Zeitpunkt dieses Mordes zwischen dem 28. Februar und 30. März 1945 an und behauptet, dass diese Kinder in Mauthausen vergast wurden.
277 Über die Experimente von Dr. Ramsauer, Dr. Jung und Dr. Sajczyk in: *Oskarżamy* 3 (1968), S. 40; Zbigniew Wlazłowski: *Szpital w obozie koncentracyjnym Gusen*.
278 ebd., S. 40.
279 Hans Maršálek: *Die Geschichte des Konzentrationslagers Mauthausen*, S. 144.
280 Wlazłowski, Zbigniew: *Przez kamieniołomy i kolczasty drut*, S. 51; *Oskarżamy* 3 (1968), S. 40; Jerzy Osuchowski: *Gusen - przedsionek piekła*, S. 192; Hans Maršálek: *Die Geschichte des Konzentrationslagers Mauthausen*, S. 142f.
281 Alexander Mitscherlich u. Fred Mielke (Hg.): *Nieludzka medycyna*.
282 Zbigniew Wlazłowski: *Przez kamieniołomy i kolczasty drut*, S. 117f.; *Oskarżamy* 2, S. 150f.; Zbigniew Wlazłowski: *Szpital w obozie koncentracyjnym Gusen*, S. 14; Zbigniew Wlazłowski: *Gruźlica płuc i postępowanie*.
283 Zbigniew Wlazłowski: *Przez kamieniołomy i kolczasty drut*, S. 59.
284 ebd., S. 132.
285 Eintragung im Tagebuch der Abteilung für Fleckfieber und Virusforschung am Hygiene-Institut der Waffen-SS – ich zitiere nach *Buchenwald. Mahnung und Verpflichtung*, S. 176.
286 Zbigniew Wlazłowski: *Przez kamieniołomy i kolczasty drut*, S. 59.
287 ebd., S. 60.
288 Wacław Czarnecki u. Zygmunt Zonik: *Walczący obóz Buchenwald*, 1969, S. 111.
289 Die Information stammt aus den Akten des Pohl-Prozesses. Himmler kündigte zwar eine „Begnadigung" für Häftlinge an, die an Versuchen teilnahmen, aber bereits am 28.10.1942 verfügte er in seinem Schreiben an den SS-Arzt in Dachau, Dr. Rascher, dass keine Polen und Russen in den Genuss dieser Begnadigung kommen dürfen.
290 *Dokumentacja na temat eksperymentów pseudomedycznych z tyfusem plamistym w obozie koncentracyjnym Mauthausen-Gusen*, Oktober 1969. Ein vervielfältigter Text, Übersetzung aus dem Französischen; der Bericht von Dr. Vetter wurde nach dem Dokument N: I-9423 Office of Chief of Council for War Crimes, zitiert.

291 Zbigniew Wlazłowski: *Przez kamieniołomy i kolczasty drut*, S. 132f.
292 *SS im Einsatz. Eine Dokumentation über die Verbrechen der SS*. Berlin (Ost): 1957, S. 306.
293 *Veränderungen* des KZ von Mauthausen, vgl. auch Hans Maršálek: *Die Geschichte des Konzentrationslagers Mauthausen*, S. 107.
294 Monatsmeldungen des KZ von Mauthausen.
295 Veränderungen.
296 Hans Maršálek: *Die Geschichte des Konzentrationslagers Mauthausen*, S. 107.
297 ebd., S.139.
298 *Veränderungen* und Monatsmeldungen des KZ von Mauthausen.
299 AKMG, Information im Fragebogen von A. Długokęski aus Łódź (Nr. 813).
300 Jerzy Osuchowski: *Gusen - przedsionek piekła*, S. 189.
301 ebd., S. 195.
302 Kommentar eines Protokollführers, Jerzy Osuchowski: *Gusen - przedsionek piekła*, S.195.
303 ebd., S.189 u. 193.
304 AGKBZHwP, Aussage von T. Hanuszek vor dem Staatsanwalt Dr. Wincenty Jarosiński in Krakau am 25.6.1945.
305 Christian Bernadac: *Mauthausen, Bd. 2: Le neuvième cercle*, S. 193.
306 Die Anzahl der Toten nach den Aufzeichnungen von Nogaj in: *Ostrzegamy* 3. Die Zahl der nach Mauthausen Überstellten lt. „Veränderungen" der Lagerführung von Gusen.
307 Hans Maršálek: *Die Geschichte des Konzentrationslagers Mauthausen*, S. 147. Im März 1945 verfügte Ziereis über 9.808 SS-Führer und SS-Männer, davon 2.962 im Hauptlager, 3.029 in Gusen I, II und III sowie 3.817 in den anderen Außenlagern. 2.000 von ihnen versahen Dienst in anderen Lagern und gelangten nach Mauthausen im Zuge der Überstellung der Evakuierungstransporte. Ca. 20% waren krank oder zu diversen Aufgaben außerhalb des Lagers entsendet. Am 28. April verfügte Ziereis daher über 5.516 SS-Männer und Luftwaffensoldaten, 240 Matrosen, 28 SS-Männer aus einem ukrainischen Sonderkommando, 93 SD-Angehörigen und 42 Polizisten und darüber hinaus über 250 Häftlinge, die einer SS-Sondereinheit einverleibt wurden (Ziereis gab in seiner Aussage die Zahl von 450 solcher Häftlinge an).
308 Ziereis sagte hierzu aus: „Die Einverleibung von 450 Häftlingen aus Mauthausen und Gusen in die SS geschah auf ausdrücklichen Wunsch von SS-Reichsführer Himmler. Diese Häftlinge sollten gegen den Feind, insbesondere gegen die Bolschewiken kämpfen. Es waren meist Freiwillige. Die übrigen wurden von den einzelnen Schutzhaftlagerführern hierzu gezwungen, ohne mich davon zu unterrichten." Jerzy Osuchowski: *Gusen - przedsionek piekła*, S. 187.
309 Aussage von J. Cader, Häftling in Gusen (Nr. 14.704/46.654) über die Verfolgungen, denen er ausgesetzt war, weil er sich weigerte, seine Unterschrift „unter eine ‚freiwillige' SS-Beitrittserklärung zu setzen, um gegen die herannähernden

Bolschewiken zu kämpfen." AKMG, Fragebogen Nr. 809. Auch die Häftlinge Walkowiak, Tkaczyk und Wajdzik verweigerten ihre Unterschrift, obwohl man ihnen mit dem Tod drohte.
310 Hans Maršálek: *Die Geschichte des Konzentrationslagers Mauthausen*, S. 240.
311 Internationales Komitee des Roten Kreuzes: *Die Tätigkeit des IKRK zugunsten der in den deutschen Konzentrationslagern inhaftierten Zivilpersonen 1939-1945*, S. 19 ff.
312 Hans Maršálek: *Die Geschichte des Konzentrationslagers Mauthausen*, S. 191.
313 ebd., S. 191f.
314 Internationales Komitee des Roten Kreuzes: *Die Tätigkeit des IKRK* ...
315 ebd., nach einem Kommentar C. J. Burckhardts vom 26. 3. 1945 gegenüber Delegierten des Roten Kreuzes.
316 ebd., der Brief Kaltenbrunners vom 29.3., 2. Teil, enthielt überdies die Bedingung, dass die Verfolgung der Kollaborateure in Frankreich eingestellt werde. Im 4. Teil seines Briefes legte Kaltenbrunner Bedingungen fest, unter denen er bereit wäre, die gefangenen Kämpfer aus dem Warschauer Aufstand sowie Frauen und Minderjährige, die während des Aufstands festgenommen wurden, freizulassen. Dies sollte auf dem Prinzip der Gegenseitigkeit beruhen, z. B. wenn Großbritannien und die Vereinigten Staaten sich bereit erklärten, deutsche Frauen, die als Wehrmachtsangehörige oder Wehrmachtshelferinnen (Krankenschwestern) festgenommen worden waren, freizulassen.
317 Internationales Komitee des Roten Kreuzes: *Die Tätigkeit des IKRK* ..., Bericht eines IKRK-Delegierten über seine Mission in Mauthausen, S. 134 ff.
318 Die Mission von Haefliger wurde hier aufgrund des 10. Anhanges zur *Tätigkeit des IKRK* ..., S. 136-142 beschrieben: *Bericht über den Aufenthalt eines Delegierten des IKRK in Mauthausen bis zur Befreiung des Lagers vom 27. April bis zum 8. Mai 1945 (Auszüge)*. Manche Fragmente des Berichtes (Befreiung von Gusen I und II) werden anders dargestellt, als in den Berichten von Häftlingen.
319 Über die Meuterei der SS-Männer gibt es einige unvollständige Berichte. Über die Kontakte mit der polnischen Widerstandsbewegung berichtet Tadeusz Różycki, Häftling in Gusen, in seiner umfangreichen Aussage, die einem Fragebogen des Klubs Mauthausen-Gusen in Kattowitz (Akte Nr. 586) beigelegt wurde. Über die Meuterei und den Verrat – vgl. Nogaj in *Ostrzegamy* 3 und in nicht publizierten Aufzeichnungen. Żmij schreibt in *Dolina śmierci*, S. 44f.: „Es waren ca. 250 Ukrainer, die dort (in der Bordell-Baracke) bis zum 3.5.1945 blieben. Nur einmal wurden sie auf den Vorplatz der ehemaligen Kaserne außerhalb des Stacheldrahtes geführt, wo zwei ihrer Anführer erschossen wurden.
320 Aussage von Ziereis, Jerzy Osuchowski: *Gusen - przedsionek piekła*, S. 189.
321 ebd., S. 191 u. 189.
322 Aussage J. Latzels vom 9.5.1945 gegenüber Gusener Häftlingen.
323 In den Erinnerungen Gusener Häftlinge kommt die Schilderung des Alarms am 28.4.1945 und der Errettung vor der Vernichtung mehrmals vor. Auch Nogaj

schrieb mehrmals darüber. Vgl. auch: *Zbiorowy grób w lochach szykowali Niemcy dla 25.000 więźniów w Gusen*, „Express Wieczorny" Nr. 111, 24.6.1947; *Mój udział w ruchu oporu w obozach koncentracyjnych Dachau i Gusen* in: „Pamiętamy" (Oskarżamy) 2 (1967), S. 154-171.

324 Ing. Mieczysław Kwaśniewicz hat das für das Überleben der Häftlinge im Stollen „Kellerbau" notwendige Luftvolumen berechnet. Das Vermesser-Kommando traf in den Stollen insgeheim eine Reihe von Maßnahmen, um die Luftzufuhr zu den unterirdischen Gängen zu gewährleisten. AKMG, Fragebogen Nr. 621.

325 Aussage J. Latzels, w. o.; Aussage Ziereis' in: Jerzy Osuchowski: *Gusen - przedsionek piekła*, S. 198.

326 Jerzy Osuchowski: *Gusen - przedsionek piekła*, S. 198.

327 Information M. Wyrwińskis in einem Brief an den Autor.

328 A. Pirogow: *Międzynarodówka straceńców*, S. 290-293.

329 Brief S. Niewiadas an den Autor.

330 Christian Bernadac: *Mauthausen*, S. 206f., Bericht des Häftlings Maurice Petit.

331 CA KC PZPR, Józef Żmij: *Dolina śmierci*, S. 20. Die Zahlen der Häftlinge, die die Befreiung erlebt haben, gibt auch Osuchowski im Anhang zu *Gusen – Przedsionek piekła* an. Sie unterscheiden sich von den Zahlen Żmijs folgendermaßen: Polen: 8.271, Spanier: 821, Italiener: 175, Deutsche und Österreicher: 1.188. Die Zahl der Tschechen übernahm ich nach Osuchowski in der Überzeugung, dass es sich bei Żmij um einen Fehler handelt: 24 anstatt 214. Ich übernahm von Żmij jene Zahlen, die den Angaben von Gębik in: *Droga do Polski*. In: *Pamiętniki nauczycieli*, S. 114 ähnlich sind.

332 Eugen Kogon: *Der SS-Staat. Das System der deutschen Konzentrationslager*, S. 362.

333 Brief M. Wyrwińskis an den Autor.

334 Stanisław Nogaj: *Gusen*, S. 30-32; Brief K. Małychas an den Autor.

335 Ein erschütternder Bericht darüber findet sich bei Stanisław Nogaj: *Gusen*, S. 111-118.

336 Nogaj: *Massenmord an Häftlingen aus Block 31 in Gusen I*, in einer Gedenkschrift, die zum 16. Jahrestag der Befreiung der nationalsozialistischen Konzentrationslager Mauthausen-Gusen herausgegeben wurde, *Gusen. Jednodniówka wydana w 16-letnią rocznicę*.

337 In Polen unterstützt die Organisation ZBoWiD diese Untersuchungen; sie veranstaltet Tagungen (1964 und 1968) und Symposien für Ärzte dieser Organisation. Viele Beiträge darüber erscheinen im *Przegląd Lekarski, Zeszyty Oświęcimskie*.

338 Die Internationale Föderation der Widerstandskämpfer (FIR) gibt ein „Bulletin" heraus, die den gesundheitlichen Problemen ehemaliger Häftlinge gewidmet sind. Sie veranstaltet medizinische Kongresse und veröffentlicht die Ergebnisse von besonderen Untersuchungen.

339 *Biologiczne i gospodarcze konsekwencje deportacji i internowania Polaków w obozach koncentracyjnych* – Referate von Dr. Kempisty, Dr. Kruszyński, Dr. Pilichowski

und Dr. H. Szwarc auf der Konferenz über biologische und wirtschaftliche Folgen der nationalsozialistischen gegen die Polen gerichteten Vernichtungspolitik, „Bulletin" der FIR Nr. 7, S. 19f.
340 F. Blaha: *Consequences de la guerre sur la santé de ses victimes après 20 ans*, zit. n. J. Panasewicz: *Patologia i patogeneza chorób wojennych*. In: *Pamiętnik II Krajowego Zjazdu Lekarzy ZBoWiD*, S. 3-20.
341 ebd.
342 S. Bieńka: *Stan zdrowia byłych więźniów hitlerowskich obozów koncentracyjnych, zamieszkałych obecnie na terenie Wielkopolski w 20 lat od chwili oswobodzenia, w świetle przeżyć obozowych*. In: *Pamiętnik II Krajowego Zjazdu Lekarzy ZBOWiD*, S. 59-71. Genauere Angaben über Traumata bei ehemaligen Häftlingen der KZ Mauthausen-Gusen, Dachau und Auschwitz im Artikel: M. Bedryńska, J. Drzażdżyńska, *Urazy obozowe u byłych więźniów obozów hitlerowskich*, in: *Pamiętnik II Krajowego Zjazdu Lekarzy ZBOWiD*, S. 153-160.
343 Diese Statistik wurde den Überlebenden nach der Befreiung im Juni 1945 bekannt gegeben. Sie wurde an einer Tafel in Block D ausgehängt.
344 Die Totenbücher wurden von polnischen Häftlingen heimlich aus den Lagerbüros hinausgeschmuggelt. Die Überlebenden nahmen sie zunächst nach Westeuropa und später nach Australien mit. 1969 haben sie sie dem Internationalen Suchdienst des IKRK in Bad Arolsen übermittelt. Hans Maršálek: *Die Geschichte des Konzentrationslagers Mauthausen*, S. 126.
345 *Oskarżamy* 3 (1968), S. 25-69.
346 Hans Maršálek: *Konzentrationslager Gusen*, S. 41-44 und *Die Geschichte des Konzentrationslagers Mauthausen*, S. 127-131.
347 Michel de Bouard: *Gusen*.

ANHANG

QUELLEN UND LITERATUR

I. Archivalien

a) Tagebücher, Berichte, Dokumente und Aussagen
Archiwum Głównej Komisji Badania Zbrodni Hitlerowskich w Polsce (AGKBZHwP) - Archiv der Hauptkommission zur Erforschung der NS-Verbrechen in Polen
Hanuszek, Tadeusz: Aussage vor dem Staatsanwalt Dr. W. Jarosiński, 25.6.1945
Józewicz, Stefan: Aussage vor einem Richter, 9. Dezember 1945 und 17.1.1946
Alphabeten-Buch KLM-Gusen II

Centralne Archiwum Komitetu Centralnego Polskiej Partii Robotniczej (CA KC PZPR) - Zentralarchiv beim Zentralkomitee der Polnischen Vereinigten Arbeiterpartei
Żmij, Józef: Dolina śmierci. Wspomnienia więźnia z obozu koncentracyjnego Gusen *[Das Tal des Todes. Erinnerungen eines Häftlings des KZ Gusen]*, Teil I. August 1945, maschinschriftlich

Archiwum Klubu Mauthausen/Gusen przy Zarządzie Okręgu ZBoWiD w Katowicach (AKMG) - Archiv des Mauthausen/Gusen-Klubs beim Vorstand der Kombattantenorganisation ZBoWiD Kattowitz
Francuz, Franciszek: Sylwetki zbrodniarzy z obozu koncentracyjnego Gusen (Karl Chmielewski, Rudolf Brust, Alfons Gross, Wilhelm Grill, Heinz Jentzsch, Helmut Kluge, Fritz Seidler, Wilhelm Stiegele, Anton Streitwieser, Franz Ziereis). Materialien zu „Ostrzegamy" Nr. 4
Frankiewicz, Bogumił: Kommando Sankt Georgen I. Materialien zu „Ostrzegamy" Nr. 4
Księga Gusen *[Gusen-Buch]* Bd. 1-11, Księga Mauthausen Gusen *[Mauthausen-Gusen-Buch]* (Bd. 12-27 beinhalten Antworten auf eine Umfrage unter 1.350 Häftlingen Mauthausens, Gusens und

anderer Nebenlager. Bd. 5-15 und 17-19 beinhalten Namenslisten
der 1940-1944 Verstorbenen)
Nogaj, Stanisław: Aufzeichnungen - Skizzen, Konspekte,
maschinschriftlich, Archiv-Nr. 277
Nogaj, Stanisław: Dowody zbrodni *[Verbrechensbeweise]*, Teil II
(Fortsetzung der in „Oskarżamy" Nr. 3 publizierten
Aufzeichnungen) Maschinschriftlich. (Materialien zu „Oskarżamy"
Nr. 4)
Waluś, Alojzy: Niemiecka niewola *[In deutscher Gefangenschaft]*. Gusen,
Mai 1945, maschinschriftlich
Żmij, Józef: Dolina śmierci *[Das Tal des Todes]* Teil I. Erinnerungen
eines Häftlings des KZs Gusen. Bytom: April 1947; eine erweiterte
maschinschriftliche Version des Textes aus dem Jahr 1945
Żmij, Józef: „Lagerhexe" - Karl Pastewka, maschinschriftlich
Żmij, Józef: Portrety z hitlerowskiego obozu w Mauthausen/Gusen
(Kurt Kirchner, Paul Wolfram, Johann van Loosen),
maschinschriftlich

Archiwum Żydowskiego Instytutu Historycznego (AŻIH) - Archiv des Jüdischen Geschichtsinstituts Warschau
Aussagen von Lejb Borman, Brunon Ersbman, Szmul Lustiger und
Szymon Suzan

b) aus Privatbesitz

1. Tagebücher, Aufzeichnungen, Briefe: Leon Królak, Feliks
   Leśniczak, Kazimierz Małycha, Wacław Milke, Stefan Niewiada,
   Stefan Zbylicki
2. Briefe an den Verfasser: Ludwik Bielerzewski, Stanisław Borowski,
   Jan Cieluch, Władysław Gębik, Gracjan Guziński, Szczepan
   Hampel, Józef Iwiński, Józef Kazik, Kazimierz Maciejczyk,
   Bernard Nogaj, Henryk Pakuła, Wacław Pilarski, Tadeusz Olbrych,
   Bronisław Orzechowski, Marian Sławiński, Wiktor Szczęśniak,
   Wincenty Wąsik, Marceli Wyrwiński
3. Gesprächsprotokolle: Wiesław Drozd, Zbigniew Filarski, Bogumił
   Frankiewicz, Stanisław Gołębiowski, Antoni Gościński, Stanisław
   Koprowski, Stanisław Leszczyński, Jerzy Lewandowski, Rajmund
   Łączyński, Czesław Łęski, Aleksander Narewski, Ignacy Nowicki,
   Tadeusz Olszewski, Jan Pankowski, Jan Popławski, Aleksander

Sułowski, Józef Szkuta, Stanisław Szymański, Eugeniusz
Szymaszczyk, Jan Tarasiewicz, Jerzy Wandel

Grzyb Roman: Koszmarne lata *[Jahre des Albtraums]*, maschinschriftlich

Kalemba, Wiktor: Wspomnienia uczestnika kampanii wrześniowej i b.
więźnia obozu koncentracyjnego Mauthausen/Gusen, 1939-1945
*[Erinnerungen eines Soldaten des September-Feldzugs 1939 und
Häftlings des KZ Mauthausen/Gusen]*. maschinschriftlich, beim
Verfasser

Kowalewski, Mieczysław: Aussage vor einem Richter, 30. April 1965,
beim Verfasser

Królak, Leon: Wspomnienia z lat 1918-1945 *[Erinnerungen 1918-
1945]*, maschinschriftlich

Królak, Leon: Dziennik obozowy pisany w Gusen *[Tagebuch in Gusen
geschrieben]*, maschinschriftlich

SS-Schütze Joseph Latzel, Aussage vor Gusener Häftlingen am 9. Mai
1945, Abschrift, beim Verfasser

Maksymiuk, Józef: Moja praca jako kamieniarza wśród młodocianych
Rosjan *[Meine Arbeit als Steinmetz unter russischen Jugendlichen]*,
maschinschriftlich, beim Verfasser

Małycha, Kazimierz: Codzienne „prasówki" na całą salę sypialną
[Nächtliche „Pressestunden" für die ganze Stube], handschriftlich

Nogaj, Stanisław: Ratowanie Żydów w obozie koncentracyjnym Gusen
[Hilfe für Juden im KZ Gusen], maschinschriftlich, beim Verfasser

Nowacki, Mieczysław: Wspomnienia z obozów hitlerowskich 1940-
1945 *[Erinnerungen an die NS-Lager 1940-1945]*, beim Verfasser

Osuchowski, Jerzy: Zmarli ratują żywych *[Die Toten retten die
Lebenden]*, maschinschriftlich. Materialien zu „Oskarżamy" Nr. 4

Osuchowski, Jerzy: Powstanie i rys historyczny obozu koncentracyjnego
[Entstehung und Geschichte eines Konzentrationslagers],
maschinschriftlich im Besitz von Tadeusz Murasiewicz

Pięta-Połomski, Eugeniusz: Chirurgia w obozie koncentracyjnym *[Die
Chirurgie im Konzentrationslager]*, handschriftliches Konspekt,
beim Verfasser

Rychlik, Czesław: Egzamin *[Die Prüfung]* Bd. 1, Teil 2, Gusen,
maschinschriftlich, im Besitz von Jan Kupiec

Wlazłowski, Zbigniew: Szpital w obozie koncentracyjnym Gusen
[Krankenrevier Gusen], maschinschriftlich, im Besitz von Tadeusz
Murasiewicz

Wysocki, Józef: Pamiętnik z lat wojny *[Erinnerungen an die Kriegsjahre]*, maschinschriftlich, beim Verfasser

Zarachowicz, Władysław: Moja praca w komando Steyr *[Meine Arbeit im Steyr-Kommando]*, maschinschriftlich, beim Verfasser

Zarachowicz, Władysław: Wolność przyszła 5 maja *[Die Freiheit kam am 5. Mai]*, maschinschriftlich, beim Verfasser

Znamirowski, Franciszek Julian: Pamiętnik ofiarowany Edmundowi Romatowskiemu, *[Tagebuch Edmund Romatowski gewidmet]*, 1945, Kopie, beim Verfasser

Żmij, Józef: Zapomniani *[Die Vergessenen]*, maschinschriftlich, beim Verfasser

II. VERÖFFENTLICHUNGEN

Armia Krajowa w dokumentach 1939-1945 *[Die polnische Heimatarmee in Dokumenten 1939-1945]*, Bd. 2. London: 1973

Arsenijević, Drago: Otages volontaires des SS *[Freiwillige Geiseln der SS]*. Paris: 1974

Bernadac, Christian: Mauthausen, Bd. 2: Le neuvième cercle. Paris: 1975

Billig, Joseph: Les camps de concentration dans l'économie du Reich hitlerien. Paris: 1973

Bouard, Michel de: Gusen. In: Revue d'Histoire de la deuxième guerre mondiale 45 (1962)

Brenner, Ryszard: Gusen - dno piekieł *[Gusen - in der tiefsten Hölle]*, in: Warszawski Tygodnik Kulturalny 19 (1962)

Buchenwald, Mahnung und Verpflichtung. Dokumente und Berichte. o.O.: ^{3}1961

Buchheim, Hans, Martin Broszat, Hans-Adolf Jacobson u. Helmut Krausnick: Anatomie des SS-Staates. Olten/Freiburg: 1965

Choumoff, Pierre Serge: Les chambres à gaz de Mauthausen. Paris: 1972

Czarne słońce. Relacje Jugosławian z obozów i więzień hitlerowskich *[Die schwarze Sonne - Berichte von Jugoslawen aus den Lagern und Gefängnissen Hitlerdeutschlands]*, hrsg. u. übers. v. Bożena Nowak. Warszawa: 1975

Czarnecki ,Wacław u. Zygmunt Zonik: Walczący obóz Buchenwald *[Widerstand im Lager Buchenwald]*. Warszawa: 1969

Decèze, Dominique: L'esclavage concentrationnaire, in: „Le Patriote Résistant", Sonderheft Mai 1975
Dunin-Wąsowicz, Krzysztof: Stutthof. Warszawa: 1970
Duraczyński, Eugeniusz u. Jerzy Janusz Terej: Europa Podziemna 1939-1945 *[Europa im Untergrund 1939-1945]*. Warszawa: 1974
Gałaś, Jan u. Sylwester Newiak: Flossenbürg - nieznany obóz zagłady *[Flossenbürg - unbekanntes Vernichtungslager]*. Katowice: 1975
Georg, Enno: Die wirtschaftlichen Unternehmungen der SS. Stuttgart: 1963
Gębik, Władysław: Droga do Polski, in: Pamiętniki nauczycieli z obozów i więzień hitlerowskich (1939-1945) *[Der Weg nach Polen, in: Erinnerungen in NS-Lagern und -Gefängnissen inhaftierter Lehrer]*. Warszawa: 1962
Gębik, Władysław: Prawo pięści *[Das Faustrecht]*. Łódź: 1971
Gębik, Władysław: Z diabłami na ty *[Mit den Teufeln per du]*. Danzig: 1972
Gierczak, Andrzej: Że Polski jesteśmy warci (O Stanisławie i Bernardzie Nogajach), in: Rodziny patriotów *[Über Stanisław und Bernard Nogaj, in: Familien von Patrioten]*. Warszawa: 1973
Gladysz, Antoni u. Andrezej Szymerski: Biografia byłych więźniów politycznych niemieckich obozów koncentracyjnych *[Biographien der ehemaligen politischen Häftlinge in deutschen KZ]*, Philadelphia: 1974
Gładysz, Antoni: Obóz śmierci *[Das Vernichtungslager]*. Łódź: ²1964
Grzesiuk, Stanisław: Pięć lat kacetu *[Fünf Jahre KZ]*. Warszawa: ²1960
Gusen. Jednodniówka wydana w 16-letnią rocznicę oswobodzenia hitlerowskich obozów koncentracyjnych w Mauthausen/Gusen *[Gedenkschrift zum 16. Jahrestag der Befreiung der KZ Mauthausen/Gusen]*. Bielsko-Biała: 5. Mai 1961
Internationale Föderation der Widerstandskämpfer: Dokumentation zum Stand der Bestrafung von Kriegsverbrechern und Verbrechen gegen die Menschlichkeit in der BRD. Wien: 1975
Internationaler Suchdienst: Vorläufiges Verzeichnis der Konzentrationslager und deren Außenkommandos ... in Deutschland und deutsch besetzten Gebieten (1933-1945). Arolsen: 1969
Internationaler Suchdienst: Häftlingsnummernzuteilung in Konzentrationslagern. Arolsen: 1965

Internationales Komitee des Roten Kreuzes: Dokumentacja na temat
eksperymentów medycznych z tyfusem plamistym w obozie
koncentracyjnym Mauthausen/Gusen *[Die Dokumentation über
die Experimente mit dem Flecktyphus im KZ Mauthausen/Gusen]*
Übersetzung aus dem Französischen. Oktober: 1969

Internationales Komitee des Roten Kreuzes: Die Tätigkeit des IKRK
zugunsten der in den deutschen Konzentrationslagern inhaftierten
Zivilpersonen 1939-1945. Genf: ³1947

Jaworska, Janina: Nie wszystek umrę. Twórczość plastyczna Polaków w
hitlerowskich więzieniach i obozach koncentracyjnych *[Ich werde
nicht spurlos vergehen - Künstlerisches Schaffen polnischer Künstler in
Gefängnissen und KZ]*. Warszawa: 1975

Jednodniówka wydana z okazji XXII-lecia oswobodzenia obozów
koncentracyjnych Mauthausen/Gusen, *[Gedenkschrift zum 22.
Jahrestag der Befreiung der KZ Mauthausen/Gusen]* „Ostrzegamy"
(„Pamiętamy") 2 (1967), Katowice

Kamiński, Andrzej Józef: Hitlerowskie obozy koncentracyjne i ośrodki
masowej zagłady w polityce imperializmu niemieckiego *[NS-
Konzentrations- und Vernichtungslager in der Politik des deutschen
Imperialismus]*. Poznań: 1964

Kempisty, Czesław: Spraw Norymbergi ciąg dalszy *[Fortsetzung der
Nürnberger Prozesse]*. Warszawa: 1975

Klafkowski, Alfons: Obozy koncentracyjne hitlerowskie jako
zagadnienie prawa międzynarodowego *[NS-Konzentrationslager im
Licht des Völkerrechts]*. Warszawa: 1968

Kogon, Eugen: Der SS-Staat. Das System der deutschen
Konzentrationslager. Frankfurt/M.: ⁵1959

Labuda, Gerard: Polska granica zachodnia *[Polnische Westgrenze]*.
Poznań: 1971

Madajczyk, Czesław: Polityka III Rzeszy w okupowanej Polsce *[Politik
des Dritten Reiches im besetzten Polen]*, 2 Bde. Warszawa: 1970

Małcużyński, Karol: Oskarżeni nie przyznają się do winy *[Die
Angeklagten bekennen sich nicht schuldig]*. Warszawa: 1966

Maršálek, Hans: Die Geschichte des Konzentrationslagers Mauthausen.
Dokumentation. Wien: 1974

Maršálek, Hans: Die jüdischen Häftlinge im Konzentrationslager
Mauthausen (KLM). Einige Angaben und Zahlen. Wien: 1970

Maršálek, Hans: Konzentrationslager Gusen. Kurze dokumentarische Geschichte eines Nebenlagers des KZ Mauthausen. Wien: 1968
Maršálek, Hans: Priester im Konzentrationslager Mauthausen: Wien: 1971
Mauthausen. „Bulletin intérieur de l'Amicale des Déportés et Familles de Mauthausen", Paris
Materiały do historii obozu koncentracyjnego Mauthausen/Gusen *[Materialien zur Geschichte des KZ Mauthausen/Gusen]*, in: Oskarżamy 1 (1961), Katowice
Mitscherlich, Alexander u. Fred Mielke (Hrsg.): Nieludzka medycyna *[Dt. Originaltitel: Medizin ohne Menschlichkeit. Dokumente des Nürnberger Ärzteprozesses]*. Warszawa: 1962
Murasiewicz, Tadeusz: Trudno zapomnieć, in: Pamiętniki nauczycieli z obozów i więzień hitlerowskich (1939-1945), *[Vergessen fällt schwer* in: *Erinnerungen in NS-Lagern und -Gefängnissen inhaftierter Lehrer]*. Warszawa: 1962
Murawska-Gryń, Zofia u. Edward Gryń: Obóz koncentracyjny Majdanek *[KZ Majdanek]*. Lublin: 1972
Musioł, Teodor: Dachau 1933-1945. Katowice: ²1971
Nizielski, Tadeusz: Bergen-Belsen 1943-1945. Warszawa: 1971
Nogaj, Stanisław: Gusen, Pamiętnik dziennikarza *[Erinnerungen eines Journalisten]* Teil I-III. Katowice-Chorzów: 1945
Nogaj, Stanisław: Zbiorowy grób w lochach... *[Massengrab in den Stollen...]* in: Express Wieczorny 111, 24. April 1947
Okupacja i ruch oporu w „Dzienniku" Hansa Franka 1939-1945, *[NS-Besatzung und Widerstand in „Tagebüchern" Hans Franks]*, Bd. 1- 2. Warszawa: 1972
Olszewicz, Bolesław: Lista strat kultury polskiej (1.9.1939-1.3.1946) *[Verzeichnis der Verluste für die polnische Kultur]*. Warszawa: 1947
„Oskarżamy" *[Wir klagen an]* 3 (1968) Katowice
Osuchowski, Jerzy: Gusen - przedsionek piekła *[Gusen - die Vorhölle]*, Warszawa: 1961
„Pamiętamy" Jednodniówka wydana z okazji XXII-lecia obozów koncentracyjnych Mauthausen/Gusen *[Wir gedenken. Eine Gedenkschrift herausgegeben zum 22. Jahrestag der Befreiung der KZ Mauthausen/Gusen]*. Katowice: 1967

Pamiętnik II Krajowego Zjazdu Lekarzy ZBoWiD *[Vorträge der 2. Ärztekonferenz der polnischen Kombattantenorganisation ZBoWiD]*. Warszawa: 1969

Pamiętniki nauczycieli z obozów i więzień hitlerowskich (1939-1945) *[Erinnerungen in NS-Lagern und -Gefängnissen inhaftierter Lehrer]*, Warszawa: 1962

Papalettera, Vincenzo u. Luigi: Tu passarai per il camino. Vita e morte a Mauthausen. Mursia: [11]1966

Pirogow, Andrej: Międzynarodówka straceńców *[Die Internationale der Verlorenen]*. Aus dem Russ. übers. v. Wiesława Wojtyga-Zagórska. Warszawa: 1972

Przeczek, Gustaw: Kamienna Golgota. Szkice z obozu koncentracyjnego *[Steinernes Golgota – Skizzen aus einem Konzentrationslager]*. Tschechisch-Teschen: 1948

Przejawy życia kulturalnego w obozach koncentracyjnych jako forma samoobrony więźniów, Teil 1-2 *[Kulturleben in KZ als Form des Selbstschutzes]*. Lublin: 1974

Rodziny patriotów *[Familien von Patrioten]*. Warszawa: 1973

Ryszka, Franciszek: Państwo stanu wyjątkowego *[Der Staat im Ausnahmezustand]*. Wrocław: [2]1974

Sehn, Jan: Obóz koncentracyjny Oświęcim-Brzezinka *[Das KZ Auschwitz-Birkenau]*. Warszawa: 1960

Albert Speer: Erinnerungen. Frankfurt/M., Berlin: 1969

SS im Einsatz. Eine Dokumentation über die Verbrechen der SS, Berlin (Ost): 1957

Stan i perspektywy badań w zakresie zbrodni hitlerowskich. Materiały z konferencji naukowej w dniach 27-28 kwietnia 1970 r. *[Gegenwärtige und künftige Forschung über NS-Verbrechen. Materialien einer wissenschaftlichen Konferenz am 27.-28. April 1970]*, Bd. I. Warszawa: 1973

Timofiejew, Grzegorz: Człowiek jest nagi *[Der Mensch ist nackt]*, Łódź 1960

Valley, Emile: Guide d'ancien camp de concentration de Mauthausen. Paris: o.J.

Valley, Emile: Mauthausen. Plus jamais ca. Niemals vergessen... Paris: o.J.

Wlazłowski, Zbigniew: Gruźlica płuc i postępowanie z chorymi na gruźlicę w obozie koncentracyjnym Gusen *[Lungentuberkulose und*

Behandlung der Tbc-Kranken im KZ Gusen], in: Przegląd Lekarski 2 (1968)

Wlazłowski, Zbigniew: Lekarze polscy w obozowym ruchu oporu w Gusen *[Polnische Ärzte in der Gusener Widerstandsbewegung]*, in: Przegląd Lekarski 1 (1969)

Wlazłowski, Zbigniew: Przez kamieniołomy i kolczasty drut *[In Steinbrüchen und hinter Stacheldraht]*. Kraków: 1974

Wlazłowski, Zbigniew: Szpital „Revier" w niemieckim obozie koncentracyjnym w Gusen 1940-1945 *[Das Revier im deutschen KZ Gusen 1940-1945]*. Poznań: o.J.

Wlazłowski, Zbigniew: Szpital w obozie koncentracyjnym Gusen *[Das Revier im KZ Gusen]*, in: Przegląd Lekarski 1 (1967)

Wnuk, Włodzimierz: Byłem z Wami *[Ich war mit Euch]*. Warszawa: ²1972

Wnuk, Włodzimierz: Obóz kwarantanny. Wspomnienia z Sachsenhausen *[Quarantänelager – Erinnerungen aus Sachsenhausen]*. Kraków: 1946

Wormser-Migot, Olga: Gdy alianci otworzyli bramy *[franz. Originaltitel: Quand les Alliés ouvraient les portes...]*, übers. v. Wanda Gall. Warszawa: 1967

Wormser-Migot, Olga: Le système concentrationnaire Nazi (1933-1945). Paris: 1968

Wormser Olga u. Henri Michel: Tragédie de la déportation 1940-1945. Témoignages des survivants des camps de concentration nazi choisis et présentés par... Paris: 1955

Wróblewski, Zdzisław: Dokąd płyną rzeki *[Wohin die Ströme fließen]*. Warszawa: 1964

Wspomnienia z niemieckich obozów koncentracyjnych *[Erinnerungen der KZ-Häftlinge]*. Ebensee: 1946

Załachowski, Feliks: Gusen obóz śmierci *[Das Vernichtungslager Gusen]*. Poznań: 1946

Znamirowski, Franciszek Julian: Pamiętamy. Nigdy więcej obozów koncentracyjnych *[Wir haben nicht vergessen - Nie wieder Konzentrationslager]*. Toronto: 1971

Żeromski, Tadeusz: Międzynarodówka straceńców *[Die Internationale der Verlorenen]*. Warszawa: 1969

ABBILDUNGSVERZEICHNIS

Titelbild: Fotoarchiv der KZ-Gedenkstätte Mauthausen/Sammlung Henri Boussel
Abb. 1: Grafik: Braintrust
Abb. 2: Archiv der KZ-Gedenkstätte Mauthausen
Abb. 3: Muzeum Tradycji Niepodległościowych, Łodz
Abb. 4: Muzeum Tradycji Niepodległościowych, Łodz
Abb. 5: Fotoarchiv der KZ-Gedenkstätte Mauthausen/Sammlung Boulage
Abb. 6: Fotoarchiv der KZ-Gedenkstätte Mauthausen/Sammlung Museu d'Història de Catalunya
Abb. 7: Privatsammlung des Autors
Abb. 8: Privatsammlung des Autors
Abb. 9: Fotoarchiv der KZ-Gedenkstätte Mauthausen
Abb. 10a: Privatsammlung des Autors
Abb. 10b: Privatsammlung des Autors
Abb. 11: Archiv der KZ-Gedenkstätte Mauthausen
Abb. 12: Fotoarchiv der KZ-Gedenkstätte Mauthausen/Sammlung USHMM
Abb. 13: Fotoarchiv der KZ-Gedenkstätte Mauthausen/Sammlung USHMM
Abb. 14: Archiv der KZ-Gedenkstätte Mauthausen
Abb. 15: Archiv der KZ-Gedenkstätte Mauthausen
Abb. 16: Fotoarchiv der KZ-Gedenkstätte Mauthausen/Sammlung Henri Boussel
Abb. 17: Archiv der KZ-Gedenkstätte Mauthausen
Abb. 18: Archiv der KZ-Gedenkstätte Mauthausen
Abb. 19: Archiv der KZ-Gedenkstätte Mauthausen
Abb. 20: Archiv der KZ-Gedenkstätte Mauthausen
Abb. 21: Archiv der KZ-Gedenkstätte Mauthausen
Abb. 22: Archiv der KZ-Gedenkstätte Mauthausen
Abb. 23: Archiv der KZ-Gedenkstätte Mauthausen
Abb. 24: Fotoarchiv der KZ-Gedenkstätte Mauthausen
Abb. 25: Grafik: Rainer Dempf; Quellen: Stéphanie Vitry: Les morts de Gusen. Camp de Concentration Autrichien [a partir du depouillement d'un registre de morts Avril 1943 – Mai 1945]. Annexe. Maîtrise d'histoire, Universite de Paris: 1994, Annexe 15; Renauld Clin: Depouillement du registre des deces du camp de concentration de Gusen 1er Juin 1940 – 30. Avril 1943. o.O.: [Diplôme á Titre de Régularisation] 1998, Anhang: Decompte Mensuel des Deces

DIENSTGRADE DER SS

SS-Dienstgrad	Abkürzung	Entsprechung in der Wehrmacht
SS-Mann	M.	Schütze
SS-Staffelmann	Stm.	-
SS-Staffelanwärter	Sta.	-
SS-Sturmmann	Strm.	Gefreiter
SS-Rottenführer	Rottf.	Obergefreiter
SS-Unterscharführer	Uscha.	Unteroffizier
SS-Scharführer	Scha.	Unterfeldwebel
SS-Oberscharführer	Oscha.	Feldwebel
SS-Hauptscharführer	Hscha.	Oberfeldwebel
SS-Stabsscharführer	Stscha.	Stabsfeldwebel
SS-Sturmscharführer	Strmscha.	Hauptfeldwebel
SS-Untersturmführer	Ustf.	Leutnant
SS-Obersturmführer	Ostf.	Oberleutnant
SS-Hauptsturmführer	Hstf.	Hauptmann
SS-Sturmbannführer	Stbf	Major
SS-Obersturmbannführer	Ostbf.	Oberstleutnant
SS-Standartenführer	Staf.	Oberst
SS-Oberführer	Of.	-
SS-Brigadeführer	Brif.	Generalmajor
SS-Gruppenführer	Grf.	Generalleutnant
SS-Obergruppenführer	Ogrf.	General
SS-Oberstgruppenführer	Obgrf.	Generaloberst

PERSONENINDEX

Ackermann, Alwin, *SS* 64, 310
Adam, August 112, 131, 259, 349
Adamanis, Franciszek, Prof. 137, 158, 251
Adolph, Benno, Dr., *Wehrmacht* 97, 98, 158, 285
Ahrens, Arthur, *SS* 41, 46
Alejski, Aleksander 108
Altfuldisch, Hans, *SS* 80
Amelung, Hermann 121, 123, 124, 138, 261, 262, 275, 318
Apitz, Johann 131, 133, 138, 276, 318
Arsenijević, Drago 366

Bachmayer, Georg, *SS* 80, 244
Bachtig, Henryk 142, 263, 264
Baerwolf, Franz 134, 349
Bäkker, *SS* 98
Balcer, Antoni 143
Banaszek, Antoni 354
Baranowski, Zygmunt 129, 348
Bartoszewski, Józef 107, 199
Bechter, Alfons 121
Beck, Johann, *SS* 79, 80, 82, 217, 243, 311, 315, 346
Becker *[Karl?]*, *SS* 88, 112
Becker, August, *SS* 356
Becker, Helmut 102, 111, 112, 117, 119, 120, 121, 128, 138, 275, 276, 347
Bedryńska, Maria 361
Benda, Karel 142
Bendel, Gustav, *SS* 85, 91, 111
Bernadac, Christian 341, 358, 360, 366
Bernadotte, Folke 305, 306
Berutka, *SS* 92
Beuth, Franz 276, 347, 349
Bianga, Antoni 141
Bianga, Jan 142
Bielerzewski, Ludwik 20, 364
Bieńka, Stanisław 333, 361

Biernat, *SS* 88, 91
Billig, Joseph 366
Blaha, F. .... .332, 361
Bobrowski, Józef 136, 138, 284
Boehm, Jan 143
Böhmichen, Karl Gustav, Dr., *SS* 96, 158, 285, 288, 293
Bondy 111
Borman, Lejb 364
Borowski, Stanisław 20, 142, 364
Bouard, Michel de 114, 339, 342, 347, 352, 361, 366
Bouhler, Philipp, *SS* 355
Brack, Viktor, *SS* 268
Brandenburger, Ernst 108, 126
Brandt, Karl, Dr. , *SS* 355
Brenner, Ryszard 366
Bronsart 111, 276, 347
Broszat, Martin 343, 344, 345, 366
Brust, Rudolf, *SS* 85, 86, 91, 111, 112, 115, 153, 270, 276, 279, 286, 363
Bryc, Stanislaus 260
Buchheim, Hans 343, 345, 366
Budny, Czesław 158
Buhl, Maksymilian 107
Burckhardt, Carl Jacob 306, 307, 308, 309, 359
Burdak, Oswald 374
Bursche, Edmund 129
Bursche, Jan 143
Bursche, Teodor 142, 348
Burzyński, Witold 354
Busek, Vratislav 356

Cader, Józef 358
Carpi, Aldo 156, 163, 252
Chmielewski, Karl, *SS* 19, 33, 73, 74, 75, 76, 77, 79, 83, 86, 102, 104,
    105, 107, 111, 115, 117, 118, 122, 131, 134, 135, 153, 166, 215, 217, 233,
    244, 263, 265, 266, 267, 270, 273, 276, 277, 278, 279, 347, 348, 349, 350,
    353, 354, 363
Choumoff, Pierre Serge 275, 281, 337, 353, 354, 355, 356, 357, 366
Christ, Oskar 275, 276, 347, 349

375

Chromik, Otto 143
Ciano, Galeazzo 239, 352
Cichocki, Czesław 140
Cieluch, Jan 20, 364
Cihal, Franz 129, 130, 140
Cofała, Karol 140, 348
Cofała, Ludwik 348
Conti, Leonardo 290
Cybulski, Władysław 348
Cynajek, Edward 348
Czarnecky, Wacław 357
Czerniakowski 264
Czerwiński, Marian 137

Damaschke, Arnold, *SS* 85, 90
Damm, Alois 133, 135, 276, 347, 349
Dammbach, *SS* 78, 80, 90, 109
Daniel 275, 276, 347
Darkowski, Czewław 108, 142, 211, 347
Decèze, Dominique 367
Dietrich, Joseph, *SS* 68
Ding-Schuler, Oskar, Dr. 290
Dirlewanger, Oskar, Dr., *SS* 104, 105, 118, 120, 143, 175, 261, 302
Długokęski, Aleksander 298, 358
Doleżal, Stephan 129, 130, 140
Donecker, Karl 375
Dopierala, Wladislaus, *SS* 89
Drozd, Wiesław (Willy) 20, 94, 141, 324, 364
Drzaźdżyńska, Janina 361
Duława, Władysław, Dr. 130
Dunin-Wąsowicz, Krzysztof 367
Duraczyński, Eugeniusz 367
Durczak, Stanisław 349

Ehlers, Heinrich 122, 123, 124
Eicke, Theodor, *SS* 11, 23, 67, 68, 160, 221, 345
Eigruber, August, Gauleiter 147, 272, 300, 312
Eisenberg, Leon 349, 352

Entress, Friedrich, Dr., *SS* 96, 159
Erbsman, Bruno 364
Ernstberger, Walter, *SS* 80

Faliszewski, Tadeusz 123, 348
Fassler, Max, *SS* 92, 153
Fedorowicz, Tadeusz 352
Fiebinger, Karl, *SS* 55
Fiegl, Rudolf 261, 262
Fierla, Adolf 348
Filarski, Zbigniew 20, 94, 324, 364
Fink, Emil 141
Forttaner, Karl 203
Francuz, Franciszek 363
Frankiewicz, Bogumił 20, 363, 364
Frick, Wilhelm 344
Fridtum, Anton 112, 259, 349
Friedl, Joseph, Dr., *SS* 285
Fritschen, Herbert 141
Fuchs, Richard 267
Furucker, Reinhold, *SS* 92
Füssl, Ludwig, *SS* 79, 90, 91, 146, 243, 311

Gädecke, *SS* 98
Gagstaedter/Gagstetter, Kurt, *SS* 90
Gajewski, Dionizy 108, 214
Gałaś, Jan 367
Garbień, Albin, Dr. 130
Gasch, Hugo 122, 123, 124, 259, 276, 347
Gębik, Władysław, Dr. 20, 108, 119, 191, 217, 341, 347, 348, 352, 360, 364, 367
Gelinek, Kazimierz, Dr. 217
Georg, Enno 341, 342, 343, 344, 347, 351
Gerken, Martin 117, 120, 123, 148, 303, 315, 316
Gierczak, Andrzej 367
Gildemeister, Eugen, Prof. 290
Gładysz, Antoni 367
Glücks, Richard, *SS* 68, 100, 253, 254, 270, 314, 345, 352

Gołata, Franciszek 108, 216, 347
Gołębiowski, Stanisław 20, 364
Golec, Franciszek 140, 348
Göring, Hermann 58, 59, 62, 239, 352
Gościński, Antoni 20, 137, 140, 157, 251, 253, 288, 364
Grasser, Dr., *SS* 311
Grau, Alfred, Dr. 62
Grawitz, Ernst, Dr., *SS* 289
Grill, Wilhelm, *SS* 84, 85, 144, 363
Gross, Alfons, *SS* 90, 91, 276, 279, 290, 363
Gross, Karl Joseph, Dr., *SS* 290
Gruber, Johann, Dr. 76, 137, 181, 217
Gruszka, Franz 107, 128, 129
Gryń, Edward 369
Grzelak, Władysław 326
Grzesiuk, Stanisław 17, 348, 367
Grzeszczyk, Marian 142
Grzyb, Roman 346, 365
Guziński, Gracjan 20, 364

Habenichts, Hans, *SS* 93, 94, 143
Habřina, Rajmund, Dr. 142
Hackl 121
Haefliger, Louis 308, 309, 312, 317, 359
Hallen, Ernst 116, 123, 148, 349
Hampel, Szczepan 20, 364
Hanak, Franciszek 354
Handloser, Siegfried, Dr. 290
Hanuszek, Tadeusz 203, 233, 344, 351, 358, 363
Hartl, Franz, *SS* 281
Haug, Heinrich 107, 128, 130, 303
Havlik, Pavel, Dr. 142
Heidemann, Otto 131, 133, 134, 275, 276, 347
Heil, Heinz 117, 120, 122, 276, 303, 347
Hermanny, Hermann 264
Herschel, Erwin, Dr., *SS* 287
Herzog, Andrzej 108, 191, 201
Hess, Hans 107

Heyde, Hans 109, 128
Heydrich, Reinhard, *SS* 260, 341, 344
Himmler, Heinrich, *SS* 23, 43, 45, 48, 50, 51, 52, 54, 55, 60, 62, 67, 68, 69, 70, 71, 73, 75, 101, 114, 150, 180, 197, 243, 255, 259, 260, 268, 291, 297, 305, 306, 310, 344, 346, 352, 357, 358
Hirsch, Maks 111, 134, 349
Hirschfeld (Hirszberg), Baron 349, 352
Hitler, Adolf 42, 48, 50, 54, 60, 61, 77, 78, 149, 177, 180, 260, 268, 304, 324
Hlavač, Alois 142
Hoff, Erich von den, Dr., *SS* 285
Hommen, Franz (Walter) 275, 276, 347, 349
Höß, Rudolf, *SS* 191
Hoyer, Hans, *SS* 83, 141
Hugh, *SS* 88
Hüttenrauch, *SS* 93, 270
Hyla, Alojzy 348

Iffert, Otto, *SS* 84
Igłowicz, Zygmunt 141
Isenberg, Kurt, *SS* 85, 86, 104, 105, 259
Iwiński, Józef, Dr. 20, 364

Jacobson, Hans Adolf 366
Jagła, Stefan 348
Jahnke, Adolf 127, 128, 138, 140, 149
Jakubowski, Feliks 126, 263
Janas, Piotr 350
Jankowski, Franciszek 137
Jarczyk, Józef 137
Jarosiński, Wincenty 358, 363
Jaworska, Janina 368
Jaziak 134, 181
Jeleński, Ludwik 348
Jeleśniański, Rudolf 348
Jentzsch, Heinz, *SS* 83, 86, 91, 115, 153, 267, 276, 279, 355, 363
Jorg, Georg 123
Jörgl, *SS* 85, 92, 275
Józewicz, Stefan 26, 95, 342, 344, 346, 363

Jung, Josef, Dr., *SS* 287, 357
Junge, Walter 109, 131, 138, 210, 259, 275, 276, 347

Kaak, *SS* 100
Kadłubek 348
Käferböck, Heinrich 124, 137, 138, 275, 276, 284, 286, 347
Kaiser, Paul, *SS* 92
Kaizer, Jan 143
Kalemba, Wiktor 20, 365
Kalinowker, Izaak 279
Kaltenbrunner, Ernst, *SS* 68, 69, 180, 305, 306, 307, 308, 310, 344, 359
Kamieński, Janusz 135
Kamiński, Andrzej Józef 159, 293, 343, 344, 345, 351, 353, 368
Kammerer, Hans 102, 106, 116, 117, 118, 120, 121, 128, 138, 181, 259, 347, 348, 349
Kammler, Hans, *SS* 55, 61, 62, 205, 345
Kaniewski, Jan 110
Karaskiewicz, Witold 108
Karl, Johann, *SS* 94
Karr-Jaworski, Zdzisław 246
Kaufmann, Anton, *SS* 63, 350
Kazik, Józef 20, 351, 364
Keilhauer, Peter 112, 121, 122, 124, 349, 352
Keleberc, Aleksander 133, 135, 138, 259
Kempisty, Czesław 360, 368
Kern, Franc 107
Ketterer, Paul / Peter 64, 313
Kiesewetter, Hermann, Dr., *SS* 83, 96, 97, 111, 155, 253, 260, 281, 283, 285, 288, 289, 290, 347
Killermann, Michael, *SS* 85, 86, 89, 90, 100, 122, 237, 261, 315, 319, 352
Kinzing, Franz, *SS* 92
Kirchner, Kurt Hermann, *SS* 85, 90, 91, 125, 364
Klafkowski, Alfons 368
Klein, Helmut Alfred, *SS* 26, 35, 94
Kletetzka, Emil 128, 130, 259
Klima 34, 78, 234, 250, 263, 268
Klinger, Georg, *SS* 94
Klockmann 111, 134, 276, 279, 347

Kluge, Helmuth, SS 90, 91, 92, 111, 112, 125, 146, 153, 276, 279, 363
Knogl, SS 84, 85, 86, 91
Kobryś 126
Kobyliński, Leszek 324
Kogon, Eugen 236, 360, 368
Kokesch, Rudolf 123, 259
Kołeczko, Józef 107, 108, 134, 138, 199, 201
Konieczny, Adam, Dr. 137, 158, 289, 293, 351
Koprowski, Stanisław 20, 364
Kornwasser 78
Kosmala, Roman 137
Kossak-Szczucka, Zofia 341
Kostka 134
Kotzur, SS 90
Kowalewski, Mieczysław 273, 355, 365
Kosiek, Albert J. 317, 318
Krakower 232, 233, 349
Krakowski, Józef, Dr. 158, 293
Kraus, SS 93
Krausnick, Helmuth 366
Krebsbach, Eduard, Dr., SS 96, 136, 270, 281, 284, 356
Kretschmer, SS 92
Krieger, Richard, Dr., SS 96, 155, 284, 331
Królak, Leon 71, 85, 346, 349, 364, 365
Krüger, SS 92, 111, 112
Kruszyński 360
Krutzki, Gustav 111, 112, 114, 132, 133, 135, 199, 245, 259, 273, 275, 349
Krzysztofowicz 349, 352
Kühlemund, Oskar 121, 122, 123, 124, 259
Kuhtreiber, Johann, SS 92
Kunzler, Franz, SS 92
Kwaśniewicz, Mieczysław 142, 344, 360

Labuda, Gerard 345, 368
Łączyński, Rajmund 20, 364
Lajtner, Leon 137
Lange 199
Langner, Fritz 123

Latzel, Josef, *SS* 62, 63, 311, 344, 351, 365
Leitzinger, Joseph 128, 129
Leonhard, Franz 107
Łęski, Czesław 20, 141, 364
Leśniczak, Feliks 364
Leszczyński, Stanisław 20, 348, 364
Lewandowski, Jerzy 20, 141, 364
Liesberg, Franz 122, 124, 261, 262, 276, 347
Lipinski, Emil 259, 349
Lisiecki, Antoni 121, 128
Lolling, Enno, Dr., *SS* 314, 345
Lonauer, Rudolf, Dr., *SS* 270, 272
Loosen, Johann van 82, 105, 106, 110, 111, 116, 120, 121, 131, 134,
    213, 233, 241, 263, 275, 276, 312, 317, 331, 347, 348, 349, 364
Lörner, Georg, *SS* 47
Łuczak, Ignacy 137
Ludwig, Otto 259
Ludwikowski 348
Lustiger, Szmul 364
Lutterbach, Heinrich 107, 131, 303

Maciejczyk, Kazimierz 20, 364
Mack, Wilhelm, *SS* 82, 83
Madajczyk, Czesław 352, 368
Madlmayer, Alois 128, 130, 259
Maksymiuk, Józef 20, 351, 365
Małcużyński, Karol 356, 368
Małecki, Antoni 108, 142, 348
Malina, Karel 142
Malinowski, Kazimierz 129
Malost, Stefan 159
Małycha, Kazimierz 20, 326, 364, 365
Mandl, Karl 88, 112
Mang, August 110, 122, 259
Markiewicz, Józef, Dr. 289
Maršálek, Hans 21, 24, 55, 71, 104, 116, 160, 162, 166, 167, 170, 171, 172,
    236, 263, 280, 281, 283, 296, 308, 318, 335, 336, 337, 341, 342, 343, 344,
    346, 347, 349, 350, 351, 352, 353, 354, 355, 356, 357, 358, 359, 361, 368, 369

Martick, Richard 122, 124, 138, 276, 347
Martynowski 348
Masny 266
Matczyński, Antoni 140
Matucha, Karl 112, 131, 211, 259, 349
Maurer, Gerhard, *SS* 48, 52, 202, 209, 210, 265, 345
Mazurek, Feliks 108
Meilinger, Martin 107, 214
Meixner, Rudolf 107, 127, 128, 270, 279
Meyer, *SS* 80
Miądowicz, Roman 142
Michel, Henri 114, 190, 339, 342, 347, 352, 361, 366, 371
Mielke, Fred 357, 369
Mikołajczak 214
Milke, Wacław 20, 364
Miłoszewski, Kazimierz, Dr. 158
Miroff, Fritz, *SS* 83
Mitscherlich, Aleksander 357, 369
Mocny, Feliks 284
Morent 112, 122, 123, 259, 349
Mrugowsky, Joachim, Dr., *SS* 288, 290
Müller, *SS* 98
Müller, Eugen 113, 122, 259
Müller, Johann, *SS* *83*
Mummenthey, Karl, *SS* 61, 62, 65, 344, 345
Murasiewicz, Tadeusz 129, 346, 347, 351, 365, 369
Murawska-Gryń, Zofia 369
Musioł, Teodor 351, 369

Naas, Joseph 303
Nagel 88, 95, 113, 122
Narewski, Aleksander 20, 364
Nasdoll, Jakob 122
Neff 122
Newiak, Sylwester 367
Niewiada, Stefan 20, 346, 352, 364
Nizielski, Tadeusz 369
Nogaj, Bernard 364, 367

Nogaj, Stanisław 63, 97, 110, 111, 116, 117, 118, 127, 129, 130, 140, 144,
   155, 167, 172, 180, 181, 197, 240, 253, 259, 269, 267, 272, 279, 285, 304, 335
Nowacki, Mieczyław 354, 365
Nowak, Włodzimierz (Józef) 232, 265, 266, 354, 366
Nowicki, Ignacy 20, 364

Obermeier, *SS* 98
Odrobny, Kazimierz 144, 272
Ogris, Franz (Ignatz) 64
Olbrych, Tadeusz 20, 369
Olszewicz, Bolesław 369
Olszewski, Tadeusz 20, 142, 364
Ormicki, Wiktor Rudolf 233
Orzechowski, Bronisław 20, 364
Osuchowski, Jerzy 71, 75, 80, 82, 84, 129, 130, 172, 209, 210, 212, 262,
   264, 267, 341, 344, 345, 346, 348, 349, 350, 351, 352, 353, 354, 355, 356,
   357, 358, 359, 360, 365, 369
Ott, Bronisław (Bruno) 107, 138, 199, 319

Pakuła, Henryk 20, 364
Palonek, Władysław 312
Panasewicz, Józef 361
Panhans, Alois, *SS* 92
Pankowski, Jan 20, 364
Panusch, *SS* 80, 82
Pappalettera, Vincenco und Luigi 17
Pastewka, Karl 120, 122, 123, 124, 138, 276, 347, 364
Patton, George Smith 304
Peist, *SS* 88, 89, 91, 111, 112
Peters, Max 135, 138, 275, 318
Peterseil, Franz, *SS* 90
Petit, Maurice 360
Petrikowski, Maks 135
Piechocki, Józef 137, 348
Pięta-Połomski, Eugeniusz 71, 160, 284, 349, 356, 365
Piętka, Wacław 141
Pilarski, Wacław 20, 364
Pilichowski, Czesław 360

Pillexeder, Franz, *SS* 94
Pirogow, Andrej 360, 370
Piskorski, Czesław 20
Plank, Viktor Maks 94
Podlaha, Josef, Dr. 287
Pohl, Oswald, *SS* 11, 19, 23, 24, 41, 42, 43, 45, 47, 48, 51, 52, 60, 62, 72,
   180, 207, 230, 234, 300, 310, 343, 345, 352, 357
Pokorny, Franta 142
Polak, Karol 348
Polkowski, Kazimierz 107, 133, 135
Pończa, Józef, Dr. 130
Popławski, Jan 20, 364
Poprawka, Franciszek 355
Prammer, Karl 94, 197
Priestersberger, Franz, *SS* 85
Prinz, Karl 94, 313
Przeczek, Gustaw 341, 370
Przygoda 138
Purucker, Reinhard Josef, *SS* 112

Rakowski, Zdzisław 129, 140, 348
Ramsauer, Siegbert/Sigbert, Dr., *SS* 96, 270, 276, 285, 287, 288, 357
Rascher, Sigmund, Dr., *SS* 357
Redwitz, Michael, *SS* 80, 239, 345
Reichert, Ernst, *SS* 92
Reichling, Hugo 122, 124
Reinkober 137
Reiter, Hans 290
Rennlein, *SS* 85, 86
Renno, Georg, Dr. 270, 272
Richter, Hermann, Dr., *SS* 64, 96, 97, 287, 288, 293, 342, 346, 363, 365
Riemer, Otto, *SS* 98
Rogen 64
Rohrbacher, Karl 107, 115, 117, 119, 128, 276, 348
Rosenberg, Alfred 68
Rösler, Joseph 135, 276, 347
Roth, Heinrich 106, 123, 136, 137, 138, 284, 286, 331
Różycki, Tadeusz 359

Rychlik, Czesław 365
Ryszka, Franciszek 342, 370

Sadowski, Iwan 126, 348
Sajczyk, Dr., *SS* 287, 357
Salpeter, Walter, Dr., *SS* 46
Satzinger, Andreas 94
Sauckel, Fritz, *SS* 50, 68, 352
Sauer *[Saur?]*, Johann, *SS* 92, 297
Schepke, Franz 199, 204
Schibowski, Aczi (Artur) 138, 199
Schiedlausky, Gerhard, Dr., *SS* 96
Schlammerl, Ludwig 210, 349
Schmidt, Karol 83, 108, 135, 138
Schmiedkunz, Rudolf 123
Schmutzler, Kurt, *SS* 98
Schneidereit, Otto 122
Schrögler, Karl (Franz) 106, 122, 152, 276, 347
Schubert, Rudolf 122
Schulz, Franz Gottfried, *SS* 82
Schulz, Otto, *SS* 82, 83, 84, 141
Schüttauf, Erich, *SS* 98
Schwendemann, Josef 109
Sebel, Franz 138, 318
Sehn, Jan 370
Seidler, Fritz, *SS* 64, 75ff., 79, 80, 82, 85, 90, 91, 100, 102, 105, 121, 130, 137, 140, 142, 215, 244, 259, 261, 262, 303, 311, 315, 363
Seidler, Wilhelm 142
Sepp 152
Sielski, Stanisław 140, 348
Sikorski, Stefan 260
Skorzewski 354
Sławiński, Marian 20, 346, 364
Slonina, Maks 107
Slupetzky, Anton, *SA* 282, 314
Smirnow/Smirnoff, Wladimir, *SS* 82
Sommer, Emil 122, 137, 261
Sonnenberg, Mieczysław 94, 324

Speer, Albert ... 42, 43, 45, 50, 51, 52, 54, 60, 61, 68, 197, 259, 342, 343, 352, 370
Sroka, Jan ... 142
Stahl, Hugo, *SS* ... 89, 91, 112
Staryszak ... 260
Steinbauer, Edmund (Edi) ... 123
Stephan, Karl *[i.e. Stepan, Karl Maria?]* ... 129, 130, 140
Steyer, Heinz ... 138, 318
Stiegele, Wilhelm, *SS* ... 204, 213, 276, 279, 363
Storbl, *SS [Strobl?]* ... 88, 89
Streitwieser, Anton, *SS* ... 85, 86, 90, 110, 346, 363
Stroiński, Bolewsław ... 107, 138
Struhler, *SS* ... 93, 143
Sturmberger, Joseph ... 64
Sułowski, Aleksander ... 20, 365
Suzan, Szymon ... 364
Sylwestrowicz, Włodzimierz, Dr. ... 260
Szczęśniak, Wiktor ... 20, 364
Szkuta, Józef ... 20, 365
Szopiński, Lubomir ... 239
Szulc, Tadeusz ... 260
Szwarc, Halina, Prof. Dr. ... 361
Szyguła, Wacław, Dr. ... 354
Szymański, Stanisław ... 20, 365
Szymaszczyk, Eugeniusz ... 20, 365

Tandler, Oskar, *SS* ... 82, 348
Tarasiewicz, Jan ... 20, 365
Taschwer, Franz ... 210
Teo ... 122, 123
Terej, Jerzy Janusz ... 367
Thierack, Ott Georg ... 180
Timm, Erich ... 107, 131, 304
Timofiejew, Grzegorz ... 142, 341, 347, 370
Tisler ... 123
Tkaczyk ... 359
Tomanek, Rudolf ... 133, 135, 138, 199
Tomaszewski ... 348
Triquart, Willi ... 121

Unkiewicz, Tadeusz 142
Unterstab, Alois, *SS* 92

Vaessen, *SS* 98
Valley, Emile 345, 370
Vanderbusch 276, 347
Vanherle, Lucien 143
Verzetnitsch, Johann 107
Vetter, Hellmuth, Dr., *SS* 96, 97, 137, 158, 285, 288, 289, 290, 291, 292, 293, 331, 357
Volk, Leo, Dr., *SS* 70, 91, 101, 234, 344
Vučković, Svetisłav 141

Wajdzik, Jan 359
Walkowiak, Edmund 359
Wallek, *SS* 92
Walter, Hans 121
Walther, Otto, *SS* 62, 63, 64, 310, 313
Waluś, Alojzy 364
Wandel, Jerzy 20, 365
Warzecha 128, 130
Wąsik, Wincenty 20, 364
Wasicky, Erich, Dr., *SS* 7, 280
Weber, Otto 115, 128, 130
Weidemann, Bruno 131, 276, 347, 349
William, Stephan 349, 352
Willy 317
Wirth, Wilhelm, *SS* 92, 142, 276
Wlazłowski, Zbigniew 20, 97, 284, 285, 212, 346, 347, 349, 356, 357, 358, 365, 370, 371
Wnuk, Włodzimierz 341, 347, 353, 371
Wochnik, Rudolf 128
Wolfram, Kurt Paul, *SS* 62, 63, 64, 206, 310, 311, 313, 344, 364
Wolter, Waldemar, Dr., *SS* 96, 314, 356
Wormser-Migot, Olga 352, 371
Wróblewski, Zdzisław 341, 371
Wuggenigg, Hellmuth, Peter Richard 131, 132, 199, 259, 349
Wunder 267

Wyrwiński, Marceli 20, 143, 326, 346, 364
Wysocki, Józef 20, 353, 366

Zach, Franz 136, 138, 245, 284, 286
Zachner, Walter, *SS* 313
Załachowski, Feliks 371
Zapart, Zygmunt 108, 126, 138, 263
Zarachowicz, Władysław 366
Zarniko, Harry (Wilhelm) 123
Zbylicki, Stefan 20, 141, 364
Żebrowski, Kazimierz 350
Żeromski, Tadeusz 371
Zgliczyński, Stanisław 260
Zieliński, Kazimierz 260
Ziereis, Franz, *SS* 5, 19, 52, 63, 70, 71, 72, 75, 77, 80, 82, 86, 91, 96,
    97, 105, 191, 207, 244, 257, 258, 260, 270, 272, 273, 276, 281, 283, 285, 299,
    300, 301, 302, 303, 304, 308, 309, 310, 311, 312, 313, 314, 345, 348, 353,
    354, 355, 356, 357, 358, 359, 360, 363
Zisler, Ernst 123, 148
Żmij, Józef 60, 121, 140, 143, 148, 171, 172, 203, 274, 334, 336, 342,
    344, 345, 347, 348, 349, 350, 351, 352, 353, 354, 355, 359, 360, 363, 364, 366
Zmyśliński, Kazimierz 141, 266
Znamirowski, Franciszek Julian 240, 347, 349, 352, 366, 371
Zonik, Zygmunt 357, 366
Zynda, Leon 284

www.ingramcontent.com/pod-product-compliance
Lightning Source LLC
Chambersburg PA
CBHW051625230426
43669CB00013B/2184